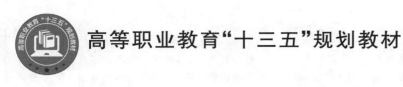

高等职业教育"十三五"规划教材

国际邮政通信
（第 2 版）

主　编　王为民　杨文秀　胡　霞
副主编　邓肖楠　刘　羽　张晓丹　邱京敏

北京邮电大学出版社
www.buptpress.com

内 容 简 介

随着中国对外开放程度的日益加强,特别是"一带一路"建设步伐的加快,中国与世界各国政治、经济、文化交往日益密切。中国作为万国邮政联盟的成员国,在国际邮政事务中发挥着越来越重要的作用。本书着眼于当前和未来邮政发展的趋势,从国际邮政通信基础与法律法规、国际邮政业务体系、国际邮政组织管理三个维度全面介绍了国际邮政通信理论与知识体系。全书共分为11章,分别是绪论、万国邮政联盟、区域性邮政组织、国际邮件的监管与检疫、国际邮政业务体系、国际普通邮件业务、国际特快专递业务、国际邮政网路组织、国际邮政生产组织、国际邮政通信管理、国际邮政账务结算。

本书作为国际邮政知识的普及性教材,既可以作为邮政院校的学生学习国际邮政专业知识的专业教材,也可以作为邮政企业基层业务人员与管理人员自学之用,还可以作为邮政企业基层和中层管理人员晋升考试的培训教材。

图书在版编目(CIP)数据

国际邮政通信 / 王为民,杨文秀,胡霞主编. -- 2 版. -- 北京:北京邮电大学出版社,2019.8
 ISBN 978-7-5635-5805-6

Ⅰ. ①国… Ⅱ. ①王… ②杨… ③胡… Ⅲ. ①国际邮政—邮政业务—教材 Ⅳ. ①F631.6

中国版本图书馆 CIP 数据核字(2019)第 167526 号

书　　名：	国际邮政通信(第 2 版)
主　　编：	王为民　杨文秀　胡　霞
责任编辑：	徐振华　米文秋
出版发行：	北京邮电大学出版社
社　　址：	北京市海淀区西土城路 10 号(邮编:100876)
发 行 部：	电话:010-62282185　传真:010-62283578
E-mail：	publish@bupt.edu.cn
经　　销：	各地新华书店
印　　刷：	北京玺诚印务有限公司
开　　本：	787 mm×1 092 mm　1/16
印　　张：	18.25
字　　数：	473 千字
版　　次：	2010 年 5 月第 1 版　2019 年 8 月第 2 版　2019 年 8 月第 1 次印刷

ISBN 978-7-5635-5805-6　　　　　　　　　　　　　　　　定　价:46.00 元

· 如有印装质量问题,请与北京邮电大学出版社发行部联系 ·

前　　言

国际邮政通信是邮政通信的重要组成部分，是我国邮政与世界各国沟通联系的桥梁和纽带，对于促进我国和世界各国政治、经济、文化、科技、信息交流和人员往来发挥着重要作用。

作为万国邮政联盟的成员国，我国在开展国际邮政业务方面需要遵照《万国邮政公约》以及与相关国家签署的双边或者多边协议。因此，国际邮政业务和组织管理具有政治性强、涉及面广、作业环境复杂的特点。为了使邮政专业的学生全面了解国际邮政组织机构的职能和相关法律，熟悉国际邮政业务处理规则，掌握国际邮政通信组织管理的基本要求，为将来从事国际邮政工作奠定良好的基础，同时考虑到邮政企业基层员工学习的需要，我们组织教师编写了本书。

本书内容共分为11章，第1～4章绪论、万国邮政联盟、区域性邮政组织、国际邮件的监管与检疫属于国际邮政通信的基础部分；第5～7章国际邮政业务体系、国际普通邮件业务、国际特快专递业务属于国际邮政业务部分；第8～11章国际邮政网路组织、国际邮政生产组织、国际邮政通信管理、国际邮政账务结算属于国际邮政组织管理部分。为便于读者清晰地了解各章主要内容的逻辑关系，本书在第1版的基础上将每章的主要内容以思维导图的方式呈现出来，层次更加清晰，阅读更加方便，同时，本书对原有的阅读材料和案例进行了更新。

在本书的编写过程中，中国邮政集团公司寄递事业部的武洪斌，北京邮政速递物流分公司国际邮件处理中心的李忠亮，石家庄邮区中心局的姬志、齐岩和石家庄邮电职业技术学院的王小平教授提供了大力的支持和帮助，在此，教材编写组全体人员向各位专家表示衷心的感谢。

由于编者水平有限，书中难免有不足和错误之处，恳请读者批评指正。

目 录

第 1 章 绪论 ··· 1

1.1 国际邮政通信的起源和发展 ··· 1
    1.1.1 国际邮政通信的起源 ·· 1
    1.1.2 国际邮政通信的发展 ·· 2
1.2 国际邮政通信的性质、特点和任务 ·· 4
    1.2.1 国际邮政通信的性质 ·· 4
    1.2.2 国际邮政通信的特点 ·· 4
    1.2.3 我国国际邮政通信的任务 ··· 5
阅读材料 ·· 6
课后实践 ·· 8
思考题 ·· 8

第 2 章 万国邮政联盟 ··· 9

2.1 万国邮政联盟的发展 ··· 9
    2.1.1 万国邮政联盟的历史 ·· 9
    2.1.2 未来邮联的改革与发展 ·· 12
2.2 万国邮政联盟的组织机构 ·· 12
    2.2.1 万国邮政联盟大会 ··· 13
    2.2.2 万国邮联行政理事会 ··· 17
    2.2.3 万国邮联邮政经营理事会 ·· 18
    2.2.4 万国邮联国际局 ·· 20
    2.2.5 咨询委员会 ·· 21
2.3 万国邮政联盟法规 ··· 21
    2.3.1 《万国邮政联盟组织法》 ·· 22
    2.3.2 《万国邮政联盟总规则》 ·· 24
    2.3.3 《万国邮政公约》及其实施细则 ··· 24
    2.3.4 《邮政包裹协定》及其实施细则 ··· 25

    2.3.5 我国国际邮政业务处理规则 …… 25
  阅读材料 …… 26
  课后实践 …… 28
  思考题 …… 28

第3章 区域性邮政组织 …… 29

  3.1 亚洲-太平洋邮政联盟 …… 30
    3.1.1 亚太邮联的宗旨 …… 30
    3.1.2 亚太邮联的组织机构 …… 30
    3.1.3 亚太邮联的正式语文 …… 31
    3.1.4 亚太邮联的经费 …… 31
  3.2 卡哈拉邮政 …… 31
    3.2.1 卡哈拉邮政的由来 …… 32
    3.2.2 建立卡哈拉邮政的主要目的 …… 32
    3.2.3 卡哈拉邮政成员方合作的形式和内容 …… 32
    3.2.4 卡哈拉标准产品在我国的运作 …… 33
  3.3 其他区域性邮政联盟 …… 34
    3.3.1 欧洲邮电主管部门会议 …… 34
    3.3.2 中非邮电主管部门会议 …… 35
    3.3.3 非洲邮电联盟 …… 35
    3.3.4 美洲、西班牙和葡萄牙邮政联盟 …… 35
    3.3.5 非洲邮政联盟 …… 35
    3.3.6 泛非邮政联盟 …… 35
    3.3.7 北欧国家邮政联盟 …… 36
  阅读材料 …… 36
  思考题 …… 37

第4章 国际邮件的监管与检疫 …… 38

  4.1 国际邮件的监管 …… 38
    4.1.1 国际邮件监管的法律依据 …… 38
    4.1.2 国际邮件的监管办法 …… 39
    4.1.3 有关邮局、海关工作配合的事项 …… 41
    4.1.4 海关对个人邮递物品的规定 …… 42
  4.2 国际邮件的检疫 …… 44
    4.2.1 有关邮件检疫的法律规定 …… 44

4.2.2 有关邮件检疫的处理规定 ·· 45
　　4.2.3 有关邮局和检疫机构工作配合的事项 ·· 46
案例分析 ··· 47
阅读材料 ··· 48
课后实践 ··· 49
思考题 ··· 49

第5章　国际邮政业务体系 ··· 50

5.1 国际邮政业务体系概述 ·· 50
　　5.1.1 国际邮件寄递业务 ··· 50
　　5.1.2 邮政金融业务 ··· 53
5.2 我国经办的国际邮政业务体系 ·· 53
　　5.2.1 国际邮件寄递业务 ··· 53
　　5.2.2 邮政金融业务 ··· 54
思考题 ··· 54

第6章　国际普通邮件业务 ··· 55

6.1 国际邮件的分类 ·· 55
　　6.1.1 国际邮件按传递时限分类 ·· 56
　　6.1.2 国际邮件按处理手续分类 ·· 56
　　6.1.3 国际给据邮件按邮局所承担责任的范围分类 ·· 56
　　6.1.4 国际邮件按运输方式分类 ·· 56
　　6.1.5 国际邮件按纳费与否分类 ·· 57
6.2 国际邮件的准寄范围和收寄手续 ·· 57
　　6.2.1 国际函件 ·· 57
　　6.2.2 国际包裹 ·· 63
　　6.2.3 国际邮件特殊业务 ··· 65
　　6.2.4 国际邮件收寄要求 ··· 66
6.3 国际邮件的规格要求 ·· 67
　　6.3.1 邮件的封面书写 ··· 67
　　6.3.2 国际邮件重量、尺寸限度 ·· 69
　　6.3.3 国际邮件的封装要求 ··· 69
6.4 国际邮件的禁限寄规定 ·· 71
　　6.4.1 我国国际邮件的禁限寄规定 ·· 71
　　6.4.2 寄达国禁限寄规定 ··· 71

6.4.3 西方国家邮政企业禁限寄规定 …… 72
      6.4.4 对装有违禁物品的处理 …… 76
   6.5 国际邮件的资费 …… 76
      6.5.1 制定和调整国际邮件资费考虑的主要因素 …… 76
      6.5.2 国际邮件资费的种类 …… 77
      6.5.3 国际邮件资费的纳付 …… 78
      6.5.4 国际回信券 …… 79
      6.5.5 欠资国际邮件 …… 81
   案例分析 …… 82
   阅读材料 …… 84
   课后实践 …… 89
   实训 …… 89
   思考题 …… 89

第7章 国际特快专递业务 …… 90

   7.1 国际特快专递业务概述 …… 90
      7.1.1 国际特快专递业务的定义及发展沿革 …… 90
      7.1.2 国际特快专递业务的特点 …… 91
      7.1.3 国际特快专递业务的种类 …… 92
   7.2 国际特快专递业务规格标准 …… 95
      7.2.1 国际特快专递邮件的准寄范围 …… 95
      7.2.2 国际特快专递邮件的重量及尺寸限度 …… 96
      7.2.3 国际特快专递邮件的封面书写及封装要求 …… 96
      7.2.4 国际特快专递邮件禁限寄规定及处理 …… 98
   7.3 国际特快专递业务资费 …… 98
      7.3.1 资费核定原则 …… 98
      7.3.2 资费的纳付与退补 …… 99
   7.4 国际特快专递邮件的查询 …… 99
      7.4.1 EMS 客户服务系统 Rugby 的起源 …… 99
      7.4.2 Rugby 客户服务系统的功能 …… 100
      7.4.3 Rugby 客户服务系统的优势 …… 101
   案例分析 …… 102
   阅读材料 …… 103
   课后实践 …… 105
   实训 …… 105

思考题 … 105

第 8 章 国际邮政网路组织 … 106

8.1 国际邮政网路组织的原则 … 106
8.2 国际邮件功能局 … 107
8.2.1 国际邮件互换局 … 107
8.2.2 国际邮件交换站 … 108
8.2.3 国际邮件经转局 … 108
8.2.4 验关局 … 109
8.3 国际邮件直封总包关系 … 109
8.4 国际邮件发运路由 … 110

课后实践 … 111

思考题 … 112

第 9 章 国际邮政生产组织 … 113

9.1 国际邮件传递过程 … 114
9.1.1 国际邮件传递过程的特点 … 114
9.1.2 国际邮件传递过程 … 114
9.2 国际邮件的收寄 … 115
9.2.1 国际邮件的收寄方式 … 115
9.2.2 收寄国际邮件的基本要求 … 116
9.2.3 邮件收寄后的检查 … 116
9.2.4 收寄信息的采集与处理 … 117
9.3 国际邮件的出口处理 … 117
9.3.1 收寄局对出口国际邮件的处理 … 117
9.3.2 邮区中心局对出口国际邮件的处理 … 118
9.3.3 经转局和验关局对出口国际邮件的处理 … 119
9.3.4 互换局处理出口国际邮件的一般规定 … 121
9.3.5 互换局出口函件总包封发 … 121
9.3.6 互换局出口大宗函件总包封发 … 125
9.3.7 互换局出口包裹总包封发 … 125
9.3.8 互换局出口邮政公事包裹 … 126
9.3.9 互换局出口空邮袋总包封发 … 126
9.4 国际邮件的进口处理 … 127
9.4.1 交换站对进口国际邮件总包的接收和转发 … 127

9.4.2　互换局处理进口国际邮件总包的一般规定 ……………………………… 129
　　9.4.3　互换局进口函件总包的开拆 ………………………………………………… 129
　　9.4.4　互换局进口大宗函件总包开拆 ……………………………………………… 132
　　9.4.5　互换局进口包裹总包的开拆 ………………………………………………… 132
　　9.4.6　互换局进口空袋总包 ………………………………………………………… 134
　　9.4.7　互换局对进口邮件的处理和转发 …………………………………………… 134
　　9.4.8　互换局对进口散寄经转和误发邮件的处理 ………………………………… 135
　　9.4.9　经转局进口邮件的转发 ……………………………………………………… 137
　9.5　国际邮件的投递 ……………………………………………………………………… 138
　　9.5.1　做好投交前的查验处理及准备工作 ………………………………………… 138
　　9.5.2　正确办理各类邮件的投交手续 ……………………………………………… 139
　　9.5.3　注意收取有关费用 …………………………………………………………… 140
　9.6　国际邮件的特殊处理 ………………………………………………………………… 141
　　9.6.1　无法投递邮件的处理 ………………………………………………………… 141
　　9.6.2　无着邮件处理 ………………………………………………………………… 142
　　9.6.3　国际邮件查询 ………………………………………………………………… 142
　　9.6.4　国际邮件补偿 ………………………………………………………………… 145
案例分析 ……………………………………………………………………………………… 147
阅读材料 ……………………………………………………………………………………… 149
课后实践 ……………………………………………………………………………………… 151
思考题 ………………………………………………………………………………………… 151

第10章　国际邮政通信管理 ……………………………………………………………… 152

　10.1　国际邮政通信管理概述 …………………………………………………………… 152
　　10.1.1　国际邮政通信管理的要求 …………………………………………………… 152
　　10.1.2　国际邮政通信管理的内容 …………………………………………………… 153
　　10.1.3　国际邮政通信管理方法 ……………………………………………………… 154
　10.2　质量管理 …………………………………………………………………………… 154
　　10.2.1　邮政质量的内容 ……………………………………………………………… 155
　　10.2.2　质量管理的内容 ……………………………………………………………… 155
　　10.2.3　通信时限频次管理 …………………………………………………………… 156
　　10.2.4　质量检查 ……………………………………………………………………… 156
　　10.2.5　函件抽样统计 ………………………………………………………………… 156
　10.3　国际邮件处理工作的检查 ………………………………………………………… 157
　　10.3.1　检查的目的与要求 …………………………………………………………… 157

        10.3.2 检查的内容 ·· 158
    10.4 验单和业务档案管理 ·· 159
        10.4.1 验单管理 ·· 159
        10.4.2 业务档案管理 ·· 161
    10.5 邮袋管理 ·· 161
        10.5.1 出口国际邮袋管理 ·· 162
        10.5.2 进口国际邮袋清退 ·· 162
    思考题 ··· 163

第 11 章 国际邮政账务结算 ·· 164

    11.1 我国国际邮政账务结算体系 ··· 164
        11.1.1 互换局(交换站) ··· 165
        11.1.2 输入局 ·· 165
        11.1.3 结算中心 ··· 165
    11.2 航空运费账单 ·· 166
        11.2.1 总包航段运费账单和国内航空续运费账单 ·· 166
        11.2.2 散寄航空函件运费账单 ·· 166
        11.2.3 各类航空运费账单的核对与签退 ··· 167
    11.3 包裹账单 ·· 168
        11.3.1 包裹账单的编制 ·· 168
        11.3.2 包裹账单的核对与签退 ·· 168
    11.4 函件终端费账单 ··· 168
        11.4.1 接收函件总包重量清单的编制 ··· 169
        11.4.2 接收函件总包重量清单的核对 ··· 169
        11.4.3 终端费账单的编制、核对与签认 ·· 170
    11.5 函件转运费账单 ··· 170
    11.6 其他邮政账务 ·· 170
        11.6.1 特快专递邮件账务 ··· 170
        11.6.2 国际邮件补偿金账单 ·· 171
    11.7 国际账务工作的检查 ·· 172
    阅读材料 ··· 172
    思考题 ··· 173

参考文献 ··· 174

附录 A 国际函件资费表 ··· 175

附录 B　香港、澳门和台湾地区邮件资费表 …………………………………………… 177

附录 C　国际邮政通信常用术语 …………………………………………………… 178

附录 D　我国内地(大陆)国际邮件互换局、交换站名单 …………………………… 183

附录 E　国际水陆路邮件发运路由样表 …………………………………………… 185

附录 F　国际航空邮件发运路由样表 ……………………………………………… 186

附录 G　国际空运水陆路邮件发运路由样表 ……………………………………… 187

附录 H　国际特快专递邮件发运路由样表 ………………………………………… 188

附录 I　国际特快专递邮件详情单样表 …………………………………………… 189

附录 J　部分国家禁限寄规定 ……………………………………………………… 190

附录 K　国际函件发运路由表 ……………………………………………………… 194

附录 L　国际包裹直封路由 ………………………………………………………… 256

附录 M　国际 EMS 直封路由 ……………………………………………………… 270

第 1 章 绪 论

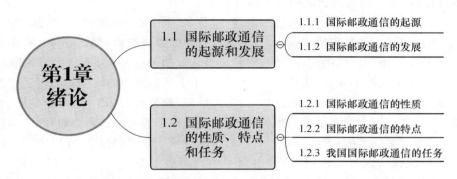

从这一章开始,我们将走进国际邮政通信领域。读者将了解国际邮政通信的起源、国际邮政通信的历史沿革,认识国际邮政通信在人类社会发展中的作用,了解国际邮政通信的性质和特点,思考国际邮政通信的发展趋势。

国际邮政通信是国家开办并直接管理的、遵照国际邮政公约和本国有关法规,在国家与国家(地区)之间以传递实物信息为主体的一种通信,是现代人类社会进行政治、科学、文化等活动和人们对外联系交往的公用性基础设施的组成部分。国际邮政通信是我国邮政通信的重要组成部分和我国涉外工作的一个方面。

"国际邮政通信"是以国际邮政通信组织管理中的问题和发展规律为主要研究对象的一门学科,开设此学科的目的是为我国各类国际邮政通信管理和决策人员提供科学的组织、管理、规划现代国际邮政通信的基本原理、方法和知识,为制定国际邮政通信发展战略、完善国际邮政通信的组织管理、发展国际邮政通信事业提供理论指导。因此,"国际邮政通信"学科所研究的问题主要是在国际邮政通信的组织管理等实际工作中,依靠常识和经验不易判断解决的、带有国际性的复杂问题。

1.1 国际邮政通信的起源和发展

1.1.1 国际邮政通信的起源

邮政早在古代就已出现,在中国、波斯、古埃及、古希腊和古罗马等古老的国家,统治者和教会组织了有效的邮驿传递系统。这样的邮政,是君主、王公、教会独占的工具,主要用于传达他们的命令直至辽阔国土最偏僻的地区。随着国家之间联系和交往的需要,统治者利用这些邮驿传递系统逐步创办了国际邮政业务,国际邮政的雏形出现。

我国的国际邮政业务始于汉朝初期。据《后唐书·西南夷传》记载,永宁元年(公元120年),我国邮驿已通达缅甸、印度等国。张骞、班超出使西域,使邮驿路线进一步通达中亚各国、波斯帝国等。明朝郑和下西洋,出航印度尼西亚、阿拉伯各国和东非等地,邮驿也随之扩展,并出现了海上邮驿。

1.1.2 国际邮政通信的发展

本节将国际邮政通信的发展大致分为两个阶段:古代邮驿和近现代邮政,如下所述。

1. 古代邮驿:邮政通信的出现和古代邮驿的发展

人类的邮政通信活动早在古代就已经出现,世界各国古代都有邮驿组织,其中古埃及、古希腊、波斯、古罗马和中国等文明古国,都曾为古代邮驿的发展做出贡献。例如,古埃及在公元前20世纪就出现了邮政性质的传令组织;古希腊进入奴隶社会后,为了与同盟城市或敌对城市保持联系,在每个城市都安排"送信者";中国在三千多年前的殷商时期就出现了有组织的通信活动,西周时期形成了以都城丰镐为中心的邮传网络,到公元前221年,秦始皇统一中国,实行"车同轨、书同文",在全国修驰道,建立了以秦朝都城咸阳为中心的驿路和驿站网,秦朝还制定了中国第一部有关通信的法令——《行书律》,汉朝继承了秦朝的制度,并规定"五里一邮,十里一亭,三十里设驿",魏晋南北朝时期,出现了中国历史上第一部邮驿专门法规——《邮驿令》,唐宋时期邮驿制度已经发展得非常完善,并出现"急递铺"(EMS的前身)。

这一阶段的邮政带有鲜明的政治色彩,为统治者专有,目的是维护政治统治。

中国造纸术和印刷术的发明和传播,使邮政通信有了质的飞跃;新大陆的发现,刺激了国际邮政的飞速发展。同时,航海的发展刺激了世界经济文化交流的不断发展,教育的进步和普及、书信载体的进步,都大大刺激了国际邮政通信的飞速发展。这一阶段除国家经办的邮政外,出现了直接为商业和经济文化服务的私营邮政。法国巴黎大学在13世纪初,开办了专门为学生寄信和送款的邮递组织,这是世界上最早的私营通信机构。但是,这一阶段整个欧洲处于政教合一的统治体系之下,教会对商业和经济文化的发展实行严格的控制,整个欧洲商业和经济发展极为缓慢,阻碍了国际邮政通信的正常发展。

在中世纪的欧洲,邮政主要是由僧侣(教会)、骑士组织和大学办理,为传教和学生服务,后来也捎带个人信件,足迹逐步跨越了国界。

2. 近现代邮政:万国邮联成立阶段至今

14世纪至16世纪的文艺复兴,导致了资本主义的大发展和资产阶级革命,又间接导致了18世纪的工业革命,由此带来了交通、纺织等工业的飞速发展,此时分散经营的私营国际邮政不能满足社会经济、文化的需要,满足不了资本主义经济发展的需要。欧洲发生的第一次产业革命导致新的交通工具出现,从而加速了邮政通信的发展;资产阶级革命导致经济、文化在世界范围发展和传播,人们交流通信的需求剧增,私营邮政也取得较大的发展。16世纪,在弗朗索瓦·塔克西斯的倡导下,组建了第一个为欧洲几个不同国家服务的私营国际邮政机构——士伦·塔克西斯邮局,该邮局开通了布鲁塞尔至巴黎、维也纳至罗马等邮路,从欧洲北海岸到地中海都有它的驿站。

1840年,英国政府采纳罗兰·希尔在《邮政改革:其重要性与规定性》一书中的观点,对邮政进行了改革:实行均一资费制,采用邮资预付政策并发行邮票,强调邮政由国家专营,业务向所有客户开放(最初的普遍服务)。这一改革是个里程碑,确定了现代邮政业务的基本特征。此后,法国、瑞士、荷兰等国家先后实行邮政业务国家专营,邮政逐渐演化为公务机构。

但当时的国际邮政是根据不同国家的需要，签订双边协定办理的，各国度量衡、货币单位、资费不统一，手续繁杂，标准各异，随着经济文化交流的不断发展，这种方法越来越不能满足国际关系迅速发展的需要。为了解决这个问题，在美国邮政部长蒙哥马利·布莱尔的提议下，于1863年5月在巴黎召开了有欧美15个国家和地区参加的世界第一个邮政大会，会议通过了一项一般性原则，供各国邮政在与其他国家签订双边协议时参考，但这种依据统一的原则办理国际邮政业务的方法仍然建立在双边协定的基础上，并不能实际解决问题。于是，当时的北德意志邦联邮政长官海因里希·冯·斯特凡适时提出了结成邮政联盟的构想，得到了西方许多国家的赞同。1874年在瑞士伯尔尼召开了有22个国家（德国、奥地利、匈牙利、比利时、丹麦、埃及、西班牙、美国、法国、英国、希腊、意大利、卢森堡、挪威、荷兰、葡萄牙、罗马尼亚、俄国、塞尔维亚、瑞典、瑞士和土耳其）代表参加的世界邮政大会，与会各国代表签署了《关于创设邮政总联盟条约》（又称《伯尔尼条约》），根据该条约，成立了邮政总联盟。

资产阶级革命和工业革命极大地刺激和推动了国际邮政的飞速发展，越来越多的国家和地区要求加入邮政总联盟，鉴于此，1878年巴黎大会决定把"邮政总联盟"改名为现在的"万国邮政联盟"（以下简称"万国邮联"），总部设在瑞士的伯尔尼。同时，为吸收更多的国家加入万国邮联，扩大万国邮联的范围和影响，采用"开放式"邮联政策，导致万国邮联组织松散，矛盾丛生。1948年巴黎大会决定重新修改加入万国邮联的程序，随后万国邮联于1948年7月成为联合国的一个专门机构，从此，世界各缔约国邮政开始以"统一的邮政领域"的方式互换国际邮件，近代国际邮政通信开始形成。

近代形成发展起来的万国邮联已经颇具规模，但我国在加入万国邮联这一问题上却颇费周折。近代的中国国力衰微，西方列强横行无忌，当时在中国存在着由清朝政府开办的大清邮政，由民间力量兴办的民信局和侨批局，还有西方列强在我国开设的"客邮"（即对方国家在我国的分支机构）等多种邮递机构。而清朝政府每年的财政收入均来自当时的海关，中国依靠瓷器、茶叶、丝绸等商品每年为国家创造大量收入。鸦片战争后，清朝政府为了偿还赔款，不得不将海关等机构交由英国人赫德主管，将每年的收入直接划入对英国的赔款账户中。1896年大清邮政开办后，也成为清朝海关下属的一个机构，由赫德直接管理。

1878年，法国趁第二届万国邮联大会在巴黎召开之便，以东道主的名义邀请中国加入邮联。当时的清朝海关税务总司长赫德极力阻止，理由有四：①中国即使加入也无法将境内的客邮清除；②如果没有客邮的存在，西方国家的邮政资费将大大提高；③虽然当时清朝已有相应的邮政机构，但发展水平无法跟上西方邮政步伐；④加入邮联，清朝需将邮政与海关事务分开办理，国家需另开经费，且各国对清朝的掌控力将被削弱。这些理由还只是表面上的，深层次的原因在于各西方国家都希望攫取好处，法国对中国的邀请也不外乎眼红英国人赫德对海关的掌控，希望通过邀请中国加入邮联分得一份在华利益。

由于以赫德为首的英国势力的反对，中国直至清朝灭亡都没有加入万国邮联。1914年辛亥革命后，民国政府加入了该联盟，以中华民国的身份成为邮联的正式成员。

新中国成立后，万国邮联不承认中华人民共和国的合法地位，将中国台湾作为中国的唯一代表，1953年，我国与该联盟断绝往来。1972年4月，在万国邮政联盟承认中华人民共和国为该组织的唯一合法代表后，我国与该组织关系才开始正常。同年11月，中国作为邮政研究咨询理事会理事国，派代表参加了在伯尔尼举行的该理事会的年会。从此，中国履行了接受邮联有关法规的手续，参加了1974—1994年历届邮联大会，并4次当选为大会副主席和历届邮政经营理事会的理事国。中国在1994年8月22日至9月14日在韩国汉城（现称首尔）举行的第21届大会上当选为该组织行政理事会和经营理事会的理事国。1997年5月9日,中国全国人大常委会批准了《万国邮政联盟组织法第五附加议定书》。1999年8月23日至9月15日,万国邮联第22届大会在北京举行。

1.2　国际邮政通信的性质、特点和任务

我国的国际邮政通信,在独立自主的和平外交政策与对外开放的方针指导下,努力沟通与各国人民间的通信往来,发展同全世界人民的友好关系,促进国际间的经济贸易、科学技术和文化的交流。随着我国国际关系的发展,我国国际邮政通信在通达区域、网路组织、业务经营和国际交往等方面,都取得了显著的成就。

1.2.1　国际邮政通信的性质

1. 国际邮政通信部门属于第三产业部门

第三产业部门是指国民经济中除向社会直接提供有形物质资料的部门以外的直接为社会、经济、生活提供劳务的部门。劳务又称服务,它不是以实物形式而是以活劳动形式存在的。在国际邮政通信中,劳务所创造的劳动成果不是有形的实体商品,也不是新的物质产品,而只是把劳动对象进行了空间地理位置的转移,并没有直接为社会增加物质财富。

2. 国际邮政通信的生产性

国际邮政通信部门向社会提供的劳动产品,实质上是对实物信息进行传递、转移的一种劳务,即服务,这种劳务或服务同时具有使用价值和价值,其使用价值就是通过对实物信息进行转移,为消费者缩短了空间、节省了时间、节约了开支;其价值则是在实物信息的传递过程中,消耗了物化劳动和活劳动。

3. 国际邮政通信的服务性

国际邮政通信部门不生产新的实物产品,只为社会提供服务,它的生产过程就是用户的消费过程。国际邮政通信的目的是为人类社会传递实物信息,以满足人类社会日益增长的对国际邮政通信的需求。

1.2.2　国际邮政通信的特点

1. 很强的政治性和保密性

国际邮政通信是在国家与国家(地区)之间进行的通信联系,要服从和服务于国家政权政治的需要,当一个国家(地区)的政权性质发生变化或者它的对外政策有了改变,都能反映到国际邮政通信方面,因此国际邮政通信具有很强的政治性和保密性。

2. 国际间的全程全网、联合作业

国际邮政通信提供的劳务必须要有两个或两个以上国家或地区的邮政部门劳动者协同劳动才能完成,因此在生产过程中具有国家与国家(地区)之间全程全网、联合作业的特点。

3. 复杂性

制约国际邮政业务开办的因素较多,一般性的国际邮政业务在万国邮政联盟的公约、协议等规定的范围内开办,有些业务的开办还需要两国邮政之间签署协议。同时,国际邮政业务组

织涉及的环节多,各国不同的环境造成业务组织的复杂性。

4. 专业性

国际邮政从业人员的专业素质要求较高,从事国际邮政业务的人员不仅需要具有一定的外语水平,还需要具有较高的邮政业务素质。

1.2.3 我国国际邮政通信的任务

我国国际邮政通信的基本任务是在我国独立自主、和平共处和改革开放的对外总政策的指导下,通过迅速、准确、安全、方便地传递国际邮件,沟通我国与世界各国人民的通信联系,发展同全世界人民的友好关系,促进相互间的政治、经济贸易、科学技术、文化的交流和发展,为我国的经济建设服务,具体任务可归纳为以下几点。

1. 为党和国家提供国际邮政服务

新中国成立以来,我国在和平共处五项原则的基础上,同世界上一百多个国家建立了外交关系。随着我国国际地位的不断提高,同世界各国的政治、经济、文化交往日益广泛,国家需要的对外联系也更加频繁。党政各部门在进行对外事务联系时,都需要国际邮政部门为其提供服务。我国的国际邮政通信首先要保证党和国家对外邮政通信的需要。

2. 为国家对外经济贸易、科技和文化交流服务

国际邮政通信一直是国家对外进行经济贸易、科技和文化交流的工具之一。由于我国实行对外开放政策,特别是加入世界贸易组织(WTO)之后,国际间经济贸易、科技和文化交流对国际邮政通信的需求不断增加,大量的商品货样、银行结算单、经贸合同、科技文件和货物等,需要通过国际邮政通信部门进行寄递和交换。我国的国际邮政通信,要为促进国际间的经济贸易、科技和文化交流服务,为我国的社会主义现代化建设做出应有的贡献。

3. 为公众提供国际间通信和物品寄递等邮政服务

随着我国在国际事务中的影响不断扩大,我国人民同世界各人民之间的友好往来更加密切,国际间的通信数量也随之增加。我国的国际邮政,要最大限度地满足中国人民和世界各国人民之间的通信需要,同时便利海外侨胞同祖国人民之间的通信联系。中华人民共和国成立以来,党和政府非常关心侨居在国外的数千万同胞,支持他们的正当权利,同时也非常关注侨胞的生活,使得他们深感祖国的温暖和关怀,关心祖国的繁荣和经济建设。我国的国际邮政通信应为海外华侨和外籍华人同祖国联系提供方便。

4. 经转其他国家和地区的邮件

国际邮件在传递过程中,往往需要经过一个或多个国家邮政部门的经转才能传递到目的地。邮件传运自由是万国邮联的基本原则之一,我国发往世界各国的邮件有时需要经过有关国家转发,同样地,其他国家的邮件也有一部分需要经过我国转发。因此,对于经转其他国家的邮件,保障其转运自由,也是我国国际邮政通信的任务之一。

5. 为中国邮政带来经济效益

国际邮政是中国邮政经营的重要领域,一些国际邮政业务是利润丰厚的高端产品,经营好国际邮政业务对中国邮政的发展有着重要意义。

阅读材料

【阅读材料 1.1】

国际邮政公司发布最新全球邮政业报告

近日,国际邮政公司(IPC)发布了最新版的《全球邮政业报告》,报告涵盖了欧洲、北美、亚太等地区的 48 个邮政指定运营商,以及联合包裹服务公司(UPS)和联邦快递(FedEx)等综合物流服务商。报告称,2016 年,邮政指定运营商平均年收入增长了 2%,2017 年前半年收入实现 1.4% 的增长。然而相较 2016 年上半年,2017 年上半年业务单元之间的表现差异较大,总的来说,邮件收入下降 1.3%,而包裹收入增加了 11.4%,两个业务单元的营业利润保持稳健。

邮件量下滑　但仍是主要收入来源

近十年来,数字化颠覆了人们的交往方式,人类变得更加互联互通,这也带来了邮政业结构的巨变:函件量全球范围内下滑,电子商务带来全球包裹量猛增,市场竞争更加激烈。

"尽管邮件量仍在下滑,但邮政业的收入和盈利仍保持较强劲增长。"IPC 首席执行官 Holger Winklbauer 指出。

报告指出,2006 年,全球不足 1/5 的人口可以上网,电子商务占零售业的比例微乎其微。如今,近一半的人口能够上网,数字联通和智能手机的普及打破了传统业务模式。从 2006 年开始,一些发达国家的邮政运营商的邮件总量几乎减少了 1/4,有些运营商的邮件量甚至减少了 1/2 以上。

2016 年,优先邮件量减少了 6.6%,非优先邮件量减少了 4.7%,有址和无址的广告邮件量分别减少了 3.2% 和 1.4%。随着金融、通信和政府部门等传统邮件大客户持续选择电子渠道来邮寄账单、公文和发票等,邮政开始深入挖掘面向各类型企业的广告邮件业务,拓展市场。

因此,虽然邮件量在下滑,但邮件收入仍是行业收入的最大贡献者,2016 年邮件收入上涨 0.9%,占全球邮政业收入的 38%,其中,信函资费提高也有助于提升收入。不过,2011 年的占比则是 49%。

随着邮政业务的多元化,邮政运营商也在加大对未来的投资,2016 年,邮政业资本支出占总收入的 4.7%,2011 年则只有 3.9%。

邮政业的另一个重要收入来源就是包裹快递业务。2016 年,邮政业总收入为 4253 亿欧元,比 2015 年增长了 12 亿欧元。2016 年以来,包裹快递业务成为收入的重要来源。

电商成引擎　产业链竞合是趋势

近两年来,全球网络零售额平均增长 18% 左右,2016 年超过了 1 万亿欧元。亚太地区表现最为抢眼,目前约占全球网络零售额的 50%。由于电商发展仍未完全成熟,市场空间广阔,2016 年,邮政运营商的包裹和快递收入平均增长了 6.5%。绝大多数邮政运营商表示,B2C 业务拉动了收入增长。

消费者希望可以随时随地多渠道购物,零售商希望提供线上线下无缝购物体验,这就需要寄递企业为二者提供更快速、更廉价和更便利的服务,因此,"竞合"成为邮政的新思路。

2016 年,很多邮政运营商表示面临国内激烈的包裹市场竞争,竞争者市场占有率为 35%~90% 不等。但邮政运营商也以开放的心态,与综合物流服务商、在线零售商以及新创企业共同服务电商市场。有些邮政运营商已经成为电商平台的合作伙伴;有些则向快递企业(如联合包裹和联邦快递)开放"最后一英里"网络;有些则通过并购新创公司来夯实同日达和众包派送市场。因此,"邮政仍是电子商务的核心组成部分"。报告指出,随着消费者跨境网购需求的增加,跨境寄递成为邮政运营商的新机遇。目前,国际寄递业务平均只占邮政包裹总业务量的不足1/5,因此,邮政运营商十分看好跨境寄递市场。

同时,邮政运营商面临的压力也不小:一方面有来自大客户的议价压力和其他寄递市场竞争者的压力;另一方面,邮政运营商在升级优化网络和分拣设施、安装快递柜、升级IT系统和新技术方面的投资也很大。

多元化发展　业务带来更多收入

在多变的形势下,邮政运营商正在多元化发展,不断加大其他方面的投资,如物流,扩宽金融服务,强化零售网络,并购与战略合作也成为邮政运营商在新兴业务领域和国际市场站稳脚跟的"捷径"。报告称,邮政运营商一半以上的并购目标是国内企业,超过1/3的并购则发生在周边国家。而为了专注于经营,2009年以来,全球大约发生了139起撤资子公司的案例,其中有一半以上的子公司提供的是邮件和信息服务。

尽管2016年邮件仍是邮政的核心收入来源,超过总收入的1/3,但收入多元化的差异也非常明显。有些邮政运营商的邮件收入超过总收入的90%,有些则不足10%。总体来看,2011年以来,超过2/3的邮政运营商表示其非邮收入一直在增长。国际业务方面,近五年来的收入也保持增长,平均收入几乎达到总收入的1/4。

一方面是收入增加,另一方面,全球范围的邮政指定运营商通过现代化改造或购买新创公司等手段,均在加速布局未来。过去4年,邮政业的资本支出超过25%,2016年的资本支出创纪录地占总收入的4.7%,其中,邮件相关业务资本支出占1/3,包裹和物流的支出约占1/3。

未来较乐观　包裹业务增速达4%~13%

IPC的报告指出,2016—2021年,预计全球大多数邮政企业仍将面临邮件量平均每年下滑2%~11%的挑战,而包裹量将以平均每年4%~13%的增速继续增长。

未来的市场竞争将异常激烈。报告指出,随着电商业务的增长,全球综合物流服务商联邦快递和联合包裹正在加大B2C解决方案的投资,调整传统的B2B经营模式。与此同时,亚马逊和阿里巴巴等电商平台也在全球投资物流网络,以期更深入地参与电商价值链,对接客户。

市场巨变给邮政监管带来了难题,邮政企业的私有化正在蔓延。在10家已经上市的国有邮政公司中,有5家是在过去5年完成的,政府的数字化战略也促使邮政推出数字化服务,全球老龄化则为邮政带来了新的老年看护业务,这些都为政府管理带来了新课题。

报告对邮政业的未来也充满信心。"经济增长和城市化以及互通性仍是推动世界变革的力量,电子替代服务和电子商务则是持续推动邮政业结构转型的因素。"据国际货币基金组织预测,2018年,全球经济增长将达到3.7%。另据国际研究机构Euromonitor International研究,到2021年,全球电子商务交易额将达1.8万亿欧元,届时,移动商务会占据网上零售额的一半以上。而新兴国家将成为主要驱动,如亚太地区的中国,未来5年的跨境电商交易额或将翻番。值得注意的是,服饰和鞋帽以及媒介、消费电子类产品将是最大的三类电商产品,而餐饮类的交易增长将为定制快递服务带来商机。

来源:《中国邮政快递报》2017年12月7日

课 后 实 践

通过查阅资料和实地调查,了解我国国际邮政通信发展历史,并针对某一问题谈谈自己的想法。

思 考 题

1. 简述国际邮政通信的性质和特点。
2. 简述我国国际邮政通信的任务。

第 2 章　万国邮政联盟

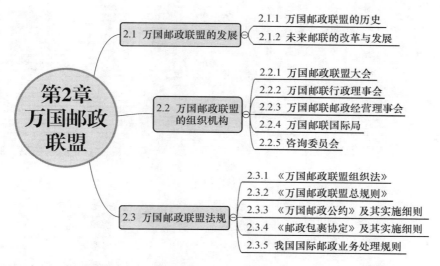

"创新、整合、包容"是万国邮政联盟行政理事会为 2016—2018 年世界邮政日选定的宣传主题。1874 年 10 月 9 日成立的万国邮政联盟,在促进国际邮政业务的发展、解决会员国邮政之间的争端、参加联合国技术援助等方面发挥了不可替代的巨大作用。通过本章的学习,读者将全面了解万国邮政联盟的创立和发展过程,以及万国邮政联盟的组织机构和法规。

2.1　万国邮政联盟的发展

2.1.1　万国邮政联盟的历史

万国邮政联盟是联合国下属的一个商定邮政事务的各国政府间的国际组织,如图 2-1 所示。万国邮政联盟成立于 1874 年 10 月 9 日,当时的名称是"邮政总联盟(General Postal Union)"。1878 年,鉴于加入的国家和地区日益增加,于是改名为"万国邮政联盟(Universal Postal Union)",简称"万国邮联"或"邮联"。1948 年 7 月,万国邮联成为联合国组织负责国际邮政事务的专门机构,总部设在瑞士的伯尔尼,如图 2-2 所示,截至 2018 年,共有会员国 192 个。万国邮联成立一百多年来,在各会员国政府的帮助下,在促进国际邮政业务的发展,规范国际邮件的传递,解决会员国邮政之间的争端,指导会员国之间的技术合作,参加联合国技术援助等方面发挥了不可替代的巨大作用,中国邮政以及其他国家邮政为纪念万国邮联成立发行的邮票如图 2-3 和图 2-4 所示。

图 2-1 联合国组织机构图

图 2-2 万国邮联总部

图 2-3 中国邮政发行邮票纪念万国邮联成立 100 周年

图 2-4　各国邮政发行邮票纪念万国邮联诞辰

欧洲在19世纪进行了第二次产业革命,电子计算机的出现使得行业竞争加剧,打破了行业界限,电子技术的发展导致了邮电的分营。电子技术的发展给邮政带来了前所未有的挑战,私营速递公司飞速发展壮大,对国际邮政的发展有着越来越大的影响。全球经济一体化和服务贸易自由化使世界经济融为一体,第三产业的发展推动服务贸易的自由化,同时也推动邮政市场的全面开放。

1. 从"一个邮政领域"到"一个邮政市场"

1997年,在日内瓦高级战略论坛上,英国邮政总局长提出了一个相对于"一个邮政领域"的新观点——"一个邮政市场"。"一个邮政领域"的核心是政府间的国际合作,维系各国邮政之间关系的是代表政府的官方关系,各国邮政不可以跨越国境设立网点、经办业务,各国的邮政市场只能由本国的邮政企业参与竞争。"一个邮政市场"的核心是经济实体间的国际竞争,维系各国邮政之间关系的是标准的商业关系,邮政可以跨越国界设立网点、经办业务,一个国家的邮政市场可以有不同国家的邮政参与竞争,也可以有私营速递公司的参与,本质上各国邮政之间的关系和私营速递公司没有任何区别,官方关系逐渐淡化。各邮政企业由传统的合作关系逐渐转变为合作与竞争的关系,与私营机构的关系同样为合作与竞争的关系。一些走在邮政改革前列的国家开始在国外设立互换局。

2. 新技术的发展对邮联的挑战

① 行业融合。电子信息技术的发展,打破了各行业之间的界限,使得电视网、计算机、电信合一,邮政已经不是传统意义上的邮政。

② 替代产品。传真、电话、电子银行、电子邮件直接挑战以纸为载体的信函和支付业务。

③ 邮联面临的改革。世界邮政所面临的外部和内部环境发生着巨大的变化,各国邮政都面临着世界范围内的激烈的市场竞争,都积极致力于邮政改革。邮联作为一个政府间国际组

织，其创立的基础是各国政府在邮政事务上的相互合作，维系其存在的基石是"一个邮政领域"。新形势下，邮联必须确立新的国际合作准则，维系"一个邮政领域"，并确立其新的内容。

2.1.2 未来邮联的改革与发展

1. 对邮政发展的新认识

① 信息社会中电信和邮政都不可缺少，但电信和邮政都已不是传统意义上的概念。
② 竞争将会按照其固有的规律越来越激烈。
③ 部分邮政业务被其他部门替代是发展的一种标志。
④ 行业间的融合是企业发展的趋势。
⑤ 改革，与其他行业结合互补是发展的出路。

2. 邮联的改革与发展方向

未来邮联将只负责国际邮政业务的管制，包括制定各会员国之间国际邮政业务的协作原则、标准，争端的仲裁，违反规定的处罚，业务咨询等职能，不负责国际邮政业务经营。各国邮政和一些实力雄厚的私营邮递企业，将组成一个负责邮政业务经营的国际组织，处理与邮政业务经营有关的具体事宜。

（1）新时期邮联的作用和使命问题

"一个邮政市场"的核心是经济实体间的国际竞争，维系各国邮政之间关系的将是标准的商业关系，国际邮政业务方面的协作必然要考虑服务质量、成本因素和市场因素，各国邮政之间的协作达不到各方满意时，必然会产生国家邮政和私营速递企业之间的协作。在私营速递公司参与市场竞争且占有相当大的市场份额、邮政跨国经营已经成为现实、邮政与私营公司的合作越来越多的情况下，尽管邮联仍然强调"一个邮政领域"，但各国邮政间的关系、邮政与私营速递公司之间的关系已经开始发生实质性的变化。"一个邮政市场"的出现和最终确立将对邮联今后的发展方向、前途产生重大影响。邮联所涉及的事务已经不限于政府间合作的官方事务，而是面临政府、国际组织、私营企业、用户等多种利益相关者多种事务互联互动的复杂局面。

（2）邮联内部组织机构的改革问题

由于邮政商业化运作的色彩越来越浓，官办机构的官僚作风和低效率、不讲经济效益的状况，已经不能适应环境的变化。邮联必须考虑自身机构的效率与效益，应率先进行机构改革，精简机构、节约成本、改进形象、保持活力，维护邮联在世界邮政事务中的决策地位。

（3）邮联的开放问题

非政府间国际组织、私营机构已经成为参与市场竞争、参与相关服务的世界邮政利益相关者的一个组成部分，非政府间国际组织、私营机构和一些发达国家邮政提出邮联应全面开放，2000年万国邮联为此成立了咨询小组，2004年成立咨询委员会。但这些还远远不够，在非邮政政府机构参与邮联的事务已经成为必然的情况下，参与邮联的成员范围、形式、在邮联的地位等问题，并没有从根本上解决，这些问题将会对邮联未来的发展产生重大的影响。

2.2 万国邮政联盟的组织机构

万国邮政联盟的组织机构是按照万国邮联的宗旨和有关法规建立起来的工作单位。万国邮联自成立以来，就设立有相应的组织机构负责万国邮联的行政、立法、组织管理、技术合作，以及各成员国邮政主管部门之间的联络、情报、咨询工作。随着国际邮政业务和世界经济的发展,万国邮联所设的组织机构也在不断进行相应的改革和调整。

根据 1874 年《伯尔尼条约》,万国邮联设立了国际局,1947 年万国邮联巴黎大会决定设立执行和联络委员会,1957 年万国邮联渥太华大会决定设立邮政研究咨询委员会,1964 年万国邮联维也纳大会决定改执行和联络委员会为执行理事会,1969 年万国邮联东京大会决定设立邮政研究咨询理事会,取代原邮政研究咨询委员会,1994 年万国邮联汉城大会决定设立行政理事会和邮政经营理事会,取代原设的执行理事会和邮政研究咨询理事会。为促使外部机构参与邮联的工作,2000 年成立万国邮联咨询小组,2004 年布加勒斯特大会决定成立咨询委员会,作为邮联的一个新机构。目前万国邮联设立的组织机构包括大会、行政理事会、邮政经营理事会、国际局和咨询委员会,其中行政理事会、邮政经营理事会、国际局和咨询委员会为万国邮联常设机构。

2.2.1 万国邮政联盟大会

根据《万国邮政联盟组织法》规定,万国邮政联盟大会是万国邮政联盟的最高权力机构。在 1964 年万国邮联维也纳大会之前的体制下,邮联在法律上每届大会都需要更新一次,因为生效公约每次都要以新代旧。1964 年维也纳大会将此前《万国邮政公约》中关于邮联的组织条例部分进行了全面的修改,并独立编成法律文本,首创了《万国邮政联盟组织法》,邮联拥有了一个永久性的法律基础。万国邮政联盟大会的主要任务是修订邮联法规、选举理事会、讨论国际邮政和世界邮政发展的重要议题等。

1874—2016 年,万国邮联共召开大会 26 次(详见表 2-1),会员国的数量从最初的 22 个增加到 2016 年 8 月的 192 个,会员国基本包括了世界上所有独立的国家,成为名副其实的万国邮政联盟。万国邮联自成立至 2004 年每 5 年举行一次大会,2004 年万国邮联布加勒斯特大会(第 23 届)决定自第 24 届大会起每 4 年举行一次。

表 2-1　万国邮政联盟历届代表大会简况表

届次	举办地点和会期	会议天数	与会总人数	代表国家数	提案数
1	伯尔尼(1874 年 9 月 15 日—10 月 9 日)	25	42	22	—
2	巴黎(1878 年 5 月 2 日—6 月 4 日)	34	63	37	413
3	里斯本(1885 年 2 月 4 日—3 月 21 日)	46	84	48	818
4	维也纳(1891 年 5 月 20 日—7 月 4 日)	46	99	49	553
5	华盛顿(1897 年 5 月 5 日—6 月 15 日)	42	103	56	653
6	罗马(1906 年 4 月 7 日—5 月 26 日)	50	133	63	798
7	马德里(1920 年 10 月 1 日—11 月 30 日)	61	171	69	2 248
8	斯德哥尔摩(1924 年 7 月 4 日—8 月 28 日)	56	182	78	1 501
9	伦敦(1929 年 5 月 10 日—6 月 28 日)	50	179	85	1 895
10	开罗(1934 年 2 月 1 日—3 月 20 日)	48	153	81	1 666
11	布宜诺斯艾利斯(1939 年 4 月 1 日—5 月 23 日)	53	174	81	1 108
12	巴黎(1947 年 5 月 7 日—7 月 5 日)	60	291	79	821
13	布鲁塞尔(1952 年 5 月 14 日—7 月 11 日)	59	283	91	1 712

续表

届次	举办地点和会期	会议天数	与会总人数	代表国家数	提案数
14	渥太华(1957年8月14日—10月3日)	51	290	96	1 288
15	维也纳(1964年5月29日—7月11日)	44	520	122	1 244
16	东京(1969年10月1日—11月14日)	45	528	133	1 156
17	洛桑(1974年5月22日—7月4日)	44	691	143	1 038
18	里约热内卢(1979年9月12日—10月26日)	45	824	143	1 351
19	汉堡(1984年6月18日—7月27日)	40	936	153	1 048
20	华盛顿(1989年11月13日—12月14日)	32	1 163	162	881
21	汉城(1994年8月22日—9月14日)	24	1 137	174	823
22	北京(1999年8月23日—9月15日)	24	1 817	183	599
23	布加勒斯特(2004年9月15日—10月5日)	24	1 800	160	—
24	日内瓦(2008年7月23日—8月12日)	20	2 000	143	567
25	多哈(2012年)	21	2 200	192	—
26	伊斯坦布尔(2016年)	18	2 000	192	450

1. 万国邮政联盟大会的组成

万国邮政联盟大会由万国邮联各会员国派出的全权代表组成。"代表"是指"被授权代表一个会员国进行谈判或签字(全权代表)或只进行谈判(代表)的人员",谈判权包括参加讨论和表决的权利,随从官员不得视为代表,然而,根据大会议事规则规定,在其代表团团长正式授权下,他们可以在各委员会会议上代表本国进行表决。

1947年万国邮联巴黎大会以前,邮联大会不接受非邮政机构参加会议。从1947年巴黎大会起,邮联大会陆续接纳联合国组织和其他政府间、非政府间国际组织及区域性邮政联盟的代表作为观察员列席会议。

邮联大会下设若干委员会,由委员会主席和副主席领导,分别处理各专业领域的问题,委员会的数目和权限由上届万国邮联行政理事会确定。例如,2004年布加勒斯特大会设11个委员会,即资格审查、财务、总务和邮联结构、公约、新业务和市场、业务质量、邮政包裹、邮政金融业务、技术合作、文字起草、咨询。

2. 万国邮政联盟大会的职责

万国邮政联盟大会的主要职责是制定未来四年国际邮政业务的发展战略,修改《万国邮政联盟组织法》《万国邮政联盟总规则》《万国邮政公约》和其他各项国际邮政业务协定,并且行使下列行政职权:

① 制定邮政发展战略和确定下个四年期间邮联活动的总纲领;
② 选举邮联行政理事会和邮政经营理事会的理事国;
③ 选举邮联国际局总局长和副总局长;
④ 核准上届大会以来邮联各年度的财务并确定下个四年期间年度开支的最高限额;
⑤ 审议批准上届邮联行政理事会和邮政经营理事会的全部工作报告;
⑥ 确定下届邮联行政理事会和邮政经营理事会的研究工作计划;
⑦ 审议邮联技术合作问题;
⑧ 确定下一届邮联大会的东道国。

3. 1999年万国邮联北京大会

根据万国邮联第21届汉城大会决议,第22届邮联大会于1999年8月23日至9月15日在我国北京举行,这在中国邮政史上具有重要的意义,同时也为促进中国邮政的发展提供了良好的机遇。本次大会首次邀请新闻媒体旁听大会的部分会议,同时也邀请了一些非政府间组织作为大会观察员列席大会。香港地区回归祖国后,香港邮政第一次派员以中国邮政代表团成员的身份参加了第22届万国邮政联盟大会。

本次大会创造了几项新的纪录,代表人数最多(1 817人,创邮联大会历史最高纪录),参加国最多(176个,占成员国总数的93%)。议题与提案涉及面广泛,内容深刻等是本次大会的重要特点。

根据大会成果,万国邮联北京大会发表了"北京邮政战略",在"北京邮政战略"中万国邮联为各成员国邮政确定了以下目标。

① 邮政普遍服务——提供邮政普遍服务,使客户能够在世界各地寄发和接收物品、信件。

② 国际邮政网路的服务质量——提高国际邮政网路的质量,使客户享受到安全、可靠、高效的邮政服务。

③ 国际邮政网路的经济生命力——改善国际邮政网路的成本效益比,从而使客户能够在可接受的条件下享用邮政服务。

④ 邮政的市场与产品——通过更深刻地了解市场和产品创新,满足客户对邮政服务的需求和期望。

⑤ 邮政的改革与发展——借助于邮政的改革与发展,使邮政服务的客户最大限度地享受到邮政环境中技术、经济及邮政规章方面改革的成果。

⑥ 利益相关者之间的合作及相互作用——强化和扩展利益相关者之间的合作及相互作用。

4. 2016年万国邮联伊斯坦布尔大会

2016年9月20日,第26届万国邮联大会部长级会议在土耳其伊斯坦布尔召开,会期18天。西班牙、肯尼亚、俄罗斯、中国、印度、瑞士、南非、日本、马来西亚、厄瓜多尔、萨摩亚、格鲁吉亚、布基纳法索13个国家主管邮政事务的部长以及国际电信联盟秘书长赵厚麟、世界海关组织副秘书长塞尔吉奥·穆希卡参加会议并做主题发言。本次大会审议通过的伊斯坦布尔世界邮政战略,确定了"提升邮政网络基础设施的互联互通、提供可持续和现代化的产品、促进市场和行业的良好运作"三大发展目标,确立了"创新、整合、包容"的2020发展愿景,为今后四年世界邮政的发展描绘了蓝图。

本次大会通过了2017—2020年邮政金融普惠、邮政可持续发展、邮政行业宏观经济以及灾难风险管理计划等系列决议。万国邮联将通过发挥邮政网络优势、深化与区域邮联合作、加强各邮政互助,继续在应对气候变化、对抗贫穷、提升邮政能力建设等方面促进全球邮政的可持续发展。

(1) 邮政可持续发展新目标

大会通过的邮政可持续发展展望明确了要从环境、经济社会、灾害风险管理三大重点领域推动工作,确定了要实现的总体目标,包括:

- 推出适用于邮政部门的万国邮联温室气体排放在线计算工具,研究向其他邮政部门利益相关方(特别是咨询委员会代表成员)推广该工具的可能性;
- 完成邮政部门温室气体减排目标的研究,为邮政部门提出一个类似于航空和海洋运输等部门目标的全球目标；
- 支持邮联成员国各指定经营者在地区发展规划框架下的温室气体减排努力；
- 研究邮政部门如何实施碳补偿，特别是如何加强万国邮联在邮政部门碳补偿系统中的作用；
- 将可持续发展融入邮联国际局的日常活动之中；
- 在落实联合国可持续发展目标的框架内，审视将邮政网络作为基础设施用于经济、社会和地理层面被排除在外的地区会带来的具体影响；
- 与卫生健康专家合作，以邮政雇员或客户为目标，利用邮政网络就卫生健康相关问题开展宣传活动；
- 通过地区发展规划，开发成员国及其指定运营商在可持续发展领域的能力；
- 加强和发展合作伙伴关系，弥补万国邮联的专业知识与技能，并实施本决议的目标等。

目前第一个目标已经完成，万国邮联已经正式推出温室气体在线计算工具 OS·CAR，并正在成员国中推广。根据成员国在线提交的调查数据，该工具能够自动生成统计报告以及相关评估结论，并制定减排方案和目标。

（2）邮政金融服务新愿景

邮政金融是万国邮联及各成员国产品与服务的重要组成部分，近年来受新技术推广与普惠理念的影响，产品种类不断丰富，社会关联性日益增强。邮政金融网络也不再单纯依靠邮政间协议，而演变为多边协议、多元合作的发展模式，并在消除贫困、改善社会均等化方面发挥着更加重要的作用。

为切合时代特征和市场需求，本届大会修正了《邮政支付业务协议》的发展愿景，强调万国邮联应重视和推动发展包容性金融服务，将此纳入职责范围，邮政支付业务依靠对外开放的邮政网络的互联互通，必须遵循万国邮联制定的开放政策。在新愿景的指导下，邮联将逐步开放相关技术平台，以促进邮政指定经营者与非邮政企业的网络联通。

（3）邮政电子业务计划

目前，绝大多数的邮政客户可以接入互联网。预计到2020年，有一半以上的发展中国家居民可以使用互联网，70%以上的居民拥有智能手机。为适应时代发展，邮政需要鼓励信息通信技术的发展，通过数字化转型增加收入、改善效率、促进创新和可持续发展。

万国邮联发展邮政电子业务计划，旨在鼓励信息通信技术的使用，发展电子邮政业务，探索法律框架，鼓励邮政经营者创新，创造更好的电子服务和产品。计划指出了伊斯坦布尔周期邮政电子业务的愿景，即提高能力，更好地提供电子邮政服务；制定国际标准和规则，为数字服务创造安全的法律框架；实现全面数字化转型，将数字化作为经济发展的引擎，实现实体和电子业务更好地融合，以适应市场需求的变化。

（4）我国当选邮联大会新一届理事国

在本届万国邮联大会2017—2020周期行政理事会理事国和邮政经营理事会理事国选举中，我国分别以124票和113票高票当选新一届理事国。

万国邮联是联合国商定国际邮政事务的政府间国际组织，行政理事会和邮政经营理事会是万国邮联的常设机构，负责在两届大会之间主持邮联工作，研究有关邮政监管、经济和技术合作等方面的课题。

国家邮政局局长马军胜表示，当选新一届理事国对推动我国邮政深入参与国际邮政事务，推动我国邮政业发展"走出去"战略实施和推进中欧铁路运邮项目实施具有重要作用。

2.2.2　万国邮联行政理事会

万国邮联行政理事会(以下简称"行政理事会")是在两届大会期间主持邮联工作的万国邮联的常设机构,主要行使组织和行政方面的职能。

1. 行政理事会的组成和会议

(1) 行政理事会的组成

行政理事会由一个主席国和40个理事国组成,理事国由邮联大会按地区组合理分配的原则选举产生,任期5年(2004年后,万国邮联大会每4年举行一次,行政理事会的主席国和理事国的任期同时修改为4年),每届大会至少更选理事国中的半数,任何理事国不得由大会连选3次。大会东道国为该届大会选举产生的行政理事会的当然主席,如果该国放弃这一权利,它将成为当然理事国,在这种情况下,行政理事会应在大会东道国同一地区组的理事国中选出主席。在大会第一次会议上,行政理事会在地区合理分配的基础上,选举若干名副主席和各委员会主席与副主席。

(2) 行政理事会的机构

行政理事会下设若干委员会,委员会由主席和副主席领导,分别处理各专门领域的问题。为满足研究工作的需要,行政理事会和各委员会可以设立工作组。在有其他国际组织参加的情况下,也可以成立联络委员会或混合工作组来处理共同关心的问题。万国邮联国际局总局长和副总局长分别担任行政理事会的秘书长和副秘书长。行政理事会主席和副主席以及各委员会主席、行政理事会战略规划小组主席共同组成行政理事会管理委员会。管理委员会负责审议管理委员会及其各委员会的工作进程,协助主席制定全体会议的议事日程,并协调各委员会的工作。秘书长和副秘书长参加管理委员会会议。

(3) 行政理事会的会议

行政理事会由主席召集,原则上每年在万国邮联所在地召开会议一次,各理事国代表由各国邮政主管部门指派,在至少三分之一理事国的要求或同意下,或经主席提议,可召开非常会议。行政理事会会议包括全体会议、委员会会议和工作组会议。会议正式语文为法文,会议讨论使用法文、英文、阿拉伯文、西班牙文、中文、俄文等多种语言,通过同声传译设备进行。委员会和工作组对职权内的问题进行审议,形成的报告提交全体会议审议通过。联合国组织的代表,万国邮联邮政经营理事会主席、副主席和各委员会主席,各区域性邮联,阿拉伯国家联盟,非洲统一组织等,可以以法定观察员的身份列席行政理事会会议,并在主席允许下参与讨论,但无表决权。行政理事会可以邀请相关国际组织或人士及非理事国邮政主管部门,在讨论与其相关的问题时与会。

2. 行政理事会的职责

行政理事会主要行使组织和行政方面的职能,在国际邮政业务方面,只负责强制性业务的政策和标准方面的问题。行政理事会的主要职能包括以下内容。

① 在两届大会之间监督邮联的全部活动,并根据大会的决定,按照有关服务贸易和竞争方面的国际规章,研究政府在邮政业务方面应该采取的政策问题。

② 在其职权范围内,审议和批准一切必要的行动,以维护和提高国际邮政业务的质量并使之现代化。

③ 在国际技术合作范围内,促进、协调和监督各种形式的邮政技术援助。

④ 对邮政经营理事会进行的有重大经济影响的研究(如资费、终端费、转运费、邮件航空

运输的基本运费率、转手交寄问题等),制定应该遵守的原则,并为确保这些原则得到遵守,审查和批准邮政经营理事会提出的涉及上述问题的提案。

⑤ 应大会、邮政经营理事会和各邮政主管部门的要求,研究有关邮联和国际邮政业务的行政、立法和法律方面的问题,决定是否对各邮政主管部门在两届大会之间提出的这方面的问题进行专题研究。

⑥ 提出提案交由大会审议,或按规定程序提交各邮政主管部门审议。

⑦ 审议邮政经营理事会的年度工作报告,并在必要时审议该理事会提出的修改邮联法规的提案。

⑧ 审议和批准邮政经营理事会提交大会的战略规划草案,在战略规划确定后,根据邮政经营理事会的建议,批准对该项规划进行年度调整。

⑨ 审议并批准邮联的年度预算和账目。

⑩ 制定万国邮联的财务制度和各项基金的管理规章。

⑪ 监督国际局的工作,批准国际局提出的邮联年度工作报告,并在必要时加具意见。

⑫ 批准会员国关于减低会费分摊等级的申请。

⑬ 制定人事条例和选任官员的服务条件,决定设立或取消国际局的工作岗位,任命或提升国际局的助理总局长。

⑭ 在征询邮政经营理事会意见后,确定下届大会设立的委员会的数目及其职权范围,指定担任下届大会副主席,各委员会主席、副主席的会员国和大会限制性委员会的成员国名单,待大会批准。

⑮ 在征询邮政经营理事会意见后,决定与哪些不作为法定观察员的国际组织取得联系,审查并批准国际局关于万国邮联与其他国际组织机构关系的报告,对这些关系采取其认为适当的决定,决定应被邀请参加邮联大会的各政府间和非政府间国际组织,并责成国际局及时发出邀请函。

2.2.3 万国邮联邮政经营理事会

万国邮联邮政经营理事会(以下简称"邮政经营理事会")是在两届大会期间负责研究有关邮政业务的经营管理、商业化、技术和经济方面问题的万国邮联的常设机构。

1. 邮政经营理事会的组成和会议

(1) 邮政经营理事会的组成

邮政经营理事会由 40 个理事国组成(包括一名主席和一名副主席),理事国由邮联大会按地区组合理分配的原则选举产生,任期 5 年(2004 年后,万国邮联大会每 4 年举行一次,邮政经营理事会理事国的任期同时修改为 4 年),可连选连任,但每届大会至少更选理事国中的半数。邮政经营理事会在其首次会议上,从理事国中选举产生一名主席、一名副主席以及委员会主席,并制定议事规则。

(2) 邮政经营理事会的机构

邮政经营理事会设立管理委员会,由邮政经营理事会主席、副主席,各委员会主席和邮政经营理事会战略规划小组主席共同组成,负责协调邮政经营理事会的工作,并在必要时以共同战略研讨会的形式,与行政理事会管理委员会举行联席会议,审议工作组和国际局制订的战略计划和财务计划草案,与私营运递公司进行联系。邮政经营理事会下设若干委员会,由委员会主席和副主席领导,分别处理各专门领域的问题。在有其他国际组织参加的情况下,也可以成立联络委员会或混合工作组来处理共同关心的问题。为满足研究工作的需要,邮政经营理事会和其各委员会可以设立工作组。万国邮联国际局总局长和副总局长分别担任邮政经营理事会的秘书长和副秘书长。

(3) 邮政经营理事会的会议

邮政经营理事会由主席召集,原则上每年在万国邮联所在地召开会议一次。邮政经营理事会会议包括全体会议、委员会会议和工作组会议。会议正式语文为法文,会议讨论使用法文、英文、阿拉伯文、西班牙文、中文、俄文等多种语言,通过同声传译设备进行。委员会听取并审议各工作组或报告国对相关研究专题进展情况的报告,然后形成委员会的报告,提交全体会议审议通过。万国邮联行政理事会主席、副主席和各委员会主席,各区域性邮联,阿拉伯国家联盟,非洲统一组织等,可以以法定观察员身份列席邮政经营理事会会议,并在主席允许下参与讨论,但无表决权。邮政经营理事会可以邀请相关国际组织或人士及非理事国邮政主管部门,在讨论与其相关的问题时与会。

2. 邮政经营理事会的职责

邮政经营理事会的职责主要包括以下内容。

① 研究有利于邮联各会员国邮政业务的经营、商业化和经济、技术方面最重要的问题,特别是有重大经济影响的问题,如资费函件终端费、转运费、邮件航空运输的基本运费率、包裹运费应得部分以及转手交寄等问题,对这些问题提供资料、发表意见并提出应该采取的措施。

② 在大会闭幕后六个月内,根据大会的决定审议有关修改《万国邮政公约》和其他各项业务协定及其实施细则的提案,对各项实施细则进行修订,但有关基本政策和原则问题的修改须遵循行政理事会的指示。

③ 在两届大会之间,根据《万国邮政公约》规定的程序修改函件资费的指导性费率,但需经行政理事会审批。

④ 在两届大会之间,根据《万国邮政公约》和《包裹业务协定》规定的条件,修改函件终端费、转运费和包裹运费应得部分费率,并确定生效日期。

⑤ 采取各项实际措施或开展一切认为必要的行动,以维护和提高国际邮政业务的质量并使之现代化,但属于行政理事会职责范围的应在其批准后才能执行。

⑥ 提出修改法规的提案交由大会审议,或按照规定的程序提交各邮政主管部门审议,对会员国邮政主管部门提出的修改法规的提案进行审议,并加具意见,责成国际局按照规定程序提交审议。

⑦ 以建议的形式起草并向各邮政主管部门推荐有关技术和经营管理的标准,必要时对已经制定的这类标准进行修改。

⑧ 起草万国邮联战略规划草案,经行政理事会批准后提交大会审议,在大会确定该战略规划后,每年对该规划提出调整意见,并提交行政理事会审批。

⑨ 审议、批准国际局工作报告中有关邮政经营理事会职责范围内的部分。

⑩ 研究发展中国家邮政业务的现状和需要,提出改进这些国家邮政业务的途径和办法,对某些国家在邮政技术、经营管理和邮政培训方面的成绩和经验采取措施加以总结和推广,并在商得行政理事会同意后,采取适当的措施在邮联各会员国(特别是新兴国家和发展中国家)推进邮政技术合作。

⑪ 对新兴国家和发展中国家有关邮政业务的教学和培训进行研究。

⑫ 对邮政经营理事会理事国、行政理事会理事国或任何其他会员国邮政主管部门提出的

其他任何问题进行研究。

2.2.4 万国邮联国际局

万国邮联国际局(以下简称"国际局")是万国邮联在瑞士伯尔尼设立的邮联中央办事处,也是各会员国邮政主管部门之间的联络、信息交流和咨询机构。

1. 国际局的领导和机构

(1) 国际局的领导和监督

国际局由总局长领导,并受行政理事会的监督。总局长是国际局的法定代表,另设一名副总局长协助总局长工作,并向总局长负责。

在两届大会期间的国际局总局长和副总局长由大会选出,任期为 5 年(2004 年后,万国邮联大会每 4 年举行一次,国际局总局长和副总局长的任期同时修改为 4 年),只能连任一次。在 2004 年万国邮联布加勒斯特大会上,法国政府推荐的候选人、法国邮政国际事务局局长爱德华·达扬当选新一届国际局总局长,中国政府推荐的候选人黄国忠当选国际局副总局长,这是中国乃至亚太地区候选人首次当选这一联合国专门机构的高层领导职务。

(2) 国际局的机构和人员

国际局设有三个处,分别是立法和行政处、邮政业务处、技术合作处,各处分别由一名助理总局长负责,处内设若干科。另设有总局长办公室和副总局长直接负责的财务、信息等科室。在国际局任职的人员分为选任官员(正、副总局长)、高级官员(P5、D1、D2、助理总局长)以及专业级官员(P1~P4),国际局的专业级和高级官员的职位空缺时,应按照万国邮联 5 个地区组合理分配的原则予以补缺。另一类人员是总务级职员(G1~G7),如有空缺职位,一般采取就地招聘办法补缺。

2. 国际局的职责

在万国邮联的三个常设机构中,国际局是唯一一个真正意义上的常设机构,它作为各会员国邮政主管部门之间的联络、信息交流和咨询机构,在行政理事会的监督下,处理万国邮联的日常事务。国际局总局长是国际局的法定代表,《万国邮政联盟总规则》中规定了国际局总局长的职责和权限,如下所述。

① 保存邮联法规,并居间办理加入或准予加入万国邮联以及退出万国邮联的手续。

② 将邮政经营理事会制定或修改的《万国邮政公约》及其他各项业务协定的实施细则通知各会员国邮政主管部门。

③ 根据大会通过的最高限额,编制邮联的年度预算草案,经行政理事会批准后执行。

④ 在两届大会之间,对行政理事会、邮政经营理事会提出的或经邮政经营理事会审议并加具意见后转来的各邮政主管部门提出的关于修改《万国邮政公约》和其他各项业务协定的提案,按照规定的程序提交各邮政主管部门审议。

⑤ 向行政理事会或邮政经营理事会提出建议或提案。

⑥ 在规定的政策和可动用的资金范围内,采取行动以实现邮联各机构确定的目标。

⑦ 根据邮政经营理事会的指示,起草提交大会的战略规划草案,并提交行政理事会对战略规划进行的年度调整建议。

⑧ 承担邮联各机构秘书处的工作,特别是各机构会议的准备和组织、会议文件、报告和会议记录的草拟、印制和分发等。

⑨ 对外代表万国邮联,并充当万国邮联与联合国组织、各区域性邮联以及与万国邮联有

关的其他国际组织、协会或企业的中间人。

⑩ 在技术合作范围内,负责开展各种形式的邮政技术援助。

⑪ 印制国际回信券,按成本价格提供给各邮政主管部门。

⑫ 定期出版邮联会员国名册,注明各国的会费分摊等级、所参加的地区组,以及各国参加邮联各项法规的情况。

⑬ 编辑、出版和发行用英文、法文、德文、阿拉伯文、西班牙文、中文和俄文出版的《邮联》期刊。

⑭ 编写邮联年度工作报告,经行政理事会批准后分送各会员国邮政主管部门。

除上述内容外,国际局还应根据行政理事会、邮政经营理事会和各邮政主管部门的要求,随时提供有关国际邮政业务的各种必要材料,收集、整理、出版和分发有关国际邮政业务的资料,经当事各方的请求对发生争议的问题发表意见,处理有关解释和修改邮联法规的要求,开展邮联法规所指定的或有利于邮联的各项研究工作以及编撰和整理文件,组织实施各项国际邮件发运质量检测和居间办理各邮政之间有关各种国际邮政业务的账目结算。

2.2.5 咨询委员会

咨询委员会的创建源于1999年北京大会的成立高级小组的建议,该高级小组的任务是研究万国邮联今后的组成、结构和使命。2004年布加勒斯特大会上咨询委员会正式成为邮联的一个新机构,它将促使外部的机构参与邮联的工作。从此万国邮联的机构将包括三个利益群体,即各国政府或邮政立法机构、邮政经营机构和对邮联工作感兴趣的外部机构。这对当时已有130年历史的万国邮联来说是第一次,私营机构将可以参加邮联的会议。

2.3 万国邮政联盟法规

国际邮政法规是各国之间(或各国邮政主管部门之间)签订的有关国际邮政组织和国际邮政业务的条约、协议或协定的总称,包括万国邮政联盟法规,各区域性邮政联盟法规和两个或两个以上国家之间签订的国际邮政业务协议、协定等。

万国邮政联盟法规对万国邮联所有会员国都有约束力,其他国际邮政法规只对该法规的缔约方有约束力。约束力是指在相关国际邮政法规已作明确规定的所有方面,国际邮政法规的规定高于缔约方国内法规的规定,在国内法规与之发生矛盾时,应以国际邮政法规的规定为准,而在国际邮政法规未明确规定的各个方面,并不影响缔约方国内法规的效力。

万国邮政联盟法规是调整国际邮政事务中各种关系的法律规范的总和。国际邮政事务中的社会关系主要有以下几方面:各邮政之间的关系,各邮政与用户之间的权利和义务关系,邮政与相关协作部门之间的关系。

万国邮政联盟法规属于国际法范畴,其作用体现在为国际邮政用户的通信自由提供了具体的法律保证,为各邮政和用户双方的权利和义务提供了具体的法律根据,为调整各邮政之间的关系提供了基本原则,为开办国际邮政业务提供了法律依据。万国邮政联盟法规主要包括:《万国邮政联盟组织法》《万国邮政联盟总规则》《万国邮政公约》及其实施细则以及万国邮联各项业务协定及其实施细则。

2.3.1 《万国邮政联盟组织法》

《万国邮政联盟组织法》是万国邮联的基本法规,是需要经各会员国最高权力机构批准的外交法规。《万国邮政联盟组织法》于1964年维也纳大会首次确立,在此之前,邮联的组织条例是《万国邮政公约》的一部分,列在有关邮政业务的条款之前。1964年万国邮联维也纳大会通过决议,将《万国邮政公约》分编为《万国邮政联盟组织法》《万国邮政联盟总规则》《万国邮政公约》《万国邮政公约实施细则》四个独立文件。

《万国邮政联盟组织法》为邮联最重要、最基本的法规,主要内容为组织条例、万国邮政联盟邮联法规和最后条款以及万国邮政联盟组织法最后议定书。

为了确保《万国邮政联盟组织法》的稳定性,该法规中列有基本的组织条款,《万国邮政联盟组织法》本身不得修改,如有修改,只能由大会做出决定,载入《附加议定书》。

《万国邮政联盟组织法》分为"万国邮联的组织条例"和"万国邮联的法规"两部分,其主要内容如下所述。

1. 万国邮联的组织条例

万国邮联的组织条例主要包括以下内容。

(1) 万国邮政联盟的组成和宗旨

在《万国邮政联盟组织法》上签字的各会员国以"万国邮政联盟"的名义组成一个统一的邮政领域,以便互相交换邮件,其宗旨是组织和改善国际邮政业务,并在这方面便利国际合作的发展。

(2) 加入或退出万国邮政联盟的条件和手续

1964年维也纳《万国邮政联盟组织法》生效时已具有万国邮联会员国资格的国家都是万国邮联会员国,在此之后成为联合国会员国的国家都可以加入万国邮联,不是联合国会员国的主权国家可以申请加入万国邮联。加入和申请加入万国邮联应由相关国家政府向邮联国际局总局长提出正式声明,承认《万国邮政联盟组织法》和具有约束力的各项邮联法规,由国际局总局长通知邮联各会员国并就该申请征询意见。不是联合国会员国的主权国家的申请须得到至少三分之二邮联会员国的同意,才能取得会员国资格。取得会员国资格后由国际局总局长通知各会员国政府,并自通知发出之日起生效。

会员国如欲退出万国邮联,应通过本国政府通知国际局总局长停止执行《万国邮政联盟组织法》,并由国际局转告各会员国政府,自国际局总局长收到通知后届满一年,退出邮联生效。

(3) 万国邮联的组织机构设置

目前万国邮联设立的组织机构包括大会、行政理事会、邮政经营理事会和国际局,其中行政理事会、邮政经营理事会和国际局为万国邮联常设机构。

(4) 万国邮联的总部

万国邮联及其常设机构设在瑞士首都伯尔尼。

(5) 万国邮联的正式语文

万国邮联的正式语文是法文,1994年万国邮联汉城大会将法文和英文列为国际局的工作语文。

(6) 万国邮联的货币单位

万国邮联法规内所用的货币单位是国际货币基金组织的记账单位——特别提款权,法文缩写为DTS,英文缩写为SDR。特别提款权随西方主要货币的含金量而浮动,由国际货币基金组织每日计算特别提款权与43种主要货币比价,并通知相关金融机构定期公布。

(7) 万国邮联的财务

万国邮联的活动经费由会员国按照《万国邮政联盟总规则》规定的分摊办法以会费的形式共同分担。每届大会确定下一周期的经费最高限额,国际局每年编制下一年预算,经行政理事会批准后执行,并编制年度账目,经外部审计人员审核后报行政理事会审议。

2. 万国邮联的法规

万国邮联的法规主要包括以下内容。

(1) 法规的种类

- 《万国邮政联盟组织法》:邮联的基本法规,对所有会员国都有约束力。
- 《万国邮政联盟总规则》:列有确保实施《万国邮政联盟组织法》和开展邮联工作的各项具体规定,对所有会员国都有约束力。
- 《万国邮政公约》及其实施细则:列有适用于国际邮政业务的共同规则和关于函件业务的各项规定,对所有会员国都有约束力。
- 万国邮联各项业务协定及其实施细则:列有除函件业务以外其他邮政业务的各项规定,仅对参加各协定的会员国具有约束力。

(2) 对《万国邮政公约》和各项业务协定提出保留的程序

如果万国邮联会员国根据本国的实际情况不能执行《万国邮政公约》或所参加的业务协定及其实施细则中的某些规定,可以提出保留。涉及公约和各项业务协定的保留应以提案的形式提交大会通过;涉及实施细则的保留应以提案的形式提交邮政经营理事会与实施细则的相关条文一起通过。经大会或邮政经营理事会通过的保留作为公约、相关协定或其实施细则的一部分,列入附在万国邮联各项相关法规后面的最后议定书。

(3) 接受、退出万国邮联法规的程序

由大会产生的万国邮联法规由各会员国的全权代表签署,且须经签字国最高权力机构批准;《万国邮政联盟总规则》《万国邮政公约》和各项业务协定应按签字国宪法规定的方式进行核准。对《万国邮政联盟组织法》及其附加议定书的批准书和对邮联其他法规的批准书应尽快递交万国邮联国际局总局长,并由其转告各会员国。由邮政经营理事会产生的公约和各项业务协定的实施细则,由该理事会主席和国际局总局长签署,并由国际局通知各会员国邮政主管部门,各会员国无须办理批准或核准手续。

如果会员国想参加其未签字的某项业务协定,应比照加入或申请加入万国邮联的程序办理,如果想退出已签字的某项业务协定,则应比照退出万国邮联的程序办理。

(4) 万国邮联法规的修改

在大会期间或两届大会之间,各会员国可对所参加的邮联法规提出修改提案,但涉及《万国邮政联盟组织法》和《万国邮政联盟总规则》的修改提案,只能提交大会。涉及《万国邮政联盟组织法》的提案必须经至少三分之二的会员国同意才能通过。大会通过的修改提案构成《万国邮政联盟组织法》的《附加议定书》,与同届大会重订的各项法规同时生效。

《万国邮政联盟总规则》《万国邮政公约》和各项业务协定的修改和批准程序列在各相关法规内。

(5) 争议的解决

两个或两个以上会员国邮政主管部门之间如果对邮联法规的解释发生争议,或者对某个邮政主管部门关于为执行法规而应承担的责任的解释发生争议时,应以仲裁的方式解决。

2.3.2 《万国邮政联盟总规则》

《万国邮政联盟总规则》列有确保《万国邮政联盟组织法》的实施和万国邮联各项工作开展的具体规定,在一定意义上可以说《万国邮政联盟总规则》是《万国邮政联盟组织法》的实施细则。《万国邮政联盟总规则》的主要内容可以分为以下几个方面。

1. 邮联各机构的职责

2. 提出和审议提案的程序

（1）向大会提交提案的程序

涉及《万国邮政联盟组织法》和《万国邮政联盟总规则》的提案,最迟应在大会开幕 6 个月以前寄至邮联国际局。涉及其他法规的提案,在大会开幕 6 个月以前寄至国际局的均可受理,在大会开幕 6 个月以内寄至国际局的任何文字性提案均不予受理,在大会开幕前 4~6 个月寄至国际局的实质性提案,至少应有两个邮政附议才可受理,附议声明必须与相关提案在同一期限内寄至国际局;在大会开幕前 2~4 个月寄至国际局的实质性提案,必须至少有八个邮政附议才可受理;在此期限以后,不再接受任何提案。有关大会议事规则的提案和对已提出的提案进行修改的提案,不受上述规定的限制。

（2）在两届大会期间提出提案的程序

任何会员国邮政主管部门在两届大会之间提出的关于《万国邮政公约》和其他各项协定的任何提案,都必须至少有两个邮政主管部门附议,才能予以考虑,如果未同时收到必要数目的附议声明,国际局对相关提案可以不予处理。

对《万国邮政公约》和其他各项协定的实施细则提出的修改提案不需要附议,但只有在邮政经营理事会认为急需时,才予以考虑。

3. 仲裁程序

根据《万国邮政联盟组织法》的规定需要通过仲裁解决争议时,当事邮政主管部门应各推举一个与争议没有直接关系的会员国邮政担任仲裁人。如果多个邮政主管部门同为争议的一方,在推举仲裁人时只作为一个邮政主管部门看待。

如果当事邮政主管部门中的一方对于通过仲裁解决争议的建议在 6 个月内未作答复,国际局在收到另一方的请求后,应催促该邮政主管部门指定仲裁人或由国际局指定仲裁人。

当事双方也可以协商公推一个仲裁人,该仲裁人可以由国际局来担任。

仲裁人根据双方提供的资料进行仲裁,裁决结果须经其中的多数同意,如果同意票与反对票相等,应由仲裁人共同推选另一个同争议无关的邮政主管部门参加仲裁,在此情况下,如果对该仲裁人的人选不能取得一致意见,则由国际局担任此仲裁人。

涉及某项协定的争议事项,不能推举未参加该协议的会员国邮政担任仲裁人。

2.3.3 《万国邮政公约》及其实施细则

《万国邮政公约》是国际邮政业务的基本法规,它是万国邮联最悠久的法规之一。1874 年在伯尔尼召开的第一次全权代表大会签署了《关于创立邮政总同盟的条约》(又称《伯尔尼条约》),并且制定了《程序性规定和细则》,以保证条约的规定得以执行,这就是《万国邮政公约》及其实施细则的前身。1878 年在巴黎召开的邮政总联盟大会将该组织名称改为"万国邮政联盟",联盟条约也相应地改为《万国邮政联盟(公约)》。1891 年维也纳大会又将此公约定名为

《万国邮政公约》。1906年罗马大会将《程序性规定和细则》改名为《万国邮政公约实施细则》。

历届万国邮政联盟大会都对《万国邮政公约》进行了修改,比较重要的修改包括:

① 1929年伦敦大会决定开办邮政小包业务;

② 1947年巴黎大会规定了万国邮联与联合国的关系,修改了接纳新会员国的程序,并决定设立执行及联络委员会(行政理事会的前身);

③ 1952年布鲁塞尔大会决定对盲人读物免收邮政费用,并决定在邮联大会和各机构会议的讨论中对几种语文使用同声传译;

④ 1957年渥太华大会决定设立邮政研究咨询委员会(邮政经营理事会的前身);

⑤ 1964年维也纳大会全面修改了《万国邮政公约》及其实施细则,将其分编为四个单项法规;

⑥ 1969年东京大会决定将制定函件资费所使用的等差重量级别改为不等差重量级别,并且制定了重量递减、资费增加幅度递减的资费结构,此次大会还决定在函件交换不平衡时,入超的邮政可以对入超的那部分水陆路函件收取处理费,即"函件终端费";

⑦ 1974年洛桑大会把终端费的收取扩大到入超的航空函件;

⑧ 1979年里约热内卢大会决定引入国际货币基金组织的记账单位——特别提款权,作为邮政国际结算中的参考货币;

⑨ 1989年华盛顿大会决定引入按照发运速度进行函件分类的办法,并决定将特别提款权作为万国邮联唯一的货币单位(取消金法郎)。此次大会还对函件终端费进行了改革。

2.3.4 《邮政包裹协定》及其实施细则

《邮政包裹协定》是邮联各会员国之间签订的关于国际包裹互换业务的法规,创立于1880年万国邮联巴黎行政会议,本次会议制定了《非保价邮政包裹互换公约》,有19个国家的代表在公约上签字。1924年万国邮联斯德哥尔摩大会决定以"协定"替代"公约"一词,其后经历届万国邮联大会对该协定内容的修改,最终形成了现在的《邮政包裹协定》。《邮政包裹协定》为非强制性协定。

2.3.5 我国国际邮政业务处理规则

我国目前处理国际邮政业务时所遵循的规章制度为《国际及港澳台邮件处理规则》。该规则依照万国邮联大会决议后形成的各项新法规而制定,旨在规定、指导我国国际邮政各项业务的处理工作,主要包括国际邮政业务种类、国际邮件的收寄方式、国际邮件投递、邮件的进出口及特殊处理、国际账务结算、档案管理等内容,并附带了相关数据资料。第26届万国邮联大会对国际函件业务做出了较为细致的分类,对终端费、计费方式及奖励规则、国际邮政组织运作等内容也更新较多。

这里需特别指出的是,我国香港、澳门地区因"一国两制"政策和各地区一直以来所遵循的邮政处理方式不同,执行不同的邮政运营规则,但与大陆邮政处理方式并无本质区别。以上地区寄递的邮件类型按照国际邮件运作,但是挂号费按国内邮件收费。

我国台湾地区较为复杂,根据《海峡两岸邮政协议》,双方开办两岸直接平常和挂号函件(包括信函、明信片、邮简、印刷品、新闻纸、杂志、盲人文件),小包,包裹,快捷邮件(特快专递),邮政汇兑等业务,并加强其他邮政业务的合作。

台湾邮件封发局为台北、高雄、基隆、金门、马祖五家,大陆邮件封发局为北京、上海、广州、福州、厦门、西安、南京、成都八家,双方同意通过空运或海运直航方式将邮件总包运送至对方邮件处理中心。

从2008年12月15日起,大陆六万多个邮政网点同步开始两岸函件、包裹、特快专递及邮政汇兑业务。

因此,目前在处理我国香港、澳门、台湾地区的往来邮件时,应遵照《国际及台港澳邮件处理规则》处理。

阅读材料

【阅读材料2.1】

美退出万国邮联对中国影响几何

美国白宫当地时间2018年10月17日宣布,正式启动退出万国邮政联盟程序。在一份声明中,白宫方面透露,美国国务院将向万国邮政联盟发函通知美国的决定,未来一年内,美国将在万国邮政联盟内部就新规则进行双边或多边谈判,如不能达成协议,美国将退出万国邮政联盟。相关学者与企业人士对《环球时报》表示,美国此举或将对部分长期走廉价路线的中国跨境电商造成冲击,同时给美国消费者和邮政行业带来负面影响。

万国邮政联盟是协调成员国之间邮务政策的联合国专门机构。根据该机构协议,目前从发展中国家发往美国,重量低于4.4磅(2 kg)的小型邮件包裹将享受优惠价格,即"终端费"。白宫两名高级官员17日称,此番美国"退群"的原因正是认为当前的"终端费"政策对美国不公平,中国等国可以在该组织框架下向美国以较低费率邮寄包裹,"占美国便宜"。美国《国会山报》17日援引一位美国政府官员的话称,当下的国际运费差每年为美国造成3亿美元的损失,此外,低廉的邮费也使得大量外国商品廉价涌入美国,比美国本土卖家更具市场优势。

据《华尔街日报》报道,来自中国的包裹目前已占据美国邮寄包裹总量的60%,其中大部分为服装、家用电器和电子消费品。报道称,与万国邮联的协议经常遭到美国小企业、亚马逊等大零售商和UPS等物流企业的抱怨,因为美国国内的运费价格可能比从中国运往美国的价格贵4倍。"从中国向美国运送4.4磅的包裹,价格大约为5美元;而美国公司把类似的包裹从洛杉矶运送到纽约却需要支付2倍到4倍的费用,如果寄往中国,价格则更是要贵上许多。"据《华尔街日报》报道,白宫高级官员宣布美国国务院上述举措时称,美国将继续追求对海外邮寄至美国的包裹自设费率。美国总统特朗普今年8月发布一份备忘录,指示美国国务院在9月于埃塞俄比亚举行的万国邮政联盟会议上重新协商发展中国家享受的运费折扣。他当时告诫称,如果谈判未能带来重大改革,美国可能决定自行设定费率。在那次会议上,万国邮政联盟的代表同意起草更新内部体系的方案,但是表示在2020年的下次会议前不会提交。

《纽约时报》称,2016年,万国邮政联盟曾修改协议,使中国出口到美国商品的运费有所提高。但美国方面并不买账,认为这些改变不足以应对中国网上包邮商品的冲击。《华盛顿邮报》援引美国邮政的数据显示,2011—2012年,从中国发往美国的小包裹猛增182%。

分析认为,美国"退群"的举动可能导致包括中国在内的依赖万国邮联的中小跨境电商成本上升,进而竞争力下降,而中国的EMS和邮政国际小包业务也将受到相应影响,eBay、亚马逊等平台上自发货的小卖家恐怕不得不转向非美国跨境市场,或调整原有渠道策略,如转向海外仓。

夏磊是一名主做美国市场的跨境电商从业者,他18日对《环球时报》记者表示,自己所在的电商微信群中已开始弥漫"担忧气氛",因为目前中国大部分中小电商卖家主要采用向欧美直邮的方式销售,万国邮联所提供的低成本通道使得中国卖家比美国商家更具价格优势。未来一旦邮费拉平,部分中国产品恐因质量差距丧失竞争力。未来中国电商可选的对策之一是采取国内快递公司包机专线,这将有望降低部分成本。

复旦大学美国研究中心副主任宋国友认为,受到影响的将主要是长期走廉价路线、产品完全无竞争力的电商。他对《环球时报》记者表示,对大部分中国电商来说,其实每一单中的"邮费补贴"并不是太大,如果有必要,未来可以通过各种变通方式予以消化。"美国现在每年对所有发展中国家的邮政补贴一共是3亿美元,这其中不是所有都流向电商领域,更非全部'补贴'中国生产者,所以平均到中国电商每一单的成本其实并不如想象中那么高昂。"

"事实上,美国'补贴'的不是中国电商,而是本国的消费者和中间商",宋国友表示,一旦费率上涨,美国底层民众只能选择转移到其他渠道消费或忍受价格更高的跨境电商直邮产品。此外,短期内,美国国内邮政行业也可能面临业务量减少、行业工作人员收入下滑的挑战。

来源:环球网 2018年10月19日

【阅读材料2.2】

万国邮联有了新的标志

2007年11月8日,万国邮联行政理事会通过了一项决议,允许正式在旗帜上使用新标志。显然,该组织在此前的标志(五名信使围绕着地球自由飞翔,把手中的信件传遍全球)中增加了象征着和平寓意的联合国橄榄枝。

【阅读材料2.3】

UPU合作成果

万国邮联与许多联合国组织及其他国际组织建立了工作关系,其中包括以下内容。
① 与国际移民组织合作,改善邮政金融转账业务。
② 与国际电信联盟合作,把新技术引进邮局,为公众提供通达信息社会的通道。
③ 在国际标准化组织的支持下,制定了共同国际利益标准。
④ 作为世界贸易组织"贸易援助"倡议的一个组成部分,推进了邮政基础设施在世界贸易中的作用。
⑤ 与世界海关组织紧密合作,改进了国际邮件的验关程序。
⑥ 与国际航空运输协会合作,方便了国际邮件的投递。
⑦ 与联合国毒品和犯罪问题办事处合作,打击经邮政渠道进行的麻醉品交易和洗钱行为。
⑧ 取得了联合国开发计划署对其合作政策和联合国青年协作专家计划管理的支持。
⑨ 与联合国邮政主管部门合作,联合发行了邮票(2007年"人道主义邮件"的邮票)。
⑩ 参加联合国协调机构的活动,其中包括讨论有关财务和人力资源及计划问题的高级管

理委员会。

【阅读材料 2.4】

特别提款权

《万国邮政公约》规定，万国邮政联盟的标准货币是国际货币基金组织的记账单位特别提款权（SDR，Special Drawing Right）。1979年里约热内卢大会以前，万国邮联的标准货币是含金量为10～31 g九成金的金法郎，它与各国货币的比价通过相关货币的含金量来计算。20世纪70年代末取消黄金的货币价值作用以后，金法郎失去了继续存在的基础，因此万国邮联在里约热内卢大会上决定引用国际货币基金组织的记账单位作为万国邮联的标准货币。之所以引用国际货币基金组织的记账单位作为万国邮政联盟的标准货币，是因为它的价值是通过在国际贸易中所占比例最大的5种货币来确定的（当时是15种），具有较强的稳定性，比利用任何一个会员国的货币作为标准货币可能给其他会员国造成的风险都小。特别提款权与各国货币的比价由国际货币基金组织每日计算并公布。标准货币主要有以下两种作用。

① 作为将公约和各项协定中所规定的指示性费率折合本国货币的工具。鉴于资费需要相对的稳定性，不宜每天根据国际货币基金组织公布的比价变动，万国邮联规定各会员国应根据前一年9月30日以前至少12个月由国际货币基金组织公布的本国货币与特别提款权比价的平均值来确定特别提款权与本国货币的比价，用于制定邮件收寄资费、计算邮件退回和改寄资费、给据邮件的补偿以及国际回信券出售价格等。我国日前决定将特别提款权对人民币的比价从1特别提款权折合11.937 9元调整为1特别提款权折合10.539 0元就是根据这一规定作出的。

② 作为各邮政间账务结算的记账单位。各邮政之间结算各项费用的账单都是以特别提款权为单位编造的。不论是直接结算还是通过总账结算，都是利用付款前一天由国际货币基金组织公布的特别提款权与付款货币的比价，将特别提款权账款金额折合成付款货币金额，办理付款手续。

课 后 实 践

通过查阅资料了解万国邮政联盟的改革与发展动态。

思 考 题

1. 万国邮政联盟的组织机构有哪些？
2. 简述万国邮政联盟大会的职责。
3. 万国邮政联盟的法规有哪些？

第 3 章 区域性邮政组织

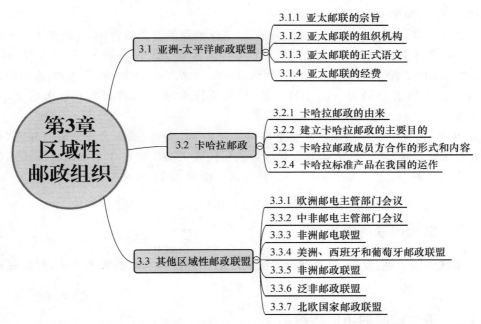

我国寄往日本、韩国等亚洲国家的水陆路信函资费为什么比寄往其他国家的低？我国与美国互寄的特快专递邮件为什么快？带着这些问题我们进入本章的学习。本章将全面介绍亚洲-太平洋邮政联盟、卡哈拉邮政等区域性邮政联盟。

区域性邮政联盟是由 3 个或 3 个以上万国邮联会员国组成的区域性国际邮政组织，简称区域性邮联。为促进各国邮政间的合作和改善国际邮政业务，万国邮联自成立以来就允许其会员国建立"区域性邮政联盟"或缔结"特别协定"。

建立区域性邮政联盟的宗旨在于发展、便利和改善各区域内会员国之间的邮政关系，促进区域性邮政业务方面的合作。建立区域性邮政联盟必须具备以下条件：

① 至少应有 3 个会员国；
② 各会员国或其邮政主管部门应缔结一项处理邮政问题的公约，并制定若干关于该联盟组织和工作的条款；
③ 应具有其组织法中规定的机构，包括定期召开的会议、中央机构和主事国；
④ 应自视为《万国邮政联盟组织法》所指的区域性邮政联盟。

区域性邮联所规定的业务条款不能比万国邮联法规所规定的条款较为不利于公众。

特别协定是某些会员国或其邮政主管部门之间缔结的协定，区域性邮联内部一般都通过签署特别协定，在各会员国之间相互给予减低资费和减免转运费等优惠。

为了促进万国邮联和区域性邮联之间的合作，区域性邮联可以派观察员列席万国邮联大会，以及万国邮联行政理事会和邮政经营理事会的各种会议，万国邮联可以派观察员列席区域性邮联的大会和各种会议。

3.1 亚洲-太平洋邮政联盟

亚洲-太平洋邮政联盟（APPU）是根据《万国邮政联盟组织法》规定成立的亚太地区政府间国际邮政组织，简称亚太邮联。

为了协调和发展区域性的国际邮政关系，促进邮政业务方面的合作，亚洲和大洋洲的部分国家，于1961年1月10日至23日在菲律宾马尼拉召开会议并签署了《亚洲大洋洲邮政公约》。参加会议并签署公约的国家有澳大利亚、日本、马来西亚、新加坡、菲律宾、泰国和韩国等18个国家。该公约于1962年4月1日生效，根据该公约，亚洲大洋洲邮政联盟成立，总部设在菲律宾首都马尼拉。

1981年3月，亚洲大洋洲邮政联盟第四届代表大会决定将"亚洲大洋洲邮政联盟"更名为"亚洲-太平洋邮政联盟"。2000年亚太邮联第八届代表大会决定将亚太邮联总部从菲律宾马尼拉迁到泰国曼谷，搬迁工作于2002年7月完成。截至2017年3月，亚太邮联共有36个会员国。

3.1.1 亚太邮联的宗旨

亚太邮联的宗旨是：发展、便利和改善亚太地区各会员国之间的邮政关系，促进邮政领域的合作。

3.1.2 亚太邮联的组织机构

亚太邮联的组织机构包括：代表大会、执行理事会、亚太邮联总部（行政部、培训部）。

1. 亚太邮联代表大会

亚太邮联代表大会是亚太邮联的最高权力机构，由各会员国的代表组成。代表大会每4年举行一届（2005年以前每5年举行一届），主要任务是对亚太邮联法规进行修改，审议各会员国共同感兴趣的有关邮政改革、业务发展方面的事宜，审议上届代表大会以来的工作报告和未来4年（5年）的工作安排，批准亚太邮联预算和讨论亚太地区邮政技术合作问题。

2. 亚太邮联执行理事会

亚太邮联执行理事会由所有会员国组成，在两届大会期间主持亚太邮联的工作，每年召开一次会议。亚太邮联执行理事会的职责是执行代表大会责成它承担的各项任务；制定总部的行政管理条例，并对总部的工作进行监督；审查和批准两届代表大会之间的行政部编造的亚太邮联财务年度预算和账目；采取必要措施对亚太邮联法规未明文规定而又不能等到下届代表大会再行解决的问题进行临时性处理；负责与各国邮政主管部门和国际组织进行联络等。

3. 亚太邮联总部

亚太邮联总部设行政部和培训部，由一名主任和13名工作人员组成，其中有4名教员，1名顾问。

行政部的职能包括筹备会议、准备文件和承担会议秘书工作;向执行理事会和联盟各邮政主管部门提供有关邮政业务问题的必要资料和编写联盟年度工作报告;向培训部提供邮政设施和咨询服务等。

培训部的职能是向参加国提供邮政人员的培训工作。培训部的前身是亚洲太平洋邮政培训中心。1961年在马尼拉召开的亚洲大洋洲邮政联盟第一届代表大会决定于1970年9月10日在泰国曼谷成立亚洲太平洋邮政培训学校,其宗旨是为提高亚洲-太平洋地区的邮政业务水平,在邮政人员培训方面提供便利。1981年,亚太邮联第四届代表大会决定,将"亚洲太平洋邮政培训学校"更名为"亚洲太平洋邮政培训中心"。2000年9月,亚太邮联第八届代表大会决定将亚洲太平洋邮政培训中心和亚太邮联总部合并,在新总部中设培训部。管理委员会是培训部的管理机构,负责制定培训部管理章程,批准和监督培训部预算,制订培训部培训计划等。截至2012年,管理委员会共有12个成员国:澳大利亚、中国、印度、日本、韩国、马来西亚、新西兰、巴基斯坦、菲律宾、泰国、越南、伊朗。各国以现金、实物捐赠、自费席位、提供咨询专家等形式成为管理委员会成员。培训部自成立以来,已经为本地区培训了万余名邮政管理人员。

中国于1975年11月17日加入亚太邮联,与该组织一直保持友好合作关系,并分别于1987年、2003年、2012年在中国北京、海南、香港举办了亚太邮联执行理事会年会。

3.1.3 亚太邮联的正式语文

亚太邮联的正式语文为英文,不使用英文的会员国可以通过翻译进行工作。

3.1.4 亚太邮联的经费

亚太邮联每届代表大会根据总部主任的建议,决定联盟年度经费的最高限额。联盟总部目前行政部和培训部的预算分列。行政部的经费来自各会员国根据认担等级分摊联盟的预算而交纳的会费;培训部的经费是来自参加国的捐款和其他国家、组织的自愿捐助。

会费分摊等级:会员国分三组分摊联盟的经费,向万国邮联交纳50、25和20个单位会费的会员国承担5个单位;交纳15、10和5个单位会费的会员国承担3个单位;交纳3个和1个单位会费的会员国承担2个单位。但是,任何会员国均可承担更多的单位级别。加入或退出联盟的国家,需承担其加入或退出联盟生效那一年全年应付的会费。

中国认担5个单位的会费,2007年的会费为5 000美元,向培训部每年捐款10 000美元(2006年开始每年捐款15 000美元)。

3.2 卡哈拉邮政

卡哈拉邮政组织(Kahala Post Group),简称卡哈拉,是由10家世界领先的邮政机构组成的联盟,包括中国、中国香港、澳大利亚、日本、韩国、美国6个始创邮政以及随后加入的西班牙、英国、法国和新加坡邮政。自2005年7月卡哈拉6个始创邮政首次共同推出邮政EMS承诺服务以来,国际EMS业务的服务水平和运行质量不断提高,为国际邮政业务持续、快速发展奠定了坚实的基础。目前,卡哈拉邮政网络覆盖了3.28亿个投递点、17.6万个邮政营业机构,提供160亿对邮编的全程监控。

3.2.1 卡哈拉邮政的由来

面对全球邮政市场的变化,尤其是亚太市场的变化,在澳大利亚邮政的倡导下,于2002年6月19日至22日在夏威夷卡哈拉东方饭店举行了亚太地区主要的7个邮政(中国、澳大利亚、加拿大、中国香港、日本、韩国和美国,加拿大邮政后来主动退出)的首席执行官和高级官员参加的CEO高峰会议,目的是组成卡哈拉邮政联盟。与会的7个邮政初步就建立卡哈拉邮政达成共识,并讨论了建立卡哈拉邮政的目标、形式、合作的内容范围等问题。

3.2.2 建立卡哈拉邮政的主要目的

根据澳大利亚最初的提议,建立卡哈拉邮政的主要目的是共同讨论邮政未来发展中的机会,并构想邮政下一步的发展,如发展业务的新途径,以及如何通过联合确保邮政服务水平的提高,尤其是面对日益激烈的市场竞争和亚太地区广阔的市场前景,各邮政如何加强合作,拓展跨境邮政业务。各邮政都本着"创新、大胆、积极、公开、坦率和无偏见"的精神共同探讨如何通过亚太地区邮政的合作加强对国际航空快递类业务的改造,以应对日益增大的竞争压力。

1. 应对竞争

经济全球化带动了全球性邮政市场的逐步自由化,欧洲邮政市场已经启动了开放的具体程序步骤,亚太地区邮政的开放只是时间问题。在世界邮政市场的开放趋势中,世界各国的公共邮政服务部门面临着来自私营公司和其他邮政同盟双重的竞争压力。

据澳大利亚邮政对卡哈拉邮政的调查分析,随着亚太地区经济的发展,亚太地区将是近几年邮政和综合快递公司竞争的主要地区。发达邮政和私营速递公司的注意力已经从欧洲转向亚太地区,市场竞争突然加剧,竞争对手突然增多,并且竞争对手力量非常雄厚。此时,亚太地区邮政唯一的做法是尽快寻求合作,否则亚太地区邮政市场将悉数丧失。卡哈拉各邮政可以通过联盟,构成长期战略伙伴关系,将更多资源投入核心业务,增强彼此的竞争实力。

2. 组建新的卡哈拉邮政网络,降低成本

卡哈拉各邮政首先应致力于改进卡哈拉地区国际邮件的运输和投递,并相应地逐步完善卡哈拉地区整体国际邮件的投递网络。卡哈拉邮政一旦合作成功,将在亚太地区建立处理中心,相应地各邮政都应调整其国内和国际邮运网络。随着卡哈拉邮政合作的深入,卡哈拉邮政将组成一个完善的亚太地区的邮运网络,卡哈拉各邮政都将利用这个网络开展各种新业务,这对整个亚太地区的邮政都具有非常重大的意义。

3. 品牌共享

卡哈拉各邮政应致力于推进卡哈拉邮政的合作,并扩大其品牌影响,卡哈拉邮政一旦合作成功,会具有非常大的品牌效应。面对目前世界邮政的联盟、并购和合作,卡哈拉邮政的合作将对亚太地区邮政的经营和发展具有重要意义。随着合作的深入,卡哈拉邮政可以逐步将其合作业务范围推至更深的层次,直至共同组成一个地区性合资联盟。卡哈拉邮政将共享这个品牌,并利用这个品牌开展业务,共同应对私营速递公司的挑战。

3.2.3 卡哈拉邮政成员方合作的形式和内容

1. 卡哈拉邮政成员方的合作形式

卡哈拉邮政的参加国同意以《有关KAHALA邮政集团的组织和功能的谅解备忘录》(版

本1.0)的形式作为合作的原则。由于卡哈拉各邮政已明确表示现阶段不考虑以合资方式进行合作,因此采用《谅解备忘录》的形式签署一份多边协议,作为合作的总原则。

2. 合作内容和范围

卡哈拉会议之后,6个始创邮政(加拿大邮政退出)逐步确立了合作的主要方向,并建议在现有跨境EMS与航空包裹业务基础上,结合各邮政自身情况,按照卓越产品、标准产品和增强型航空包裹产品(SME)这三个层次对亚洲和跨太平洋两个地域范围内的快递产品重新定义。

3.2.4 卡哈拉标准产品在我国的运作

中国邮政于2005年5月10日推出至中国香港、日本和韩国的邮政特快专递承诺服务(标准型产品,我国简称"EMS承诺服务")。目前"EMS承诺服务"的范围包括澳大利亚、中国香港、日本、韩国、美国、英国、西班牙、法国、新加坡,承诺范围覆盖通达国家和地区全境,约3亿个投递点,14万个邮政营业机构。

1. "EMS承诺服务"的基本含义

"EMS承诺服务"是指中国邮政向用户公布寄往境外指定国家或地区的EMS邮件的全程运递时限,并承诺在指定的日期内将邮件投送至寄达地址;对于因邮政的原因未能按时投送的邮件,邮政部门将退还已收取的邮件资费。承诺服务的基本含义是"承诺传递时限、承担延误责任"。

"EMS承诺服务"是对邮件自收寄地至寄达地所需全程时限进行的服务承诺,全程时限以寄件人实际交寄邮件的日期和时间为起点,以寄达地邮政部门投送邮件的日期为终点进行计算。

2. 适用承诺服务的基本条件

"EMS承诺服务"根据寄件人实际交寄邮件的时间,仅对正确填写收件人地址和邮政编码(中国香港除外)的邮件进行时限承诺及延误赔偿。承诺的时限以各邮政确定的有效工作日为计算单位,非有效工作日不计算在承诺时限标准天数内。

中国邮政承诺的有效工作日:出口邮件为一周七天;进口邮件为周一至周五。中国邮政承诺的非有效工作日:出口邮件为法定节假日;进口邮件为周六、周日及法定节假日。通过邮件跟踪与查询系统,用户可以实时了解交寄邮件的全程信息,对签约客户可以提供邮件实时信息的主动反馈服务。

3. 承诺服务邮件时限延误的赔偿标准

目前承诺服务邮件时限延误的赔偿标准为:在邮件的实际运递时限超过公布的时限标准日期一天以上时(邮件的实际投送日期为承诺投递日期的隔日),邮政部门承担延误责任,并接受寄件人提出的退还已收取的邮件基本资费,包括邮政部门已收取的全额邮件收寄资费,但包装费、验关费、保价费等邮件收寄资费以外的其他费用不在退还赔偿范围内。

无论邮件的延误发生在哪个环节,除承诺服务的免责条件外,均需先由原寄邮政方向邮件的寄件人退还已收取的邮件资费。在邮件实际延误环节确定后,对非原寄邮政方承担的延误责任,由造成延误的责任邮政按照已支付的退还资费款额将相关费用归垫原寄邮政。

实行承诺服务的邮政间对确认丢失的邮件除需按照邮件延误的赔偿原则进行责任确定和收寄资费的赔付处理外,在丢失确定为寄达邮政责任范围的情况下,寄达邮政还需承担丢失邮件的赔偿责任,应向原寄邮政支付每件最高不超过100美元的赔偿费用(此项费用为邮政之间对丢失邮件的赔偿结算)。承诺服务邮件丢失或损毁时向寄件人的赔偿处理,仍由各邮政按照各自制定的现行丢失损毁邮件的处理程序和赔偿办法办理。

任何情况下,邮政仅对承诺服务中规定的责任承担赔偿,而不对时限延误所带来的间接损失承担责任。因以下超出邮政部门控制范围的原因造成的邮件时限延误,邮政部门不承担承诺服务邮件时限延误赔偿责任:

① 寄件人未在 EMS 详情单指定位置填写收件人邮政编码(中国香港除外);

② 寄件人提供的收件人邮政编码不在承诺范围内或收件人地址、邮政编码等信息不全或错误;

③ 收件人拒收或查无此人等因收件人造成邮件无法投递;

④ 由于海关或类似主管部门的行为造成邮件无法及时投递;

⑤ 由于战争、自然灾害等不可抗力因素造成邮件无法及时投递。

4. 用户索赔的权利和有效期

对认为未达到在承诺时限内投递的邮件,寄件人可以在邮件收寄日起 30 天内提出投诉;邮政部门如未能在受理投诉后 7 个工作日内提出相关邮件在承诺的投递日内正常投递的证明,用户有权提出延误赔偿,邮件收寄局要在规定的时间内(7 个工作日内)将已收取的邮件收寄资费退还寄件人。如用户对邮件时限延误的投诉日期超过以上规定的 30 天有效期,邮政承担的承诺服务责任失效。

5. 承诺服务邮件全程处理时限责任段落的认定与划分

① 出口邮件:自邮件收寄起(邮件收寄信息时间产生),经出口互换局封发处理(邮件总包封发信息时间产生),运递至寄达邮政进口互换局开拆处理(邮件开拆信息时间产生)为止,邮件运递处理时限的责任段落属于原寄邮政方,原则上在此段落内出现的时限延误,由原寄邮政方承担责任。

② 进口邮件:邮件总包自进口互换局开拆处理(邮件开拆信息时间产生)起,至邮件投送收件人(妥投或试投信息时间产生)为止,邮件运递处理时限的责任段落属于寄达邮政方,在此段落内出现的时限延误,原则上由寄达邮政方承担责任。

邮件时限延误的责任及承诺赔偿款的赔付由造成时限延误的作业环节及责任部门承担。

时限延误的确定依据:按照 EMS 承诺服务时限标准资料库提供的全程时限分段标准中LEG1(第一环节)、LEG2(第二环节)、LEG3(第三环节)的时限标准进行衡量,并按照责任段落的划分原则和各环节邮件处理信息反馈的实际处理时间,确定时限延误的责任邮政方。

3.3 其他区域性邮政联盟

区域性邮政联盟在促进区域性国际邮政业务发展、改善会员国之间邮政关系、增强区域性邮政业务合作方面,发挥着无可替代的作用,下面简单介绍一些区域性邮政联盟。

3.3.1 欧洲邮电主管部门会议

欧洲邮电主管部门会议由下列国家的邮电主管部门组成:阿尔巴尼亚、德国、奥地利、比利时、保加利亚、塞浦路斯、克罗地亚、丹麦、西班牙、爱沙尼亚、芬兰、法国、希腊、匈牙利、爱尔兰、冰岛、意大利、拉脱维亚、列支敦士登、立陶宛、卢森堡、马耳他、摩尔多瓦、摩纳哥、挪威、荷兰、波兰、葡萄牙、罗马尼亚、俄罗斯、英国、圣马力诺、瑞典、瑞士、捷克、斯洛伐克、斯洛文尼亚、土耳其、乌克兰、梵蒂冈。该组织于1959年6月26日在蒙特勒创立，由各会员国邮政主管部门轮流主事。此外，该组织在伯尔尼设有一个联络处，负责处理组织的日常工作。

3.3.2　中非邮电主管部门会议

中非邮电主管部门会议于1984年10月26日在布拉柴维尔成立，现有会员国包括布隆迪、喀麦隆、加蓬、赤道几内亚、卢旺达、乍得、刚果（金）和刚果（布）。中非邮电主管部门会议的总秘书处设在喀麦隆的雅温得。

3.3.3　非洲邮电联盟

非洲邮电联盟于1975年10月24日创立，接替1961年9月8日成立的非洲和马尔加什邮电联盟，会员国包括贝宁、布基纳法索、中非、科特迪瓦、马里、毛里塔尼亚、尼日尔、塞内加尔、乍得、多哥和刚果（布），该联盟总秘书处设在布拉柴维尔。

3.3.4　美洲、西班牙和葡萄牙邮政联盟

美洲、西班牙和葡萄牙邮政联盟成立于1911年，该组织的前身于1838年由哥伦比亚、委内瑞拉和厄瓜多尔在波哥大创立，1921年扩大为泛美邮政联盟，1923年、1931年和1991年，西班牙、加拿大和葡萄牙先后加入。该组织总部位于乌拉圭蒙得维的亚，联盟的宗旨是提高成员国之间邮政服务水平，增加自由贸易。美洲、西班牙和葡萄牙邮政联盟于每年的下半年都会在不同的成员国召开一次会议，批准有关邮政安全、技术发展和集邮的决议，并确定来年共同发行的系列邮票的主题。

现有26个国家和地区的邮政加入此联盟，包括美国、阿根廷、玻利维亚、巴西、加拿大、智利、哥伦比亚、哥斯达黎加、古巴、多米尼加、萨尔瓦多、厄瓜多尔、西班牙、危地马拉、海地、洪都拉斯、墨西哥、尼加拉瓜、巴拿马、巴拉圭、秘鲁、葡萄牙、苏里南、乌拉圭和委内瑞拉。

3.3.5　非洲邮政联盟

非洲邮政联盟会员国包括布隆迪、埃及、加纳、几内亚、几内亚比绍、利比里亚、马里、毛里塔尼亚、索马里、苏丹和刚果（布）。该组织于1961年12月2日在丹吉尔创建，常设局设在埃及的开罗。

3.3.6　泛非邮政联盟

根据非洲统一组织的倡议，1980年创立了泛非邮政联盟，该组织的会员国包括阿尔及利亚、安哥拉、贝宁、博茨瓦纳、布基纳法索、布隆迪和麦隆等40个国家，该组织的总部设在坦桑尼亚的阿鲁沙。

非洲地区邮政行业的发展举措，必须确保邮政普遍服务的履行，使其适应不断变化的市场需求并满足客户需要，着力改善国内及国际邮件的服务质量，推出新的金融服务及电子服务，完善监管机制并解决基础设施财政赤字，解决基础设施问题。

3.3.7 北欧国家邮政联盟

北欧国家邮政联盟的会员国包括丹麦、芬兰、冰岛、挪威和瑞典。起初这些国家之间有一些双边协定,1919年丹麦、挪威和瑞典签订了一个集体协定,1934年芬兰和冰岛加入该协定,1946年修订了该协定,"北欧国家邮政联盟"的正式名称在协定的文本中第一次出现。该联盟由每个会员国邮政主管部门轮流主事。

阅读材料

【阅读材料3.1】

亚太区EMS跨境电商高层研讨会在昆明隆重召开

6月27日至7月1日,万国邮政联盟EMS合作机构管理理事会会议暨亚太地区跨境电商和EMS市场发展战略高层研讨会在云南省昆明市隆重召开。本次会议由万国邮政联盟EMS合作机构主办,中国邮政集团公司承办,得到了云南省政府、中国邮政速递物流股份有限公司、云南省邮政分公司、云南省邮政速递物流分公司及各国邮政的大力支持。来自日本、韩国、越南、泰国、马来西亚以及荷兰、巴西(特约国家)等21个国家和地区的50多名代表参加了会议。

万国邮政联盟(简称"万国邮联")是联合国负责国际邮政事务的专门机构,成立于1874年10月9日,是政府间国际组织,总部设在瑞士伯尔尼,现有成员国192个。EMS合作机构是万国邮政联盟国际局的下设机构,目前有180个成员邮政,主要职责是促进成员邮政之间的合作,为全球客户提供优质的EMS服务。中国邮政1998年加入EMS合作机构,是EMS合作机构创始成员。中国邮政速递物流股份有限公司国际业务部总经理王同聚是EMS合作机构的现任理事之一。王同聚介绍说,目前,EMS合作机构的7位理事成员分别来自中国、美国、匈牙利、法国、巴西、日本、澳大利亚。本次理事会会议探讨了全球EMS市场发展情况、EMS质量运营情况等,该会议对于目前及未来全球EMS和中国邮政EMS的合作、发展具有重要意义。

近年来,全球跨境电商市场迅猛发展,2015年跨境电商在世界贸易总额的占比接近40%,预计到2020年全球跨境B2C电商交易额将达万亿美元,跨境消费者人数年均增幅超20%,市场潜力巨大。从地区分布来看,亚洲跨境电商市场增长最快,在零售电商领域,亚太区的销售额现已超越美国和欧洲,位居全球第一。据相关机构研究,未来几年全球跨境电子商务市场将继续保持两位数增长,其中,2016年亚太地区在全球跨境销售额中占比将至四成。当前,中国跨境电商正处于高速发展阶段。2015年,中国跨境电商市场交易额达到5万亿元以上,预计2016年将达到6.5万亿元。

为促进亚太地区邮政间的合作共赢及跨境电商发展,EMS合作机构和中国邮政联合发起亚太地区跨境电商和EMS市场发展战略高层研讨会,主要邀请亚太区EMS合作机构的成员邮政前来参会。

万国邮政联盟EMS合作机构EMS工作组中心经理Jane Lee Dyer主持研讨会,21个国家和地区的 50 多名邮政代表齐聚一堂,就区域 EMS 市场发展策略、EMS 运营质量提升、供应链整合及海关清关等问题深入交换了意见,分享了提升 EMS 服务质量的成功经验,EMS 市场营销策略的成功案例,围绕如何促进 EMS 发展进行了分组讨论,共同探索如何在符合市场需求的情况下,加快 EMS 的发展。邮联 EMS 合作机构理事王同聚在会上做了主题发言——Successful activities and achievements in Custom Clearance,分享了中国在跨境电商进出口海关清关方面的成功经验,指出中国在支撑全球跨境电商发展中起到了至关重要的作用,发言得到了国内外代表的一致肯定。会议期间,中国邮政代表与巴西邮政就 EMS、e 邮宝费率及 EMS 质效挂钩签署问题进行了商谈,并向巴西邮政提议双方之间开办跟踪小包业务,愿意配合巴西邮政商讨国际网运的优化措施。此外,中国邮政与荷兰邮政就双方 EMS 终端费事宜进行了协商,与日本邮政讨论了双方在 Twining Project 上的项目发展以及双边口岸能力提升等议题。双边会议取得了良好的成果。

为适应跨境电商市场的新需要,中国邮政在产品和模式创新上不断尝试,根据市场需要不断完善和设计新的物流产品,设计和开办了多渠道、多附加值、多层次的进出口寄递服务。出口方面,联合电商平台先后开办了国际小包、e 邮宝、e 包裹、e 特快等邮政寄递业务,并在美国、澳大利亚、日本、英国、德国建立了海外仓,为中国卖家提供商业出口+仓储+落地配+退换货一体化仓配服务。进口方面,开办了进口 e 包裹、e 特快和中韩海运 EMS 等邮政渠道,以及进口商业快件、保税进口、中邮海外购等商业渠道业务。

此次会议探讨了中国跨境电商发展的新思路和新理念,开阔了视野。在未来跨境电商市场的激烈竞争中,中国邮政将认真践行创新发展、协调发展、绿色发展、开放发展、共享发展的发展理念,重点推动 EMS 在亚太区及全球快递市场中的持续、健康、快速发展。

来源:中国邮政网 2016 年 7 月 10 日

思 考 题

1. 简述成立区域性邮政联盟应具备的条件。
2. 简述亚太邮联的组织机构。
3. 简述"EMS 承诺服务"的基本含义。

第 4 章　国际邮件的监管与检疫

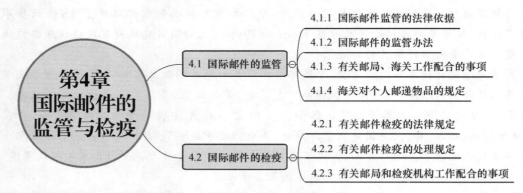

国际邮件在进出各国关境时需要接受海关的监管和国家卫生部门、动植物检疫部门的检疫。本章主要介绍国际邮件监管的法规、监管办法，海关对个人邮递物品的规定，以及国际邮件检疫的法律规定和检疫邮件的处理。

4.1　国际邮件的监管

中华人民共和国海关是国家的进出关境监督管理机关。海关依照《中华人民共和国海关法》和其他有关法律、行政法规，监管进出境的运输工具、货物、行李物品、邮递物品和其他物品，征收关税和其他税费，查缉走私，并编制海关统计和办理其他海关业务。

4.1.1　国际邮件监管的法律依据

1.《中华人民共和国海关法》

海关是国家的行政执行机关，对进出境监督管理的法律依据主要是《中华人民共和国海关法》。《中华人民共和国海关法》是为了维护国家的主权和利益，加强海关监督管理，促进对外经济贸易和科技文化交往，保障社会主义现代化建设而制定的法律规范。

2000 年 7 月 8 日第九届全国人民代表大会常务委员会第十六次会议通过的《中华人民共和国海关法》（以下简称《海关法》），其中第 31 条至 46 条的规定如下：

个人携带进出境的行李物品、邮寄进出境的物品，应当以自用、合理数量为限，并接受海关监管。

进出境物品的所有人应当向海关如实申报，并接受海关查验。海关加施的封志，任何人不得擅自开启或者损毁。

进出境邮袋的装卸、转运和过境,应当接受海关监管。邮政企业应当向海关递交邮件路单。邮政企业应当将开拆及封发国际邮袋的时间事先通知海关,海关应当按时派员到场监管查验。

邮运进出境的物品,经海关查验放行后,有关经营单位方可投递或者交付。

2.《中华人民共和国邮政法》

2009年4月24日第十一届全国人民代表大会常务委员会第八次会议通过的《中华人民共和国邮政法》(以下简称《邮政法》),其中第30条的规定如下:

海关依照《中华人民共和国海关法》的规定,对进出境的国际邮袋、邮件集装箱和国际邮递物品实施监管。

3.《中华人民共和国邮政法实施细则》

《中华人民共和国邮政法实施细则》第48条对国际邮件的监管的详细规定如下:

邮政企业根据运输工具到站(港)、离站(港)时间和运递时限制订的作业时间表应当在变更前3日通知海关,海关应当按照邮政企业通知的作业时间表派员到场监管国际邮袋、查验进出口国际邮递物品;逾时不到场,延误运递时限造成的相关责任由海关承担。

海关依法查验国际邮包时,在设关地应当与用户当面查验,收、寄件人不能到场的,由海关开拆查验,邮政工作人员在场配合。被开拆查验的邮包由海关和邮政企业人员共同封装,双方加具封签或者戳记。海关依法开拆查验的印刷品,应当重封并加具海关封签或者戳记。

从《海关法》和《邮政法》的上述规定中可以看出,海关与邮政在监管和处理国际邮递物品时,既有监督与被监督的行政管理关系,又有互相支持、互相配合的协作关系,既有各自的依法权利,又有各自依法应尽的义务。

海关方面应尽的义务主要包括以下内容。

① 按照邮政企业通知的时间按时派员到场监管国际邮件的装卸转运、总包开拆和查验国际邮递物品;逾时不到场,延误运递时限造成的相关责任由海关承担。

② 需要封存邮件时,除向寄件人或者收件人发出通知外,还应同邮政企业或其分支机构履行交接手续,并负责保管封存邮件;封存期不得超过45天,邮件在此期间发生丢失、短少、损毁等由海关负责赔偿或处理。

由海关依法变卖的无着进口国际邮包,海关应支付相关邮政费用。

邮政方面应尽的义务主要包括以下内容。

① 国际邮递物品必须经海关查验放行后,邮政企业才能投递。

② 必须在海关派员到场监管下才能办理国际邮袋的装卸转运、总包的封发和开拆。

经海关查验应征税的国际邮递物品,委托邮政企业代收税款的,邮政企业应按规定办理。

4.1.2 国际邮件的监管办法

海关对国际邮件的监管办法有两种:一是对我国进出口及过境的国际邮袋的装卸转运和总包封发开拆实施的监督管理,称为国际邮袋监管;二是对我国与其他国家或地区的用户相互寄递的邮递物品进行监督检查,称为国际邮递物品查验。

1. 国际邮袋监管

根据《海关法》和《邮政法》的有关规定,国际邮袋的出入境、开拆和封发、装卸、转运等均应接受海关的监管。海关监管国际邮袋的工作程序如下所述。

(1) 进口邮袋

进口邮袋从国际运输工具起卸时,邮局人员将有关的收发邮件路单一份送海关值勤人员核签后才可以提运。相关邮袋在运往互换局时,邮局应将收发邮件路单一份送交海关查核签印。邮袋到局后,邮局应通知海关,由海关派员检查有关的收发邮件路单,核点邮袋并监视开拆。

(2) 出口邮袋

出口邮袋在封发时,邮局应通知海关,由海关派员监视封发。邮袋从邮局起运时,邮局应将收发邮件路单一份送交海关查核签印,在邮袋装载国际运输工具时,再交由值勤人员复核,并由其监视装入运输工具。

(3) 过境邮袋

过境邮袋在入出境时,分别比照进口邮袋和出口邮袋办理海关核对放行。送交海关的各类路单应由海关加盖关章,作为关单密封后封入相关总包的"F"袋袋口,形成"葫芦袋",拴挂粉红色特别"关单"袋牌一枚,按上述需缮备关单的几种情况分别运至出口国际邮件交换站或进口总包寄达互换局转交驻局海关,海关根据关单对出口和过境邮袋进行验放,对进口邮袋进行开拆监管。

(4) 转关邮袋

互换局应将转关进口国际邮件登列清单,封成专袋发往指定验关地的邮局。相关封发清单应多缮一份,由海关加盖关章后,作为关单密封后封入相关邮件袋内一起发运,袋牌上注明"转关邮件"字样。相关验关局收到转关邮袋后,开拆时应将关单交驻局海关,并请海关对进口邮递物品进行查验,经海关查验放行后将邮件发往寄达局投交收件人。

关单是海关对进口、出口、过境国际邮件总包和转关邮件在我国境内运输过程中进行监管的重要文件,相关工作人员应按规章要求谨慎运递与交接。

2. 国际邮递物品查验

海关依据《海关法》对国际邮递物品进行监管查验工作一般称为验关,验关包括进口邮件验关和出口邮件验关两部分。

(1) 进口邮件验关

进口互换局对寄往没有验关局的省、自治区、直辖市的邮递物品和本局落地投递的邮递物品应交驻局海关查验;对寄往有验关局的省、自治区、直辖市的进口邮递物品应作为"转关邮件"转往相关验关局交驻局海关查验。

海关按照"海关对进出口邮递物品监管办法"对进口邮件验关时,邮局应会同海关办理重封手续,对验讫后的邮件应在封口处粘贴"××海关查验××邮局会同重封"字样的封签并加盖名章,再行投递或转发。

对免税放行的进口国际邮件,由海关加盖免税戳记;对应交纳关税的国际邮件,按照"海关委托邮局代收税款办法"和"邮局代收税款处理办法"有关规定处理。

验关邮件如由海关取走离开邮局处理邮件现场另行查验,应向邮局办理交接签收手续。

进口信函内夹带有零星物品经海关验放的,仍按信函处理;海关征税的按小包邮件处理。

印刷品邮件内夹寄物品的,整件按小包处理。

验关邮件如果装有禁止进口或超过规定限量的物品,经海关查验后需扣留、收购、退回的,应按以下办法处理:

① 整件扣留的,邮局向海关办理移交手续;

② 整件收购或部分收购的邮件移交海关处理;
③ 内件部分扣留部分放行的,应将整件交海关处理;
④ 整件退回的,由海关在邮件封皮加盖戳记后,按无法投递邮件处理;
⑤ 对海关决定扣留的国际邮件,应使用 CN13 扣留邮件通知单,将依据的有关法令及对邮件的处理方式通知原寄邮政。

(2) 出口邮件验关

出口邮件的查验方式分为窗口查验和在内部处理部门内查验(内部查验)两种。

① 窗口查验:海关在邮局营业厅设置台席,用户将应接受海关监管的国际邮件,先在海关窗口办理查验手续,海关验放后再到邮局窗口交寄。

② 内部查验:用户在没有海关窗口的邮局交寄需要海关查验的国际邮件,由寄件人填妥报关文件后由收寄局收寄,然后将邮件转发验关局送交海关查验,如果经转局未设海关,经转局将邮件封至出口互换局交海关查验。

出口验关邮件应尽量使用原封装并恢复原样,由海关加盖验放戳记。给据邮件如需离开生产现场查验,一律登列清单与邮局人员交接签收;对于平常邮件,海关需拿离邮局生产现场查验的不必登记交接。

需要海关验关的邮递物品包括印刷品、印刷品专袋、小包邮件、包裹、保价信函、盲人读物、合封函件以及贴有 CN22 验关签条(邮 2113)或附有 CN23 报关单(邮 2103)的进口优先/非优先函件。

除有特殊规定外,寄往和寄自有验关局的各省、自治区、直辖市的进出境邮递物品应由当地驻局海关验关;寄往和寄自没有验关局的各省、自治区、直辖市的进出境邮递物品应由进口互换局或出口互换局驻局海关验关。

4.1.3 有关邮局、海关工作配合的事项

1. 关于报关文件

寄件人向我国海关和寄达国海关申报所寄国际邮递物品内件,按规定填写的报关单式称为报关文件。按照万国邮联和国际海关组织的规定,报关单式有两种:一种是 CN22 验关签条,又称绿色签条,另一种是 CN23 报关单。报关文件由邮政部门负责印制,供寄件人交寄需报关的国际邮递物品时使用。

(1) 报关文件的使用

交寄内件价值不超过 300 特别提款权的国际函件时,按万国邮联规定在函件封面左上角粘贴一枚妥填的验关签条;对价值超过 300 特别提款权的国际函件,应随附规定份数的 CN23 报关单,在此情况下,CN22 验关签条可不详细填写,只将其上半部分(即验关签条正面第一条虚线以上部分)贴在函件上即可。但在任何情况下均应填写一份 CN23 报关单送交我国海关。交寄印刷品专袋时根据寄达国要求粘贴验关签条或随附报关单。

(2) 报关文件的填写

寄件人应如实填写报关文件,申报内件价值可以少于实际价值,但不可以多于实际价值。内装物品应具体写明品名、重量、价值等,不可以笼统填写。填写时应使用英文、法文或寄达国通晓文字。报关文件上收件人和寄件人的名址必须与相关邮件封面书写一致。

2. 关于应税邮件与免税邮件

海关依据相关税则对进出口国际邮件需要征收税款的邮件称为应税邮件,免征税款的邮件称为免税邮件。税款包括关税,海关代征的增值税、消费税等。

（1）应税邮件

"中华人民共和国海关对进出境邮递物品监管办法"规定：进出境的个人邮递物品，在自用、合理数量范围内，并且每次寄进或寄出的物品价值不超过一定限额人民币的，由海关按章征税或免税放行。物品的价值，寄进的由海关按照到岸价格核定，寄出的按国内市场零售价格核定。进出境个人邮递物品应征的关税和其他法定由海关征收的税费，收、寄件人与海关当面验关的，由海关直接收取，不能当面验关的由邮局代收。

对于应征关税的进境国际邮件，海关委托邮局代收税款时应按件填写"进口旅客行李、个人邮递物品税款缴纳证"。税款缴纳证上填写的收件人姓名、地址、邮件号码等应与相关邮件封面书写内容相符。海关还应根据每天签发的税款缴纳证存根联填制"税款结算清单"一式两份，在税款缴纳证签发的次日送交邮局。邮局应在2天内进行核对，核对无误签字后一份留存，一份退回海关作为海关、邮局双方结算代收进口邮件税款的凭证。邮局接收代收税款邮件时，应逐件核对海关签发的税款缴纳证上填写的收件人姓名、地址、邮件号码是否与相关邮件相符，税款金额和签发日期是否清楚，核对无误后将税款缴纳证收据联随相关邮件一并封发寄达局。投递局在投递代收税款的邮件时应注意收取税款，并尽快汇解验关局。验关局对收到的代收税款应每10日交海关一次，每月终了后2天内，海关、邮局应结算全月代收的税款金额。

海关委托邮局代收出境邮件税款时，应填制"寄件人缴纳关税通知单"一份，连同税款缴纳证收据联和代收联一并交邮局签收并由邮局通知寄件人。海关在收到代收税款后，通知邮局将出口邮件发出。寄件人在接到通知单后，一个月以内不缴付税款或拒付税款，邮局将根据海关通知将相关邮件退回寄件人。

（2）免税邮件

"中华人民共和国海关对进出境邮递物品监管办法"规定：进口邮包每次税额不足50元人民币的，予以免税放行。对免税进口国际邮件，海关应在邮件封面上加盖"免税"戳记，不另附单据。邮局在投递免税国际邮件时，应收的邮政费用不能免收。

3. 其他费用的规定

根据《万国邮政公约》和《包裹业务协定》，对送交海关查验的进口邮递物品，如海关征收关税或其他费用，邮局可以向收件人收取一项送交海关验关费，对需经邮局送交海关查验的出口国际包裹，收寄时可以向寄件人收取此项送交海关验关费。

海关使用邮政业务，除"关单"可以免付资费外，其他文件物品均应照章纳费。

寄件人声明放弃的无法投递包裹和无法投递又无法退回的应纳关税的进口物品，应及时送交海关处理。对于邮局应收的各项费用应通知海关在变卖所得价款中扣交邮局。

对于用户向海关所作的申报事项，以及海关对其查验邮递物品所作的决定，邮局不承担任何责任。

关于在邮局设立海关办事处：在邮局设立海关办事处应由邮局和海关双方协商，就邮局和海关双方的配合问题签订协议，由省、自治区、直辖市邮政公司和海关联合向邮政集团公司和海关总署监管司提交报告，经邮政集团公司和海关总署监管司协商同意并联合批复后方可设立。

4.1.4 海关对个人邮递物品的规定

个人邮递物品是指按我国海关的规定属于自用、合理数量范围内的进出境旅客分离运输的行李物品、亲友间互赠的物品和其他个人物品。

1. 免税额的规定

进出境个人邮递物品应以自用、合理数量为限。海关对进出境个人邮递物品的管理原则是:既要方便正常往来,照顾个人合理需要,又要限制走私违法活动。据此原则,海关规定了个人每次邮寄物品的限值、免税额和禁止、限制邮寄物品的品种。对邮寄进出境的物品,海关依法进行查验,并按章征税或免税放行。

① 寄自或寄往港澳台地区的个人物品,每次允许进出境的限额为人民币 800 元,免税额为人民币 400 元,超出部分,照章征收关税。

② 寄自或寄往港澳台地区以外的个人物品,每次允许进出境的限额为人民币 1 000 元,免税额为 500 元,超出部分,照章征收关税。

③ 进出境邮递物品中,有须经审查、鉴定、检疫或商品检验的物品,海关按照国家相关规定处理。

2. 禁止、限制进出境物品的规定

(1) 禁止进境物品

① 各种武器,仿真武器,弹药及爆炸物品。

② 伪造的货币及伪造的有价证券。

③ 对中国政治、经济、文化、道德有害的印刷品、胶卷、照片、唱片、影片、录音带、录像带、激光视盘、计算机存储介质及其他物品。

④ 各种烈性毒药。

⑤ 鸦片、吗啡、海洛因、大麻以及其他能使人成瘾的麻醉品、精神药物。

⑥ 带有危险性病菌、虫害及其他有害生物的动物、植物及其产品。

⑦ 有碍人畜健康的、来自疫区的以及其他能传播疾病的食品、药品及其他物品。

(2) 禁止出境物品

① 列入禁止进境范围的所有物品。

② 内容涉及国家秘密的手稿、印刷品、胶卷、照片、唱片、影片、录音带、录像带、激光视盘、计算机存储介质及其他物品。

③ 珍贵文物及其他禁止出境的文物。

④ 濒危的和珍贵的动物、植物(均含标本)及其种子和繁殖材料。

(3) 限制进境物品

① 无线电收发信机、通信保密机。

② 烟酒。

③ 濒危的和珍贵的动物、植物(均含标本)及其种子和繁殖材料。

④ 国家货币。

⑤ 限制进境的其他物品。

(4) 限制出境物品

① 金银等贵重金属及其制品。

② 国家货币。

③ 外币及有价证券。

④ 无线电收发信机、通信保密机。

⑤ 贵重中药材。

⑥ 一般文物。

⑦ 限制出境的其他物品。

3. 海关对印刷品、音像制品监管的规定

个人携带或邮寄进出境印刷品、音像制品，应以自用合理数量为限，超出的予以退运。经海关查验在规定范围内且无违禁内容的予以放行。

海关监管的进出境印刷品、音像制品主要包括以下内容。

印刷品：图书、报纸、杂志、印件、函件（私人信件除外）、复印件、绘画、手稿、手抄本等。

音像制品：录音带、录像带、唱片、激光唱片、激光视盘、电影胶片、摄影底片、幻灯片以及计算机磁盘、光盘、磁带等各种信息存储介质。

（1）禁止进境的印刷品、音像制品

有下列内容之一的印刷品、音像制品，禁止进境。

① 攻击《中华人民共和国宪法》的有关规定；污蔑国家现行政策；诽谤中国共产党和国家领导人；煽动对中华人民共和国进行颠覆破坏、制造民族分裂；鼓吹"两个中国"或"台湾独立"的。

② 具体描写性行为或淫秽色情的。

③ 宣扬封建迷信或凶杀、暴力的。

④ 其他对中华人民共和国政治、经济、文化、道德有害的。

（2）禁止出境的印刷品、音像制品

有下列内容之一的印刷品、音像制品，禁止出境。

① 有禁止进境内容的。

② 涉及国家秘密的。

③ 出版物上印有"内部资料""国内发行"字样的。

④ 供大专院校内部使用的参考书籍；国家地质、地形测绘资料。

⑤ 国内非法出版的书、刊、报纸等印刷品和非法出版的音像制品；侵犯他人知识产权、盗印境外出版机构出版的印刷品和音像制品等。

⑥ 国家颁布的《文物出口鉴定参考标准》规定禁止出境的古旧书籍，以及其他具有文物价值的。

4.2 国际邮件的检疫

国际邮件的检疫是指国家卫生部门或动植物检疫部门依法对相关邮件进行检疫的法定程序。实行邮件的检疫是为了防止病疫细菌通过邮寄途径传染、扩散、危害人民身体健康和财产安全，这是国家赋予卫生部门或动植物检疫部门的一项职权。

4.2.1 有关邮件检疫的法律规定

1.《中华人民共和国国境动植物检疫法》

1991年10月30日第七届全国人民代表大会常务委员会第二十二次会议通过的《中华人民共和国国境动植物检疫法》第28～33条的规定如下。

携带、邮寄植物种子、种苗以及其他繁殖材料进境的，必须事先提出申请，办理检疫审批手续。

禁止携带、邮寄进境的动植物、动植物产品和其他检疫物的名录,由国务院农业行政主管部门制定并公布。

邮寄规定的名录以外的动植物、动植物产品和其他检疫物进境的,由口岸动植物检疫机关在国际邮件互换局实施检疫,必要时可以取回口岸动植物检疫机关检疫;未经检疫不得运递。

邮寄进境的动植物、动植物产品和其他检疫物,经检疫或者除害处理合格后放行;经检疫不合格又无有效方法作除害处理的,作退回或者销毁处理,并签发"检疫处理通知单"。

携带、邮寄出境的动植物、动植物产品和其他检疫物,物主有检疫要求的,由口岸动植物检疫机关实施检疫。

2.《中华人民共和国国境卫生检疫法》

2007年12月29日第十届全国人民代表大会常务委员会第三十一次会议通过修改的《中华人民共和国国境卫生检疫法》关于邮包的检疫的规定如下。

入境、出境的人员、交通工具、运输设备以及可能传播检疫传染病的行李、货物、邮包等物品,都应当接受检疫,经国境卫生检疫机关许可,方准入境或者出境。

入境的交通工具和人员,必须在最先到达的国境口岸的指定地点接受检疫。除引航员外,未经国境卫生检疫机关许可,任何人不准上、下交通工具,不准装卸行李、货物、邮包等物品。

国境卫生检疫机关对来自疫区的、被检疫传染病污染的或者可能成为检疫传染病传播媒介的行李、货物、邮包等物品,应当进行卫生检查,实施消毒、除鼠、除虫或者其他卫生处理。

3.《中华人民共和国邮政法》

2009年4月24日第十一届全国人民代表大会常务委员会第八次会议通过修改的《中华人民共和国邮政法》,其中第31条的规定如下。

进出境邮件的检疫,由进出境检验检疫机构依法实施。

4.《中华人民共和国邮政法实施细则》

《中华人民共和国邮政法实施细则》关于邮件的检疫的规定如下。

用户交寄的应施行卫生检疫或动植物检疫的邮件,必须附有检疫证书,检疫部门应及时对邮件进行查验,以保证邮件的运递时限。

海关、检疫部门依法查验国际邮递物品或检疫邮件,应注意爱护;需要封存时,除向寄件人或收件人发出通知外,应同邮政企业或其分支机构履行交接手续,并负责保管,封存期不得超过45天。特殊情况需要延长封存期的,应征得邮政企业或其分支机构以及寄件人或收件人的同意,并以不致造成被封存国际邮递物品或邮件的损失为前提。被封存国际邮递物品或邮件退还邮政企业或其分支机构时,邮政工作人员应核对无误后予以签收。

依法没收的国际邮递物品或经卫生、动植物检疫必须依法销毁的邮件,海关或检疫部门应出具没收或检疫处理通知单,并及时通知寄件人或收件人以及邮政企业或其分支机构。

国际邮递物品在依法查验、封存期间,发生丢失、短少、损毁等,由海关或检疫部门负责赔偿或处理。

依法查验邮递物品或对邮件实施检疫需要使用邮政企业或其分支机构的场地和房屋时,由邮政企业与有关部门根据工作需要和实际可能协商解决。

4.2.2 有关邮件检疫的处理规定

凡寄往同我国签有动植物检疫协议的国家的装有应检疫物品的包裹和小包,应由寄件人随附动植物检疫部门签发的有效期内的检疫证书才能出口;对未办妥检疫证书的邮件,邮政企业一律不得收寄与转发。

邮寄入境的植物或植物产品,必须经口岸动植物检疫机关检疫,经检疫未发现检疫对象的,在邮包外加盖邮寄检疫章后放行,发现有检疫对象的,在进行检疫处理后,签发"检疫处理通知单",随同邮包由邮局投交收件人;不能进行检疫处理的,在邮包外加贴退包标签,交邮局退回寄件人;必须销毁的,签发处理单后,由邮局将处理单转交寄件人。

活的动植物产品禁止邮寄入境(符合规定的少量样品除外)。

根据有关规定,有碍卫生的旧衣物和来自疫区能传播疾病的食品等是禁止进口的;出口邮件除按有关规定检疫外,还要遵守对方国家的有关规定和要求,如有些国家对旧衣物要求随附消毒证明书,对肉类、罐头食品等须附卫生机关的检疫证书等。

为了保证邮件的运递时限,检疫部门应对上述应检疫的邮件优先检疫,这就要求互换局及验关局根据当地具体情况与动植物检疫部门和卫生检疫部门以及海关协商制定必要的配合办法,以贯彻优先检疫、保证传递时限的要求。

4.2.3　有关邮局和检疫机构工作配合的事项

1. 邮寄物检疫

邮寄物检疫是指对经国际邮递渠道进出境的植物、植物产品及其他检疫物实施检疫。邮寄物检疫工作务必取得邮局和海关的有力配合支持。检验检疫局派员定期或由邮局通知前往或常驻国际邮件互换局、快递公司执行检疫任务。

① 当进境邮寄物抵达国际邮件互换局后,邮局在分拣过程中,拣出检疫物邮包转交检验检疫人员实施检疫。需拆验时,检验检疫人员与邮政部门的工作人员共同拆包。如需取回检验检疫局检疫,由检验检疫人员向邮局办理交接会签手续。

② 对于快递邮件,因其经营单位分散,海关一般对其采取在进出境时集中检查,检验检疫人员可结合海关检查实施检疫。

③ 邮寄出境的植物、植物产品和其他检疫物,物主有检疫要求的,向口岸检验检疫机关报检,检疫合格的,签发检验检疫证书。

2. 检疫处理

(1) 进境邮寄物

经现场检疫未发现危险性病虫害或带有一般性生活害虫但虫口密度不大的,在邮包上加盖章,予以放行。

对取回室内检验的种子、苗木或其他繁殖材料,通知收件人限期办理审批单,逾期不办理的,作退回或销毁处理;办理审批后,经检疫合格或经处理合格,出具调离通知单,通知收件人按审批指定地点隔离试种,同时通知试种地植物检疫部门。

对未办理特许审批的国家禁止进境的邮寄物,可视情况通知收件人限期补办特许审批手续或作退回、销毁处理。

对发现危险性病虫害或带有一般性生活害虫且虫口密度较大的邮寄物,分情况作如下处理:

① 能进行有效除害处理,经处理复检合格的,在邮件上加盖章,予以放行;

② 无有效除害处理方法,但包装完好的,作退件处理,由邮局退给寄件人;

③ 无有效除害处理方法,其包装不牢固,具传播危险性病虫害可能性的,作截留销毁处理,出具邮件处理通知单,注明处理原因,由邮局寄交收件人。

(2) 出境邮寄物

① 经检疫合格或经除害处理合格的出境邮寄物,根据寄件人的需要,出具证书。

② 经检疫不合格且无有效除害处理方法的,作换件处理或退给寄件人。

案例分析

【案例分析 4.1】

国际包裹为什么被退回?

某天,一位老人抱着一个大包裹来到邮局称,他的这个包裹是在一个月前用航空方式寄给远在意大利攻读法学博士学位的孙女的,邮费花了八百多元。因孩子在国外急等着用这些东西,天天打电话问,一个月过去了,包裹非但没收到,还被退了回来。老人不满地说:"我用的是邮局标准的包装箱,也付足了邮费,包裹为什么会退回来呢?"

营业员认真听取了老人的申诉,又看了看老人的包裹。老人的包裹封装得很结实,完全符合规格。寄件人和收件人姓名、地址也都是用外文写的,书写工整清晰,符合相关规定。营业员又看了看老人的包裹多联单,终于看出了问题,虽然单据上寄件人和收件人姓名、地址书写得都很规范,但包裹报关单内件名称、数量部分只填写了"衣物、个人用品"。原来,包裹被退回是因为包裹报关单内件名称、数量部分填写过于简单。要知道,国外海关不仅要求包裹内件名称和数量同样必须用英文、法文或者寄达国通晓文字书写,还要求必须详细分类填写,如实申报,否则海关无法验关,海关不放行,邮局就不能投递。

目前,各国海关都加强了检验。例如,意大利海关还规定:按万国邮联规定使用 CN23 邮件报关单,必须用英文、法文或意大利文填写;报关单申报内装物品应详细,如一双皮鞋、两件棉衣、五件羊毛衫;必须提供用英文、法文或意大利文填写的发票或形式发票;各种单式和发票上申报的价值必须一致(即包裹随附的各种不同文件对内件总价值的申报必须相同);必须明确填写寄件人和收件人的全名和详细地址;收件方为个人的,必须提供收件人的身份证和税证号码(在该国印花税票已有登记);收件方为公司的,必须提供公司的营业执照和税务登记号码(在该国的 Partita IVA 已有登记);如内件物品性质特殊或数量较大,须与本国贸易管理机构或意大利使馆核实,是否需要随附进口许可证或特殊证明,有无进口限制;内件为药品的,必须随附由意大利本国药剂师或卫生协会出具的证明,该证明也可以在邮件寄达时,由收件人提供;容易腐烂的食物禁止交寄。

通过以上事例我们应该注意,营业员在收寄国际邮件时,应提醒寄件人事先联系寄达国海关等进口管制机构,了解进口法律法规,按要求做好交寄前准备,避免发生邮件被退回的事情。

阅读材料

【阅读材料 4.1】

万国邮联和世界海关组织加强合作

海关与邮政经营机构的关系已经在不同的文件中作了规定。万国邮联的主要对话方是世界海关组织（OMD），合作建立在《京都公约》的基础之上，这是一个简化和协调1974年通过的海关制度的国际公约。承认邮政业务的特殊性，也考虑到邮件数量之巨大，该文件明确了这个行业简化后的清关程序，以便最大限度地缩短清关时间和降低成本。无论是在一个国家还是在国际范围内，邮政和海关都在本着这个精神进行合作。世界海关组织和万国邮联还签署了多个谅解协议，2007年9月签署了一个协议，该协议着眼于进一步加强两个国际组织的合作关系，为世界自由贸易及其安全提供方便。为此，将要修订《邮政出口指南》，随着新标准和新程序的制定，安全也将得到进一步加强。两个国际组织一致同意编制远程培训课程并共同举办地区专题研讨会，以改进邮政和海关的业务质量。万国邮联和世界海关组织将进一步紧密合作，促进海关程序和邮政程序的现代化，特别是应对电子数据传输方面日益增长的压力。

【阅读材料 4.2】

验关局和非验关局在邮件验视时的区别

验关局是指设有海关驻邮局办事处的邮政机构，其任务是将内装应受海关监管物品的进出口和转口邮件以及进出口和过境邮袋提交海关查验放行。海关驻邮局办事处可以在当地邮局营业部门设立派出机构，与客户当面办理邮件验关手续，这类营业窗口称为"验关窗口"。没有设海关的邮局即非验关局，目前设有海关的邮局比较少，多数支局均属非验关局。

验关局和非验关局在验视邮件时的区别在于：在验关局收寄邮件时，应请寄件人直接交驻邮局的海关办理验放手续，营业人员收寄时要验视邮件或报关文件上是否已盖有海关验讫章；而在非验关局窗口收寄此类邮件时，是由营业人员验视邮件内有无装寄禁寄或超过限量寄递的物品，再交海关查验。

【阅读材料 4.3】

通关员的权利和义务

在非验关局是先由营业人员代海关验视邮件，也就是平时所说的"代客报关"。代客报关的工作人员称为通关员，通关员是指经海关驻邮局办事处培训考试合格，持有海关颁发的通关员证的邮局人员。通关员的任务是以所属邮局的名义代海关办理出口邮件通关业务，一般在非验关局才设有通关员，也就是说，在非验关局是由通关员代替海关执行验视邮件的任务。

作为通关员，应遵守国家的有关法律、法规及海关对进出境邮递物品的监管规定；应熟悉出口通关邮件的基本情况，指导或代理寄件人准确、清楚地填制出口通关邮件包裹单和报关单，并按海关规定，及时办理相关出口通关手续；具体协助解释并核查相关出口通关邮件；配合海关对走私违规邮件的调查、取证工作。

通关员的权利：代表所属邮局接收并办理出口国际邮件通关业务；有权拒收寄件人或单位违反国家有关法律、法规的出口国际邮件；对违反国家规定、逃避海关监管的邮件或行为人进行举报。

通关员的义务：负责提供、保管出口通关邮件的相关单据与资料；参加海关举办的业务沟通与培训；配合海关履行通关职责与业务授权。

课后实践

通过查阅资料或实地调研，了解我国海关在对国际邮件的监管中面临的主要问题，并针对某一问题谈谈自己的想法。

思 考 题

1. 简述海关与邮政在监管和处理国际邮递物品时，双方应尽的义务。
2. 简述海关对国际邮件的监管办法。
3. 验关邮件如果装有禁止进口或超过规定限量的物品，经海关查验后需扣留、退回时，邮政部门应如何处理？
4. 我国海关规定禁止、限制进出境的物品分别有哪些？

第 5 章　国际邮政业务体系

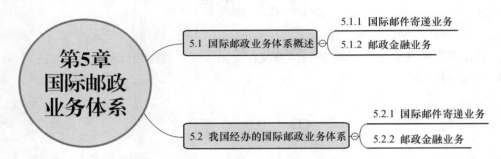

国际信函是一种常见的国际邮政业务,此外还有哪些国际邮政业务呢?本章将介绍在《万国邮政公约》框架下邮联各会员国之间开办的国际邮政业务体系和我国开办的国际邮政业务体系。

5.1　国际邮政业务体系概述

国际邮政业务分为国际邮件寄递业务和邮政金融业务两部分,每部分包括很多不同的业务种类,每种业务中又有很多不同的服务项目,所有业务种类和服务项目构成了一个完整的国际邮政业务体系。万国邮联各会员国邮政主管部门正是通过这个业务体系来提供不同种类、不同质量标准和不同时限的邮政服务,满足邮政用户不同层次的用邮需求,并创造邮政部门的经济效益,求得自身的发展。

5.1.1　国际邮件寄递业务

国际邮件寄递业务包括国际函件业务、国际包裹业务、国际特快专递业务、电子信函业务、综合物流业务、电子邮戳。

1. 国际函件业务

按照传统的根据内件性质分类的方法,基本业务分为信函、明信片、航空邮简(统称 LC,法文 Lettres et Cartes Postales 的缩写)和印刷品、盲人读物、小包、印刷品专袋(统称 AO,法文 Autres Objets 的缩写)。

1874 年《伯尔尼条约》规定的函件只包括信函、通信卡片(后改为明信片)、事务文件和货样。盲人读物是 1920 年马德里大会增加的。1929 年伦敦大会又增加了小包。1939 年布宜诺斯艾利斯大会又增加了留声信片。1947 年巴黎大会允许将寄给同一收件人的数件印刷品装在一个袋内交寄,称为印刷品专袋。为了简化业务种类,1964 年维也纳大会取消事务文件,原以事务文件交寄的文件改为按信函或小包交寄。1969年东京大会又取消1885年里斯本大会创立的双明信片以及留声信片和货样,原以留声信片和货样交寄的改为按小包交寄。

1989年华盛顿大会通过了一项按处理速度给函件分类的办法,不论内件性质,以最快邮路优先发运的函件称为优先函件,以较低的资费交寄、运递时限较长的函件,称为非优先函件。按处理速度分类的系统中,仍可收寄属于优先函件的航空邮简和只装报纸、期刊、书籍及其他印刷品的印刷品专袋。

对于按内件性质分类的函件,还可以按照运输方式分为航空函件、水陆路函件和空运水陆路函件。空运水陆路函件是1964年维也纳大会以来进行的关于最大限度利用航空邮路的研究结果,1974年洛桑大会首次列入《万国邮政公约》。

在根据内件性质分类的系统中,可以将不同资费标准的几类函件混封成一件交寄,称其为合封函件。

(1) 业务分类

2016年第26届万国邮联大会上,与会代表提出了很多国际函件改革议案,目标直指业务目前的一系列不合理问题。有些代表提到,国际函件一直属于普遍服务业务范围,各类资费较低,而国际小包业务量大,给很多国家造成了运输压力,业务急需转型。一些承载电子产品的邮件无法使用飞机运输,需考虑国际联运火车运输等问题也在本次大会上提出。另外,我国消费者习惯于查询网上跟踪信息的消费习惯也无法通过过去的国际小包业务实现。在综合所有代表的意见之后,邮联大会对国际函件业务进行了如下改革,根据最新决议,国际函件将按照内件和规格分为文件类和物品类。

文件类具体包括小型函件(P类)、大型函件(G类)和超大型函件(E类)三类。

小型函件的尺寸:最小尺寸 90 mm×140 mm;最大尺寸 165 mm×245 mm;最大重量 100 g;最大厚度 5 mm。

大型函件的尺寸:最小尺寸 90 mm×140 mm;最大尺寸 305 mm×381 mm;最大重量 500 g;最大厚度 20 mm。

如果上述任何一个尺寸超出,均应归为大一型号的函件。

物品类即 E 规格小包,所有内件为物品的函件,不论尺寸和重量,均属于 E 规格小包。

(2) 业务规定

根据2008年第24届万国邮政联盟大会颁布的《万国邮政公约》,各邮联会员国应确保其指定经营者对函件的收寄、处理、运输和投递,函件包括:

① 重量不超过 2 kg 的优先函件和非优先函件;

② 重量不超过 2 kg 的信函、明信片、印刷品和小包;

③ 重量不超过 7 kg 的盲人读物;

④ 装有寄往同一寄达地和同一收件人的报纸、期刊、书籍和相似的印刷文件的专袋("M袋",即印刷品专袋),重量不超过 30 kg。

(3) 附加业务

附加业务分为强制性附加业务、非强制性附加业务等4种不同的情况。

① 各会员国或其指定的经营者应确保下列强制性的附加业务。

• 出口航空函件和优先函件的挂号业务。

• 对不办理优先函件或航空函件业务的寄达国,出口非优先函件和水陆路函件的挂号业务。

- 所有进口函件的挂号业务。

② 对于办理优先函件或航空函件业务的寄达国,出口非优先函件和水陆路函件的挂号业务是非强制性的。

③ 在相关邮政主管部门商定提供下列业务的情况下,各会员国可以确保这些非强制性的附加业务。
- 保价函件。
- 确认投递函件业务。
- 代收货款函件。
- 快递函件。
- 挂号函件、确认投递函件或保价函件的收件人亲收业务。
- 收件人免付资费和税款函件。

④ 下列3项附加业务同时具有强制性和非强制性的性质。
- 国际商业回函业务:基本上是非强制性的,但是所有邮政都应确保国际商业回函邮件的寄退业务。
- 国际回信券业务:所有会员国都应兑换这类回信券,但其出售是非强制性的。
- 挂号函件或确认投递函件、包裹和保价邮件的回执业务:所有邮政都应接受进口邮件的回执,但对出口邮件提供回执业务是非强制性的。

2. 国际包裹业务

(1) 基本业务

基本业务是参加《邮政包裹协定》的会员国邮政必须办理的业务。各会员国应确保重量不超过20 kg的邮政包裹的收寄、处理、运输和投递。对于出口包裹,也可以根据双边协议采用更加有利于用户的其他方式办理。对于某些种类的邮政包裹,可以按照《邮政包裹协定及其实施细则》中规定的条件,非强制性地实行不超过20 kg的重量限制。

(2) 附加业务

附加业务分为以下两种不同的情况。

① 在相关邮政主管部门商定提供下列业务的情况下,各会员国可以确保以下非强制性的附加业务。
- 保价包裹业务。
- 代收货款包裹业务。
- 快递包裹业务。
- 收件人免付资费和税款包裹业务。
- 脆弱包裹和过大包裹业务。
- 同一寄件人寄往国外的批量邮件的集散"托运"业务。

② 下列附加业务同时具有强制性和非强制性的性质。

包裹和保价邮件的回执业务:所有邮政都应接受进口邮件的回执,但对出口邮件提供回执业务是非强制性的。

3. 国际特快专递业务

国际特快专递业务是用于传递文件和物品的邮政速递业务,也是最迅速的实物传递邮政业务。各邮政主管部门可以在多边标准协议或双边协议的基础上提供此项业务。

国际特快专递业务是1971年6月20日首先在美国和英国之间开办的,此后开办国不断增加。为了在竞争激烈的市场中争取主动,1984年汉堡大会决定将此项业务列入万国邮联咨理会的工作计划,并陆续制定了国际特快专递业务协定及其实施细则的范本和关于此项业务的一系列建议,以便简化各邮政之间签订双边协议建立该业务的程序。1989年华盛顿大会将关于国际特快专递业务的原则规定纳入《万国邮政公约》。

4. 电子信函业务

电子信函业务是一种借助于电子信息传递的业务。电子信函业务是在20世纪80年代初发展起来的业务,1994年汉城大会将有关该业务的规定纳入《万国邮政公约》。

5. 综合物流业务

综合物流业务充分满足客户在物流方面的需求,包含在物品和文件传递之前和传递之后各个阶段的服务。

6. 电子邮戳

电子邮戳在2004年布加勒斯特大会上作为邮政正式业务被写入《万国邮政公约》。

电子邮戳是指"盖在纸质信封上的邮戳的电子等价物",它采用数字签名、标准时间戳、hash码等技术为互联网用户传递信息提供一种不可否认的服务,其核心功能包括数字签名验证服务、时间戳服务、加密/解密服务、不可否认服务、事件日志服务等。电子邮戳可以确保信息文件传递内容的真实可信、有据可查,保证企业和个人在传递电子邮件、进行电子政务与商务活动时的合法权益,因此必将成为邮政新的增长点。

5.1.2 邮政金融业务

1999年在北京召开的第22届万国邮政联盟大会,决定将《邮政汇兑协定》《邮政支付业务协定》《代收货价业务协定》改编合并为单一的《邮政支付业务协定》。在万国邮政联盟合作框架内,我国目前只开办国际邮政汇兑业务。

5.2 我国经办的国际邮政业务体系

在5.1节万国邮联规定的国际邮政业务体系所包括的各项国际邮件寄递业务和邮政金融业务中,我国经办的国际邮政业务体系包括下列业务。

5.2.1 国际邮件寄递业务

1. 国际函件业务

(1) 基本业务

目前,我国出口国际函件采用按内件性质分类的办法,开办的业务种类包括航空和水陆路的信函、明信片、航空邮简、印刷品、盲人读物、小包、印刷品专袋和全球优先函件业务。1980年,我国开始办理不收附加费的空运水陆路函件业务。目前我国正在积极发展国际商函业务,为促进国际商函业务的发展推出了国际特惠封、全球邮"国际邮资封"等。

(2) 附加业务

我国国际函件中办理的附加业务包括:挂号函件、保价函件、国际商业回函、附回执的国际函件、存局候领函件和船上交寄的函件。

2. 国际包裹业务

（1）基本业务

目前，我国办理航空和水陆路普通包裹业务。我国国际包裹的最高重量可达 31.5 kg（汉城大会法规生效以前为 20 kg），执行第一种尺寸限度（长 1.5 m，长度和长度以外最大横周合计不超过 3 m）。但如果寄达邮政或散寄经转邮政采用的重量和尺寸限度低于这一标准，应以较低的标准为准。我国于 1980 年开办了空运水陆路包裹业务，目前空运水陆路包裹可通达欧洲十几个国家。

（2）附加业务

目前，我国办理脆弱包裹、保价包裹、存局候领包裹、附回执包裹、国际邮购和包裹托运业务等附加业务。为了更好地满足用户需要，我国邮政主管部门正在积极发展过大包裹业务。

3. 国际特快专递业务

我国于 1980 年 7 月首先与新加坡开办了国际特快专递业务，目前与我国建立了国际特快专递业务联系的国家和地区超过 90 个，国内开办此项业务的城市超过 1 800 个。信函类、文件类和物品类特快专递邮件的定时业务和特需业务我国都可以办理。

4. 电子信函业务

我国邮电部于 1985 年 10 月 1 日决定开办电子信函业务。1986 年 3 月 1 日首先与日本建立了电子信函业务联系。目前，与我国建立此项业务联系的国家和地区已达 24 个，国内开办电子信函业务的城市有 266 个。我国目前只办理以实物形式交寄的传真业务，接收的电子信函以实物形式通过国际特快专递业务投递或用国内电路传到收件人的传真机上。

5.2.2 邮政金融业务

我国目前开办的邮政金融业务包括万国邮联合作范围内的国际汇兑业务以及与美国西联汇款公司联合开办的国际特快专递汇款业务。

思 考 题

1. 万国邮联会员国必须开办的业务有哪些？
2. 目前我国开办的国际邮政业务有哪些？

第 6 章 国际普通邮件业务

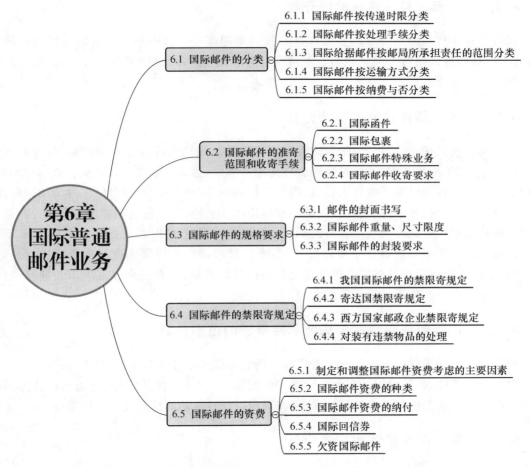

本章将学习国际邮件的分类，各类国际邮件的准寄范围和收寄手续，国际邮件的规格要求和国际邮件的资费等方面的内容。

6.1 国际邮件的分类

国际邮件主要包括国际函件、国际包裹和国际特快专递邮件三类。

函件按内件性质分类，分为信函、明信片、航空邮简、印刷品、盲人读物和小包。函件同时按照内件和规格可分为文件类和物品类，文件类具体包括小型函件、大型函件和超大型函件，物品类即 E 规格小包。所有内件为物品的函件，不论尺寸和重量，均属于 E 规格小包。

函件按发运速度分为优先函件和非优先函件，这是万国邮联范围内实行的另一种函件分类办法。不论内件性质，以最快邮路优先发运的函件称为优先函件，以较低的资费交寄、运递时限较长的函件，称为非优先函件。按发运速度分类的函件不再按内件性质分类。我国出口国际函件未采用优先/非优先的分类办法。对于进口的优先函件，应按最快邮路发运处理；对于进口的非优先函件，应按水陆路函件处理。

以下是国际邮件按其他标准进行的分类。

6.1.1 国际邮件按传递时限分类

国际邮件按传递时限可分为普通邮件和特快专递邮件。按一般时限规定传递的国际邮件，称为普通邮件。通过专门组织的收寄、处理、运输和投递，以最快的速度传递的国际邮件，称为特快专递邮件。

6.1.2 国际邮件按处理手续分类

国际邮件按处理手续可分为平常邮件和给据邮件。邮局在收寄时不给收据，投递时不需要收件人签收，不接受查询，不承担赔偿责任的国际邮件，称为平常邮件。邮局在收寄时编号、登记、出给收据，投递时需要收件人签收，接受查询，承担赔偿责任的国际邮件，称为给据邮件。

给据邮件包括挂号邮件、确认投递邮件和保价邮件三种，各类包裹均属于给据邮件。挂号函件与确认投递函件的共同点是收寄时都给用户出给收据，投递时都需要收件人签收，而不同的是挂号函件在传递处理过程中要进行登记，确认投递函件在传递处理时不需要进行登记。由此可见，确认投递函件虽然也提供函件交寄和投递的证据，但在安全保证上不及挂号函件，只适于寄递价值不高或不是很重要的函件。

6.1.3 国际给据邮件按邮局所承担责任的范围分类

国际给据邮件按邮局所承担补偿责任的范围分为保价邮件和非保价邮件。

对于保价邮件，邮局承担按照保价金额赔偿的责任；对于非保价邮件，邮局承担按万国邮联规定标准赔偿的责任。但在任何情况下，邮局对可能造成的间接损失不承担责任。

6.1.4 国际邮件按运输方式分类

国际邮件按运输方式分为水陆路邮件、空运水陆路邮件和航空邮件。利用火车、汽车、轮船等交通工具发运的邮件为水陆路邮件。利用航空邮路优先发运的邮件为航空邮件。利用国际航班剩余运力运输，在原寄国和寄达国国内按水陆路邮件处理的邮件为空运水陆路邮件。

空运水陆路邮件是万国邮政联盟、国际民航组织和国际航空运输协会共同进行的一项称为"最大限度利用航空"的研究中产生的一种邮件。此类邮件是利用航空公司的剩余运力，以减低的运费率来运输水陆路邮件，是对邮政部门和航空公司均有益的一项业务。具体实施时，邮件在原寄国与寄达国国内运输时采用水陆路运输方式；在两国间运输时，由于路程较远，采用空运方式。另外，该业务是以减低资费的方式利用剩余运力，因此，此项业务必须由相关邮政与航空公司协商确定。

6.1.5 国际邮件按纳费与否分类

国际邮件按纳费与否分为纳费邮件和免费邮件。按规定的资费标准付足邮费交寄的各类邮件称为纳费邮件。按规定享受免付邮资待遇的邮件称为免费邮件。免费邮件包括邮政公事邮件、盲人读物邮件、战俘和被拘禁平民邮件,除邮政公事邮件以外,免费邮件按航空邮件交寄时应交付相应的航空附加费。

6.2 国际邮件的准寄范围和收寄手续

国际邮件的收寄方式可以分为窗口收寄、信箱信筒收寄和集中收寄点收寄三种,前两种收寄方式主要针对个人邮寄者使用,集中收寄点收寄主要针对电子商务客户、大客户等需要集中办理大量邮件寄递业务的客户使用。在集中收寄邮件时,通常由邮政公司设置指定地点同时将收寄系统与各大跨境电子商务平台对接并采集信息,然后成批制作成邮件并进行收寄操作,最后将大量邮件运往中心局进行后续处理。

6.2.1 国际函件

1. 平常信函(Ordinary Letters)

书面通信和文件等应当按信函寄递。除寄达国另有规定外,已盖销和未盖销的邮票可以装入信函内寄递,但其价值不得超过海关的相关规定,并应在封面粘贴 CN22 绿色报关签条,向海关申报。

平常信函可以投入信筒或在邮局营业窗口交寄。尺寸和形状容易被误作其他函件的信函,应在其封面加盖"Letter"(信函)字样的红色戳记。

2. 平常明信片(Ordinary Postcards)

明信片必须按相关标准印制,正面上端明显印有"明信片"字样。

明信片上至少应留出正面右半部分作为书写收件人姓名和地址、粘贴邮票、打印邮资符志或加贴邮资符志签条和业务标签使用。

明信片上不可以附寄或附饰任何物品。

明信片必须露封交寄,装入信封应按信函收寄。

平常明信片的收寄方式同平常信函。

3. 平常航空邮简(Ordinary Aerogrammes)

航空邮简属于航空信函的范围,它由一张纸适当折叠构成,各边均应封合。航空邮简的正面留作书写收件人姓名和地址、粘贴邮票、打印邮资符志或加贴邮资符志签条及业务标签之用,左上角印有"Aerogrammes"(航空邮简)字样。

航空邮简由邮局发行,其他机关、企业、团体如因工作需要,在征得所在省公司批准后,可以依式仿制自用,但纸张的质量及规格必须符合相关标准的规定。

航空邮简内不可装寄物品,也不准装入信纸。

其他国家(地区)邮政发行的航空邮简和不符合上述规定的"航空邮简"应按航空信函收寄。

平常航空邮简的收寄方式同平常信函。

4. 平常印刷品(Ordinary Printed Papers)

在纸张、纸板或印刷常用的其他材料上印刷的多份相同内容的复制品,可以作为印刷品寄递,包括书籍、报纸、期刊、广告及各种印刷的图文资料等。

印刷品内允许附寄内件清单和收、寄件人姓名、地址签条。

印刷品的封装应既能保护内件,又便于查看内件。具有明信片的式样、坚韧度和尺寸的卡片式印刷品,可以不加封装交寄。

印刷品应在邮局营业窗口收寄,收寄印刷品时,应在规定位置加盖明显的"Printed Papers"(印刷品)字样的红色戳记。

5. 平常印刷品专袋(Ordinary M Bags)

同一寄件人同时经由同一邮路寄交同一地址、同一收件人的数件印刷品,可以封入一个或数个邮袋内寄发,称为印刷品专袋(简称 M 袋)。收寄印刷品专袋时应遵守下列规定。

封入专袋的每一件印刷品都应妥善封装,并逐件写明收件人姓名和详细地址,印刷品专袋的邮袋由邮局提供。

专袋内每件印刷品的重量达到 5 kg(不足 5 kg 的按 5 kg 计收资费),且连同袋皮不得超过 30 kg。

每袋印刷品专袋均应拴挂一枚收、寄件人名址签牌,其尺寸不得小于 140 mm×90 mm,最大不得超过 235 mm×120 mm。

印刷品专袋按每袋总重量逐千克计收资费(袋皮重量不计),名址签牌上应打印邮资符志或加贴邮资符志签条。未使用邮资机的应将资费数目批注在名址签牌背面,并加盖收寄人员和检查人员名章。

寄达邮政要求印刷品专袋加贴验关签条的,应当由寄件人填写一枚 CN22 绿色报关签条加贴在名址签牌上。如果申报价值超过 300 特别提款权,还应按寄达邮政要求随附的报关单份数填写 CN23 报关单,并附在名址签牌上或固定在袋内一件印刷品上,同时应另填一份报关单交海关。

印刷品专袋只限寄往同我国已建立出口航空、空运水陆路或水陆路函件直封总包关系的国家和地区。印刷品专袋可以按挂号寄递。

6. 盲人邮件(Mail for the Blind)

寄给或寄自盲人机构、盲人的各种形式(含录音)的函件和出版物,以及为了帮助盲人克服因丧失视力产生的困难而生产或改制的各种设备或器材,可作为盲人邮件寄递。

盲人邮件免收水陆路邮费、挂号费、回执费、撤回或修改更正收件人姓名地址申请费,但寄件人要求按航空或空运水陆路方式寄递或保价时,应照付航空运费、空运水陆路运费或保价费。只要在原寄指定经营者的国内业务中是免除邮费的,免付除航空附加费以外的各种邮费。

图 6-1 盲人邮件标签

盲人邮件的封装要既能保护内件,又便于对内件进行查验。每件盲人邮件除应在正面左上角加盖"Mail for the Blind"字样的红色戳记以外,还应加贴一枚图 6-1 所示的白色底、黑白图标的盲人邮件标签。

7. 平常小包(Ordinary Small Packet)

各种小件物品,除属禁止寄递和超过规定限量寄递的以外,都可以作为小包寄递。小包内可以寄递与内件有关的发票、货物产地和原料注解、货物出厂日期、登记号码、价目说明、产品说明书及寄件人和收件人姓名地址签条。

收寄平常小包应按下列规定办理。

① 查明寄达邮政是否接受 1 000 g 以上小包。

② 窗口收寄的每件小包应由寄件人填写一枚 CN22 绿色报关签条,粘贴在小包封面左上角,也可贴在寄件人名址的下方。寄件人可以自行制作 CN22 报关签条,尺寸、格式和数据元素应与 CN22 绿色报关签条相符。集中收寄点收寄的小包,使用标准面单,可不用另附 CN22 报关签条。

若小包的内装物品价值超过 300 特别提款权或寄件人自愿,除 CN22 报关签条外,应另填写相应份数的 CN23 报关单,附在小包上寄发。份数除原寄邮政要求的两份外,还应保证寄达邮政要求随附的份数。

填写 CN22 报关签条和 CN23 报关单时,应使用英文、法文或其他寄达国通晓文字,将小包内装每件物品的名称、价值和净重(精确到克)详细、具体地填写在指定位置,不可笼统填写,并视情况,在"Gift"(礼品)或"Goods"(货物)前的方格内划"×",标明内装物品属性,最后在指定位置签名。

③ 寄达国要求相关内件附寄进口证明时,应请寄件人将证明文件用 CP92 封套牢固地附在小包上寄发。

④ 在小包封面的左上角明显地加盖"Small Packet"(小包)字样的红色戳记。

⑤ 称重计费,将邮票或邮资符志签条粘贴在小包封面上。集中收寄点收寄的小包中,不需要粘贴邮资符志或付费标识的部分,需要按相关的文件规定执行。

8. 跟踪小包(Tracked Packet)

跟踪小包是邮政间利用双边或多边协议的方式确定的邮件种类,其特点是强制要求提供包括投递信息在内的较为完整的原寄国境内、运输环节以及寄达国境内的跟踪和定位信息,投递时不采集收件人签收的信息。

每个跟踪小包都被赋予一个符合邮联标准的 S10 跟踪条码,收、寄件人可以利用这个条码上的 11 位代码登录中国邮政的官网进行邮件的跟踪信息查询。跟踪小包在原寄国内提供查询等客户服务。

集中收寄点封发跟踪小包时,要按照种类单独封发,不得与其他邮件混封,总包种类为"出口航空增强小包"。

9. 简易跟踪小包(Simplified Tracked Packet)

简易跟踪小包是邮政间利用双边或多边协议的方式确定的邮件种类,是平常小包的升级产品。

每个简易跟踪小包都被赋予一个符合邮联标准的 S10 跟踪条码,收、寄件人可以利用这个条码登录中国邮政的官网进行邮件相关信息的查询。简易跟踪小包在原寄国内不提供人工查询等客户服务。

集中收寄点封发简易跟踪小包时,要按种类单独封发,不得与其他邮件混封,总包种类为"出口航空简易跟踪小包袋",简称"简易跟踪小包"。

10. 航空函件(Airmail)

符合航空运输安全要求的各类函件均可以按照寄件人的要求作为航空函件交寄。

收寄航空函件时,应按照函件寄达国所属资费组别计收邮费(该邮费为包括基本资费和航空运费在内的混合资费),并且验视函件封面左侧是否印有或带有"By Air"(航空)字样的蓝底白字,是否已贴有图 6-2 所示国际航空标签(邮 2111)或加盖文字相同的红色戳记,寄件人手写的相同字样也可以视为有效。大宗交寄的航空函件,可以使用黑色印刷航空标志。

```
    航空
    By Air
```
尺寸:37 mm×13 mm

图 6-2 国际航空标签

筒、箱收寄的已付足航空函件资费但未粘贴航空标签或加盖航空戳记的,应由收寄人员补贴或补盖航空标志。

11. 空运水陆路(SAL)函件

收寄空运水陆路函件应按空运水陆路函件资费表计收资费,并在函件封面左上角(如寄件人名址写在左上角,则在此名址下方),加盖一枚空运水陆路的标志的红色戳记,如图 6-3 所示。空运水陆路函件只限寄往通达此项业务的国家和地区。

```
   空运水陆路
     SAL
```
尺寸:37 mm×13 mm

图 6-3 空运水陆路标签

12. 全球优先函件(Global Priority Mail)

全球优先函件是一项平常限时邮件业务,因此不受理查询、不承担补偿责任。全球优先函件全程运递时限不超过 7 日。全球优先函件只限寄往同意办理此项业务的国家和地区。各省公司应根据从函件收寄之日起至到达出口互换局止国内运递时限不能超过 72 小时的原则,确定此项业务的开办局。

全球优先函件一律在营业窗口收寄,使用带有此项业务标识的专用信封,函件内可以装寄信函和印刷品。内装印刷品时应由寄件人在信封左下方此项业务标识下加贴填妥的 CN22 验关签条一枚。

全球优先函件使用大、小两种信封,按信封类型计收邮费并采取固定划一的资费标准,寄往港、澳、台地区的邮件资费相对较低。小号信封限重 500 g,大号信封限重 1 000 g。邮票或邮资符志签条应粘贴在信封上指定的位置。

13. 挂号函件(Registered Letters)

信函、明信片、航空邮简、印刷品、盲人读物、印刷品专袋和小包都可以作为挂号函件收寄。收寄挂号函件时,除按相应平常函件的收寄手续办理外,还应办理以下事项。

① 验视函件封面书写。按挂号寄递时,不得使用缩写字母书写姓名、地址。

② 查验封装是否完好。使用不干胶条封挂号函件的,应请寄件人在胶条与封皮骑缝处加

盖名章或签字。

③ 窗口收寄的每件挂号函件上应粘贴一枚符合万国邮联标准的CN04不干胶国际挂号函件条码标签(邮2107)。挂号函件条码标签分上下两联,上联贴在函件封面左上角,如寄件人名址写在左上角,则贴在此名址下方,下联粘贴在相关收据上。挂号函件条码标签如图6-4所示。

(a) 上联

(b) 下联

图 6-4 挂号函件条码标签

挂号明信片和卡片式印刷品的CN04挂号函件条码标签应贴在收件人名址上方或其他空白处,以免影响地址的清晰。

集中收寄点收寄的挂号小包,不再粘贴单独的CN04条码标签,而是直接在标准面单上打印挂号条码和业务标记。

④ 按件加收挂号费。

⑤ 窗口收寄时必须出给国际、台港澳挂号函件/保价函件收据(邮2102)一份,在"挂号函件"前的方格内划"×"。收据上除应粘贴挂号函件条码标签下联以外,还应填注寄达国名、函件种类、函件重量及邮费数额,加盖日戳和收寄人员名章,收据交寄件人妥善保管。为便于查询,当同一批交寄数件挂号函件时,应请寄件人在每份收据上注明收件人姓名。

集中收寄点向协议客户提供自收寄系统导出的收寄清单。

⑥ 挂号印刷品专袋的挂号费按每袋总收,相关挂号函件标签应粘贴在地址签牌上。

⑦ 窗口收寄时,应填写收寄国际挂号函件清单(邮2120)。清单上所要求的各项均应详细填写,方便以后查询。清单填写一式两份,一份留存,一份作为交接清单随相关挂号函件封交分拣封发部门。根据实际需要可增加清单份数。

⑧ 收寄随同"交寄大宗挂号邮件清单"(邮1103)交寄的挂号函件,除按照上述有关规定办理外,还应当办理下列事项:

• 核对填写的清单是否正确,同交寄的邮件是否相符;
• 将每件邮件的收寄号码填入清单相关栏内;
• 清单上加盖日戳和收寄人员名章,并将收据(清单第二联)交寄件人收执。

⑨ 允许使用邮政公事的邮政机构交寄国际挂号邮政公事函件,其手续与一般大宗交寄挂号函件相同,相关交寄清单上应加盖"Postal Service"(邮政公事)戳记。

⑩ 挂号函件一律在营业场所交寄,筒、箱开出的注有"挂号"字样的函件,无论是否付足挂号函件资费,一律将"挂号"字样划掉,按平常函件处理。

14. 保价函件(Insured Letters)

除禁止寄递和超过规定限量的物品外,各种有价证券、贵重物品和寄件人认为重要的文件均可以按保价函件寄递。保价函件只限于寄往与我国互相通达此类函件的国家和地区。

我国每件保价函件的保价限额为人民币 10 000 元,当我国与寄达国或地区的保价限额不一致时,应以其中最低的保价限额为准。当相关保价函件需经第三方邮政经转时,执行我国邮政、寄达邮政和散寄经转邮政中最低保价限额(与我国另有双边协议的,按协议规定的限额办理)。

寄件人申报的保价额不可以超过所寄内件的实际价值,但可以只申报内件价值的一部分。保价函件只限在验关窗口收寄,收寄时应办理以下事项。

① 查明寄达国(地区)是否办理此项业务,所报保价金额是否超过规定的限额。

② 装有物品的保价函件应由寄件人按规定填写 CN23 报关单一式两份,一份交海关,一份附在邮件上。

③ 验视函件的封装和封面书写是否符合规定,不符合规定之处,应请寄件人纠正或补办。封面书写的任何部分有涂改的都不能按保价函件收寄。

④ 保价函件必须按照要求封装。封装不合格的保价函件在发生丢失、被窃或损毁时将按照挂号函件处理,不能按保价金额补偿。

⑤ 保价额由寄件人按人民币数目用中文大写和寄达国通晓文字书写在函件封面上,并用阿拉伯数字注明。保价金额还应折合成特别提款权(按集团公司规定的比价折合,折合后如有零数应进成整数),注在人民币保价额的下面,并划一道红线。

保价额应注在保价函件收件人名址的上方,填写后不可涂改,示例如下:

保价额人民币伍佰元(￥500.00)
Insured value Five hundred Yuan(英文)
SDR 44.00

或

保价额人民币伍佰元(￥500.00)
Valeur déclarée Cinq cents Yuan(法文)
DTS 44.00

⑥ 称重,将精确到克的重量注在封面的左上角,不足 1 g 的零数按 1 g 计算。

⑦ 在函件的左上角粘贴 CN04 国际挂号函件条码标签一枚,另外加贴图 6-5 所示印有"Insured"(保价)字样的粉红色国际保价函件标签或加盖带有"Insured"字样的红色戳记。

保价
Insured

尺寸:37 mm×13 mm

图 6-5 国际保价函件标签

⑧ 保价函件除按挂号信函收取资费外,还应按保价金额加收保价费。

⑨ 邮票和有关业务标签要间隔粘贴,留有空隙。

⑩ 出给国际、台港澳保价函件/挂号函件收据一份,在"保价函件"前的方格内划"×",并注明保价金额。

⑪ 填写收寄国际保价函件清单(可用收寄国际挂号函件清单代替),登单时还应注明函件重量和保价金额。

15. 国际商业回函(International Business Reply Service)

国际商业回函是专为大宗商业用户提供的服务。用户随直销广告、货样等邮件将印好回函地址的信封、明信片寄给其客户，收件人用这类信封、明信片给寄件人回函，只需将其投入信箱(信筒)，不必支付邮费，从而有效地提高回函率。

用户使用国际商业回函业务应事先与当地邮局订立合同，获得邮局许可证号码。许可证号码由9位阿拉伯数字组成，前3位表示许可证顺序号码，后6位为发放许可证号码邮局的邮政编码。

此项业务的开办范围由各省公司根据当地实际情况而定。

国际商业回函信封或明信片由用户按照国际商业回函信封技术标准自行印制或委托邮局代为印制。回函信封或明信片可随各类邮件(广告信函、货样等)寄递，不另收费。退回商业回函的邮费按照同重量级别出口航空信函或明信片的资费标准，按月与合同用户进行结算。

持有其他邮政寄来的国际商业回函信封或明信片的用户可以用其给境外原寄件人寄发回函，免付回函邮费。

国际商业回函一律按平常航空函件收寄和处理，每件国际商业回函的重量不得超过50 g(根据双边协议，国际商业回函的重量可达250 g)。

国际商业回函信封或明信片上收件人名址如有修改，不予寄发，作无着邮件处理。

16. 合封函件(Combination Mailing)

资例不同的各类国际函件，可以合封在一起作为一件交寄，但重量不得超过资例最高一类函件的重量限制，并整件按资例最高的一类函件计收邮费。如信函与印刷品合封，其重量不得超过信函的最高重量限制 2 000 g，否则不能作为合封函件收寄。合封函件封面上应加盖图 6-6 所示红色业务戳记和发运方式戳记。

合封函件
Combination Mailing

尺寸:37 mm×13 mm

图 6-6　合封函件业务戳记

合封函件内装有应受海关监管的物品时，应向海关申报，由寄件人填写一枚 CN22 绿色报关签条，粘贴在邮件封面左上角，同时还应填写一张 CN23 报关单，送交海关。

内装物品价值超过 300 特别提款权的，CN22 签条不必详细填写，只将其上半部撕下，贴在邮件封面上即可，同时填写 CN23 报关单一式两份，一份附在小包上寄发，一份交海关。填写报关签条和报关单时，应使用寄达国通晓文字，将合封函件内装物品名称、价值和净重详细、具体地填写在指定位置。寄达国要求相关内件附寄进口证明时，应请寄件人将证明文件用 CP92 封套牢固地附在合封函件上寄发。

6.2.2　国际包裹

1. 普通包裹(Ordinary Parcels)

凡适宜邮递的物品，除属禁寄物品和超过规定限量寄递的物品外，都可以作为包裹寄递。包裹内可以附寄包裹内件清单、发票、货单，与内件有关的产品说明书、使用说明书以及收、寄件人姓名地址签条。

国际包裹只能寄往通达此项业务的国家和地区,每件包裹的重量、尺寸限度不能超过规定的标准。收寄包裹时,应办理下列事项。

① 查看国际包裹资费表,以明确包裹重量、尺寸以及其他注意事项,提请寄件人注意遵守,如寄达国禁限寄规定、应提供的附寄文件、不办理的特别业务、不接受的无法投递邮件的处理意见等。

② 包裹必须按照规定的要求妥善封装,为保证包裹多联单上的条码自动识读,应使用标准包装箱。在包裹封面上按要求详细书写收件人和寄件人的名址,该名址应与多联单上收、寄件人名址完全一致。

③ 每件包裹需由寄件人填写 CP72 包裹多联单一份,除详细填写收、寄件人名址以外,还应在报关栏内填写每件内装物品的名称、重量、价值,并在"Gift"(礼品)、"Documents"(文件)、"Sample"(货样)等字样前的方格内划"×",表明内件属性,商业包裹还应注明货物原产地和协调系统税则号列。然后在"无法投递处理意见"中选择适当的一项,在方格内划"×"标注。最后在指定位置签名,声明包裹内未装寄任何危险物品,并确认所选择的无法投递处理意见。关于 CN23 报关单填写的规定同样适用于 CP72 包裹多联单报关部分的填写。如果寄达邮政提出要求,还应另外按要求的份数填写 CN23 报关单,与多联单一起寄发。包裹多联单共 7 联,包括 1 张包裹发递单、3 张报关单、1 张收据、1 张收据存根和 1 张地址签条。

收寄时应验视多联单的填写是否符合要求,包裹封面上是否按规定要求书写收、寄件人姓名、地址和电话号码,多联单上收、寄件人名址与包裹封面上所写名址、电话号码是否一致,必要时指导客户更正或补充。

多联单必须与配套的塑料封套一起使用,不得以其他封套代替。为保证包裹的快速处理,多联单必须平整地放在封套内,不得折叠放入。为确保多联单在运输途中的完整,在将塑料封套贴在包面上之后,应将封舌折回,扣住封口,但不得使用封包用胶带封住塑料封套的封口。必须严格执行关于包裹最小尺寸的规定,将多联单粘贴在包装箱尺寸较大的一面上,不得将多联单折叠贴在包装箱的两个面上,以免影响后续处理。尽量不将多联单粘贴在包装带外面,以免脱落。

④ 如果寄件人选择了在无法投递时将包裹退回,应请其阅知在包裹多联单的收据联背面加印的"退回时,将收取退包费,退包费可能高于收寄资费"文字内容,并向其说明将由寄件人承担退包费。

⑤ 称重。包裹的重量以 100 g 为单位,不足 100 g 的零数进为 100 g。将每件包裹的重量注在多联单指定位置。

⑥ 计收资费。将资费数额打印或标注在多联单的相应栏目内,资费前加注"￥"符号,并由收寄人员和检查人员在指定位置签写或打印全名。根据实际情况,也可将所收邮费购成邮票,贴在包面上,以日戳盖销。

⑦ 收寄包裹时,应分别按航空包裹、空运水陆路包裹、水陆路包裹资例收取邮费,在包面上加盖相应的"By Airmail""SAL""By Surface"红色戳记,并在多联单左上方"Air""SAL""Surface"字样前的方格内划"×"。

⑧ 在非验关窗口收寄国际包裹,应按件收取"送交海关验关费",将款额打印或标注在多联单的指定位置,所收资费作为营业收入上缴。如果代客报关,应收取代客报关费。手工收寄的邮政支局(所)可开列退还/补收邮费收据,所收资费购成邮票贴在邮件表面空白处,以日戳盖销,并在邮件详情单上标明,用户使用贴票方式进行付费。

⑨ 在多联单上加盖或打印收寄局日戳,将存根联和收据联取出,分别留存和交寄件人收执,然后将其余各联装入多联单封套,牢固地粘贴在包裹封面上(注意不要盖住包面上寄件人所书名址)。如果寄件人要求另开收据,应在交给寄件人的多联单收据联上加盖带有"仅供查询使用"字样的戳记。

⑩ 填写收寄国际包裹清单。清单填写应一式两份,一份留存,一份作为封发清单随邮件封交分拣封发部门。根据实际需要可增加清单份数。

⑪ 包裹内装有寄达国规定必须随附进口许可证、消毒证或其他证明文件才准进口的物品时,寄件人必须随附相关证明文件,并用 CP92 封套牢固地固定在包裹上。

⑫ 寄件人要求交寄重量和/或尺寸超过寄达邮政规定限度的包裹时,应请示上级主管部门处理。收寄超过寄达邮政规定重量限度的包裹时,收寄资费按寄往寄达邮政的一件最高重量级别包裹资费与一件同超出的重量相对应的重量级别包裹资费之和计收。

2. 保价包裹(Insured Parcels)

除属于禁寄物品和超过规定限重的物品外,凡适宜邮递的贵重物品均可以作为保价包裹寄递。保价包裹只限于寄往与我国互相通达此类包裹的国家和地区,保价金额不得超过规定标准。

我国每件保价包裹的保价限额为人民币 10 000 元,当我国与寄达国或地区的最高保价限额不一致时,应以其中最低的保价限额为准。当相关保价包裹需经由第三方邮政散寄经转时,执行我国邮政、寄达邮政和散寄经转邮政中最低的保价限额(与我国另有双边协议的,按协议规定的限额办理)。

寄件人申报的保价金额不可超过包裹内件的实际价值,但可以只申报包裹内件实际价值的一部分。

收寄保价包裹时,除下列几项外,按普通包裹收寄要求办理。

① 查看寄达国(地区)是否办理此项业务,保价额是否超过规定的最高限额。

② 由寄件人将保价金额用人民币和特别提款权分别填写在包裹封面上,填写的方法与国际保价函件相同,并在多联单的相应栏目内进行相同的填注(此栏专供保价包裹申报保价额时使用,各局自办的保值包裹、保险包裹和非保价包裹内件价值等均不得登入此栏)。

③ 在包裹上书写收、寄件人名址的一面粘贴一枚与包裹多联单条码相同的条码标签,另外在包裹多联单的发递单联上加贴印有"Insured"字样的粉红色国际保价邮件标签(邮 2109)并在包裹封面上加盖带有"Insured"字样的红色戳记。

④ 保价包裹重量以 10 g 为单位,10 g 以下的零数应进为 10 g,分别注在包面上和多联单上指定的栏目内。

⑤ 对保价包裹除收取相应类别(航空、水陆路或空运水陆路)包裹资费外,还应加收保价手续费和按照保价金额加收保价费。

⑥ 在收寄国际包裹清单备注栏内用人民币和特别提款权分别注明保价金额。

6.2.3 国际邮件特殊业务

1. 附回执的国际邮件(Items with Advice of Delivery)

挂号函件、保价函件和各类包裹都可以附寄回执(不接收普通包裹附寄回执的国家和地区除外),收寄附回执的国际邮件时,除按照相关种类邮件规定办理外,还应当办理下列事项。

① 国际包裹附寄回执时,需要查明寄达国是否办理此项业务。

② 由寄件人填写 CN07 国际邮件回执一份,按照国际邮件封面书写要求在指定位置详细填写收件人姓名地址和寄件人姓名地址(即邮件回执退回的地址)。寄件人名址中除我国国名和原寄地名必须用寄达国通晓文字书写外,姓名和其他地址内容可以只用中文书写。

③ 在回执上还应依式填写邮件节目(邮件种类、邮件号码、收寄局名和收寄日期,保价邮件还应填写保价金额),回执上不加盖收寄局戳记。

④ 将回执牢固地附寄在相关邮件上。

⑤ 附寄的回执和相关邮件一并称重计收邮费,并另按片收取回执费。

⑥ 在邮件封面左上角(寄件人名址下方)及包裹多联单上加盖"AR"(回执)字样的红色戳记。

⑦ 在相关邮件收据和存根上加盖"回执"戳记,收寄清单备注栏内加注"AR"字样。

2. 存局候领邮件(Poste Restante)

寄件人可以要求所寄的邮件在寄达地存局领候。交寄存局候领邮件时,寄件人应在邮件封面(包裹和多联单)上书写收件人姓名和寄达地名、国名,同时用粗体字加注"Poste Restante"(存局候领)字样。

3. 船上交寄函件(Items Posted on Board Ship)

港口邮局收到由船方代表交来的外国轮船在公海上收寄的已贴有该船的所有国或隶属国邮票的函件时,应予接收。对所贴邮票用日戳盖销,并另在邮件封面上加盖图 6-7 所示戳记。

```
┌─────────────────┐
│     Ships       │
│      船         │
└─────────────────┘
  尺寸:37 mm×13 mm
```

图 6-7　船上交寄函件戳记

船方交来的函件应随附 CN65 散寄函件重量清单,根据情况在"By Air"或"By Surface"字样前的方格内划"×"标明函件种类,并按寄达国或寄达国组分别注明函件的重量。接收时应核对清单上所注重量与实际重量是否相符,相差 10 g 以上时应予更正。未附 CN65 清单的,应予代做,并请交来函件的船方代表签证。函件重量在 10 g 以下的可以免做 CN65 重量清单。

相关邮件应与本局收寄的邮件一起发往分拣封发部门,所附 CN65 重量清单加盖日戳以后随邮件一起转发。

接收附有 CN65 清单的航空函件时,还应验视清单上船名、隶属国名、船方人员签字等项是否齐全,有遗漏的应要求交方人员补办。代做的重量清单上也应注明上述内容。

对投入信箱(信筒)的这类邮件,按贴用无效邮票函件处理。

6.2.4　国际邮件收寄要求

1. 邮件收寄实名制

在邮政支局(所)收寄挂号类的国际邮件时,除信函、明信片、航空邮简外,都需要寄件人出示有效身份证件方可收寄,同时需采集寄件人的个人信息。寄件人信息包括:姓名,电话,证件类型,证件号码,地址(包括行地址及对应的省、市、区县),用户类型等。

2. 集中收寄点收寄

邮政企业应客户相关要求,在指定邮政收寄网点收寄客户一次性交付的大量邮件,并统一进行邮件包装制作、粘贴条形码、录入邮寄信息等相关操作,最后由客户统一付费的收寄方式称作集中收寄点收寄,也称大宗收寄。

目前,跨国在线零售对时效性的要求日益提高。第26届万国邮联大会上产生的新决议,对国际小包等业务的收寄国、寄达国处理流程在时限上作出了明确规定,处理逾期要赔偿客户损失。面对这种情况,邮政加强了国际邮件的大宗收寄业务操作。集中收寄点收寄方式主要面向电子商务客户,由邮政企业与电子商务公司依据相关规定签订合作协议,采取与客户和海关系统联网、专人负责、专地收寄、专车运输等方式,配合客户成批、大量收寄邮件,从而提升了整体运行效率。

集中收寄点收寄的小包,其信息来源有两种方式,一是通过跨境电子商务平台与收寄系统对接直接采集,二是通过其他方式采集。针对两种不同的信息采集方式,分别采用不同的收寄操作。

集中收寄点收寄的特别函件种类须使用标准面单。收件人的姓名、地址和寄件人的姓名、地址应当填写在面单的规定位置内,名址书写所采用的文字和书写顺序参照前述规定。

使用标准面单的邮件,其面单必须按照函件宽度的平行方向粘贴,并且尽量确保面单只粘贴在一面上。对于尺寸较小的邮件,要确保面单上的条码不被折叠。各种业务标签或戳记应粘贴或加盖在标准面单以外,不能覆盖面单。此外,使用标准面单时,寄件人的姓名、地址不得为邮局的名称和地址。

6.3 国际邮件的规格要求

6.3.1 邮件的封面书写

由于各国使用的语言、文字不同,在各种语文中邮件封面书写习惯也有很大差异,为了保证国际邮件的正确分拣、迅速传递和准确投递,国际邮件的封面书写必须符合统一要求和统一标准。

1. 使用文字

根据《万国邮政公约》及其实施细则的规定,国际邮件上的收件人姓名、地址必须用寄达国通晓的文字书写,为此,我国《国际邮件处理规则》中有下列明确规定。

① 国际邮件封面、报关签条、报关单及包裹多联单上的收件人姓名地址应用英文、法文或其他寄达国通晓文字书写。如果只用英文、法文以外的其他寄达国通晓文字书写收件人名址,还应当用中文或英文、法文加注寄达国名和寄达地名。寄达国名和寄达地名应另起一行,并用大写字母书写。

② 除平常函件外,寄件人名址也应用英文、法文或寄达国通晓文字书写。平常函件上的寄件人名址完全用中文书写时,应用英文、法文或寄达国通晓文字译注我国国名和地名。

2. 书写格式

(1) 书写格式

国际邮件封面书写格式应遵守万国邮联的相关规定和我国关于国际邮件封面书写的相关

标准。国际邮件上只能书写一个收件人的名址,注明"由××转交××(英文×× C/O ××,法文×× parles soins de ××)"的除外。收件人的姓名、地址应当写在邮件封面中间靠右偏下的位置,与邮件的长度方向平行书写。收件人名址书写顺序是:第一行书写收件人姓名,第二行书写所在单位名称,第三行书写街道名和门牌号码或邮政信箱,第四行书写寄达地名和邮政编码,最后一行书写寄达国名。

寄件人的姓名、地址应当写在邮件封面的左上角或写在邮件的背面。邮件上只能书写一个寄件人名址,大宗邮件的寄件人地址必须在中国大陆范围内。

寄往通晓中文的国家和地区(日本、韩国、朝鲜、新加坡)的邮件,如使用中文书写收、寄件人名址,除已在信封左上角印好寄件人地址的以外,应按中文习惯格式书写。国际邮件封面书写规格如图6-8所示。

```
Zhang Fei
Shijiazhuang Postal and Telecommunication Technical College
No.318,Ti Yu Southern Street
Shi jia zhuang   050021
P.R.China




                        Mr. James
                        Graduate School of Business
                        National University of Singapore
                        10 Kent Ridge Crescent
                        Singapore 119260
```

图6-8　国际邮件封面书写格式

(2) 其他规定及要求

收、寄件人名址应打印或用钢笔、毛笔、圆珠笔书写,字迹为黑色或蓝色。

各种业务标签或戳记应粘贴或加盖在邮件封面左上角,如寄件人名址写在左上角,则应粘贴或加盖在寄件人名址的下面。

使用透明窗信封交寄国际函件时,显示收件人名址的透明窗必须开在信封正面(即没有封舌的一面),形状为长方形,其长边应与信封长度方向平行,但对于C4规格(324 mm×229 mm)信封,其长边可与信封宽度方向平行。透明窗的制作和所用材料应使收件人名址能透过该窗清晰可见。窗口透明材料应牢固地从内侧贴在信封所开窗口上。信封的侧边、底边与透明窗口之间都要留出足够的距离(至少15 mm)。透明窗的位置不能妨碍加盖日戳。

业务说明或标志也可以通过透明窗显示,相关标志应位于收件人名址上方。

只有印刷品才能使用完全透明的封套封装,装寄时用于书写收、寄件人名址的地址签条必须牢固地固定在封套外面,签条的尺寸不能小于66 mm×40 mm或超过100 mm×40 mm。

除保价函件以外,国际邮件的封面上可以粘贴收、寄件人地址签条。函件地址签条的尺寸不应小于66 mm×40 mm或超过100 mm×40 mm。普通包裹和保价包裹地址签条的最大尺寸不得超过150 mm×107 mm。名址字体的大小不小于四号字。地址签条必须按规定的收、寄件人名址位置打印并粘贴。

邮件因包装关系,不能在封面上书写收、寄件人名址时,可以用坚韧的纸质吊牌书写收、寄件人的姓名、地址,拴挂在邮件上。吊牌的尺寸不应小于 125 mm×60 mm 或超过 140 mm×90 mm。

6.3.2 国际邮件重量、尺寸限度

国际邮件重量、尺寸限度如表 6-1 所示。

表 6-1 国际邮件重量、尺寸限度表

邮件类别	重量限度	尺寸限度 最大	尺寸限度 最小	附注
信函	2 kg	长、宽、厚合计 900 mm,最长一边不得超过 600 mm。圆卷状的,直径的 2 倍和长度合计 1 040 mm,长度不得超过 900 mm,公差 2 mm	至少有一边的长度不小于 140 mm,宽度不小于 90 mm,公差 2 mm。圆卷状的,直径的 2 倍和长度合计 170 mm,长度不得小于 100 mm	标准信封尺寸见相关国家标准。如果我国与寄达国有特别协议,应依照协议规定办理
明信片	—	长度 235 mm 宽度 120 mm 公差 2 mm	长度 140 mm 宽度 90 mm 公差 2 mm	长度至少应相当于宽度的 1.4 倍,明信片的硬度能使其毫无困难地经受各种处理
航空邮简	—	长度 220 mm 宽度 110 mm 公差 2 mm	长度 140 mm 宽度 90 mm 公差 2 mm	长度至少应相当于宽度的 1.4 倍
印刷品	5 kg	同信函	同信函	如果我国与寄达国有特别协议,应依照协议规定办理
盲人读物	7 kg	同信函	同信函	—
小包	2 kg	同信函	同信函	如果我国与寄达国有特别协议,应依照协议规定办理
保价函件	2 kg	同信函	同信函	
包裹	31.5 kg	各类包裹尺寸、长度不得超过 150 cm,长度和长度以外最大横周合计不可超过 300 cm	至少有一边的长度不小于 240 mm,宽度不小于 160 mm	如果寄达邮政规定的最高重量或尺寸高于或低于左列标准,应以寄达邮政规定的重量、尺寸为准

6.3.3 国际邮件的封装要求

国际邮件的封装质量是衡量国际邮政业务服务水平的重要标准之一。国际邮件封装的基本要求包括:防止封皮破裂内件漏出;防止伤害处理人员、污染或损毁其他邮件及邮政设备;避免因寄递途中碰撞、摩擦、震荡或压力、气候变化而发生损坏现象。封装的具体要求如表 6-2 所示。

表 6-2　国际邮件的封装要求

邮件类别	封装要求	附注
信函	信函应装入信封内并将封口粘固,无其他特别要求	不准使用已用过的信封或废旧纸张和有字纸张制成的信封装寄
明信片	不加封装	—
印刷品	① 封装应既能充分保护内件,又便于验看内件 ② 较重的用坚韧纸张包封;一包内装有数件的,应先用绳子牢固捆扎;书籍的上下要衬垫硬纸板等加以保护 ③ 较轻的,可以装入带有长封舌的封套或者带有安全纽扣的纸袋。装入长封舌封套的,封舌要折入封套里面,夹住内件,以免漏出 ④ 圆卷状的,封皮应不短于内件,尺寸较长、内件容易折断的,应当内衬坚实的圆棍;重量较高、封皮易于破裂的,卷外应当用绳子箍扎 ⑤ 如另用纸带书写收、寄件人姓名、地址,贴在封皮上的,应当先贴好,再捆扎	不准用报刊作为包装纸
盲人读物	同印刷品	—
保价函件	① 信封必须用坚韧、完整的纸张制成,不得使用完全透明或有透明窗的信封 ② 封装必须牢固,确保在邮件被拆动、内件被抽窃时,封皮外表能够留下明显的痕迹 ③ 信封封妥后,必须在封口处寄件人印章或专用标记加盖封志,封志的数目要能够封妥封口,各封志不可以相连。业务标签、邮票等也要分开粘贴、相互间留有空隙 ④ 如果用透明胶条封保价函件,寄件人印章或专用标记应盖在信封上,然后再贴胶条 ⑤ 内装贵重物品时,应先用结实的材料包封,再装入信封 ⑥ 箱匣式保价函件的箱匣必须用坚实的瓦楞纸、钙塑材料、金属或坚实的塑料制成;箱匣盖、底应粘贴整张白纸,用以书写收、寄件人姓名、地址,申报保价金额,粘贴邮票、业务标签等;箱匣四壁合缝的地方,应用胶带密封,并加盖寄件人名章或专用标记,使名章一部分盖在胶带上,一部分盖在箱匣上,也可以用整条结实的细绳十字交叉捆扎箱匣,绳的两端用火漆或铅志粘在一起,并在火漆或铅志上加盖寄件人专用标记	
小包和包裹	① 应按照所寄物品的性质、大小、轻重、寄递路程远近和运输情况等,选用适当的包装材料妥为包装,以能防止:封皮破裂,内件漏出;伤害处理人员;污染或损坏其他邮件或邮政设备;因寄递途中碰撞、摩擦、震荡或压力、气候影响而发生损坏 ② 少量的柔软、干燥、耐压的物品,如衣服、袜子等,可用标准化的多层坚韧纸质封套包装 ③ 其他物品,应以坚实的瓦楞纸箱或金属箱匣封装。以胶合板制成的木箱装寄的,箱板厚度应不少于5 mm,此类木箱应用打包机加箍 ④ 油腻、带有腥味和容易反潮的物品,要先用塑料袋或蜡纸等妥为裹扎,再用坚固箱匣盛装 ⑤ 易碎物品,应用坚韧的塑料或纸板制成的箱匣封装,内件与箱板之间用柔软的物料充分填塞。如果内件不止一件,各件之间也应用适当的物料填塞,以防运输途中因碰撞而损坏 ⑥ 流质和易融化物品以及染色性干粉,应装入完全密封的容器内,再套以金属、硬塑料或质地结实的瓦楞纸箱,在内外两层之间,须留有空隙,并用锯末、海绵或其他吸湿物料填塞,以备容器破损时能把流质吸尽 ⑦ 对于那些不易于溶解或液化的油脂类物品,如油膏、香皂、树脂以及蚕卵等,应当先进行第一层包装(如包装盒、布袋、塑料袋等),再将其置于坚固的包装盒内,以防止泄漏 ⑧ 干燥无色粉末状物品,应首先采用结实的容器封装,再将这些容器置于坚固的包装盒内 ⑨ 蜜蜂、家蝇、水蛭、寄生虫等应采用合适的封装盒,以避免发生危险 ⑩ 木材、金属等成块物品无须进行包装,因其不符合交易中物品包装的一般惯例。对于这类物品,收件人地址应直接写于物品之上	—
保价包裹	① 保价包裹,除按普通包裹封装规定封装外,还应在封口上加盖火漆或铅志,封志上要盖有寄件人的印章或专用标记。封志数量要足以保护内件,封志之间以及其他签条之间都应保持一定的间距 ② 如果保价包裹外用绳子捆扎,应在绳扣上再加盖一枚火漆或铅志	—

6.4 国际邮件的禁限寄规定

6.4.1 我国国际邮件的禁限寄规定

1. 各类邮件禁止寄递的物品

① 爆炸性、易燃性、腐蚀性、毒性、酸性、传染性和放射性的各类危险物品,如雷管、火药、爆竹、汽油、酒精、煤油、桐油、生漆、火柴、强碱、农药等。

② 国际麻醉药物管理委员会规定的麻醉药品和精神药品,如鸦片、吗啡、可卡因等,或寄达国禁寄的其他非法药品。

③ 国家法令禁止流通或寄递的物品,如军火、武器、爆炸装置及其复制品,包括手榴弹和炮弹壳及类似物品。

④ 容易腐烂的物品,如鲜鱼、鲜肉、鲜水果、鲜蔬菜等,经加工制作已经干燥或者制成罐头食品,不在此限(寄达国另有规定的除外)。

⑤ 妨碍公共卫生的物品,如尸骨、未硝制的兽皮、未经药制的兽骨等。

⑥ 颠覆国家政权、破坏国家统一,危害国家安全,泄露国家秘密,破坏民族团结,宣传邪教迷信,散布淫秽、赌博、恐怖信息等的报刊书籍、宣传品。

⑦ 侵犯知识产权的物品。

⑧ 各种活的动物,但蜜蜂、水蛭、蚕以及医药卫生科学研究机构封装严密并出具证明交寄的寄生虫、作为药物或用以杀灭害虫的虫类、国家承认的生物制药研究机构之间交换的果蝇不在此列。

⑨ 其他不适合邮寄的物品。

各类国际邮件的禁寄范围,除上述规定以外,还应遵守我国公安、海关、寄达国(地区)海关以及卫生防疫、动植物检疫和航空运输等部门的有关规定。

2. 其他有关禁止寄递的规定

信函内禁止寄递物品。

信函以外的各类函件和包裹内不准寄递具有现实通信性质的文件,但收、寄件人之间的通信性质的文件以及档案类除外。

印刷品和盲人读物内禁止寄递已盖销或未盖销的邮票。

各类邮件内禁止寄递白银、黄金、白金、各国货币、旅行支票和可兑换的有价证券。

除保价邮件以外,各类函件和包裹内禁止寄递金银首饰、宝石及其他贵重物品。

各类邮件内禁止寄递包装不妥可能危害人身安全、污染或者损毁其他邮件及邮政设施的物品。

6.4.2 寄达国禁限寄规定

除通常禁止寄递的物品以外,有些国家对药品、食品、衣服、动植物产品、土壤、种子、水果、蔬菜、胶卷、香烟等物品的寄递规定了一定的条件;有些国家对邮寄进口、出口物品规定限值和限量;有些国家对邮寄进口物品原产国也有限制。

为便于各邮政掌握禁限寄情况，万国邮联自1934年开罗大会以后正式出版了邮联各成员国关于禁止和限制寄递物品规定的汇编，即《禁寄物品清单》，以便各国邮政工作人员在收寄邮递物品时向用户提供咨询服务，并规定邮联各成员国将本国有关禁寄限寄物品的资料通知邮联国际局，以便通知其他成员国。

由于各个国家政治、经济、文化、宗教等方面存在着差别，因此不仅各国制定的禁限寄规定不尽相同，已经制定出的禁限寄物品规定也在不断变化。若不清楚所邮寄的物品是否属于寄达国邮政禁限寄物品，应请寄件人向寄达国有关部门查明以后再寄。

6.4.3 西方国家邮政企业禁限寄规定

目前，世界各国邮政均在万国邮联领导下以《万国邮政公约》为基础制定了相应的特殊物品处理对策。

1. 美国邮政

美国邮政规定，某些特殊物品的寄递需限制在一定数量范围内，并对运输方式、范围、包装等作了详细的规定，以最大限度降低邮递过程中对邮政员工、财产和公众的损害，如下所述。

有喷雾或喷射能力的物品不可空运，不可寄往国外。含丙烷物品或营地炉火设备，需装入安全压力容器内，不可空运，不可寄往国外。油漆或含油漆的喷漆产品不可空运，不可寄往国外。压缩的空气或氮气制品不可寄往国外。医用的含有丙酮的淡褐色酒精类制品不可空运，不可寄往国外。

轻武器（如步枪）在收寄时需取出弹药，同眼封装，弹药不得随枪械一同寄递，外包装上不得显示内件名称或图案，不可使用函件方式寄递。

非处方药物邮寄时需符合联邦及各州法律，外包装上不得显示内件名称或图案。

电池及电池驱动类电器通过函件方式寄递时需取出电池，但电池可随电器一同寄递。

各种刀具、剃刀及有锋利边缘的物品寄递时需服从邮政人员查验。一些道具（如弹簧刀）类物品无法寄递。美国的某些州和城市无法寄递任何类型的刀具，因此邮寄前需进行查询。

新鲜的果汁、蔬菜，新鲜或冷冻的肉类，活的植物等产品基本上可在国内寄递，邮寄前需向邮局咨询各州邮政相关法律规定。

另外，美国邮政还规定，以上所有物品在寄递时需在函件上的明显位置粘贴"ORM-D"（消费类产品）标签，起运时还需进行某些特殊检查或提供单据，如特殊舱单、警告标签或者美国邮政和美国联邦运输部的许可文件等。

除以上物品外，美国邮政还对大量易损、易腐、液体状或有刺激性气味的物品作出了相当详尽的封装规定。

任何液体必须在坚固的密封装置中保存并运输，不可在使用摩擦力封盖的装置中运输。

螺旋结构盖体需有一圈至一圈半旋转，或者使用焊接等方式封盖。

玻璃瓶盛装4升以上液体，或其他载体盛装32升以上液体的，必须在瓶盖下方加衬垫。灌装或用塑料装置液体时，需在装置外加封一层安全性更强的包装。

使用钢桶或其他金属制材料封装液体时可以不加外置包装，并直接交寄。

如有装载粉末状物体或具污染性的物品，需使用防漏包装。

在运输药品时，美国邮政将处方与非处方药分开，处方药只有得到医生许可后才可以寄递，而非处方药寄递需符合所在州的相关法律规定。对于有一定毒副作用的药物，美国邮政规定只有政府认证的医药生产、制造、销售、运输、医疗等组织或部门间才可以寄送，个人不可寄送此类药品。

各类药品如需退回,顾客可通过正常的商业退货服务进行。在运输过程中,必须使用生产商或销售商提供的容器,并通过一类函件或优先函件业务寄递。在运输时,邮件需保持扁平状,不可在外包装上显示内件内容。

在酒类物品寄递方面,酒精含量超过0.5%的酒精饮料、烈性酒、葡萄酒和啤酒等均被美国法律禁止通过邮政寄递。一些特殊的含酒精物品可以寄递,如漱口水、烹饪料酒和抗感冒液体药物。在寄递此类物品时,必须使用挂号邮件寄递,并放置在密封容器中。

美国联邦政府在酒类物品流通方面管制甚严,除酒类和高度数酒精饮料无法通过邮政寄递外,与酒精有关的广告、宣传册、产品册等也被列入法律禁止寄递范围。

通常美国消费者需要寄递酒类时会通过UPS或联邦快递等快递公司运送,美国法律对快递公司寄递酒类没有限制。

除以上物品外,还有一些特殊物品也可以寄递,如下所述。

① 鸡蛋:美国邮政规定,鸡蛋可以在国内寄递,但必须将其装入专门的衬垫和金属制外包装中并保证可以承受一定冲击,并且不会因为外部温度的改变而变质。

② 符合美国农业部规定的肉类可以寄递,但包装必须保证密封。

2. 英国邮政

英国邮政在《万国邮政公约》的框架下,对通过函件和包裹寄递的各种特殊物品作出了非常详细的规定,如下所述。

(1) 酒精类饮料

英国邮政将酒精类饮料按酒精度数进行区分:70度以上为高度酒,24度以上、70度以下为中度酒,24度左右或以下为低度酒。

对低度酒(如啤酒、红酒等)需用胶带进行缠绕封装,并在周围放置可吸收液体的材料(如报纸等)和可进行缓冲的材料(如泡沫塑料等),以防止运输过程中的破损。单件邮件所装容量不可超过1 L。用玻璃瓶邮寄时需在邮件外包装上打印"脆弱"戳记。寄件人名址必须填写无误。

对于中度酒,需小心封装,可装入密封的聚乙烯袋中,并在周围放置可吸收液体的材料(如报纸等)和可进行缓冲的材料(如泡沫塑料等),以防止运输过程中的破损。所装容量不可超过1 L。

对于酒精度数高于70度的酒类,如伏特加、威士忌等,英国邮政禁止寄递。

其他种类的液体物品如果容量超过1 L,也应在包装时参照酒类物品的收寄标准,使用密封的聚乙烯袋包装防止渗漏,并在外包装上打印"脆弱"戳记。

(2) 电池类物品

电池的种类有很多,目前电器中锂电池使用较多。英国邮政将锂电池分为锂金属和锂离子电池两种。

对于与电器设备连接在一起的锂离子电池,英国邮政规定每件包裹中的电器不得装载超过4节或2块电池,电池重量不得超过5 kg,功率不得超过20瓦/节或100瓦/块。电池必须通过英国手动测试标准相关规定的严格测试。每块电池必须在生产时符合标准。在邮寄前必须将电池进行包装后放入电器中以确保安全。运输过程中需防止短路。整个电器必须在运输途中使用坚固材料包装,防止损坏。

对于与电器设备连接在一起的锂金属电池,英国邮政规定电池核心不得超过2 kg。其他方面与锂离子电池相同。

此外,英国邮政还规定,不可单独寄递锂离子或锂金属电池。

(3) 刀具类物品

刀具类物品只有在适合邮寄且不会伤及邮政人员或公共财产时才被允许寄递。寄递过程中,需用硬纸材料将尖锐部分封住,并在各刀具间填充泡沫材料。在邮件外围用软质材料包装,并在邮件上写清寄件人名址。

(4) 化学品

英国邮政将油漆、木材清漆、指甲油等水质化学品作为特殊物品收寄并有以下规定。容器必须防漏,如聚乙烯袋等,以确保漏出液体仍存于邮件内。在容器外包裹报纸等吸收材料,使用泡沫塑料减缓冲撞。每件邮件内化学品无件数限制,但液体总量不得超过 150 mL。寄件人名址需填写清楚。

香水和剃须水等每瓶不可超过 150 mL,每件包裹内不得超过 4 瓶。包装上必须使用产品原有包装,并用坚固材料在外部再包装一层防止外漏或破碎。包裹必须在网点交寄并写清收、寄件人的名址和联系方式。

化妆或医用喷雾剂可以交寄,包括除臭剂、人体喷雾剂、发胶和剃须剃发用喷雾等物品。交寄时每瓶不得超过 500 mL,不得使液体漏出,每件包裹中不得超过 2 瓶。包裹必须在网点交寄并写清收、寄件人的名址和联系方式。

某些用于医疗和科研的处方药(如治疗哮喘的喷雾)可以寄递,但需保证不可燃。包装时若药品为液体则需装入塑料密封包装中,若是固体需防止撒漏,外部再包装一层防止破损。收、寄件人的名址和联系方式必须写在包裹外。

(5) 昆虫寄递

活的昆虫包括蜘蛛、蜜蜂和其他种类允许通过邮政寄递,但需将昆虫装入坚固的盒子中,防止死亡或咬伤他人。邮件使用一类邮件业务寄递,并在外包装上打印"紧急-生物-轻拿轻放"等字样。

(6) 易腐烂物品

鲜花、新鲜蔬菜和水果、冷冻的各种食品等可以通过邮政寄递。寄递时需使用一类邮件业务。寄件人应保证物品在 48 小时内不会变质。物品需密封包装并在外包装上打印"易腐烂"戳记。

3. 日本邮政

(1) 锂电池

日本邮政规定了锂电池的运输条件:电池必须被固定在电器内;电池的电量需符合日本法律规定;如需单独寄送电池,该电池必须被放置在坚固耐用的专有容器中寄出。

在分类方面,日本邮政同样将锂电池分成金属和离子两类,其中锂金属电池无邮寄上限,而锂离子电池元件每件功率不得超过 20 W,电池成品功率不得超过 100 W。

(2) 酒精类饮料

日本邮政规定,任何燃点低于 30 ℃ 的物品均为危险物品无法寄递,如含有甲醇、丁醇等的酒精饮料,各类化妆品,烈酒,其他酒精度数超过 60 度的物品,均在禁寄范围。

4. 加拿大邮政

(1) 酒类物品

加拿大邮政对酒类寄递作了较为严格的前置规定,如下所述。

酒类饮料只能在国内通过邮政包裹业务寄递,非经国家相关部门授权不可进行国际邮件的寄收,且国际进口酒类酒精度数不可超过24度。

寄递前需填写单证以确保寄件人年满18周岁。

寄递时需确认符合寄达国酒类法律相关规定。

符合以上规定后,需对酒类物品按照酒精度数进行分类,度数超过70度,或度数在24~70度之间但容量超过5 L的邮件均为禁寄邮件。如果酒精度数在24度以内则可以使用航空寄递,24~70度且少于5 L的酒类物品使用水陆路运输。

(2) 刀具物品

刀具需将尖端用纸、软木或聚乙烯材料包裹围绕后才可交寄。在包装时需用报纸等将刀锋包裹住,且需长过锋刃部分100 mm。寄件人和收件人名址均需填写清楚。刀具可以装入瓦楞纸箱中存放,周围需有软垫或泡沫塑料包裹,然后使用胶带等将纸箱完全包裹,四周用绳捆牢。收、寄件人名址均需贴在纸箱正上方,不可贴在其他位置。

(3) 电池及锂电池

大多数种类的电池在加拿大可由邮政寄递,但寄递规定较为严格。电池在寄递时需进行绝缘包装并与电器分开放置。电器和电池需有较坚固的外包装防止运输途中的晃动等问题。

在寄递锂电池时加拿大邮政作出了较为详尽的规定。大多数情况下,笔记本计算机、音乐播放机、数码相机中的电池可随包装一同寄递,但电动自行车中的电池不可寄递。办理手续时,如果寄递国际邮件则需要查清寄达国是否允许锂电池寄递,寄件人必须在单式上写清内件名称、数量、型号等信息。

在国内寄递时,设备内锂电池超过4块电池芯或包装时未与电器分开的,只能由水陆路运输,否则可由空运寄递。

5. 澳洲邮政

(1) 酒类物品

澳洲邮政对酒类及其他液体类物品的寄递较为宽泛,但可燃、易腐蚀、易腐烂的液体仍然属于禁寄范围。

对于无危险的液体,如饮料和低度酒类,澳洲邮政规定了相应的包装要求:液体货物第一层需装入塑料、玻璃、金属等材料制成的密封容器内,外边还需加装金属、塑料或木质的全外包装或瓦楞纸箱等第二层包裹,封口不易掉落松动;两层中间需加入可吸附液体的材料,如棉绒等,以防止第一层包装破裂后造成污染;如果液体装入易拉罐材料,易拉罐上的拉环需焊接在罐身上,并有至少四个焊点均匀分布在周围。

另外,为了寄递特殊物品,澳洲邮政还专门设置了特殊物品包装服务,包括预付背包、邮件盒、重包裹、酒盒、泡沫内衬包裹等包装服务。酒盒服务中规定:每个酒盒只能放置一瓶葡萄酒或香槟,且酒瓶需被固定在盒内不可晃动;所装酒必须是新酒,未被使用过;酒瓶符合尺寸规定,不可过大。

(2) 刀具物品

澳洲邮政规定,刀具需被包裹在类似报纸、泡沫塑料、软木等材质的包装中作为第一层防护,外边还要由金属、木质、硬塑料或其他硬质材料包装第二层,禁止寄递用过的手术刀、针头等锋利物品。

(3) 电池及锂电池

澳洲邮政只接受国内锂电池的公路包裹寄递,在包装上有以下要求:在电器内装有电池的,需防止短路和运输途中的意外启动;电器和电池分开包装的,电池需用泡沫塑料袋等材料完全包装以防止短路。两种方式中,电器本身均需有坚固的外包装。

另外,如果电池本身容量较大,在外包装上需作出相应标记,如"金属锂"或"锂离子"等,并显示寄件人联系电话。如果外包装损坏,需重新检查并包装完好。陆路运输标签需贴在包装箱体正前方的收件人名址右侧,如无标签粘贴,需将"陆路运输"字样清晰地写在包装上。如果需一次运输多件含有锂电池的电器,需根据澳洲法律出示相应文件。

6.4.4 对装有违禁物品的处理

1. 营业部门

营业部门收寄时,如果发现邮件内装有禁寄物品或超过规定限量寄递的物品,应请寄件人取出,并采取适当措施防止这些物品再次混入邮件内。遇有不能确定物品性质的,应请寄件人提交有关部门出具的非危险品或妨碍公共卫生物品的鉴定证明;不能确定我国和寄达国海关能否允许相关物品出口或进口时,应请寄件人事先与有关部门联系。

2. 内部处理环节

邮件中发现禁寄物品,一般不予转发。对危险品应进行隔离,另放一地,不要和其他邮件混在一起。寄递危险物品情节严重的应当与有关部门联系处理;不属于这种情况的,对其中必须马上销毁以免发生灾害的危险物品,应立即就地销毁,需消除污染的,应报请卫生防疫等部门处理,所需费用由寄件人承担。对于其他危险品,可通知寄件人限期领回,逾期不领,作销毁处理。有关处理情况,应当备文报告主管省分公司,并抄送收寄局的主管省分公司。对于邮件内所装其他非危险品,应当整理重封,随验单退回收寄局转退寄件人。

3. 其他有关规定

① 发现军火、武器,应当与当地公安部门联系处理。发现夹寄金银、反动报刊书籍、宣传品及毒品等,应移交海关处理。非验关局发现的,应将邮件随验单寄送验关局转交海关处理。

② 妨碍公共卫生的物品、容易腐烂的物品,视情况通知寄件人限期领回或者就地销毁。

③ 邮件内装有其他禁寄物品或超过规定限量的物品时,应退回收寄局转退寄件人。

6.5 国际邮件的资费

国际邮件业务是国际邮政业务的主要组成部分。邮政企业在为用户提供国际邮件寄递服务时,按规定标准向用户收取的费用称为国际邮件的资费。

6.5.1 制定和调整国际邮件资费考虑的主要因素

1. 保证邮政企业的成本费用和自我发展的能力

从企业角度分析,邮政各项产品价格体系应形成合理的自我调节机制,做到邮政所投入的活劳动和物化劳动得到相应的补偿,以实现自我良性循环,并具有持续发展的能力。因此,国际邮件资费标准的制定和调整必须保证国内、国际处理和运输等方面的成本费用,在此基础上力争获得较好的盈利,用于上缴税金和自我发展,以适应国外用户的用邮需求。

国外邮政资费制定的原则大致可分为三种类型:邮政资费低于成本费用支出,亏损由国家采取各种手段补贴;邮政资费收入与业务成本开支相平衡,由国家拨款发展邮政;邮政按商业化经营,邮政资费收入除抵付邮政成本费用外,盈利用以发展邮政。制定邮政资费标准应能与商品相比价,随着物价与业务成本费用的变化及时调整,大部分国家每四五年调整一次。

2. 参考万国邮联指示性资费标准和人民币外汇比价的变化

1874年在伯尔尼召开的万国邮政联盟成立大会上,各会员国一致同意在邮联范围内实行统一的资费和重量级别制度,从而结束了使用户感到非常不便的寄往不同国家的邮件需付不同资费的局面。1878年巴黎大会上实现了万国邮联范围的基本资费的统一,直到1920年马德里大会统一资费的原则一直未变,即各会员国均按《万国邮政公约》或《邮政包裹协定》规定的资费标准确定本国的国际邮件资费。1924年斯德哥尔摩大会在修改基本资费标准的同时,允许各会员国在规定的限度内对基本资费增加或降低一定比例。例如,对函件的基本资费各邮政可以最多增加100%或降低70%,《邮政包裹协定》规定各邮政有权收取的包裹进出口陆路运费应得部分(又称进出口终端费)、陆路转运费应得部分(又称陆路过境费)和海路转运费应得部分的标准,并规定各邮政在根据成本提高或降低进出口陆路运费应得部分数额时,要遵守进口应得部分不得高于出口应得部分的原则。

由于《万国邮政公约》对各类函件规定的基本资费既有统一性又有灵活性,因此各国邮政的国际邮件资费政策比较灵活,国际邮件资费的制定和调整也不需要立法机构批准,由邮政主管部门根据万国邮联的有关规定制定。1976年以来,由于人民币外汇比价的变化和国家物价水平的变化等因素,我国邮政主管部门先后数次调整了国际邮件资费标准。

国际邮件资费的制定和调整,除上述主要因素外,还受其他方面的因素的制约,如国内用户的承受能力等。

国际邮件资费的制定和调整,必须经国家物价主管部门批准,因此,它具有很强的政策性。

6.5.2 国际邮件资费的种类

国际邮件资费按国际邮件业务种类可分为国际函件资费、国际邮政包裹资费和国际特快专递资费;按国际邮件寄递区域划分,除国际邮件资费外,还有亚太地区减低资费。

1. 国际函件资费

用户交寄国际函件或办理与之有关的特别业务时所纳付的费用称为国际函件资费。

国际函件资费包括国际信函、明信片、印刷品、航空邮简和小包资费,按其性质可分为基本资费和特别资费两类。通过水陆路寄递各类国际平常函件应交付的资费称为基本资费;需要使用特别业务而另加的资费称为特别资费,主要的特别资费有航空附加费、挂号费、确认投递费、快递费、保价费、存局候领费、查询费、撤回或修改更正收件人姓名及地址申请费等。

此外,国际上还有一种将基本资费和航空附加费混合起来制定国际航空函件资费的办法,这种资费称为混合资费,我国的国际航空邮简资费即属于这种资费。

万国邮联自成立之日起即对国际函件实行统一的资费和重量级别的制定,根据每件函件的重量级别和国际统一的资费标准计算应付的基本资费。1969年万国邮联东京大会上将等差的重量级别改为不等差的重量级别,并制定了重量递增、资费增长幅度递减的资费结构。

国际函件的特别资费大多数按件收取,但航空附加费是以每10克为一个重量级别计收,保价费参照寄件人申报的保价金额按比例计收。

2. 国际邮政包裹资费

用户交寄国际邮政包裹应纳付的费用标准称为国际邮政包裹资费。

国际邮政包裹资费可以分为主要资费和附加资费两类。通过水陆路邮路寄递国际普通邮政包裹应交付的资费称为主要资费；需要使用特别业务时另加的资费称为附加资费，国际邮政包裹业务的附加资费与国际函件业务的特殊资费基本相同。

国际邮政包裹的主要资费由参与包裹运输和处理的各邮政应收的运费应得部分组成，这些运费应得部分包括原寄邮政的出口陆路运费应得部分、寄达邮政的进口陆路运费应得部分和经转邮政的陆路或海路经转运费应得部分。1969年万国邮联东京大会将包裹的收寄资费应与各有关邮政的运费应得部分相等改为应与各有关邮政的运费应得部分相联系，一些国家的邮政可以根据总收支平衡的原则按寄达国组制定平衡费率，并且可以不按重量级别而按每千克计收资费，简化了包裹资费表。

3. 亚太地区减低资费

1981年亚太邮联在日本召开第四届代表大会，会上通过新的《亚洲太平洋邮政公约》，除规定发展和改善各会员国之间的邮政关系，促进邮政业务方面的合作外，还规定各会员国之间互寄的水陆路信函和明信片实行优惠资费。优惠资费标准为最低不得低于本国的国内资费，最高不得高于本国国际资费的85%。我国邮政根据这一规定制定了亚太地区水陆路信函和明信片的优惠资费标准，于1982年7月1日正式执行，其他函件以及用航空交寄的信函、明信片不适用此项减低资费。

4. 港澳台地区邮件资费

用户使用港、澳、台地区邮件业务需要纳付的费用标准称为港澳台地区邮件资费。

内地(大陆)与香港、澳门、台湾地区之间的邮件业务属于国内邮政业务的一部分。由于这些地区的情况特殊，故实行特殊的资费标准。

在相当长的一段时间里，用户使用港、澳、台地区邮件业务时是按照国内邮件业务资费标准交付邮费的。20世纪70年代初期，内地与港澳地区交换函件开始结算终端费，随着终端费率的上涨，按照一般国内资费标准收寄港澳地区的函件，使邮政部门承担终端费的负担越来越重。为了保证邮件业务的正常经营与发展，邮政主管部门1986年1月1日开始实行港澳地区的特殊函件资费标准。20世纪70年代初，内地与港澳地区之间恢复包裹业务以来，一直根据双方运费应得部分的总和制定包裹资费标准，不同于内地各省互寄包裹资费的计算。

1949—1987年，海峡两岸邮政业务中断。对用户投入信筒交寄台湾地区的少量平常信函也同港澳地区函件一样，实行国内资费标准。1987年中国台湾当局允许民众赴大陆探亲观光以后，寄台湾地区的邮件迅猛增加。由于两岸邮件互寄需经第三地区经转，邮政部门要向经转邮政支付运费，为了减轻运费负担，邮电部决定自1987年11月起，对寄往台湾地区的函件也同港澳地区一样实行特殊资费，至此港澳地区邮件资费扩充为港澳台地区邮件资费。

6.5.3 国际邮件资费的纳付

邮件资费收入是邮政企业用以抵付邮件业务成本费用支出、上缴国家税金、维持邮政生产和发展邮政通信事业的主要资金来源。国际邮件资费收入是我国邮件资费收入的重要组成部分。邮政主管部门在国际邮件资费收入中还要用外汇支付国际间运费及别国应得部分的费用。因此，正确地计收各类国际邮件资费是一项十分重要的工作。

各类国际邮件资费、亚太地区减低资费、港澳台地区邮件资费以及国际水陆路包裹资费、国际航空包裹资费的制定和调整由邮政集团公司核定发布实行。

除免费邮件外，各类国际邮件均须按照相关资费表规定的资费标准由寄件人付足邮费。

1. 国际邮件资费的纳付方式

对按照"寄件人总付邮费"办法收寄的国际函件,由邮局收取现金,用邮资机在函件正面右上角直接打印邮资符志或粘贴邮资符志标签表示邮资已付。

除按照"寄件人总付邮费"办法交寄的函件以及用户使用由邮政企业统一印制的邮资信封、邮资明信片和邮资邮简交寄的函件外,函件邮资数额应当由寄件人在函件封面上粘贴邮票或者由收寄局用邮资机打印邮资符志或粘贴邮资符志标签表示。邮票应粘贴在函件封面的右上角或函件背面,不能分贴在函件正反两面,也不可以重叠粘贴或折叠粘贴在函件封面的两侧,如果重叠粘贴,被遮盖的邮票应视作无效。首日封、纪念封、邮资封补贴的邮票可以视情况贴在信封背面。明信片的邮票必须贴在正面。

国际包裹的付费方式有以下两种:一是现费方式,即由邮局收取现金或支票,采用在包裹多联单上标注邮资款额的办法表示邮资已付;二是贴票方式,即将邮费换成邮票,贴在相关包裹上。使用电子化支局系统收寄包裹的营业网点应采用现费方式,手工营业网点可采用现费方式,也可采用贴票方式。

2. 合封函件资费的纳付

资例不同的各类国际函件,可以合封在一起作为一件交寄,但重量不得超过资例最高一类函件的重量限制,并整件按资例最高的一类函件计收邮费。合封函件封面上应加盖"Combination Mailing"红色业务戳记和发运方式戳记。

函件内装有应受海关监管的物品时,应按有关规定由寄件人向海关申报。

3. 无效邮资凭证

已失去邮资凭证效力而不能粘贴在邮件上表示交付邮资的邮票称为无效邮资凭证。无效邮资凭证由国务院邮政主管部门对外公告,主要包括以下几种。

- 已盖销或划销的邮票。
- 已通告停止使用的邮票。
- 拼补、污染、残缺或变色等难以辨认真伪的邮票。
- 从邮资信封或明信片以及各种印刷品上剪下的邮票图案。
- 邮票正面涂抹胶水、糨糊或以其他方式妨碍邮票盖销的。
- 国外邮票和中国香港、中国澳门、中国台湾地区邮票(由船方代表交给港口邮局的在公海上收寄的函件除外)。
- 畸形邮票。
- 非当日的邮资机符志。

6.5.4 国际回信券

国际回信券是由万国邮政联盟国际局统一印制、发行,可在邮联各会员国兑换邮资凭证的一种有价证券。各会员国邮政主管部门可自行决定是否出售国际回信券,并有权限制出售数量,但所有会员国都必须接受兑换国际回信券。

国际回信券创立于1906年万国邮联罗马大会。最初的回信券由万国邮联印制,各国自己发行,兑换后的回信券由兑换国与出售国直接结算。为了简化国际回信券的结算,1974年洛桑大会制定了由万国邮联发行回信券,通过万国邮联进行结算的办法,各国从万国邮联借贷和实际兑付的回信券每两年结算一次。1994年汉城大会决定每年结算一次。

根据《万国邮政公约》的规定,每张国际回信券可以兑换相当于寄往国外一封航空平常信函最低资费的邮票(在对邮件实行按速度分类的国家,相当于寄往国外一件优先函件最低资费的邮票)。如果兑付国邮政规章许可,也可以兑换等值的邮资信封或邮资明信片。在我国,每张回信券可兑换相当于一封国际航空平常信函最低资费的邮票,也可以兑换成等值的邮资信封或明信片,但不能兑换成现金。兑换本国邮票后的国际回信券可以通过邮联国际局收回收票款(按万国邮联规定的出售价结算,与实际兑换的邮票面值无关)。

国际回信券由万国邮政联盟国际局统一印制。国际回信券内含有"UPU"(万国邮联的英、法文缩写)水纹字母,正面印有"UNION POSTALE UNIVERSELLE"(万国邮政联盟)和"COUPON-RÉPONSE INTERNATIONAL"(国际回信券)字样和法文使用说明,背面印有上述使用说明的德文、阿拉伯文、中文、西班牙文、英文和俄文的译文以及代表出售国名和售价的条码。2009年版国际回信券如图6-9所示。

图 6-9　国际回信券

我国国际回信券由中国邮政集团公司统一向万国邮联国际局购买,各省分公司可根据实际需要向中国邮政集团公司请领。未出售的国际回信券应按普通邮票管理。回信券必须按规定的售价出售,出售回信券时,应在规定的位置加盖出售局日戳。各省分公司可以限定回信券只在某些局、所出售。各局、所都应接受并兑换用户交付的境外邮政发售的回信券,兑换回信券时应按下列规定办理。

① 注意验视回信券的真伪和是否符合规定的兑换期限,对无"UPU"水纹字样或文字不符的或超过有效兑换期限的回信券不予兑换。

② 每张国际回信券应兑换面值相当于 20 g 和 20 g 以内出口平常航空信函最高资费标准(7.00 元)的邮票一枚或数枚,也可以兑换成等值的邮资信封或邮资明信片,但不能兑换成现金。

③ 兑换后,应在兑讫的回信券正面右下方加盖日戳,作为营业收入上交。

④ 关于国际回信券请领、下发、出售、上交办法以及新、旧国际回信券兑换期限等事宜按中国邮政集团公司相关业务通知办理。

6.5.5 欠资国际邮件

未付或未付足资费的国际邮件称为欠资国际邮件,欠资国际邮件分为出口欠资国际邮件和进口欠资国际邮件,而出口欠资国际邮件又分为欠资平常函件、欠资给据函件和欠资包裹三种。

1. 出口欠资国际邮件

筒(箱)开出的平常信函、明信片、航空邮简和卡片式印刷品欠资,应粘贴批条,批明欠资数额退回寄件人补足资费再寄。无法退补的,印刷品按无着邮件处理,信函、明信片、航空邮简按下列方式批注欠资数额以后,按原发运方式发往前途,在封面上加盖"T"字戳记,其后以分数形式批注欠资数目,分母为 20 g 以内水陆路信函资费,分子为欠资数额,如下所示:

$$T\frac{欠资数额(分)}{20 \text{ g 以内水陆路信函资费(分)}}$$

窗口收寄的平常印刷品、小包、印刷品专袋及挂号函件、保价函件和各类包裹欠资,邮件照发,所欠金额由收寄人员补足,并尽可能向寄件人补收所欠款额。封发上述邮件时应附言说明处理情况。

按减低资费收寄的亚太地区水陆路信函、明信片及寄往港澳台地区的信函、明信片、航空邮简欠资,也应按上述办法批注,统一采用 20 g 以内水陆路信函资费作为分母。

国际给据邮件未付或未付足资费大多由于邮局工作人员疏忽造成。1974 年洛桑大会决定对欠资挂号函件应按班发出,然后由收寄局向寄件人补收所欠资费,并以等值的邮票贴在原收据存根上盖销。根据这一规定,我国邮政规定窗口收寄的平常印刷品、小包、印刷品专袋及挂号函件、保价函件和各类包裹欠资,邮件照发,所欠金额由收寄人员用邮票或付费印志补足,并向寄件人补收所欠款额。

2. 进口欠资国际邮件

进口欠资国际邮件,其范围只限平常信函、明信片、航空邮简及优先/非优先函件。对进口欠资函件应按照原寄局批注的欠资分数乘以 20 g 以内水陆路信函资费,算出应收人民币款额。计算结果高于同重量级别函件资费的,按出口函件(航空或水陆路)资例收取欠资费。

封面上盖有"T"字戳记,但未标明欠资分数的函件,如果完全未贴邮票,应按出口同重量级别函件(航空或水陆路)资例收取欠资费,已贴有一部分邮票的,不按欠资处理。

对于来自港澳台地区以及适用亚太地区减低资费国家的欠资函件,一律以 20 g 以内水陆路信函资费为基础计算欠资费。

进口欠资函件除应收取欠资费外,还应按件加收"欠资函件处理费"。应收欠资费及欠资函件处理费的函件由经转局在函件封面上加盖欠资函件应收资费戳记,填写欠资数额,其戳记式样如图 6-10 所示。

应收	欠资	元
	欠资处理费	元

图 6-10 欠资函件应收资费戳记

案例分析

【案例分析 6.1】

国际平信为何被退回

某天,家住××公寓 4 幢 402 室的周先生打开自己的信报箱,发现有一封信,仔细一看,原来是自己昨天刚刚寄出的一封发往新加坡的国际平信。拿着这封邮票已被收寄邮局盖销过、信封背面又加盖了收寄次日本地邮局投递日戳的信件,周先生百思不得其解,怎么刚寄出的信又寄回来了呢?为了弄清事由,周先生拨打了 11185 进行咨询。

接到电话后,邮局立即派人到周先生家中了解情况,并索要了原信封,以收寄、投递日戳为线索,到相关局所调查误退的全过程。很快,事情就搞清楚了,原来,这是一起典型的有章不循导致信件误退的差错。

这封信是周先生使用国际航空信封寄往新加坡的国际平信,收寄件人名址按国际邮件的格式使用中文打印,邮票粘贴在信封的背面,邮资足额不欠资。按《国际及台港澳邮件处理规则》第 44 条规定:"寄往通晓中文国家和地区的邮件,如使用中文书写收寄件人名址,除已在信封左上角印好寄件人地址的以外,应按中文习惯格式书写。"由此可以看出,周先生邮寄的这封信是完全符合规定的,不存在退回寄件人的理由。但是收寄该信的营业员在盖销邮票时未仔细查看所贴邮票为国际航空平信的资费,误认为是普通国内平信,于是将它和其他国内平信一起封成总包,发到国内邮件处理部门去了。而在分拣过程中,分拣员也误认为该信是寄往本市的进口邮件(因为该邮件的书写是收件人名址在左上方、寄件人名址在右下方,容易产生错觉),于是就发往××公寓 4 幢 402 室所在的投递部,该投递部将其作为进口邮件,加盖投递日戳后便"按址投递"了。于是,这封发往新加坡的国际平信又回到了寄件人手中。

从此事例中我们有必要强调以下两点:一是收寄局在对信筒(箱)中的信函销票过程中,要查看信封是否符合规格标准、所贴邮票是否有效足额,凡符合规范的予以销票,然后分别将国际、国内分开,本埠、外埠分开,按邮件种类分别封成袋(套)发往邮区中心局(或县市局)有关部门处理;二是分拣封发、投递等环节在进行业务处理时,也应对以上问题予以检查、把关,如果发现有漏销邮票、邮票脱落、出口邮件误作为进口邮件投递等问题,也应在本环节及时处理。这样,就能有效地避免此类差错的发生。

【案例分析 6.2】

资费为何差了这么多

前不久,一位用户来到邮局要往国外邮寄两盒茶叶,并提出了要用"最便宜"的方式邮寄。当班的是一位新营业员,他听了用户的要求后,便按国际水陆路包裹为用户办理了收寄手续。付款时,用户问营业员,为什么这次邮费比每次都贵,是涨价了吗?营业员告诉他,没涨价。用户回家后,找出了以前往国外邮寄茶叶的收据,发现只用了七十多元,而同样的东西,同样的地点,怎么这次却收了一百三十多元呢?带着疑问,该用户又找到了另一家邮局,将重量和收件人地址一说,营业员给出的价格也是七十多元。于是,这位用户再次找到了收寄局要讨个说法。到底是什么原因使邮寄同样包裹的价钱差这么多呢?

原来,这是一件重量约 1 800 g 的国际包裹,如果按照用户"最便宜"的要求,国际小包的最大限重是 2 kg,价格上也要比国际水陆路包裹便宜。但由于这位新营业员的疏忽,按国际水陆路包裹收寄,给用户造成了误会和损失。结果,邮局为该用户补偿了国际包裹和国际小包之间的差价。

此事的发生,主要原因是这位新营业员业务不熟练。作为一名营业员,第一,应熟悉邮局所开办的各类业务,同时还要熟知这些业务的相关规定,如邮件的准寄范围、重量尺寸限度、通达范围、收费标准、封装要求等,并能自如地运用到工作之中;第二,当用户提出疑问时,营业员应在脑子里多问一个为什么,并及时检验一下自己办理的业务是否准确;第三,新营业员应加强业务知识的学习,在遇到自己把握不准的问题时,应及时向老师傅请教,以避免出现类似的问题。

【案例分析 6.3】

SAL 包裹退回该怨谁

某日,用户张先生刚从澳大利亚出差回来就来到了邮局,查询自己寄往国外的一件包裹是否被退回。当得知包裹不但已被退回,而且还要付三百多元的退包费,比邮寄费还多了一百多元,张先生很生气,认为包裹退回的责任应该在营业员。

一个多月前,张先生准备去澳大利亚出差,因要带的东西较多,他准备先邮寄一部分过去,于是他专门去了一趟邮局,询问了寄往澳大利亚的空运水陆路(SAL)包裹需要多长时间到达。营业员告诉他,需要一个月。张先生心中有了数,于是他把需要的物品按空运水陆路包裹寄往了澳大利亚,收件人的姓名是张先生本人。此后,张先生一直在外地出差办事,在包裹寄出二十多天后,张先生直接从外地去了澳大利亚。令他意想不到的是,到澳大利亚后,他并没有收到这个包裹,对方邮局称,这件 SAL 包裹在寄出的一周后就到了寄达国,经投递后因"查无此人"已被退回。

SAL 包裹被退回营业员应负主要责任。首先,营业员对于用户提出的问题回答不够准确。SAL 邮件的运输方式是利用国际航班的剩余运力运输,在原寄国和寄达国国内按水陆路邮件处理,也就是说两头是水陆路方式,中间是航空方式。这样,它的运递速度比水陆路邮件要快,比航空邮件要慢,价格也在水陆路邮件和航空邮件之间。这类邮件在价格上比较低廉,适用于邮寄并不十分急用的物品。但此类邮件在寄递过程中,由于存在一些不确定因素,运递时限也没有十分严格的标准。因此,营业员在回答用户此类问题时,应向用户解释清楚,让用户了解 SAL 邮件运递时限的相关情况。其次，营业员没有向张先生进行必要的提示。营业员应请张先生阅读"国际包裹七联单"背面的"注意事项"中第九款"包裹退回时将收取退包费，退包费可能会高于收寄时的资费"。这样，如果张先生不想付高额的退包费，可在国际包裹七联单上无法投递处理意见中选择"放弃"处理。

【案例分析 6.4】

查找包裹延误的原因

某天，一位用户急匆匆地找到北京国际邮电局查询档案科，称十天前经该局给远在加拿大留学的儿子寄了一件航空包裹，但不知为什么至今还没收到。因包内都是孩子急需的物品，该用户显得十分着急。

查询档案科的工作人员非常理解用户的心情，他们立即登录加拿大邮政查询网站，网站信息显示：该包裹 5 天前已经在当地海关处等待验关。工作人员分析，包裹至今没有投递的原因可能是在验关中遇到了困难。于是他们请用户出示包裹收据（包裹多联单交给用户的一联）。从包裹收据上，工作人员终于找到了包裹延误的原因。原来，在包裹内件物品名称一栏，用户只简单地写了 clothing（衣服），这显然不符合加拿大海关的要求，由此导致了包裹不能如期验关，造成了延误。

于是，工作人员请用户详细列出包裹内件名称和数量：纯棉衬衫 2 件，纯棉秋裤 2 条，套头纯羊毛衫 1 件，国产牛皮皮鞋 2 双，汉英词典 1 本。工作人员又将用户提供的内件详情译成外文，传真发给加拿大邮政，请其帮忙将内件详情转告加拿大海关。两天后，加拿大邮政回函通知，所查包裹已经投递。

这虽然只是一次普通的查询过程，但由此可以看出，只要严格遵守万国邮联和各国海关的规定，国际邮件延误是可以避免的。

阅读材料

【阅读材料 6.1】

国际邮件封面书写常见问题

国际邮件封面书写质量直接影响邮件能否迅速、准确地传递到收件人手中，是邮政服务质量的重要体现之一，因此收寄人员能否准确把关显得尤为重要。目前，国际邮件在封面书写方面的常见问题主要有以下几点。

一是收件人姓名误用中文书写。

如收件人地址用英、法文书写，而收件人姓名用中文书写，这样容易导致邮件被退回，而这一点常常被窗口收寄人员忽视。

二是收寄件人名址位置书写错误。

如寄件人名址写在背面时，收件人名址错误地写在邮件封面左上角或信封的中间位置；国际信件的收、寄件人名址按国内习惯的位置书写等。因此，在收寄邮件时或在发往经转局前应认真检查，发现错误应及时按相关规定进行更正。对函件封面上收、寄件人名址位置颠倒的，应当在邮件封面粘贴"改退批条",批明原因,退回寄件人更正。无法退回的,如能试发,予以试发,不能试发的,作无着邮件处理。

三是没有用中文或英、法文加注寄达国名和地名,或使用的文字不规范。

如寄往越南的邮件,不应用中文书写的地址使用中文书写;寄往韩国的邮件,其收件人的名址只用韩文书写,而没有用中文或英、法文加注国名和地名;寄往美国、澳大利亚和欧洲国家的部分信件地址只有城市名或州名,而没有写国名。收寄人员应清楚,允许使用中文书写收件人姓名、地址的国家仅有日本、韩国、朝鲜、新加坡;使用泰文、韩文、俄文等寄达国通晓文字书写收件人名址的邮件,还应用中文或英、法文加注国名和地名。

四是没有相关邮件种类标志。

如邮件封面没有加盖航空、空运水陆路、印刷品、信函、小包等戳记。当信函的尺寸和形状容易被误作其他函件时,封面上应加盖"信函"戳记。筒箱开出的已付足航空函件资费但未粘贴航空标签或加盖航空戳记的,收寄人员应补贴或补盖航空标志。

五是收件人地址中、英文不符,出现两个寄达国名或地名。

此现象常见于大宗邮件,一般情况为中文国名或地名手工批注错误,如将安圭拉写成中文的安哥拉,将北爱尔兰写成中文的爱尔兰等。

六是国际给据邮件寄件人地址使用中文书写。

一些国外邮政在处理给据邮件查询时,往往依据寄件人名址向收件人询问给据邮件是否收到,如果寄件人名址为中文,收件人不知道寄件人是谁,国外邮政将无法对给据邮件进行查询。因此,收寄人员应认真把关,确保国际给据邮件寄件人名址使用寄达国通晓文字书写。

【阅读材料 6.2】

国际包裹的主要退因

国际包裹一旦被退回,收取的费用比较高,为此,有些用户表示不能接受。为了向用户做出合理的解释,我们首先应了解国际包裹被退回的主要原因。

① 包装箱和包裹多联单上面收件人姓名地址、寄件人姓名地址以及内件名称数量的书写要符合要求,包裹多联单中每一页字迹要清晰可辨。名址或内件书写不符合要求时,对方邮政有可能以"地址欠详""名址无法辨认""书写不符合规定"为由将包裹退回。

② 内件包装和外部包装要符合规格,要能经得起长距离、多环节运输碰撞而不变形、不开裂。因为包裹破损可能造成无法投递而被退回。

③ 确保内件在寄达地海关允许进口(邮政没有相关信息时,应该请寄件人通过收件人了解当地海关禁限寄规定),如果寄达地海关不准进口,包裹将被退回。

④ 正确选择包裹多联单关于无法投递时退回意见。包裹无法投递时,投递局将按照寄件人的选择来确定是否退回。如果选择多项,并且选项内容自相矛盾,包裹将被退回。

【阅读材料 6.3】

如何处理境外邮政发售的国际回信券

国际回信券(以下简称回信券)是国际邮件资费中的一种资费凭证,由万国邮政联盟国际局统一印制。回信券内含有"UPU"(万国邮联的英、法文缩写)水纹字母,正面印有"UNION

POSTALE UNIVERSELLE"(万国邮政联盟)、"COUPON-RÉPONSE INTERNATIONAL"(国际回信券)和法文使用说明,背面印有上述使用说明的德文、阿拉伯文、中文、西班牙文、英文和俄文译文以及代表出售国名和售价的条码。

同时,营业员应掌握真回信券的主要特征,以提高识别真伪回信券的能力。真回信券的特征主要有三点:一是印有"UPU"水纹字母,二是回信券背面印有使用说明的德文、阿拉伯文、中文、西班牙文、英文和俄文译文以及代表出售国名和售价的条码,三是用户所兑换的回信券正面左下角应加盖境外邮政出售局日戳。

营业员在接受并兑换用户交付的境外邮政发售的回信券时应特别注意以下几点。

在兑换时要注意验视回信券的真伪。

每张回信券可兑换成以下三种邮资凭证中的任意一款:

① 可兑换面值相当于20 g以内出口航空信函最高资费标准(人民币7.00元)的邮票一枚或数枚;

② 可以兑换成等值的邮资信封;

③ 可以兑换成等值的邮资明信片,但不能兑换成现金。

兑换后,应在兑讫的回信券正面右下方加盖兑换局日戳,作为营业收入上交。

【阅读材料6.4】

寄递国际物品型邮件注意事项

在国际物品型邮件的寄递过程中,营业人员必须熟练掌握相关的业务知识,只有这样,才能有效避免收寄违禁违规邮件现象的发生。根据部分国家禁限寄规定,寄递国际物品型邮件时应特别注意以下几点。

向用户做好宣传解释工作。用户具有事先了解并按照寄达国入境规定交寄、申报的法律义务。一经发现违禁违规交寄邮件,将被退回、销毁或没收,并向用户征收处理费用。为此,营业人员应向用户做好宣传解释工作。

告知用户有关邮政的赔偿免除责任。对因用户违禁交寄、申报不达标而引起的邮件丢失、损毁、退回和没收等,邮政部门不承担赔偿责任。

协助用户,为其提供相关联络信息。在寄递国际物品前,营业人员要提醒用户最好事先咨询寄达国主管部门或其驻华领事、商务代表了解相关政策,告知用户邮件寄达国相关部门或查询相关信息的网址、电话、传真、电子邮箱和通信地址等。

掌握重点寄达国的寄达规定。美国、加拿大、澳大利亚、新西兰、日本、法国、意大利、英国、西班牙、德国、瑞典的入境规定尤其严格,对用户申报要求高,执行尺度严。因此,营业人员应加强相关知识的学习,掌握以上重点寄达国的寄递规定。

知晓高敏感禁限寄物品及其相关规定。食品(尤其是肉奶蛋鱼制品)、成品药、中草药、生化制品、保健品、寄递量(累计)超自用的物品、烟草、军械等,在各国普遍属于高敏感物品,如下所述。

① 药剂类:加拿大药监局要求,除药厂和药剂师等特殊情况外,一般不可进口含药品一览表(F)成分的药品,并强烈要求用户如要寄递保健品、药品到加拿大,务必事先征询加拿大药监局意见;墨西哥要求寄递的装有液体状、粉末状、药剂等性质难辨的物品的邮件,必须经由报关代理办理进口申报;日本、瑞典对进口药物也有严格规定。

② 军品类：澳大利亚、加拿大、瑞士、丹麦禁止寄武器或仿真武器及零部件，军火及其模型、展品或复制品，弹药或仿真弹药及零部件，军款马甲和背心入境。

③ 食品类：英国、意大利禁止进口肉、动物内脏、水产品、蛋奶制品；日本禁止进口使用动物骨头、肉、脂肪、血液、毛发等生产的酱汁、香肠及动物油；克罗地亚要求肉制品、水产品、蛋奶制品、植物(含种子、根茎等)制品必须附有检疫检验证明；荷兰要求肉奶产品必须附有兽医卫生证明；德国要求此类邮件遵守同商业进口动物检疫一样的规定，并附有检疫卫生证明。

④ 烟酒类：法国、意大利严禁进口烟草(含替代品、仿制品)；白俄罗斯严禁进口烟草、酒类邮件；英国限制接收烟草制品邮件。

【阅读材料6.5】

收寄国际包裹三要点

国际包裹的收寄中，应重点把握三个要点，从源头把好关，保证邮件的安全寄递。

严格执行规定。收寄国际包裹时，营业员要熟悉并执行三个方面的规定：一是我国邮政禁限寄物品规定，二是我国海关对进出口邮递物品监管办法的规定，三是寄达国对进口邮递物品禁限寄规定。

在验视用户所交寄的物品时，营业员不仅要参照《出口国际和港澳邮递物品禁限寄清单手册》，还要执行寄达国近期或临时性的禁限寄规定。

在验视时，营业员必须做到认真、仔细，防止某些用户将液体类或粉末类的食品或药品拆除包装，分散装在所寄的衣服兜里。验视和封装时一定要做到与用户"眼同"，验视物品与办理收寄手续做到无缝隙。在复称时，若发现邮件验视时的重量与实际重量不符，必须重新验视内件。

把好单据书写关。营业员要对用户填写的单据认真进行核对，如用户填写的国际包裹多联单、报关单及包面上的名址是否完全一致，文字是否符合要求，填写的项目是否齐全，寄件人是否签名等。同时，要提示用户如实填写内装物品，瞒报或匿报物品，夹寄假冒伪劣商品，如假香烟、假名牌服装等，都会造成退包的后果。物品名称要写得具体详细，不可笼统地写为"衣物"或"食品"之类，要逐件填写物品名称，还要将物品名称译成英文，否则寄达国海关会以"无法申报"或"申报不清"为由将包裹退回。

认真履行提示义务。当用户选择所寄包裹成为无法投递包裹后的退回方式时，营业员要进行提示，包裹一旦被退回，用户就要承担相应的退包费，而退包费有时要高于收寄时的费用，如寄件人不愿意付高额的退包费，可选择"放弃"。这样不仅对用户有利，也避免在包裹退回后，个别用户因包裹退包费过高而放弃领取邮件，从而给邮政企业造成损失。还有些用户明明是按水陆路交寄的包裹，在选择退包选项时却选择了航空，包裹一旦被退回，用户对高额的退包费很难接受，这一选项很容易被用户忽略，因为他们寄包时不会想到包裹还有可能被退回。为避免给用户带来不必要的损失，营业员应提示寄件人认真阅读多联单背面的"用户须知"，然后再签名确认。

同时，营业员还应掌握国际业务的一些临时要求和变化，如某国家节假日放假、某国家内部不稳定等，这些都会对邮件的投递时限造成影响。因此，要提示寄件人做好思想准备，并根据需要选择适当的邮寄方式。

另外，营业员要严格掌握包裹重量、尺寸、体积的要求，并提示用户，超大、超重都会影响包裹的正常传递,还可能会因此引起寄达国的退包。

【阅读材料 6.6】

规范收寄国际小包

营业员在收寄国际小包时,很容易出现重量超过限度、报关单填写不规范、漏贴邮资符志等问题。针对这些问题,在收寄国际小包时,应特别注意以下几点。

1. 熟知重量限度

《国际及台港澳邮件处理规则》规定,每件小包的最大重量限度为 2 kg。同时,应查明寄达邮政是否接受 1 kg 以上的小包,如寄往阿富汗的小包不能超过 1 kg。

2. 正确填写报关单和报关签条

每件小包应由寄件人填写一枚 CN22 绿色报关签条,粘贴在小包封面的左上角,同时,还应填写 CN23 报关单一式两份,一份送交海关,一份验关局留存。填写签条和报关单时,应当使用英文、法文或寄达国通晓文字。小包内装每件物品的名称、价值和净重(精确到克)都要详细、具体地填写在指定位置,不能笼统填写,并根据情况,在报关单上"Gift""Goods"一栏前的方格内划"×",标明内装物品属性,最后要寄件人在指定位置签名。如果寄达邮政要求相关内件附寄进口证明,还应请寄件人将证明文件用塑料封套牢固地附在上寄发。

3. 粘贴邮资符志

小包称重计费后,一定要将打印的邮资符志粘贴在小包封面上,并在邮件封面的左上角明显地加盖"Small Packet"戳记。

【阅读材料 6.7】

办理台湾地区包裹业务应注意的问题

收寄台湾地区包裹时应注意的问题如下所述。

使用新的单式。在办理台湾地区包裹业务时,一定要使用新版单式"国际(地区)包裹七联单",不得使用原"包裹七联单"。如因未使用新版单式而造成邮件的延误或退回,责任由收寄局承担。

单式书写正确。包裹单式上的文字应用中文书写,并按照单式上的格式要求填写。同时要注意,不论单式上还是邮件封面上,都不得使用"中华人民共和国""P. R. CHINA""中华民国""ROC""REP. CHINA"等字样。

使用新的交易代码。目前,电子化支局系统中新增了"台湾包裹"收寄功能,其交易代码为"340",只办理"航空"及"水陆路"邮件。

正确计算业务资费。直邮台湾地区的包裹有两种运递方式:航空和水陆路。航空包裹的起重是以 1 000 g 为计费单位,资费为 99.5 元,续重每 1 000 g 或其零数为 21 元。水陆路包裹起重也是以 1 000 g 为计费单位,资费为 89.5 元,比航空包裹的起重费少了 10 元,但续重每 1 000 g 或其零数只有 5 元,比航空包裹的续重费少了 16 元。

掌握重量及尺寸限度。台湾地区包裹不论按航空还是按水陆路方式寄递,每件包裹的最高限重是一样的,均为 30 kg。每件最大尺寸规格为长度不得超过 150 cm,长度加长度以外最大周围不得超过 300 cm。最小尺寸规格为至少有一面长度不小于 24 cm,宽度不小于 16 cm。

严格遵守禁寄规定。在办理台湾地区包裹业务时,要按照相关规定,认真验视内件,确保邮件的安全传递。

正确使用查询方式。台湾地区包裹业务的查询方式暂为手工查询方式,查询时应使用专用的"邮件查单"办理相关查询业务。

发验的处理。各相关交换站和互换局针对台湾地区特快专递邮件和包裹业务发验,临时使用"互换函件总包验单",将标题中的"函件"划销,改为特快或包裹,并用中文描述发验的相关情况。

课 后 实 践

利用课余时间到邮政营业局所观察国际邮件的收寄流程,了解各类国际邮件的收寄流程及各流程的操作要点,并针对某一个流程谈谈自己的想法。

实 训

国际挂号信函、国际平常小包、国际普通包裹收寄操作实训,分手工收寄和邮政电子化支局系统收寄两种方式。

思 考 题

1. 国际邮件按传递时限如何分类?
2. 国际邮件按处理手续如何分类?
3. 国际邮件按运输方式如何分类?
4. 简述平常航空邮简、平常印刷品专袋、平常小包、挂号函件、国际商业回函、普通包裹等各类国际邮件的准寄范围和收寄手续。
5. 国际邮件的禁限寄规定有哪些?
6. 什么是国际回信券?

第 7 章 国际特快专递业务

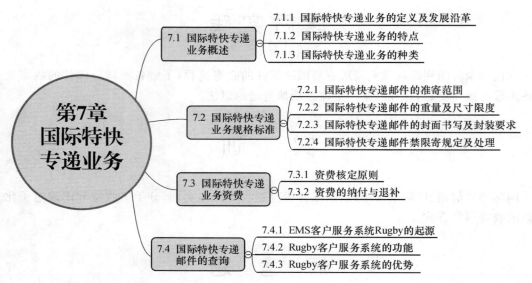

国际特快专递业务是邮政业务中的高端产品,它有着丰厚的利润,是世界各国邮政都大力发展的一项业务,也是与私营寄递公司竞争最激烈的业务。本章将介绍国际特快专递业务,了解它的历史沿革、业务特点、规格标准和资费等内容。

7.1 国际特快专递业务概述

国际特快专递业务是各国邮政部门开办的一项特殊的邮政服务业务。该业务在各国邮政、海关、航空部门均享有优先处理权,它以高速度、高质量为用户传递国际、国内的紧急信函、文件资料、金融票据、商品货样等各类文件资料和物品。

7.1.1 国际特快专递业务的定义及发展沿革

1. 定义

国际特快专递业务(EMS,Express Mail Service)是建立在万国邮政联盟法规的基础上,按照万国邮政联盟 EMS 合作机构制定的统一标识、统一规范进行国际间的业务合作,共同遵循万国邮政联盟有关邮件处理的基本准则,实现实物传递、交换的一项快速、优质、高效的邮递业务。国际 EMS 邮件在收寄、处理、运输、投递及售后服务等方面的服务深度、处理规定和时限要求等与普通国际邮政业务(如国际函件、国际包裹等业务)有很大的不同,是邮政服务产品中的高端业务产品。

2．沿革

1971年6月20日,英国和美国之间首先开办了国际特快专递业务,此后,开办国不断增加,至1984年达到60个。为推动国际特快专递业务的迅速发展,在与私营寄递公司的激烈竞争中争取主动,1984年万国邮联汉堡大会决定将国际特快专递业务发展问题纳入万国邮政联盟邮政研究咨询理事会(简称咨理会)的工作计划,在每年的咨理会期间举行一次"国际特快专递业务研讨会"。万国邮政联盟制定了《特快专递业务标准协定》,相关邮政只要在承认此协定的基础上互换业务资料后,即可开办此项业务。1989年万国邮联华盛顿大会将有关国际特快专递业务的基本规定纳入《万国邮政公约》,国际特快专递业务成为邮联的一种正式业务。至1992年6月,已有超过150个国家和地区的邮政开办了国际特快专递业务,形成了广泛的,具有统一名称、统一标志的世界特快专递邮政网络。

我国邮政于1980年7月15日首先与新加坡开办了国际特快专递业务。北京、上海、天津、广州、福州、深圳6个城市办理国际特快专递邮件的收寄和投递。根据业务需要,通过签署双边协定或换函,不断扩大了通达国家。目前我国国际特快专递业务已与世界超过200个国家和地区建立了业务关系；国内已有近2 000个大、中、小城市办理EMS业务。用户使用EMS业务时,既可以到各邮局交寄,也可以拨打EMS"11185"服务电话,即有专人专车上门收寄。EMS选用最快捷的交通运输工具赶班发运并由专人专车投递到用户手中。此外,EMS还提供代客包装、代客报关、代收货款、代上保险等一系列综合延伸服务。

国际特快专递业务是一种竞争性很强的业务。目前,各国邮政在与私营公司的竞争中正积极探索发展国际特快专递业务的新途径。大多数国家的邮政利用国内邮政网络,与他国邮政合作,组成国际特快专递邮政网络与私营公司展开激烈的竞争；少数国家的邮政则退出了国际特快专递邮政网络,转而与私营公司合作成立合资公司办理国际特快专递业务。

3．业务标识

1983年9月20日,在华盛顿召开的第七届国际快递会议上,强调了在全球范围内,应使用统一业务标识和名称,也就是现在使用的标识和名称,如图7-1所示。

图7-1 全球统一的邮政特快专递业务标识

上述标识由下列要素构成:左侧为橘黄色单翼；中部为蓝色的"EMS"；右侧为三条橘黄色粗横线,该线延伸,以表示该项业务可以发展得更快、更高、更远,前途无量,三条橘黄色粗横线下为"全球邮政特快专递"八个蓝色字。

7.1.2 国际特快专递业务的特点

国际特快专递业务的特点可以概括为三个字:高、强、深。

1．时限要求高

世界经济自20世纪70年代后处于高速发展时期,人们对信息和实物的传递速度有了更高的要求。国际特快专递业务以其最简捷的处理程序,高效的组织、快速的发运方式和手段,为国内外用户提供最快捷的优质服务,帮助用户在各项经济活动、文化事业交流和通信联系方面得到便利。

2. 竞争性强

在国际上,国际特快专递业务从开办起就面临着私营企业的强大竞争。敦豪国际快件公司(DHL)、联邦快递公司等十几家大公司都拥有全球传输网络,有自主的先进运输手段和计算机跟踪查询系统,具备强大的经济实力和较完善的国际网络。非邮政快递公司除具有上述优势外,还享有充分的经营自主权,经营范围广,不受提供普遍服务的约束,内部机制也灵活,在用工、分配、投资、资费宣传、公关等方面拥有较多的自主权,能够以市场为导向,实施商业化经营,有较强的应变能力。

3. 服务程度深

邮政 EMS 业务的高水平、高质量服务是邮政的其他传统业务无法做到的。邮政 EMS 业务的优势服务除依托和充分发挥邮政优势,为用户提供快捷可靠的传递邮件服务外,还体现在方便性上。国际特快专递业务以上门揽收为主,实行"门到门""桌到桌"的商业服务;由专门机构处理、以最快发运方式、按邮件封面书写的收件人地址中最具体的地点,交收件人签章并注明接收日期、时间;邮件的寄递状态可以通过 Rugby 系统实现网络查询,做好"售后服务"。我国通过万国邮联的国际邮政电信网已与一些发达国家联通,互换投递信息;在国内,计算机跟踪查询网络已建成,为国际 EMS 邮件的跟踪查询提供了方便。

7.1.3 国际特快专递业务的种类

1. 国际特快专递业务分类

国际特快专递业务的种类繁多,但总体上可分为"定时业务"和"特需业务"两种。

(1) 定时业务

邮政部门根据与用户签订的合同按时收寄、发运和投递国际特快专递邮件的业务称为定时业务。定时业务享受优惠资费待遇。

利用定时业务的寄件人应向邮政部门提出申请,填写"特快专递邮件业务合同",与邮政部门商定交寄邮件的时间、地点、频次,每次交寄邮件的数量以及首次交寄邮件的时间等,寄件人还应提出邮件寄达、投递的时限要求。

邮政部门根据合同内容及规划出的发运计划填写"特快专递邮件业务征询单",寄送相关邮件的寄达局征求意见,征询单寄出 10 日内相关邮政未提出不同意见时,即可根据合同规定交寄邮件,如果在上述时间内收到相关邮政的修改意见,邮政部门应与寄件人(单位)再次进行协商。

定时业务的合同有效期为三个月。如果寄件人要求终止合同应提前书面通知邮政部门,邮政部门收到通知一个月后废止合同,但终止合同的申请只能在签订合同两个月后提出。如果寄件人(单位)申请对合同进行修改,涉及对方邮政的事宜必须按规定程序征求相关邮政的意见后方可修改。

定时业务可靠性强,寄件人对其邮件的发运、投递情况能做到心中有数。但签订合同的手续较复杂,且一切均按合同办理,灵活性较差,因此,国际上利用此业务的用户较少。

(2) 特需业务

用户根据需要可随时交寄国际特快专递邮件的业务称为特需业务。

寄件人无须与邮政部门事先签订合同,可根据需要在邮政部门营业时间到窗口交寄国际特快专递邮件,也可通过电话通知邮政速递部门上门揽收。特需业务的时限效果与定时业务相同。

特需业务与定时业务相比具有较强的灵活性,各国的绝大多数用户均利用特需业务来寄发国际特快专递邮件。

2. EMS 邮件业务

EMS 邮件业务可分为 EMS 标准业务、EMS 承诺服务业务和 EMS 限时投递业务。此外,为了迎合电子商务的发展,速递物流公司还开设了针对电商客户的国际及台港澳电子商务业务和综合物流业务。

(1) EMS 标准业务

EMS 标准业务为 EMS 邮件的基础业务,在所有 EMS 通达范围内均可以办理。其他类型的业务是部分邮政间,根据双边或多边合作协议协商开办的增加特定服务内容的业务。

(2) EMS 承诺服务业务

EMS 承诺服务业务是指邮政部门对寄往指定国家(地区)的 EMS 邮件,按照公布的邮件全程运递时限向社会用户进行的公开承诺,即邮件在承诺的时限标准内按期送达,若邮件全程传递时限超过承诺时限标准,则向用户退还已收取的邮件资费。

EMS 承诺服务业务目前的通达范围包括澳大利亚、中国香港、日本、韩国、美国、英国、新西兰、法国和新加坡,随着业务的扩展,该范围将不断扩大。

(3) EMS 限时投递业务

EMS 限时投递业务又称"限时递"业务,是指在限定的收寄截止时间前收寄的寄往指定寄达地指定区域或范围的邮件,可在规定的时间(如次日 10 时、次日 13 时等)送达收件人。收寄 EMS"限时递"邮件时须加收 20 元(人民币)特别投递服务费。

"限时递"邮件目前的通达范围包括中国香港、日本和新加坡的主要城市的指定区域。境内可受理"限时递"业务的城市为北京、上海、广州、厦门、无锡、福州、常州及苏州。

(4) 国际及台港澳电子商务业务

该项业务为 EMS 近年推出的针对电子商务公司的专有业务。目前,跨境电商业务量庞大,对跨境投递的时效性、安全性要求较高,且邮件交付数量多,不易处理,使用原有的服务体系很难满足日益增长的市场需求。为了解决矛盾,速递物流公司推出了完全针对跨境电商公司的 EMS 服务——国际及台港澳电子商务业务。

国际及台港澳电子商务业务是中国邮政速递物流股份有限公司为适应跨境电子商务以及内地(大陆)与台港澳地区之间电商物品寄递的需要,整合邮政速递物流网络优势资源,与主要电商平台合作推出的寄递解决方案。

目前,针对跨境电商市场不同的寄递需求,邮政速递物流跨境电商产品以经济实惠的资费及稳定的发运质量吸引了众多忠实客户,并已发展成为跨境电商的首选物流方式之一。邮政速递物流跨境电商产品包括 e 邮宝、e 特快、e 速宝,线上下单,可上门揽收或客户自送。

e 邮宝业务是邮政速递物流为适应跨境电商轻小件物品寄递需要推出的经济型国际速递业务,利用邮政渠道清关,进入合作邮政轻小件网络投递。单件限重 2 kg(以色列为 3 kg),主要路向参考时限为 7~10 个工作日,服务价格按寄达国分别计算。

e 特快可通达日本、韩国、中国台湾、中国香港、俄罗斯、澳大利亚、新加坡、英国、法国、巴西、西班牙、荷兰、加拿大、乌克兰、白俄罗斯等 16 个主要国家和地区,收寄重量不受 2 kg 限制,计费首重、续重为 50 g,寄递速度更快,信息反馈更完整。e 特快可以使用在线打单服务。

e 速宝是邮政速递物流为满足跨境电商卖家个性化市场需求提供的商业渠道物流解决方案,要求申报信息真实准确,须如实填写内件品名、税则号、申报价值和重量等。

(5) 综合物流业务

综合物流业务包括中邮海外仓和中邮海外购两个业务。

中邮海外仓(CPWS,China Postal Warehousing Service)是中国邮政速递物流股份有限公司开设的境外仓配一体化服务项目,服务内容包括国内仓库接发操作、国际段运输、仓储目的国进口清关/仓储/配送以及个性化增值服务等。该业务整合了国际邮政渠道资源,使用专门团队进行运营管理,开发了全新的信息系统,使得物流更加安全、稳定、高效,同时可以为客户优化跨境电商流程并提供解决方案。目前已经开办了美国仓(东、西),澳大利亚仓,德国仓,英国仓,捷克仓,日本仓和澳洲仓,其中,美东仓库面积广达 20 000 平方米,为配合调度还在重庆和深圳开设了中转仓,后期将陆续开办中国香港、俄罗斯、巴西等仓库。

中邮海外购业务是邮政速递物流为满足国内消费者"足不出户,买遍全球"的购物需求,专门设计开办的跨境电商个人包裹进口转运、入境申报配送等综合物流服务,可实现在线制单、海关电子申报、在线关税缴纳、一票到底、全程状态追踪。

3. 中速快递业务

中速快递业务是指中国邮政与非邮政公司合作的快件业务,它是邮政间开办业务必要和有利的补充,在邮政产品的通达范围和适应商业性需求等方面起到了很好的业务补充和市场拓展作用。

目前中国邮政与荷兰 TNT 邮政集团、日本佐川集团海外事业部——佐川环球快递株式会社(简称佐川环球)、中东 Aramex(阿迈斯)国际快递公司合作开办中速快件业务。中速快件根据重量、运递时限和服务方式的不同,可分为"标准快件""经济快件""重货快件"等,同时提供门到门、门到港、港到港以及增值服务(收件人付费、代垫关税等)。根据寄达国的不同,一般可在 3~10 个工作日内妥投。

中国邮政与荷兰 TNT 邮政集团合作办理的中速快件业务可通达超过 200 个国家和地区,并在快件的重量和规格限制方面有较强的灵活性,该业务自 2000 年 1 月 1 日起已在全国范围内正式开办。中国邮政与佐川环球公司合作办理的中日间商业快件业务自 2007 年 1 月起正式办理。中国邮政与阿迈斯公司合作办理的中速快件业务自 2008 年 12 月 1 日起正式办理。

中速快件优化了中国邮政国际特快专递业务的全球网络,现已成为邮政 EMS 业务的有力补充。中速快件业务具有较强的商业化性质,在收寄规格、业务处理和通关方式以及运递渠道等方面的要求与其他邮政业务产品有所不同。

此外,针对电子商务客户的不同需求开办了 e 速宝小包业务、e 速宝专递业务和中邮 FBA 业务。

(1) e 速宝小包业务

e 速宝小包业务采用商业操作模式,末端选择经济类投递网络,提供出门投递信息,商业渠道在线发运系统下单,自动生成单号,可跟踪到最终的投递局,EMS 官网同步更新。另外,该业务使用商业清关,快速便捷,通关能力强。

(2) e 速宝专递业务

e 速宝专递业务采取商业清关模式,快速便捷,末端选择标准类投递网络,全程追踪,有妥投信息,7~10 个工作日可妥投,最高限重 30 kg。

(3) 中邮 FBA 业务

中邮 FBA 业务是中国邮政速递物流股份有限公司针对在亚马逊网站上的中国卖家设计推出的头程运输服务,可接收带电产品、时效快捷、性价比高。该业务整合了国际干线运输、口岸清关、境外仓储和国外派送等环节资源，可为亚马逊卖家提供综合物流解决方案，可通达美国、日本，以及德国、英国、法国、意大利、西班牙等欧洲国家。

头程运输是指在某项国际货运运输中，如存在运输中转，则从起运地到中转地的运输为头程运输。中国邮政推出该项服务后，可帮助在亚马逊网站开店的中国卖家，将货物从中国或他国预先发送到亚马逊开设在世界各国的FBA仓库内，在有订单后可直接从该仓库发货，从业务性质上讲，应归为集货运输代理。

4. 我国办理的其他国际速递业务

（1）台湾地区快件业务

台湾地区快件业务是中国邮政集团公司利用民间公司的运递渠道开办的一项海峡两岸间快件寄递业务。收寄台湾地区快件时须使用"台湾快件发递单"。快件在大陆范围内按照EMS邮件运递处理方式处理，在大陆范围以外，需经第三地（香港地区或澳门地区）以货运快件的方式清关、转发及投送。

（2）海峡两岸邮政特快专递业务

根据《海峡两岸邮政协议》的安排，中国邮政集团公司自2008年12月15日起，正式开办两岸邮政特快专递业务，业务种类包括文件类和物品类。

（3）国际特快专递收件人付费业务

国际特快专递收件人付费业务简称"EMS到付业务"，是我国邮政于1996年为满足用户特殊需求而推出的一项新的国际邮政速递业务产品。该业务最大的特点是寄件人在交寄"EMS到付"邮件时不交纳邮费，在邮件送达收件人时由收件人支付应付的全部费用。

国际特快专递收件人付费业务目前境外的通达范围包括中国香港、中国台湾、韩国、德国、日本。

7.2 国际特快专递业务规格标准

7.2.1 国际特快专递邮件的准寄范围

国际特快专递邮件按内件性质分为信函类邮件、文件资料类邮件和物品类邮件三种。

1. 信函类邮件

具有现时通信内容的文件应按信函类邮件寄递。国际特快信函内不得夹寄文件资料或物品。

2. 文件资料类邮件

准寄商业合同、工程图纸、照片、照相复制品、金融票据、有价证券（不包括各国货币和无记名支票）、证书、单据、报表及手稿文件等全部用印刷方式印制、复制的各种纸质制品。

文件资料类特快邮件实行低于物品类特快邮件的资费标准。

3. 物品类邮件

物品类邮件中准许寄递所有适于邮递的货样、商品、馈赠礼品及其他物品。

寄递物品类国际特快专递邮件必须向海关详细申报，在国际特快专递邮件报关单的相关方格（货样、礼品或商品）中划"×"，并详细注明物品的名称、数量和价值。

必要时物品类国际特快专递邮件还应根据寄达国海关的要求填写CN23报关单以及提供发票、进口许可证等文件。

7.2.2 国际特快专递邮件的重量及尺寸限度

1. 重量限度

国际特快专递邮件的重量除寄达邮政另有规定外,每件限重 20 kg;内装易碎物品或流质物品的,每件限重 10 kg;整件无法拆开分装的物品,每件最大重量可放宽至 25 kg,但应随附说明情况的验单寄发和转发,以使互换局随验发寄达邮政。

2. 尺寸限度

信函类尺寸为 229 mm×162 mm。文件资料类长度限 324 mm,宽度限 229 mm。物品类长方形的,其长度不小于 215 mm,不大于 1 050 mm,其宽度不小于 130 mm,长度和长度以外的最大横周合计不超过 2 000 mm;物品类圆卷形的,其长度不小于 300 mm,不大于 900 mm。对于文件资料类其他邮件,扁平形的按信函规定尺寸办理,厚度较大或圆卷形的按物品类规定尺寸办理。以上尺寸的公差均为 2 mm,详见表 7-1。

表 7-1 国际特快专递邮件重量、尺寸限度

邮件类别	重量限度	尺寸限度 最大	尺寸限度 最小	附注
物品类	20 kg(除寄达邮政另有规定外),整件无法开拆分装的物品邮件,可放宽至 25 kg;内装易碎物品或流质物品的邮件,每件限重 10 kg	① 长度不超过 1 050 mm,长度和长度以外的最大横周合计不超过 2 000 mm ② 圆卷形的:直径的两倍和长度合计 1 040 mm,长度不超过 900 mm	① 长度为 215 mm,宽度为 130 mm ② 圆卷形:长度为 300 mm,直径为 60 mm	公差为 2 mm
文件资料类		① 扁平形的:长度为 324 mm,宽度为 229 mm,公差为 2 mm ② 非扁平形的:按照物品类规定尺寸		扁平形厚度一般不超过 10 mm
信函类		长度为 229 mm,宽度为 162 mm,公差为 2 mm		信函只有一种固定规格,无最大或最小尺寸之分

用户如有超出上述重量、尺寸规定的邮件需要交寄,可与当地邮政速递公司联系,适度灵活解决。

国际特快专递邮件的重量、尺寸在寄达国邮政另有规定时,应按寄达国邮政的有关规定办理。收寄时应查阅"国际特快专递邮件收寄手册",并按其规定办理。

7.2.3 国际特快专递邮件的封面书写及封装要求

1. 封面书写

① 国际特快专递邮件封面上的收、寄人的姓名、地址、邮政编码以及我国和寄达国国名应用钢笔、圆珠笔以蓝色、黑色正确填写在国际特快专递邮件详情单(以下简称"邮件详情单")内,字迹要工整、清晰,不可潦草、涂改。

② 邮件详情单共五联,第一联、第五联粘贴在邮件封面上发往寄达国,第二联由收寄局留存,第三联为报关单,第四联由寄件人留存。收、寄件人的电话号码或电传号码也应填注在邮件详情单相关栏目内。

③ 邮件详情单上,收、寄件人的姓名、地址应用法文、英文或寄达国通晓文字书写,用法文、英文以外的文字书写时,还应当用中文或法文、英文加注寄达国名或地名,寄达国名和地名应当大写。

寄件人名址如用中文书写,必须用英文、法文或寄达国通晓文字加注我国国名和地名。寄往日本、韩国以及中国香港、中国澳门的特快邮件封面可以只用中文书写。

2. 封装要求

国际 EMS 邮件的封装质量也是衡量 EMS 业务服务水平的重要标准之一,要求必须做到能防止封皮破裂内件漏出,防止伤害处理人员、污染或损毁其他邮件及邮政设备,避免因寄递途中碰撞、摩擦、震荡或压力、气候变化而发生损坏现象。为此,国际 EMS 邮件原则上应使用印有"EMS"业务字样的专用信封或包装箱封装。对用户自备的包装品必须严格把关,不符合规格质量标准的必须予以更换,否则不予收寄。

由于违反 EMS 邮件封装要求而造成邮件丢失、损毁时,应由收寄局承担补偿责任。

国际 EMS 邮件的封装要求详见表 7-2。

表 7-2 国际 EMS 邮件的封装要求

内件性质	封装要求	附注
信函	使用坚韧信封封装	① 不准使用旧信封或有字纸张制成的信封、封套装寄 ② 不准用报刊作为填充物 ③ 各局应备有专用信封、包装箱、捆扎用具
文件资料	① 扁平形的:应装入特快专递邮件专用信封内寄递;用户自备的封装信封,必须用坚韧的纸张制成 ② 厚度较大的:装入封套后,应用绳子"#"字捆扎;书籍等应用大小适当的邮政包装箱封装,封装时内件上下要衬垫硬纸板,箱内空隙过大时,周围应用碎纸填充,包装箱外面应用塑料带或绳子捆扎牢固 ③ 圆卷形的:封皮不得短于内件,尺寸较长而内件易折断的邮件,应内衬坚实的圆棍或采用硬质塑料的圆筒作为外包装物 ④ 需要捆扎的邮件,应先将特快专递邮件详情单牢固地粘贴在邮件封面上再行捆扎	
物品、货样、商品	① 应按所寄物品的性质、大小、轻重、寄递路程远近和运输情况等,选用适当的包装材料妥为包装,以能防止:封皮破裂,内件散落;伤害处理人员;污染和损毁其他邮件或邮政设备;因寄递途中挤压、碰撞、摩擦、震荡或气候、湿度影响而发生损坏 ② 柔软、干燥、耐压的轻型物品(如衣服、布料、袜子等),可用塑料袋套包装,再装入特快专递专用信封或邮政包装箱内 ③ 较重的金属物品或贵重物品,应用坚实的金属箱匣或特制的包装箱匣封装,一般在 20 kg 以内的金属物品,可使用双层邮政包装箱套装,箱内用硬泡沫将内件衬垫填塞妥当。重量超过 5 kg 的邮件,箱外应用塑料带箍扎牢固 ④ 油腻、带有腥味和容易反潮的物品应先用塑料袋妥为封装,用热压封口(或用其他方法密封),再用邮政箱包装 ⑤ 易碎物品封装时应在内件之间及内件与箱板之间用柔软、轻质的填充物(如泡沫塑料填充品、棉絮、瓦楞纸等)填塞妥当,使其不能在包装箱内晃动,以防在运输途中损坏 ⑥ 流质和易液化物品以及染色性干粉应装入完全密封的容器内,再装入以金属或硬塑料制成的箱匣内。箱匣内必须用吸附性强的填充物填塞妥当,当容器破损时必须能把流质吸尽	不得使用木箱、软包装封装,不得使用金属捆扎带箍扎

7.2.4 国际特快专递邮件禁限寄规定及处理

依据我国《国际特快专递邮件处理规则》，国际特快专递邮件禁止寄递的物品包括以下几项。

① 有爆炸性、易燃性、腐蚀性、毒性、强酸碱性和放射性的各种危险物品，如雷管、火药、爆竹、汽油、酒精、煤油、桐油、生漆、火柴、农药等。

② 麻醉药物和精神药品，如鸦片、吗啡、可卡因(高根)等。

③ 国家法令禁止流通或寄递的物品，如军火武器、本国货币、外国货币等。

④ 容易腐烂的物品，如鲜鱼、鲜肉等。

⑤ 妨碍公共卫生的物品，如尸骨(包括已焚化的骨灰)、未经硝制的兽皮、未经药制的兽骨等。

⑥ 反动报刊书籍、宣传品以及淫秽或有伤风化的物品。

⑦ 各种活的动物(蜜蜂、水蛭、蚕以及医药卫生科学研究机构封装严密并出具证明交寄的寄生虫、供作药物或用以杀灭害虫的虫类，不在此限)。

国际特快专递邮件除符合上述规定外，还应依照《中华人民共和国海关对寄自或寄往香港澳门的个人邮递物品监管办法》和国家有关我国禁止、限制邮寄物品的规定，以及各寄达国(地区)邮政禁止和限制邮寄进口物品的规定办理。

7.3 国际特快专递业务资费

国际特快专递邮件的资费标准由中国邮政集团公司审定并颁布实施。

用户为了用邮方便，可预先与邮政部门签订业务合同，以建立长期稳定的用邮关系。对于按照合同规定交寄邮件的寄件人(单位)，每月所交寄的特快邮件数量达到合同规定的数量时，可在规定资费下浮幅度内给予邮资优惠。各速递业务部门可以根据业务竞争的需要和市场变化情况，在规定的下浮幅度内灵活应用，不失时机地发展业务。资费下浮不必逐级请示，但不能成为给个人的回扣。

7.3.1 资费核定原则

1. 保证成本及获得盈利的原则

国际特快专递邮件的成本费用包括国内成本费用和国际成本费用两部分。国内成本费用由工资、福利基金、折旧提成、国内运费、设备维修、低值易耗品、业务费及管理费等项目组成；国际成本费用由国际航空运费和国外邮政结算互换不平衡费用组成。此外，人民币外汇比价的变化也是影响和调整国际特快专递邮件资费的重要因素之一。

大部分邮联成员国在制定国际特快专递邮件资费时的首要目标是能够抵消支出并获得部分利润。为此，对特快专递业务需要采取灵活的商业化资费政策，而不是普遍地执行一种规定的定价方法。

2. 划区资费制的原则

为简化资费的计算，方便营业窗口收寄和上门揽收工作，便利国际特快专递业务的账务结算,国际特快专递邮件采用划区资费制的原则核定资费标准。划区资费制是指依据各寄达国(地区)所处的地理位置,将全球划分为若干个资费区,每个资费区包括若干个国家或地区,对寄往同一资费区内各国的同类国际特快专递邮件实行相同的资费标准。例如,我国现行国际及港澳台特快专递邮件资费中,共划分十个资费区,其中第七资费区包括孟加拉国、印度、老挝、巴基斯坦、斯里兰卡、土耳其、马尔代夫、尼泊尔、也门共和国 9 个国家,用户交寄上述 9 个国家的相同重量范围的国际特快专递邮件,不分邮程远近,实行统一的标准计收费用。

7.3.2 资费的纳付与退补

1. 资费的纳付

国际特快专递邮件资费的纳付分为交付现金和记账两种方式。无论何种方式均不需要在邮件封面上粘贴邮票,由收寄局在计收邮费后加盖"邮资已付"戳记。采用寄件人(单位)记账总付邮费方式的用户需向邮政部门预付一个月的邮费,预付款额应按一个月交寄邮件的总数确定。邮政部门每月向用户结算一次,一般每月 10 日前将上月应收邮费通知寄件人(单位),并出具邮费总收据。

2. 资费的退补

邮件收寄后发现多收或少收邮费时,应依式填写"退还/补收邮费收据"一式两份,向寄件人退还或补收,并在相关邮件原收据上批注退/补费数目和退/补邮费收据号码,以备查证。"退还/补收邮费收据"用作退还邮费时,将"补收"字样划销,反之,将"退还"字样划销。

补收邮费时,将收据一份交付款人收执,收回的邮费列入当日营业收入报表上缴财务。退还邮费时,将收据一份由收款人签章后作为营业账务处理凭证。

经海关查验不准出口的国际特快专递邮件,在退交寄件人时应在原收的邮费中扣除同重量的国内特快邮件资费,多余部分退还寄件人,原收的揽收服务费不退。

7.4 国际特快专递邮件的查询

7.4.1 EMS 客户服务系统 Rugby 的起源

对各国 EMS 呼叫中心工作状态和质量的深入分析研究表明,对用户查询的处理是 EMS 运营的薄弱环节,究其原因,一是缺乏相应的标准,二是处理过程各不相同。

万国邮联的 EMS 合作机构为提高各成员国 EMS 的客户服务水平,缩短查询时限,控制全网查询质量,以应对全球速递业日益激烈的竞争态势,研发了一套基于互联网平台的 EMS 客户服务系统(Rugby 系统)。Rugby 系统是解决各邮政 EMS 之间以及非邮政机构之间客户查询服务问题的通信与管理工具。2001 年,EMS 合作机构分别在美国达拉斯和中国上海召开了 EMS 客户服务系统专题研讨会,与会代表形成共识,认为"只有 Rugby 系统的运用才能为各 EMS 呼叫中心提供需要的框架结构和标准"。此后 Rugby 系统快速推广,成效显著,并一直沿用至今,为提高各成员国 EMS 的客户服务水平,降低查询成本,发挥了巨大的作用。

Rugby 客户服务系统独立于现存的 EMS 跟踪查询系统(T&T,Track and Trace),建立在互联网平台的基础上,适合多部门并行使用,各个国家的查询中心可以同时上网,通过该系统方便地提交国际EMS邮件的查询需求或者接收对查询需求的答复,其工作原理如图7-2所示。同时,Rugby系统为负责EMS合作机构质量检测工作的AA公司提供各种分析用数据,帮助AA公司制作全球查询中心工作质量报告。

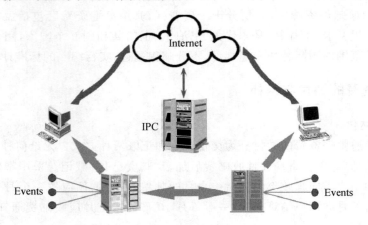

图7-2　Rugby系统工作原理

7.4.2　Rugby客户服务系统的功能

Rugby系统的功能可以分为三级查询层次和五项功能,如下所述。

1. 三级查询层次

Rugby系统设置了三个递进的查询层次,信息丰富程度和调查深度逐级增加,分别是一般查询(INV)、特殊查询(SS)和全面查询(FI),如图7-3所示。如果一般查询满足不了客户的需求或者解决不了问题,可以根据情况逐级递升到特殊查询和全面查询。

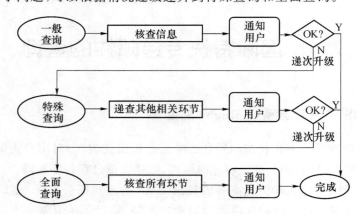

图7-3　Rugby系统的三级查询层次

(1) 一般查询

一般查询适用于获取邮件现状等基本信息,也可用于通知撤回邮件或更改地址等需要对方做出快速反应的查询。

寄达邮政首先可通过查询其T&T系统,也可提供其他方式获得信息,答复时,按设定的表格内容填写,提供邮件状况及原因,答复时限为3工作小时。

（2）特殊查询

特殊查询仅用于跟踪查询邮件投递情况,不能查询延误、误投原因等复杂内容。当跟踪查询网没有投递信息时,应选择此类查询。特殊查询的答复信息由 5 个部分组成:邮件、邮路和跟踪、所做的邮件情况核查、备注说明原因、通过 MPS 进行一票多件查询。答复时限为 16 工作小时。

（3）全面查询

全面查询是客户所能提出的查询的最终要求,很可能是索赔过程的最高级调查部分,通常从特殊查询递升而来,也有少量是直接开始全面查询,寄达邮政需要核查所有可能环节。全面查询的答复信息由 6 个部分组成:邮件、用户、邮路和跟踪、所做的邮件情况核查、备注说明原因、通过 MPS 进行一票多件查询。答复时限为 24 工作小时。

2. 五项功能

Rugby 系统除了最基本、最经常使用的三级查询层次之外,还配有另外五项功能,分别是索要签收复印件（WPOD）、综合调查、信息发布、历史数据的恢复与分析以及定期测评报告。

7.4.3 Rugby 客户服务系统的优势

Rugby 系统具有以下 5 个方面的优势。

1. 改善查询回复质量
- 电子"会话"式结构;
- 精练的格式化信息;
- 强制性必答信息。

2. 提高查询速度
- 基于 Internet 的通信传输;
- EMS 合作机构的反馈时限标准。

3. 降低成本
- 替代电话、传真,降低了远程通信费用;
- 屏幕化操作,减少书面作业量;
- 无须客户端应用软件;
- 一台接入 Internet 的 PC。

4. 易于使用
- 统一的界面,语言障碍小;
- 标准化的操作过程。

5. 便于管理和质量监测
- 分类分级的信息管理;
- 按用户的特殊需求管理;
- 反复调用一年之中全部历史信息;
- 定期发布检测报告。

案 例 分 析

【案例分析 7.1】

620 元的补偿是怎么来的？

2009 年圣诞节前夕，客户小刘购买了价值约 1 000 元的饰品，作为圣诞礼物用特快专递邮件寄给在国外的一位好朋友。没想到邮件在寄达国丢失，小刘为此非常生气，虽然收寄局给予他 620 元人民币的补偿，但小刘称，他所寄的物品价值约 1 000 元，交寄时在特快专递邮件详情单上申报的也是 1 000 元，为什么只付给 620 元的补偿金呢？为此，他找到了邮局，营业员耐心详细地向他解释了关于补偿的有关规定。听完后，小刘明白了其中的道理，并理解了邮局的做法。营业员是依据《国际特快专递邮件处理规则》的有关规定向小刘进行解释的，对此，我们进行以下的分析。

在寄达国丢失为什么我国邮政给予补偿？

《国际特快专递邮件处理规则》第 196 条规定：出口的国际特快专递邮件，在国内或国外出现延误、丢失、损毁时，原寄局均应向寄件人给予补偿。客户小刘是在国内邮局办理的寄递，属于应补偿的交寄到国外的特快专递邮件，因此，补偿金由我国邮政的原收寄局支付给寄件人。

为什么申报价值和补偿金会有差别？

《国际特快专递邮件处理规则》关于丢失、损毁的补偿标准是这样规定的：丢失、损毁的如是信函、文件资料型的邮件，每件的补偿金为人民币 400 元，也就是说最高补偿金限额是 400 元；丢失、损毁的如是物品邮件，应按详情单上申报的实际价值补偿，但最高补偿金额不超过按"500 元/件＋60 元/千克×W"公式计算出来的数额（公式中的 W 表示特快邮件的重量，计算时一律采用 kg 整数，小数点后面的零数应进为 1 kg，如 1.1 kg 应按 2 kg 计算）。未申报邮件价值的按每件 400 元人民币予以补偿。

对于内件部分丢失、损坏的物品邮件，应按实际损失补偿，但不超过所规定的最高补偿限额。

小刘得到的 620 元补偿就是根据上述公式计算出来的，该邮件的重量是 1 950 g，应按 2 kg 计算，按公式计算应是 500＋60×2＝620 元。

对于寄往港澳地区特快专递邮件丢失、损毁的补偿也按以上规定办理。

怎样才能得到所申报价值的全额补偿？如果小刘是按保值特快专递邮件交寄，就会得到申报价值的全额补偿金。对于按保值收寄的国际特快专递邮件，全部丢失或损毁时应按客户所申报的保值金额给予补偿。

来源：《中国邮政报》

阅读材料

【阅读材料 7.1】

全球四大快递公司调查

一年前,中外运敦豪以 3 亿元"迎娶"上海全一快递,一年之后,这场"跨国婚姻"以"分手"结束,中外运敦豪转让旗下全一公司的全部股权。当年剑指国内快递业务的中外运敦豪,如今只得无奈地表示:"目前中国国内市场尚不明朗,将重点发展中国的国际快递业务。"而在去年末,UPS 却向国家邮政局递交申请,希望开展中国国内快递业务。国际快递公司纷纷关注着中国国内业务这块年收入近 400 亿元的大蛋糕,但似乎其中国国内业务之旅一直都不太顺利。

现象:四大快递,有退有入

资料显示,2009 年中外运敦豪开始与上海全一快递公司达成收购意向,控股全一快递,使其成为中外运敦豪旗下子公司全一快递。2011 年 6 月,中外运敦豪拟将 3 亿元收购的全一快递,以 1 亿元的价格转让给深圳市友和道通实业有限公司。据媒体报道,目前该交易已经基本完成。而在 2010 年年末,UPS 却积极推进其中国国内的快递业务进程,向国家邮政局提交申请相关牌照。

此外,在 2007 年 5 月联邦快递在中国推出中国国内业务的前两个月,TNT 快递却开始收缩其中国国内业务。时任 TNT 快递大中国区董事总经理的迈克·德瑞克表示,该公司的中国国内快递合作发展商将不再扩张,并且已经终止了部分地区的合作项目。实际上,当时的 TNT 快递已经完成对黑龙江华宇集团的收购,其服务重点已经转移到公路运输上。

如今,在经过多年的发展后,即使是实力雄厚的联邦快递,面对每年成倍增长的中国国内快递业,其市场份额仍在 1% 左右。

原因:洋快递受限水土不服

无论是坚持直营的联邦快递,还是有成功合资经验的中外运敦豪,似乎都没有办法在中国国内业务这条路上走得一帆风顺。2009 年出台的《邮政法》明确规定,外商不得投资经营信件的国内快递业务,这里指的外商包括外资和合资企业。而《邮政法》中所指的信件涵盖了各类文件、通知等。如此一来,任何与"洋"快递有关的企业,都不能涉及公司文件、票据等业务,于是,高端市场就流失了一部分。

另外,据业内人士分析,中外运敦豪和全一快递的"分手"也表明,对加盟模式为主的国内民营快递来说,要将其收回直营、统一管理是一件相当困难的事情。

而外资企业由于管理更为规范、流程更多,使用汽车作为终端配送工具,其运营成本大大高于国内民营快递企业。在高端市场之路不顺,价格竞争不赢国内民营快递的时候,国际四大快递的中国国内业务之旅,确实举步维艰。

未来:长远目光坚守阵地

虽然外资快递企业在中国国内业务的道路上举步维艰,但四大快递似乎在表示着选择远方后只顾风雨兼程的决心。联邦快递、中外运敦豪、UPS 以及 TNT 快递纷纷在上海、广州等城市投入大量资金,建设大型转运中心。据业内人士分析,与国内民营快递企业"面对问题,解决问题"的做法不同,国际四大快递公司持续不断地在华投资,表明其看重中国市场,眼光更长远。中国快递咨询网首席顾问徐勇表示,国际快递公司要解决在华发展困难的问题,还需要加强本土化建设,包括使用更多的中国人进行管理,在服务上更接近中国市场,要根据中国的地理特点设计合理的运输路线等。

据了解,与国外规范的公司化、产业化运营模式不同,国内快递公司的加盟店,许多是有血亲关系的"亲属店"。外资快递公司如果要通过收购国内民营快递公司达到进军中国国内市场的目的,如何实现这些公司的科学转型是一个困难的问题。

据业内人士分析,随着中国快递业的发展,国际快递公司在中国的市场还很大,主要涉及高端电子商务、工艺品等方面的服务。该人士表示,四大快递谁能坚持到国内快递业务全面开放,谁就赢得了这场"战争"的胜利。

介绍:全球四大快递公司

① UPS

UPS 于 1907 年作为一家信使公司成立美国,通过明确地致力于支持全球商业的目标,UPS 如今已发展为拥有 497 亿美元资产的大公司,其商标是世界上最知名、最值得景仰的商标之一。UPS 速度快、服务好,美国 48 小时到达,货物可送达全球二百多个国家和地区,查询网站信息更新快,遇到问题解决及时,可以在线发货,我国 109 个城市提供上门取货服务。

② DHL

DHL 是一家创立自美国,目前为德国与美国合资的速递货运公司,是目前世界上最大的航空速递货运公司之一。DHL 是全球快递、洲际运输和航空货运的领导者,也是全球第一的海运和合同物流提供商。DHL 速度快,欧洲一般 3 个工作日到达,东南亚 2 个工作日到达,可送达国家网点较多,查询网站货物状态更新及时,遇到问题解决速度快,21 公斤以上物品更有单独的大货价格。

③ FedEx

FedEx 是一家国际性速递集团,提供隔夜快递、地面快递、重型货物运送、文件复印及物流服务,总部设于美国田纳西州。其品牌商标 FedEx 是由公司原来的英文名称"Federal Express"合并而成。FedEx 到中南美洲和欧洲的价格较有竞争力,去往其他地区的运费较贵,网站信息更新快,网络覆盖全,查询响应快。

④ TNT 快递

TNT 快递为企业和个人提供快递和邮政服务,总部位于荷兰的 TNT 集团,在欧洲和亚洲可提供高效的递送网络,且通过在全球范围内扩大运营分布来优化网络域名注册查询效能。TNT 快递速度较快,西欧 3 个工作日到达,可送达国家比较多,查询网站信息更新快,遇到问题响应及时。

来源:《北京商报》2011 年 6 月 21 日

【阅读材料 7.2】

EMS 国际业务保持高速发展

2017 年,中国邮政速递物流股份有限公司国际业务保持高速发展,国际网运模式改革也取得显著成效。截至 2017 年年底,国际 e 邮宝业务收入同比增长 63%。

2017 年以来,速递物流新开办美国、巴西、印度等路向 e 特快业务,形成新的业务增长点。国际 e 邮宝业务拓展了日本、希腊、西班牙、德国等路向,开办路向增加到 38 个。重点城市包机线路稳步推进，开通了部分省份到新西伯利亚、芝加哥、卢森堡等专线渠道，2017年完成专线包机约150班，运邮量超4 183吨。中速快件业务优质渠道更加多元化，中速-DHL业务完成全国覆盖，中速-FedEx业务试点上线。海外仓全球重要节点布局完成，新设日本、德国海外公司，开通了捷克、印度海外仓，开通了欧洲五国和东南亚四国等12条e速宝线路，增加了日本海外购海运线路。

国际运邮模式由过去的非固定吨位模式转变为固定吨位模式，推进与航空公司的战略合作，提前部署重点线路货运包机，确保了旺季运行平稳。同时，强化国际邮件网络运行调度工作，新增40条直封总包关系，覆盖主要路向的国际运能保障体系基本建立。

来源：中国邮政网 2018年1月8日

课后实践

1. 通过收集资料或实地调查，了解其他跨国快递公司的国际速递产品，与我国邮政的特快专递邮件进行比较，分析各自的优势和劣势。
2. 利用课余时间到邮政营业局所观察国际特快专递邮件的收寄，了解国际特快专递邮件的收寄流程及各流程的操作要点，并针对某一流程谈谈自己的想法。

实　训

国际特快专递邮件、中速快件收寄操作实训，分手工收寄和邮政电子化支局系统收寄两种方式。

思　考　题

1. 分析国际特快专递业务的特点。
2. 简述国际特快专递邮件的重量限度和封装要求。
3. 简述国际特快专递业务的资费核定原则。

第 8 章　国际邮政网路组织

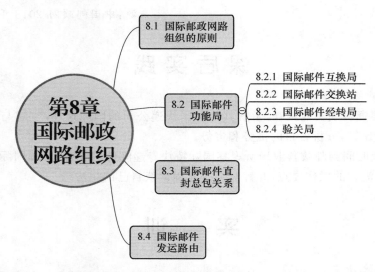

国际邮件业务的运营需要一个完善的国际邮政网路来支撑。本章将介绍国际邮政网路组织的原则，国际邮件功能局的功能和设置依据，建立国际邮件直封总包关系应考虑的因素，选择国际邮件发运路由的原则和要求等内容。

国际邮件传递需要数个国家或地区的邮政协同配合、密切联系、连续作业才能完成，因此，需要具有国际间全程全网的通信网路。

我国规定，进出我国的国际邮件对外封发、接收处理和发运均由国际邮件互换局和国际邮件交换站进行。互换局和交换站的设置、直封总包关系的建立以及发运路由的选择，是组织国际邮政通信网路的三个要素。

8.1　国际邮政网路组织的原则

国际邮政网路是各国邮政通信用以传递国际邮件的物质技术基础和生产手段，具有国际间全程全网的特性。在组织国际邮政网路时，应遵循以下原则。

1．与万国邮政联盟规则相一致的原则

国际间全程全网的特性要求各国邮政必须遵守《万国邮政公约》及各项协定的有关规定。因此，各国在网路组织，如互换局和交换站的设置、直封总包关系的建立以及发运路由的选择等方面都应按照万国邮联的相关规定和要求，取得国际间的适当统一性。

2. 促进业务发展的原则

随着中国对外开放程度的提高,国际间的贸易往来和经济联系以及文化交流会越来越频繁,从而为国际业务的发展开拓了广阔的空间。国际邮政网路是国际邮政业务发展的基础,因此,网路建设必须坚持有利于业务发展的原则。

3. 与社会经济发展和市场经济需求相一致的原则

邮政网路的建设必须满足国民经济和社会发展的需求,网路的规模、网点数量、互换局和交换站的设立、国际邮路的规划设计以及运输工具的选择都应满足市场经济和社会发展的需要,并根据可以预见的未来发展趋势,对国际网路进行适当的超前建设。

4. 与国内邮政通信网紧密衔接的原则

国际邮政通信任务的完成离不开国内邮政通信网,国际邮件在国内的传递必须依托国内邮政通信网,国际邮件在国内的传递是整个国际邮政通信的重要组成部分。因此,在组织国际邮政通信网路时,必须充分考虑国内邮政通信网的现状和结构,组织高效的网路体系,便于国际邮件在国内的传递。

5. 加快邮件传递的原则

国际邮政网路的组织要有利于提高国际邮件的传递速度,要在综合分析和评价各种运输工具的基础上,科学选择能够确保邮件传递时限、满足不断增长的用邮量需求的运邮工具和邮路。

6. 讲求经济效益的原则

国际邮政网路的组织要尽量用较少的投入,去完成最大的邮件处理量,要在保证社会用邮方便、满足邮件传递时限要求的前提条件下,取得最佳的社会和经济效益,以推动邮政通信网的良性循环和有效运行。

8.2 国际邮件功能局

按照万国邮联的规定,国际间寄递的邮件必须由各国指定的互换局对外进行封发和接收处理,其他各局都不得和国外直接发生关系。因此,各国都要根据需要和具体情况设置一定数量的国际邮件互换局,以便进行国际通信交流。同时,各国还应根据需要,设置一定数量的国际邮件交换站,进行国际总包的直接交换。因此,国际邮件互换局和国际邮件交换站是国际邮政通信中不可缺少的两大功能局。此外,我国国际邮政通信中,国际邮件经转局和验关局也承担一定的功能。

8.2.1 国际邮件互换局

国际邮件互换局(以下简称"互换局")是指与国外邮政机构有直接封发和接收邮件总包关系的邮局,其任务是向境外邮政机构封发邮件总包和接收、开拆、处理境外邮政机构发来的邮件总包。

互换局作为国际邮政网路组织中的重要环节,承担着国际邮件进出口的集散重任,是国家之间互换邮件的具体实施单位,其地位是非常重要的。互换局一般分为航空总包互换局和水陆路总包互换局。互换局在国际邮政通信中的地位主要体现在以下几个方面。

① 向指定国外互换局封发各类国际邮件总包。

② 接收、开拆各类进口国际邮件总包,处理进口和散寄经转邮件。
③ 通过缮发验单、简函和拍发电报,与国外互换局进行业务联系。
④ 根据邮件业务量的变化,及时提出调整总包封发关系的意见和散寄邮件原寄国应向邮件寄达国直封总包的建议。
⑤ 做好国际邮件总包的计划封发和发运工作,进行终端费特别统计和散寄航空函件统计。
⑥ 参与国际账务结算,根据计算机处理国际账务的需要,及时、准确地输入各项原始数据,并将数据和相关资料按时传送账务结算中心,未设计算机终端的互换局,应按照规定向指定互换局寄送原始资料;对国外邮政修改退回的各类账单,要认真复核,不符之处,要提供原始数据。

互换局的设立与取消均由中国邮政集团公司审定,各省可以根据实际情况提出增设或关闭互换局的建议。

一般来说,互换局的设置依据有以下几个方面的条件:
① 当地的国际业务量比较大;
② 交通比较便利;
③ 设有海关驻局办事处;
④ 拥有必要的场地、人员、设备的配置。

8.2.2　国际邮件交换站

国际邮件交换站(以下简称"交换站")是负责与国外邮政或邮政的运输代理机构进行国际邮件总包交换的部门。交换站的主要任务是根据国际航班、车次和海运班期及其进出港时间,安排各类国际进出口总包和过境邮件总包的接收和发运。发现有积压情况,负责查明原因和责任,并与运输部门交涉、清运。

交换站不得开拆和封发国际邮件总包,但对袋皮破损、袋牌脱落、袋绳封志等发生异常情况的邮件总包,应会同海关、运输部门对其进行检查、重新封袋后发出,同时,将查验情况以验单形式通知原寄互换局、寄达互换局和经转互换局。

按照规定,交换站在接收、装卸和转运国际邮件总包时需要在海关监管下进行。

交换站的设置与撤销和互换局一样,由中国邮政集团公司决定。

我国现有互换局和交换站共56个,其中互换局兼交换站41个,单一互换局9个,单一交换站6个。

8.2.3　国际邮件经转局

国际邮件经转局(以下简称"经转局")指省、自治区、直辖市人民政府所在地邮区中心局或邮局和有关省公司报经集团公司核准设置的有国际邮件经转职能的地(市)邮区中心局或邮局。经转局负责本省、自治区、直辖市或指定地区进出口国际邮件的规格检查、质量把关和转发处理任务。

我国规定,全国各县、市局收寄的出口国际邮件都必须通过指定经转局转往国内相关互换局汇总封发,按照指定发运路由交运出口;国外发来的进口邮件总包由互换局开拆,发往各指定经转局分转各县、市局投递。可见,经转局在国际邮政网路中起着重要的作用。

8.2.4 验关局

验关局指设有海关驻邮局办事处的邮政机构,其任务是将内装应受海关监管物品的进出口和转口邮件以及进出口和过境邮袋提交海关查验放行。验关局的设置及其监管范围由海关总署和集团公司联合审定。海关驻邮局办事处可以在当地邮局营业部门设立派出机构,与用户当面办理邮件验关手续,这类营业窗口称为"验关窗口"。

8.3 国际邮件直封总包关系

国际邮件总包是国内外各互换局每次向对方互换局封发的同类国际邮件的总称。国际邮件总包由一袋或若干袋以及不装袋的外走包裹组成。

根据运输方式,国际总包可以分为以下几类。

① 航空总包:分为航空函件总包(内装航空函件、优先函件)和航空包裹总包(内装航空包裹)。

② 水陆路总包:分为水陆路函件总包(内装水陆路函件、非优先函件)和水陆路包裹总包(内装水陆路包裹)。

③ 空运水陆路总包:利用航空邮路以低于航空总包的优先性发运的水陆路邮件总包。空运水陆路总包内可以装寄水陆路函件、非优先函件和水陆路包裹。

④ 优先总包。

此外,还有一类总包——大宗函件总包,它是指同一总包内寄发的同一寄件人交寄的大宗函件超过1 500件,或者在两周内同一寄件人寄发的大宗函件超过5 000件时,寄达邮政有权要求对这类函件单独封成总包,这类总包称为大宗函件总包。大宗函件总包根据其运输方式可以是航空总包,也可以是优先总包、空运水陆路总包或水陆路总包。

一般来说,原寄邮政向某一寄达邮政封发邮件,可以有两种方式,一种为直封总包,另一种为由经转国散寄经转。直封总包是指原寄邮政将寄往寄达邮政的邮件,直接封成一袋或数袋发往寄达邮政的传递方式。直封总包可以减少经转,加快邮件的传递。散寄经转是指当邮件不具备直封总包的条件时,将其封入寄往第三国的邮件总包内,以便转往寄达国的传递方式。

根据《万国邮政公约》规定,各邮政间可将散寄邮件经由第三国经转,这种邮件传递方式使原寄邮政减少了国际邮件传递过程中的人力、物力的投入,但是很可能延长邮件传递的时间。同时,《万国邮政公约》规定,如果经转国认为来自原寄国的邮件过多,给其工作带来影响,有权要求原寄国向寄达国邮政直封总包,原寄国必须照办。因此,为了保证国家对外通信的需要,我国应同世界主要国家(地区)建立相应的邮件总包关系,这种关系是随着我国政治、经济、文化以及对外关系的发展而发展的。

从国家层面来说,对哪些国家建立直封总包关系,并通过这些总包关系,将寄往其他各国的邮件用散寄方式转寄到寄达地,是一个需要统筹规划的重要问题,这不仅反映了我国与各国之间的关系,也反映我国对外邮政网路的布局,影响着国际邮政网路结构的合理与否。一般来说,建立直封总包关系应当考虑的因素有以下几点。

① 我国与寄达国之间的通邮数量的大小,对邮件数量较大的寄达国都应当建立直封总包关系。

② 我国与寄达国之间的交通状况及政治关系如何,对邻近国家和交通运输状况较好的国家和地区,均应建立直封总包关系。

③ 地区平衡的因素,对每一地区的各国,即使邮件数量不是很多,也要与关系较好或运输条件较好的国家之间建立直封总包关系,以便作为转寄点。

至于在我国国内哪个互换局或哪几个互换局向对方互换局封发总包,则需要根据邮件业务量和发运路由加以考虑,总的要求是尽可能在我国境内减少邮件的倒流和经转。

对某国建立、增加或停封某项总包,均由中国邮政集团公司决定,但是各省、自治区、直辖市邮政局和互换局都有责任根据实际需要和业务量的增减,提出自己的建议。

原则上,签署了《万国邮政公约》和各项业务协定的各国之间,实际上已建立了业务关系,因此,如果原寄邮政认为有直封总包的需要,它只需将此意图通知寄达国邮政,待其告知接收互换局以后,即可开始寄发直封总包。首次封发总包的日期和发运路由应事先通知寄达国邮政。另外,还应将这项总包关系的建立通知原来承担散寄经转的经转邮政和即将承担总包经转工作的邮政。

与非邮联会员国或者未参加相关协定的国家建立直封总包关系,应采取两种方式:签订协议或换函取得协议。

我国互换局首次向境外某一互换局封发国际邮件总包时,应将这项总包的对方互换局局名、总包类别、封发(或接收)日期、袋数、重量以及发运路由等尽快详报中国邮政集团公司。停止向境外某互换局封发总包或境外某互换局停止向本局封发邮件总包时,也应将末次总包的日期、号码等详报中国邮政集团公司。

未经事先通知而收到境外邮政发来的邮件总包时,接收互换局可以开拆,然后按上述规定将有关情况详报中国邮政集团公司。

8.4 国际邮件发运路由

国际邮件的发运路由,包括国际邮件在国内的发运路由和跨国运输所经路由两部分。国际邮件在国内的运递,即进出口国际邮件在收寄局(投递局)、指定经转局及互换局之间的运输,国际邮件总包在互换局、交换局之间的运输,是同各相关局之间互换的国内邮件一起组织的,所利用的路由是比照同类或可比的国内邮件路由来决定的。在不止一个互换局向寄达国封发总包时,指定经转局应根据其地理位置和总包的发运路由,按照尽可能避免迂回运输的原则,将邮件发往最适当的互换局。本节着重讨论的是国际邮件跨国运输所经由的路线,即国际邮路的选择问题。

国际邮路一般指利用各种运输穿越国境,经过一国(地区)或数国,运递我国出口国际邮件和第三国过境邮件,所经由的路线。据此,国际路由的选择有两种含义:

① 邮件总包发运路由的选择;

② 散寄邮件发运路由的选择。

根据万国邮政联盟的规定,国际邮件的发运路由应由总包原寄邮政根据迅速、准确、安全和经济的原则制定。应以不给经转国邮政造成额外开支为前提,否则经转国邮政有权提出修改意见,在此情况下,原寄邮政应予采纳。

因此,选择国际邮件邮路的总原则和要求包括:

① 能够确保邮件在运输途中的安全；
② 能够迅速转运，尽量减少经转环节；
③ 能够做到运输费用经济合理。

具体来说，选择发运路由时应考虑以下几点。

① 尽可能利用最短、最直接的路线，把经转环节减少到最低。

② 在同一路线上有我国运输工具和其他国家运输工具共同运输时，应优先利用我国运输工具（国际航班、远洋货轮等），然后考虑卸运口岸所在国的运输工具，尽量避免使用过路的第三国运输工具。

③ 在总包需经第三国经转时，选择经转国的标准应该是：

- 该国与我国和寄达国均有频繁、稳定的运输联系，最好有直封总包关系；
- 该国国内邮政业务组织较好，转发邮件安全、迅速且同我国邮政合作较好；
- 该国地理位置适当，邮件无须明显绕道，以保证运费开支合理；
- 不经我国明确规定不与之发生任何关系的国家或地区经转邮件，也不利用其国际航班或轮船；
- 水陆路邮件总包一般只用单一路由发运，以简化转运费的结算。

对于寄往没有直封总包关系的国家或地区的国际邮件，在选择封入哪个经转国家的总包时，要注意以下几点。

① 相关总包的寄达国和散寄邮件寄达国是邻国或较近，以免出现倒流严重等现象；

② 总包接收国与我国关系较好，相互间直接交换的邮件量较大；

③ 散寄经转国与邮件寄达国之间有直封总包关系，两国关系较好，并且有比较便利的交通运输条件。

中国邮政集团公司根据我国与世界各国的政治、经济关系和各个国家的互换局的通邮情况以及国际交通网路情况编有"国际邮件发运路由手册"。各个互换局在封发各类国际邮件和处理散寄邮件时，都要按照该路由手册所列的路由寄发，不得随意更改。各经转局在寄发出口国际邮件时，也要根据路由手册，以不倒流和不增加经转为原则，把邮件发往相关的出口互换局，不得错乱。

由于国际关系和交通运输情况是不断变化的，因此，路由手册也要随时加以修订。互换局在工作中要注意新的发运路由的实际效果，为确定最有利的发运路由和了解总包及散寄经转邮件的发运时限，互换局可向寄达局缮发 CN44 试单，每次调整路由或新建直封总包关系都应发试单数次。试单退回后，应将情况汇总，报告中国邮政集团公司。同时，还应经常注意进口邮件寄递路由的变更，随时向中国邮政集团公司提供信息和建议，以供中国邮政集团公司调整国际邮政网路时参考。

课 后 实 践

通过查阅资料了解我国国际邮件网路组织的情况，并就某一问题谈谈自己的想法。

思 考 题

1. 简述国际邮件网路组织的原则。
2. 简述国际邮件互换局在国际邮政通信中的地位和作用。
3. 建立国际邮件直封总包关系时应考虑的因素主要有哪些?
4. 选择国际邮件发运路由时应考虑的因素主要有哪些?

第 9 章　国际邮政生产组织

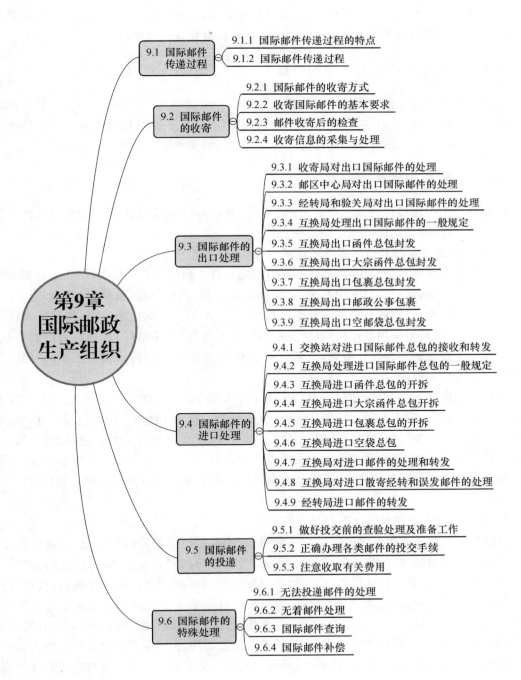

一件国际邮件如何按照规定的时限到达用户手中？国际邮件在各生产环节如何进行处理？本章将介绍国际邮件内部处理的各生产环节,包括国际邮件的收寄、分拣封发、运输和投递各环节组织和管理等方面的内容。

9.1 国际邮件传递过程

国际邮件传递过程,是自寄件人在邮局交寄国际邮件至寄达国邮局投交收件人的全部处理和运递过程。国际邮件传递过程包括国内传递和国外传递两个阶段。

9.1.1 国际邮件传递过程的特点

国际邮件的传递过程需要数个国家或地区邮政之间协同连续作业才能完成,具有国际间全程全网的特点。国际邮件必须经过指定经转局、国际邮件互换局和国际邮件交换站的处理和交换才能完成。国际邮件中的物品类邮件必须经过海关查验这一环节。

9.1.2 国际邮件传递过程

国际邮件的传递过程分为三个阶段:寄发邮政传递国际邮件的过程,接收邮政传递国际邮件的过程,经转邮政传递国际邮件的过程。

1. 我国作为寄发邮政传递国际邮件的过程

我国作为寄发邮政传递国际邮件的一般过程:寄件人将邮件投放信筒、信箱或到邮局营业窗口交寄,收寄局将国际邮件集中起来,检查规格及资费,盖销邮票,按航空和水陆路,分别封成总包发往经转局;经转局对全省邮件负责把关,并按集团公司规定的路由,将邮件发往相关出口互换局;互换局对全国各经转局(含互换局所在地邮局)发来的邮件,进行最终的查核,按集团公司规定设置的寄达国互换局,分别封成总包,按指定的出口路由编制路单;利用国际联运邮运火车或国际航班,运往寄达国邮政。

出口国际邮递物品和国际邮件总包,应接受海关监管。对于国际邮递物品,在经海关查验放行后,邮局方可封发出口。对于国际邮件总包,海关一般在互换局、口岸、机场或邮局边境交换站实施监督。海关对出口国际邮递物品的监管查验,应在设有海关窗口的邮政局、所,由寄件人直接送海关查验;用户在未设有海关窗口的邮政局、所交寄的国际邮递物品,应在设有海关驻邮局办事处的经转局查验;用户在未设有海关的省内邮局交寄的国际邮递物品,应在互换局查验。

2. 我国作为接收邮政传递国际邮件的过程

我国作为接收邮政传递国际邮件的一般过程:国际进口水陆路邮件总包,通过边境交换,邮政部门边境交换站接收、勾核后,按总包寄达互换局,分别编制路单,交运输部门运输,国际航空邮件总包、空运水陆路邮件总包,通过中国民航或国外航空公司代运至机场,机场邮件交换站与民航部门交接后,将邮件总包按寄达局分堆,连同路单一起交民航续运至寄达互换局;进口互换局接收总包,勾核、复称重量,开拆、分拣封发,并将邮件封往各经转局,经转局接收开拆后,对用外文书写的邮件译注中文,再将邮件封往投递局,由投递局将邮件投交收件人。

进口国际邮递物品和国际邮件总包,同样应接受海关监管。海关对进口国际邮件总包,在边境邮局交换站及进口互换局实施监管;互换局在接收、开拆邮件总包时,应请海关到场监管。对于进口邮递物品,原则上海关在第一进口互换局开拆查验,如果经转局设有海关,则由互换局将该省的进口国际邮件封至经转局交驻局海关查验,如需验关的邮件的投递局设有海关窗口,应通知收件人到邮局,海关与收件人当面验关。

3. 我国作为经转邮政传递国际邮件的过程

经转(过境)国际邮件传递的一般过程分为总包过境及散件经转。总包过境即由经转国邮政将过境总包转往寄达国。对于散件经转的国际邮件,经转国邮政应按本国出口国际邮件发运路由,将散件经转的国际邮件与本国出口国际邮件一起封成出口国际邮件总包,发往寄达国邮政。

对于过境国际邮件总包,海关在最初进口交换站和最后出口交换站实施监管查验。

国际邮件传递过程如图 9-1 所示。

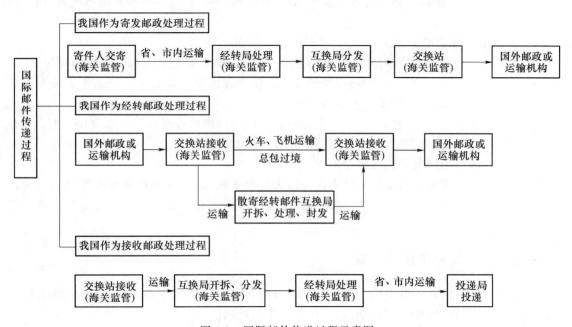

图 9-1　国际邮件传递过程示意图

9.2　国际邮件的收寄

邮件收寄工作是邮局接受用户委托传递邮件过程中的第一道工序。收寄工作的质量,不仅关系到整个传递过程的顺利进行,还关系到用户的切身利益。因此,邮件收寄工作应根据便于寄件人交寄邮件和收寄后各生产环节迅速、准确、安全地处理邮件的原则进行组织。

9.2.1　国际邮件的收寄方式

国际邮件的收寄方式主要有以下几种:
① 营业窗口收寄;
② 信箱、信筒收寄;

③ 上门揽收；
④ 流动服务收寄。

9.2.2 收寄国际邮件的基本要求

1. 执行严格的验视制度

收寄各类国际邮件时，应严格执行验视制度，验明邮件的封面书写、重量、尺寸和封装情况以及应随附的各项单式、签条的填写是否符合规定。

除信函以外，应当场验视内件是否符合禁限寄规定，是否符合相关邮件种类的准寄范围。对内件不符合禁限寄规定的不予收寄；不符合其他规定的，应请寄件人更正或改按适当种类的邮件交寄。用户拒绝验视和更正的，可以不予收寄。

对于用户交寄的信函，必要时可以要求用户开拆，进行验视，但不得检查信函内容，用户拒绝开拆的，可以不予收寄。

2. 严格遵守邮件验关制度

在收寄应受海关监管的邮件时，应主动提示寄件人，按要求如实、准确、详细填写报关单，需要时随附相关证明文件。另外，还应提示寄件人使用寄达国通晓文字并另加中文填写报关单，有条件的营业窗口可以提供必要的协助服务。

营业人员应对报关单的填写严格把关，发现明显不符、漏填等问题应要求寄件人修改、补充或换单重填。营业部门要加强对收寄物品内件性质和数量的检查，不得在明知寄件人为避税闯关而违报瞒报的情况下仍然冒险收寄。

在验关窗口收寄邮件时应请寄件人办理海关验放手续，并验视邮件或报关文件上是否盖有海关验讫章。非验关窗口收寄此类邮件时，应验视邮件内有无装寄禁寄或超过限量寄递的物品。

9.2.3 邮件收寄后的检查

各类邮件（包括筒、箱开出的平常函件）收寄以后，在发往邮区中心局或经转局、验关局以前，应认真进行检查，应检查下列项目，并按下列办法处理。

1. 函件封面

函件封面上收、寄件人名址位置颠倒、地址不详或未用寄达国通晓文字书写收件人名址的，应当在邮件封面粘贴"改退批条"批明原因，退回寄件人更正或补充。无法退回的，如能试发，予以试发；不能试发的，作无着邮件处理。

2. 欠资邮件

邮件未付或未付足资费，按欠资邮件处理。投筒交寄的平常信函、明信片多贴邮票的，一律予以盖销，不必退回寄件人。窗口收寄的平常印刷品、小包、印刷品专袋及各类挂号函件和包裹多收邮费，应尽快退还寄件人。

3. 贴用无效邮票

① 贴用已停止使用的邮票，污染、残缺或变色难以辨别真伪的邮票，从邮资信封或明信片上剪下的邮票图案，外国邮票，台港澳地区邮票，畸形邮票的，应当用红笔在四周划框，不予盖销，加贴改退批条，批明原因退回寄件人换贴有效邮票。无法退回的，按欠资函件的有关规定处理。

② 贴用已盖销或划销的邮票，伪造邮票，有拼补、洗刷痕迹的邮票，正面涂抹胶水或以其他形式妨碍盖销的邮票，从各种印刷品上剪下的邮票图案的，应将邮件扣留，并报告主管人员进行追查。

9.2.4 收寄信息的采集与处理

营业部门利用电子化支局系统收寄和处理挂号函件、保价函件和各类包裹时，应遵守系统操作规程，并按下列规则操作。

① 营业窗口办理邮件收寄，系统自动生成的信息包括收寄局机构代码、邮件种类、付费方式、收寄日期和时间、收寄人员姓名，应采集的信息包括邮件号码、寄达国（地区）名、收件人姓名、收件人地址、收件人邮编、寄件人姓名、寄件人地址、寄件人邮编、邮件重量、邮件资费、保价金额、内件名称等信息。退回的邮件还需要在系统内录入相关退还邮费信息。

② 邮件分拣封发时，应采集封发的总包信息和邮件信息。总包信息包括总包条码、邮件件数等信息。邮件信息包括清单号码、第一开拆局等信息。单式和袋牌上打印的内容都应符合中国邮政集团公司制定的相关标准，并注意打印的位置是否准确，打印的重量、资费及日戳是否正确、清晰。

③ 按规定时限和频次将邮件收寄信息发送到国际业务综合信息平台。

④ 已经采用电子报关系统的，应采集的邮件报关信息包括邮件号码、邮件报关日期、进出口国家（地区）、收寄日期、申报类别、邮件种类、特殊邮件标志、原寄局名、接收局名、寄件人名址信息（省名、城市名、街道名等）、收件人名址信息（国家或地区名、城市名等）、邮件总重量、申报币值、邮件总价值、邮资币值、邮资、件数、主要物品名称、内件信息（序号、物品名称、原产地、物品数量、申报价格等）等。应将邮件的报关信息在邮件到达验关局前发送给海关系统。

9.3 国际邮件的出口处理

按我国邮政的规定，国际邮件的出口处理工作，是由收寄局（市、县局）、邮区中心局、经转局、互换局、交换站和邮政运输部门共同协作完成的，同时必须依照国际邮件的处理程序处理各类出口国际邮件，即各市、县邮电局—邮区中心局—指定经转局—国际邮件互换局—国际邮件交换站—国外邮政或运输机构。这对于保证出口国际邮件的规格和质量，层层落实职责是非常有益的。

9.3.1 收寄局对出口国际邮件的处理

出口国际邮件应全部发往邮区中心局，不可直接发往出口互换局，也不得发往其他邮区中心局。有验关局的省（区）内，应受海关监管的邮件应按划定的范围，发往验关局或者经邮区中心局发往出口互换局验关。在出口国际邮件发往邮区中心局或验关局以前，收寄局应对邮件进行以下处理。

1. 规格检查

收寄后的国际邮件，首先应进行规格检查，如邮件封面书写、封装、重量尺寸、资费、各种业务标签、戳记等是否符合规定的要求，尤其要检查邮件内有无违反规定寄递禁限寄物品及邮件是否使用了无效邮票等情况,发现问题时应按业务处理规则的有关规定进行处理。经检查合格的邮件应用日戳盖销邮票,对采取批注资费收寄的平常及挂号印刷品专袋,应在名址签条上加盖收寄日戳,免费邮件也应在封面上加盖收寄日戳。

2. 封发

收寄后的邮件,经过规格检查后,进入封发处理,应先根据邮件种类和形状进行捆扎,并且注意:欠资函件单独捆扎,加附注明"欠资"字样的标签;快递函件、确认投递函件分别单独捆扎,装入平常信函袋内。然后将邮件封成专袋专套,使用相应的封发清单、袋牌或套签,并在其上注明"国际"字样。

封发清单应另编一套顺序号码,登列封发清单时应按下列规定办理。

① 挂号快递函件、挂号小包和附有回执的邮件应在封发清单备注栏内注明"快递""小包""回执"字样。

② 保价邮件在登单时,应在保价金额栏内注明保价特别提款权数目。

③ 挂号印刷品专袋应在清单备注栏内加注"M"字样。另外,出口国际邮件在发往经转局时,应使用国内邮袋封装,并按国际邮件处理规则正确使用袋牌。

9.3.2 邮区中心局对出口国际邮件的处理

非经转局的邮区中心局应将各局、所收寄的出口国际信函、明信片、航空邮简发往省公司指定的经转局,不可发往其他经转局或直接发往出口互换局。应受海关监管的邮件应按划定的范围,发往验关局或经转局。收寄局、所向邮区中心局封发出口国际邮件办法由各省公司决定。

1. 不符合规定情况的处理

出口国际邮件在发往经转局或验关局以前,应先进行质量检查,发现邮件不符合规定情况时,应比照收寄局处理办法处理。

2. 欠资函件等的处理

出口国际邮件在发往经转局时,应根据函件种类和形状分别捆扎,并且注意:

① 欠资函件单独捆扎,把签上注明"欠资"字样;

② 全球优先函件和国际商业回函分别单独捆扎,把签上分别注明"GPM"和"IBRS"字样。

3. 清单的使用规定

出口国际邮件在发往经转局或验关局时,应封成专袋,相关封发清单、袋牌上应注明"国际"字样,封发清单应另编顺序号码。登列封发清单时应按下列规定办理。

① 挂号函件应登列"国际挂号函件清单"。挂号小包和附有回执的邮件应在封发清单备注栏内注明"小包"和"回执"字样。挂号函件较多需要封成两袋或多袋时,每一袋均应随附登列内装挂号函件的清单(即一单一袋),但挂号印刷品专袋可以登在任意一张挂号函件清单上,该袋袋牌上应加注"F"(封发清单)字样。

② 保价邮件应登列"国际保价邮件清单",清单上分别注明"函件"或"包裹"字样。保价邮件在登单时,应在保价金额栏内注明保价特别提款权数目。保价函件应封成袋或套,封在挂号信函袋内,保价函件封套应登列在相关挂号函件清单上(登封发保价函件封套的内容),并在相关备注栏内注明"保价封套"字样,此封套不能结在挂号函件总数内。

③ 挂号印刷品专袋应在清单备注栏内加注"M"字样。

④ 退回的挂号函件、保价函件和包裹除按第①、②、③项办理以外,还应在备注栏内加注

"退回"字样。

⑤ 保价包裹和普通包裹应分别登单和封发。包裹总包可以一单多袋,装寄清单袋的袋牌上应加注"F"字样。

4. 袋牌的使用规定

出口国际邮件在发往经转局或验关局时,应使用国内邮袋封装,各类袋牌的使用规定如下。

① 平常信函袋或平常信函和印刷品混合袋,拴"无单平信袋牌"。
② 只装平常印刷品的袋和平常印刷品专袋,拴"无单平刷袋牌"。
③ 挂号信函袋和挂号信函与其他挂号函件混封袋,拴"挂号信函袋牌"。
④ 只装挂号印刷品的袋和挂号印刷品专袋,拴"挂号印刷品袋牌"。
⑤ 挂号小包专袋,拴"挂号印刷品袋牌",并在袋牌上加注"小包"字样。
⑥ 平挂混封的袋,拴"平挂合封袋牌"。
⑦ 包裹袋,拴"包裹袋牌"。
⑧ 装有易碎物品的邮件袋,除拴相关邮件袋牌外,应加拴"红杯"袋牌或"红杯水"袋牌。
⑨ 装有保价函件的挂号函件袋的"挂号信函袋牌"上应加注"V"字样。
⑩ 保价包裹袋,拴挂"保价袋牌"。

9.3.3 经转局和验关局对出口国际邮件的处理

经转局和验关局对经转的出口国际邮件应严格复核把关,收到各局发来的出口国际邮件后,应逐件查核下列各项。

① 寄达国是否办理相关邮件业务。
② 封面书写是否符合规定,有无错写寄达国名和我国国名,寄达地名与国名是否相符。
③ 封装是否符合要求,有无超过重量、尺寸限度。
④ 资费数目是否正确,有无错收。
⑤ 邮票有无漏销。
⑥ 各种单式、标签、戳记和批注是否齐全,有无错用、漏附情况。
⑦ 包裹多联单是否填妥,多联单上收件人名址与包面上所书收件人名址是否一致。
⑧ 包裹实际重量与多联单上所注重量是否相符。
⑨ 有无收寄禁寄物品或超过规定限量寄递的物品。

经转局发现不合规定的情况时,应当分别按照下列规定办理。

① 对于误发本局的出口国际邮件,应一律随验转寄正确的经转局或验关局处理,并验知原寄局。
② 发现各局发过来的出口国际邮件有不符合规格的情况时,除应按照邮区中心局对出口国际邮件处理的有关规定处理外,还应按下列规定办理。需要退回时,一律在邮件上粘贴改退批条,批明退往何局和退回原因,并由经办人员加盖名章和日戳。

- 邮件封面上如发现邮票脱落,应在脱落处加盖"Stamps Off"(邮票脱落)字样的戳记。
- 对漏销的邮票,应用日戳戳边代为滚销。
- 包裹多联单上既未注明资费又未贴邮票的,应将相关包裹退回收寄局补办手续。如多联单上已批明资费而无检查人员名章,经查核资费无误,相关包裹可以照发,同时代为加盖检查人员名章,并向收寄局缮发验单。

- 信函封皮破裂的,应当在封面上批注"Damaged when Received"(收到时已破损)字样,加盖日戳,并用带有"中国邮政 CHINA POST"字样的胶带粘封或用透明塑料封套加封,封口处热合密封。对于出现此类情况的挂号信函,除按上述办法代封外,还应缮发验单通知相关收寄局。对于破损严重不宜发出的信函,应将相关信函随验单退回收寄局处理。
- 印刷品、小包和包裹的封装如果不合规定或者已经破裂,可能使内件受损、漏出或污染其他邮件,应当设法加以整理重封后转发,并用验单通知收寄局;破损严重不宜发出的,随验单退回收寄局处理。
- 如果小包、包裹的内件已损毁,或退回时将污染其他邮件,应向收寄局缮发验单,征询寄件人的处理意见,原件暂存,如在两个月内未接到答复,作无着邮件处理。

对退回的无法投递的邮件应复核把关,如发现下列情况之一,应退回投递局补办手续(未使用多联单的包裹只退发递单即可):

① 邮件上未盖投递局日戳;
② CN15"国际邮件退回批条"上未批注退回原因。

其他不符事项应予以补办:

① 未使用 CN15 退回批条,但从国内批条上可以判明退因的,应补贴 CN15 批条,将国内批条上的退因转批到 CN15 批条上,并加盖检查人员名章;
② CN15 批条上未盖经办人员和管理人员名章的,加盖检查人员名章;
③ 退回原因未译成寄达国通晓文字的,代为译注;
④ 邮件上所贴内部批条应予撕掉,不得发往境外。

退回国外的国际邮件回执背面没有收件人和收件单位签章或投递局日戳的,应退回投递局补办。

验关局对各局发来的未办妥验关手续的出口包裹、小包和印刷品等应交海关查验。经转局不是验关局的,应将邮件转发相关出口互换局交海关查验。

经海关查验不准出口的邮件,应在封面或包裹多联单上加注"海关不准出口"字样,立即退回收寄局转退寄件人。

如果海关对出口包裹、小包或印刷品的部分内件予以扣留、没收,应将海关签发的扣留通知单连同邮件的剩余部分一并退回收寄局转退寄件人;内件全部由海关扣留、没收时,整件交海关处理,并由海关另寄扣留通知单通知寄件人。

经海关查验,须由寄件人缴纳出口关税的,应当按照《海关委托邮局代收税款办法》收取税款。但对此类代收税款邮件,其税款代收联和收据联应随验发出。收寄局在代收税款后,应立即复验说明情况,验关局收到复验后,应尽快将相关邮件发往前途,不得等待税款汇解。

规格检查和海关手续办妥以后,将邮件按照集团公司制定的发运计划(通过国际邮件路由及总包管理系统下发),发往相应的出口互换局。

经转局(验关局)向互换局封发国际邮件,但航空邮件、水陆路邮件和空运水陆路邮件必须分别封发,不得混封,不论航空邮件是否利用航空邮路发运。航空总包和空运水陆路总包的袋牌上应分别加注"航空"和"空运水陆路"字样。

利用国际普邮综合信息系统处理出口给据邮件和邮件总包时,应遵守系统的操作规程,已经采用电子报关系统的根据需要采集或补录邮件的报关信息并发往海关系统。

9.3.4 互换局处理出口国际邮件的一般规定

1. 封发前的处理

出口互换局对各经转局和验关局发来的出口国际邮件,应对其封面书写、封装规格、邮费以及使用的单式、标签等逐项进行复核。如发现不符合规定,可以代为更正补办的,应更正补办;不能更正补办的,应参照在经转局发现不合规定情况时的有关规则办理。但对于欠资的平常信函、明信片和航空邮简,无论寄件人姓名地址是否详细,均应按欠资寄发,不得退回补收邮费。互换局对未办妥海关验放手续的出口小包和印刷品等,应送交驻局海关查验和处理。互换局收到非经本局封发出口的各类国际邮件时,应将相关邮件转发正确的出口互换局,并发验通知相关经转局或验关局注意改正。

2. 分拣封发

互换局对出口国际邮件,应按集团公司制定的发运计划规定的封发关系、发运路由和封发频次进行封发。

封发出口国际邮件必须使用印有"CHINA POST"(中国邮政)字样的国际邮袋,邮袋的型号应根据邮件数量和体积合理选用。封发邮件时,应先检查邮袋是否完好,袋内有无遗留物品。

染有油污、破口超过一厘米或破口未用机器缝补的邮袋不能用于封发国际邮件。

经转局发来的印刷品专袋未使用国际邮袋时,互换局应代为换装国际邮袋。

封发各类国际邮件总包应随附相关种类的封发清单。封发清单应按照邮件种类和运输方式对每一寄达互换局编列总包顺序号码,每年更换一次。在每年封发第一号总包时,还应加注上年末次总包的号码。

出口国际邮件须由两人会同封发。封发总包时要实行"三核对"(邮件、清单和袋牌相互核对),并对邮袋袋牌、清单和路单上所注重量以及航班号码等进行逐项勾核。袋口应用没有接头的蜡绳牢固地结成蹄扣,拴上封志和袋牌,用夹钳将封志清晰地轧出原寄互换局名,绳头超过封志的部分一般不应超过 2~3 mm。此外,也可采用塑料封扎带封扎并拴上袋牌,具体请参照国内塑料封扎带操作规范使用。

每次封发总包,应根据邮件的数量,合理地封成一袋或数袋,并应尽量减少袋数。函件总包每袋连同袋皮的重量不得超过 30 kg。为便于邮件的发运和处理,每个航空邮件总包的袋数一般不超过 20 袋,水陆路函件总包不超过 100 袋,水陆路包裹总包不超过 50 袋。

总包内附有 CN44 试单时,应在函件总包的 CN31 封发清单栏首或包裹总包的 CP87 封发清单栏首"CN44"字样前面的方格内用"×"号标出。CN44 试单应随总包封发清单一起寄发。

各互换局向国外某一互换局封发首次总包时,应在清单上加盖指定退袋接收局的戳记。

9.3.5 互换局出口函件总包封发

各互换局需针对集团公司规定的寄达国或地区路向,进行函件按状分拣,P(小型函件)和 G(大型函件)为一种类型,E(超大型函件)和 E(小包)为一种类型。规定外的其他路向可以封为 X(混合)类型,必要时函件和小包需分别封发。

1. 总包袋牌的使用

每个函件袋都应拴挂一枚国际函件直封总包袋牌,并按照以下规则使用和加注。

各总包运输方式袋牌的使用规定:航空函件总包邮袋应使用 CN35 袋牌;空运水陆路函件总包邮袋应使用 CN36 袋牌;水陆路函件总包邮袋应使用 CN34 袋牌。

2. 按状分拣的袋牌加注规则

邮袋袋牌上应根据按状分拣情况予以标注 P/G(小型函件和大型函件混合)或 E(超大型函件、小包或超大型函件与小包混合)或 X(混合)字样;信函袋牌仅适用 P/G 类型。

3. 专装类邮袋的袋牌加注规则

① 专装小包袋的袋牌上应加注"Small Packets"字样。
② 专装国际商业回函袋的袋牌上应加注"IBRS"字样。
③ 专装跟踪小包袋的袋牌上应加注"Tracked"字样。
④ 专装报纸袋的袋牌上应加注"Newspapers"字样。

4. 总包袋牌的使用规定

① 平常 P/G 总包袋应使用白色袋牌。
② 平常 E 总包和 X 总包袋应使用蓝色袋牌。
③ 挂号函件袋、保价函件袋和跟踪小包袋应使用红色袋牌。
④ 装有 CN31 封发函件总包清单的邮袋,应使用红色袋牌,并在袋牌上加注"F"字样。
⑤ 印刷品专袋的直封总包袋牌上应加注"M"字样,收件人名址签牌拴挂在袋牌下面。
⑥ 各双边协议业务应根据集团公司业务通知的规定,对袋牌内容进行相应调整或单独拴挂特殊标识。
⑦ 航空函件总包和空运水陆路函件总包袋牌上还应根据集团公司规定的发运计划注明所利用的国际航班号和卸运航站名,对于直接换机续运的总包,还应注明换机续运航站名,并逐袋加挂 CN42 直接换机续运总包袋牌(邮 2219 丁)。

总包号码、寄发局和寄达局局名、重量、寄发日期、经转邮政名称以及符合 UPU 标准规定的袋牌条码应标注在袋牌上指定的位置。

5. 平常函件分拣和捆扎

函件应按每一寄达国和散寄经转国进行分拣,同一寄达国有不同寄达互换局的,还应按寄达邮政划定的分拣区域,分入规定的寄达互换局格口。

凡适合捆扎的函件均应按类别和形状分别捆扎。小型函件和大型函件捆在一起,捆把厚度一般不超过 15 cm;超大型函件单独捆扎,每捆重量不超过 5 kg。每捆函件按状分别附一枚捆把签条(航空函件使用 CN25,水陆路及空运水陆路函件使用 CN26),签条上应注明寄达局名,并加盖封发人员名章。捆扎函件时应注意以下几点。

① 欠资函件单独捆扎,所附签条上应加盖"T"(欠资)戳记。
② 无法投递退回原寄局的平常函件,如果数量较多,应单独捆扎,捆把签条上标明"Undeliverable Items"(无法投递函件)字样。
③ 散寄经转的函件应按寄达国分别捆扎,每捆捆把签条上应加注寄达国名。散寄经转函件数量不足以按每一寄达国单独捆扎时可以捆成一捆,捆把签条上加注"Transit"(经转)字样。

6. 挂号函件处理

挂号函件按寄达国或散寄经转国分拣以后,应逐件登入 CN33 封发挂号函件清单。每份 CN33 清单上所登挂号函件件数以清单格数为限,每份清单均应结出登列挂号函件的总件数。登列挂号函件时应注意:退回、改寄和附回执的挂号函件应在清单备注栏内分别加注"Return"

(退回)、"Redirection"(改寄)、"AR"(回执)字样。

挂号印刷品专袋作为一件挂号函件登入封入"F"袋的 CN33 清单,并在清单备注栏内加注"M"字样。

散寄经转的挂号函件,应在清单备注栏内注明函件寄达国名。使用 CN33 封发挂号函件清单时,CN33 栏首部分应按照 CN31 栏首部分的有关规定填写,每份 CN33 清单上除注明总包号码外,还应按每个总包编列 CN33 清单号码。CN33 清单应编制一式两份,一份留存,一份与所登挂号函件捆在一起,放在每捆函件第一件的上面。

挂号函件应按登单顺序进行捆扎,然后装入邮袋,加挂红色袋牌,并妥善封扎,每袋所装挂号函件不得超过 600 件。挂号函件较少时,也可用"挂号函件封套"(邮 2227)封装,封套上应加贴"挂号函件封签"(邮 2228),并在骑缝处加盖日戳,袋牌和封签上应注明总包号码、封发日期、寄发互换局和寄达互换局局名。此外,也可以用塑料袋(套)代替"挂号函件封套",热合密封,并参照挂号函件封签上的节目在塑料封套上加以注明,或在塑料袋(套)内放一签条,注明相同节目。

挂号函件袋数、挂号函件套数、CN33 清单份数、应付终端费挂号函件件数以及免除终端费挂号函件(退回原寄邮政的无法投递的挂号函件和挂号邮政公事函件)件数应分别登入 CN31 封发函件总包清单第 3 栏指定的位置。

挂号印刷品专袋,改寄、退回和散寄经转的挂号函件,应参照挂号函件处理的规定逐件清登。

7. CN65 散寄函件重量清单的编制

除按年度统计结果结算航空或水陆路经转费的散寄函件以外,散寄函件应随附 CN65 散寄函件重量清单,并在单头部分"Airmail Items"(航空)或"Surface Items"(水陆路)前的方格内划"×"标明散寄函件种类。CN65 清单应按平常函件和挂号函件分别编制一式两份,一份随函件寄发,一份存档,按每个寄达国或经转费率相同的寄达国组(由集团公司另行通知)将散寄函件的重量登列在清单内。重量以 10 g 为单位,不足 10 g 的零数等于或超过 5 g 的进为 10 g,5 g 以下的舍弃。平时装有散寄函件的总包遇有无平常或/和挂号散寄函件寄发时,应照附 CN65 清单,清单内注明"Nil"(无)字样。CN65 清单应装入附有 CN31 封发函件总包清单的邮袋("F"袋)内,清单份数应填写在 CN31 清单第 4 栏的相应位置。

散寄空运水陆路函件,应比照以上的规定编制和随附 CN65 清单(原则上按散寄航空函件支付运费)。

按统计结果结算经转费的散寄水陆路函件只在统计时期编制 CN65"S"清单。

8. 保价函件处理

封发保价函件时,应当填写 CN16 封发保价函件清单(邮 2206)一式两份,将每件保价函件的号码、收寄局、寄达局和保价金额(特别提款权)登入清单指定位置,清单一份随总包寄发,一份留存。CN16 清单应与相关保价函件捆在一起,用坚韧纸张妥善包成专套,并用细绳捆扎,加贴"国际保价函件套签"(邮 2214),在骑缝处加盖寄发互换局日戳,套签上写明寄发互换局和寄达互换局局名、总包号码、寄发日期和保价函件专套的重量(称重时以克为单位,不足 1 g 的零数进为克)。保价函件专套不止一个时,应用没有接头的细绳捆扎在一起。

保价函件也可装入邮袋内,妥为封固,加轧封志,加挂红色袋牌,保价函件套签上的各项内容均应填注在相关袋牌上。

装有保价函件的袋、套应装在挂号函件袋内,没有挂号函件袋时,装在附有 CN31 封发函件总包清单的函件袋内。

保价函件袋数、保价函件套数、CN16 清单份数和应付终端费的保价函件件数及免除终端费的保价函件（退回原寄邮政的无法投递的保价函件和邮政公事函件）件数应该分别登入 CN31 封发函件总包清单第 3 栏的指定位置。

9. 国际商业回函处理

总包内装有退回的国际商业回函时，应单独捆扎，每捆国际商业回函的 CN25 把签上应加盖"IBRS"戳记。国际商业回函捆把应放在"F"袋内，如果国际商业回函捆把的总重量超过 2 kg，应单独装袋。国际商业回函的信息应登入 CN31 清单第 4 栏的指定位置。

10. 跟踪小包处理

跟踪小包按寄达国、地区分拣以后，应逐件登入 CN33 封发挂号函件清单，并加注"Tracked"字样。每份 CN33 清单上所登跟踪小包件数以清单格数为限，每份清单均应结出跟踪小包的总件数。

跟踪小包应比照封发挂号函件使用 CN33 清单的有关规定填写。跟踪小包袋数、跟踪小包套数、CN33 清单份数、应付终端费的跟踪小包件数以及免除终端费的跟踪小包（退回原寄邮政的无法投递的跟踪小包）件数应该分别登入 CN31 封发函件总包清单第 3 栏的指定位置。

11. 简易跟踪小包处理

简易跟踪小包按寄达国、地区分拣以后，应按平常函件有关规则处理。

12. 封袋

每次寄发的平常函件，寄往集团公司规定的需要按状分拣的寄达国或地区，应按状分别装入一袋或数袋时，需按下列规定装袋。

P/G 总包——小型函件、大型函件混合袋。

E 总包——超大型函件袋；小包袋；超大型函件和小包混合袋。

寄往无须按状分拣的寄达国或地区时，应按种类分别装入一袋或数袋，并尽可能按下列规定装袋。

X 总包——信函、明信片袋；报纸袋；信函、明信片与其他函件混合袋；其他函件袋。

除上述规定外，还可按种类封装专装袋，并在袋牌上加注相应字样。

封发航空函件总包应使用蓝色帆布袋或尼龙袋，封发空运水陆路或水陆路函件总包应使用白色帆布袋或尼龙袋，封袋时应注意以下几点：

① 散寄函件捆把总重量超过 3 kg 的，应单独封袋，袋牌上加注"Transit"字样。

② 邮政公事函件、无法投递退回原寄局的函件数量较多（超过 3 kg）时，应单独封成一袋或数袋，并在袋牌上"Exempt"（免费）字样前的方格内划"×"，标明其为免费袋。免费袋袋数和重量登入 CN31 清单第 2 栏的指定位置，不计入按状分拣部分。

③ 封好的挂号函件袋、套和保价函件袋、套，应装入装有封发函件总包清单的 E 总包或 X 总包袋（"F"袋）内。挂号函件较多时，挂号函件袋也可以随 E 总包或 X 总包同总包外走。

④ 每袋函件均应称重，将精确到 100 g 的重量登记在相关袋牌上指定的位置，不足 100 g 的零数，50 g 和 50 g 以上进为 100 g，不足 50 g 的省略。每个邮袋的最高重量不得超过 30 kg（特殊规定除外）。

13. 封发函件总包清单

除大宗函件总包以外，封发函件总包均应编制 CN31 封发函件总包清单（邮 2201 甲）一式两份，一份留存，一份随总包寄发，填制 CN31 封发函件总包清单时应遵守下列规定。

① 清单栏首：在指定位置填写总包原寄邮政和寄达邮政名称、总包原寄局和寄达局代码、运输类型、总包类型、总包年份、总包号码和寄发日期，并对每一寄达局编列一年一换的顺序号码；每年第一次寄发总包时，封发函件总包清单上除应注明该总包的顺序号码以外，还应加注上年末次总包的号码；如果某个系列的总包停封，寄发局应用验单告知寄达互换局。

② 清单第1栏：按照袋牌类别将总包内红袋牌容器数、蓝/白袋牌容器数、绿袋牌容器数分别登入左侧指定位置，并结出总容器数；按照容器类型将总包内的邮袋、信盒等分别登入右侧第一行指定位置，将其中需由寄达邮政退回的容器数相应登入右侧第二行指定位置，将退往寄达邮政的空容器数相应登入右侧第三行指定位置，均结出总容器数。

③ 清单第2栏：按照按状分拣规则，将总包内 P 和 P/G、G、E、X 容器数分别登入左侧指定位置，将总包内 5 kg 以内"M"袋的袋数和重量以及 5 kg 以上"M"袋、免除转运费和终端费函件袋、空容器的数量和重量分别登入右侧指定位置，并在最后一行结出总包总重量。

④ 清单第3栏：按照有关规定将总包内挂号函件、保价函件和跟踪小包的信息登入指定位置。

⑤ 清单第4栏：将总包内国际商业回函邮袋数、捆把数、件数及相应重量分别登入指定位置，并结出总重量。

⑥ 清单第5栏：将封入总包的封固总包数量、总重量、原寄局和寄达局代码登入指定位置。

封发函件总包清单正页应装入"封发函件总包清单封套"（邮2225）内，放在装有挂号函件袋、套的函件袋内，如无挂号函件，应尽可能放在装有信函的袋内，固定在平常信函的捆把上。总包全部由印刷品专袋组成时，应将一个印刷品专袋套封，将 CN31 清单装在套袋内。总包内如果装有保价函件，应在封发函件总包清单封套正面粘贴粉红色"Insured"标签一枚或加盖"Insured"字样的红色戳记。

寄达邮政要求用航空寄一份函件总包的 CN31 封发清单时，应予照办。

9.3.6 互换局出口大宗函件总包封发

除下列特别规定的事项以外，封发航空、水陆路和空运水陆路函件总包的规定同样适用于同类大宗函件总包的封发。

① 封发大宗函件总包应用 CN32 封发大宗函件总包清单代替 CN31 封发函件总包清单。除应在 CN32 清单指定位置注明函件总件数以外，其他各栏的填写均比照 CN31 清单办理。

② 挂号大宗函件袋仍使用红色 CN34（或 CN35、CN36）袋牌，平常大宗函件袋一律使用淡紫色 CN34（或 CN35、CN36）袋牌，袋牌上应加注袋内所装函件的件数。

③ 互换局收到寄达邮政关于对某个寄件人寄发的大宗函件实行特别终端费办法的通知后，应立即核实并报告集团公司。除集团公司决定对寄往该邮政的所有大宗函件封发大宗函件总包以外，自上述通知发出之日起满3个月以后，相关互换局在封发通知所指定的寄件人寄发的大宗函件时，应在相关总包封发清单底页上注明相关函件的件数和重量，以备核对寄达邮政的账务数据。

9.3.7 互换局出口包裹总包封发

包裹在按寄达互换局（散寄经转互换局）分拣以后，应逐件登入 CP87 封发包裹总包清单。

填写封发包裹总包清单时应遵守下列规定。

① 根据总包运输方式分别在清单栏首"By Air""By SAL""By Surface"字样前的方格内划"×",标明总包运输类别。

② 将总包原寄互换局和寄达互换局局名、总包原寄局和寄达局代码、总包号码、寄发日期和经转邮政名称等项分别填入指定位置。

③ 将每件包裹的号码、包裹重量分别登入清单上"清登"部分第1栏、第4栏。第4栏中散寄经转、退回和改寄包裹的重量,以100 g为单位,不足100 g的零数,等于或超过50 g的进为100 g,不足50 g的舍弃。散寄经转包裹应在第3栏填写寄达国名。保价包裹应在第5栏填写保价金额(特别提款权)。

④ 对退回或改寄的包裹、保价包裹和附回执的包裹,应分别在备注栏内加注"Return"(退回)、"Redirection"(改寄)、"V"(保价)和"AR"(回执)字样。对于退回寄件人居住国的包裹,还应在备注栏内注明退因,以备必要时查考。

⑤ 封发包裹清单不止一页时,每页除应注明总包号码以外,还应按每一总包编制顺序号码,登入指定位置。

⑥ 将总包内包裹总件数、组成总包的包裹总袋数、外走包裹件数、总毛重和封发清单份数分别登入清单栏首指定位置。总包毛重以100 g为单位,不足100 g的零数,等于或超过50 g的进为100 g,不足50 g的舍弃。封发总包所用的我国邮袋数和寄达邮政邮袋数分别登入"应退回容器数"和"空容器数"两格内。

⑦ 封发包裹清单应编制一式两份,一份留存,一份封入"封发包裹清单封套"(邮2226乙),放在包裹袋内(如果总包内有保价包裹,应放在装有保价包裹的袋内),相关包裹袋的袋牌上应加注"F"字样。寄达邮政要求增加CP87清单份数的,应予照办。

⑧ 采用"总登"办法寄发包裹总包时,清单栏首填写办法相同。对总包内散寄经转包裹、退回寄件人的包裹、改寄包裹和保价包裹不用逐件登入清单,将其总件数和总重量(包括普通包裹和保价包裹)登入清单"总登"部分指定位置即可。

9.3.8　互换局出口邮政公事包裹

邮政公事包裹应单独封发总包,编列与非公事包裹总包连续的总包号码。相关CP87(水陆路、航空、空运水陆路)清单及必要时的CP88清单上应明显地加盖"Postal Service"(邮政公事)字样,以示应免除航空运费以外的各种运费应得部分。

9.3.9　互换局出口空邮袋总包封发

空邮袋应该按照所属邮政的要求退给指定的寄达互换局。退回的空邮袋应该单独封成空邮袋总包。此外,封发空邮袋总包时还应遵守下列规定。

① 航空空袋和水陆路空袋应分别封成总包寄退。空袋所属邮政要求对空袋单独退回的,应予照办。

② 每个总包内退回的空邮袋应捆扎成捆,合理地装成若干袋,拴挂CN34"水陆路空袋袋牌"(邮2222)或CN35"航空空袋袋牌"(邮2218丙)。装有封发空袋总包清单袋的袋牌上应该加注"F"字样。

③ 每袋空邮袋均应称重,将精确到100 g的重量注在相关袋牌上,不足100 g的零数,等

于或超过 50 g 的进为 100 g，不足 50 g 的舍弃。

④ 将组成空袋总包的总袋数登列在 CN31 清单第 1 栏和第 2 栏的指定位置，总重量登列在 CN31 清单第 2 栏的指定位置，退回空袋总条数登列在 CN31 清单第 1 栏"Empty Receptacles Being Returned"（退回的空容器总数）指定位置。

⑤ 空袋总包按照集团公司规定的发运计划（通过国际邮件路由及总包管理系统下发）和所属邮政指定的路由发运。空袋所属邮政没有指定空袋总包发运路由的，比照出口邮件总包的发运路由发运，所利用的发运路由应登注在相关 CN31 清单和 CN34 或 CN35 袋牌上指定的位置。

9.4 国际邮件的进口处理

国际邮件的进口处理过程是由国际邮件交换站、互换局、指定经转局和投递局结合运输部门共同完成的。进口国际邮件的处理包括交换站对进口国际邮件总包的接收和转发，互换局对进口国际邮件总包的处理（包括接收、开拆、处理和转发），经转局对进口国际邮件的转发处理和投递局的投递处理等环节。

9.4.1 交换站对进口国际邮件总包的接收和转发

国际联运火车、远洋公司轮船和中国民航以及各国外航空公司班机带运的进口国际邮件总包，由国际邮件交换站接收。交换站与上述相关部门交换邮件时，要严格执行交接验收的有关规定，这对明确不同邮政部门或运输部门之间的责任，是必须的。

1. 国际水陆路邮件总包的接收

交换站接收其他国家或地区的邮政人员或运输机构交来的进口和过境国际水陆路邮件总包时，应根据随附的 CN37 路单逐袋挑对查验，对挂号和包裹袋（包括外走包裹）应仔细查验封志和袋身是否完好。如有不合规格情况，应按下列规定处理，在一般情况下，不得因邮袋破损等原因拒收邮件。

① 袋身破裂或有未干的油污、水湿、封志、绳扣不妥，外走包裹包装不好，内件有损坏或短少迹象的，应当场指出，并要求对方处理，或在 CN37 路单上作适当批注，也可另作"接收国际邮件总包时发现损坏及不正常情况记录单"，经对方人员签证后，双方各执一份。对上述邮袋，交换站一般可以保持原状转发，但对邮袋破洞较大或封袋绳扣太松，有拿出或丢失内件可能的，转发时应比照有关规定加袋套封。

② 邮袋或包裹封装不妥，致使内装流质物品发生严重渗漏，邮袋或包裹内有危险品发生自燃，袋身被割破，封志、绳扣有被拆动痕迹等情况，除请对方在 CN37 路单上批注或作记录单外，应立即会同对方与海关人员眼同开拆（对方无法办到时，也可会同海关人员开拆），妥为处理，并用验单通知原寄互换局和上一经转局，验单的另一副份随总包转发。

③ 过境邮袋按 9.3 节中的有关规定处理。

④ 袋牌脱落，但绳扣、封志完好的，可参照 9.3 节相关规定处理。

接收邮件以后，应将 CN37 路单签退一份给对方。接收对方发来的重新加封的邮袋应作记录以备查考。不合规定的进口和过境邮件总包在国内转发时，都应在国内路单上批明或另作记录单随路单一起寄发。接收总包未收到 CN37 路单时，应根据收到的邮件代补路单一式三份，一份留存，两份随验单寄送发来总包的互换局，待该局查核后签退一份归档。

2. 航空邮件总包的接收

机场交换站接收机场有关部门交来的进口或过境航空邮件总包时，除应按水陆路总包规定进行查验和处理以外，还应注意以下几点。

① 根据机场有关部门交出的原寄邮政或经转邮政随总包附来的CN38路单进行点收。

② 如未收到CN38路单，应根据所收到的邮件按有关规定代补路单一式四份，两份交航空公司，请其签证一份归档，另外两份随验单寄给发来此总包的转运机场互换局。无法确定转运机场时，验单和代补的CN38路单可直接寄交总包的原寄互换局。代补的CN38路单上应注明承运邮件的航班号。

③ CN38路单所登列的总包或总包中的某袋未收到时，应立即请承运航空公司或其代表在路单上批注，并缮发验单通知发来总包的经转局，验单的副份抄送总包的原寄互换局。

④ CN38路单所注的航班号如与实际承运的航班不符，应将CN38路单所注航班号予以更正，同时缮发验单通知经转局，验单的副份抄送总包原寄互换局。

⑤ 交换站在接收进口和过境航空邮件总包时，如果不能确定承运邮件总包的班机所属国和航班号，应当要求机场负责人员在路单上批注，以便结算运费。接收空运水陆路总包应根据CN41路单和CN36袋牌进行查核，国内转发时应交水陆路运输。

3. 过境航空邮件总包的接收

① 交国内航线续运时，应登列国内收发航空邮件路单。如遇有特殊情况交水陆路续运，应登列国内收发水陆路邮件路单，并根据进口的原始CN38路单，在上述国内路单上详细注明邮件总包各袋的重量，并在路单上加盖"航空陆运"戳记。

② 过境航空邮件总包如交国际航线续运，经转交换站应按照有关规定作CN38路单，与我国出口邮件总包一样发运。

③ 国外邮政利用航空退回的我国空袋在国内续运时，应交陆路续运。

④ 进口和过境总包在国内发运时，应当附关单发往总包寄达互换局或出口交换站，以便交驻局、站的海关办理验放手续。

4. 总包接收后的处理

接收进口和过境邮件总包时，遇有原寄互换局加缮路单副份要求签退时，应予照办。如果运输部门要求交换站在其自备的"原寄记录簿"上签证，在核对该簿上登记的各项与路单上登记的相符后，也可照办，但应在该簿上批注："Refer to Delivery bill CN37(CN47) No. … dated … 20… issued by … office"〔见××局20××年××月××日第×号CN37(CN47)路单〕字样。

接收后的进口和过境邮件总包，应分别登入国内收发国际邮件路单，转发寄达互换局或出口交换站，转发时应随附"关单"，总包随附的相关单据（如包裹发递单封套）应一并发运。如果收到的邮件总包数量过多，转发时应将属于同一总包的邮袋同时发出，遇有特殊情况不能同时发出时，应将装有封发总包清单的"F"袋随第一次邮班发出。

CN37路单备注栏内及CN34袋牌上注有"Prior"（优先）字样的优先总包，接收后应按航空邮件总包优先转发。

交换站对于经转的各类进出口和过境邮件总包，应当设立专簿逐日登记，登记簿应当分接收和转出两个项目，分别包括车次（航班）、总包号码、类别、袋数和外走包裹件数、寄发互换局和寄达互换局局名等内容，做到进出口邮件总包袋数平衡合拢。

各进、出口交换站（包括机场交换站），对过境水陆路包裹总包和交水陆路运输的过境航空包裹总包,除登记外,还应按季编造"过境包裹总包统计表"一式两份,一份留存,一份于相关季度结束后一个月内寄送邮政总局账务处理部门。

9.4.2 互换局处理进口国际邮件总包的一般规定

互换局对进口国际邮件的处理包括:接收、开拆,对进口验关邮件的处理和转发。

接收进口国际邮件总包(包括外走包裹)时应查验有无随附关单(无关单时,应立即进行追查),并核对路单上所登各袋的原寄局、寄达局、总包号码以及总袋数与所收邮件是否相符,对挂号袋、包裹袋和外走包裹还应查验下列各项:

① 袋身或封志是否完好,有无破损等情况;
② 扎绳是否完整,有无重结或脱落等情况;
③ 封志是否清晰完好,有无拆动、模糊或重夹现象。

如发现不符或不正常情况,应在路单上详细批注,必要时,应由交接双方人员会同海关人员开拆查验。对邮袋短少、内件损坏等情况,除应向上一转运环节追查外,还应当用 CN43 验单或 CP78 包裹验单通知原寄互换局。

9.4.3 互换局进口函件总包的开拆

开拆袋(套)前应先验看袋牌(套签),防止误开,并复称总包各袋的重量,发现实际重量与袋牌上所注重量相差 200 g 以上时,应对袋牌上的重量予以更正。空运水陆路函件总包的开拆处理按水陆路函件总包的规定办理。

应按总包开拆,先开拆袋牌上注有"F"字样的袋。开袋时,扎袋的绳索应剪断一处,以保持扎绳、封志和签牌连在一起。袋内函件倒出后,应当先找出封发函件总包清单,并按单内各栏所登内容核对袋、套数,如有不符,应在清单上作适当批注。如果封发函件总包清单未到,应根据收到的邮件作记录。

总包开拆完毕,非按状分拣总包应按函件类别(LC/AO 袋和 M 袋)分别汇总袋牌上已经核对的重量,与 CN31 清单上所登各类函件的重量进行核对,如果 LC/AO 袋或 M 袋的汇总重量与清单上所登重量不符,应对清单进行更正。按状分拣总包应按函件按状分拣规则(P、G、E、X)分别汇总袋牌上已经核对的重量,与 CN31 清单上登列的各类函件的重量进行核对。总包内 5 kg 以下(含 5 kg)印刷品专袋未分开登列的,应将其袋数和实际重量进行登记,并对清单进行相应修改,编制 CN43 验单通知原寄邮政 CN31 清单的修改情况。

1. 开拆挂号函件总包

开拆装有挂号函件的邮袋时,应注意以下事项。

① 根据 CN31 清单背面的登注和/或 CN33 清单上的登注,逐件核对挂号函件的号码,如发现不符应予更正或记录,同时验视每件挂号函件的封装是否完好。如果挂号函件清单未到,应根据收到的函件代补 CN33 清单一式两份,一份留存,一份随验单寄送原寄互换局查核。挂号函件标签脱落的,应在邮件上补注号码,无法补注的,应在清单上批注收件人姓名地址。

② 总包内多收挂号函件,应代补 CN33 清单。

③ 遇有挂号函件短少、破损或被窃情况,应由 2 人会同在清单上批注,相关袋皮(包括内袋和外袋)、套皮、袋牌、扎绳、封志等应自查验之日起妥为保管六个星期,以备在原寄互换局提出要求时,将上述证物寄送原寄互换局。

④ 挂号函件袋（套）开拆完毕，应根据收到的袋（套）数、CN33 清单和挂号函件对 CN31 清单第 3 栏所列的挂号函件袋（套）数、CN33 清单份数、应付终端费的挂号函件件数以及免付终端费的挂号函件（退回原寄局的无法投递的挂号函件以及由万国邮联国际局和区域性邮联总部寄发的挂号邮政公事函件）件数进行核对，如有不符应进行必要修改和批注。

⑤ 接收总登的挂号函件时，应核对所收函件件数与清单上所注数字是否相符和邮件封装情况，发现不符，应对清单进行更正或作适当批注。

2. 开拆保价函件总包

保价函件至少应由 2 人会同处理，开拆保价函件袋（套）前，应仔细复称重量，查验袋（套）外表以及封口、封志是否完好。

对保价函件，除应逐件勾核号码以外，还应逐件复称重量和检查外表封装情况，核对封面上所注保价金额与 CN16 清单上所注保价金额是否一致，并在每件保价函件背面加盖互换局日戳，如发现不符或不合规定情况，应在 CN16 清单上批注或更正。保价函件如有短少，应另外填写 CN24 记录单（邮 2403），注明总包收到时的封装情况，相关袋皮、封套、袋牌、扎绳、封志（内袋和外袋的）等应自发验之日起保留六个星期。如果原寄邮政在此期间提出要求，应将上述证物寄送该邮政。

保价函件袋（套）开拆完毕，应根据收到的袋（套）、CN16 清单和保价函件对 CN31 清单第 3 栏所列的保价函件袋（套）数、CN16 清单份数、应付终端费的保价函件件数及免付终端费的保价函件（退回原寄局的无法投递的保价函件以及由万国邮联国际局和区域性邮联总部寄发的保价邮政公事函件）件数进行核对，如有不符，应进行必要修改和批注。

对保价函件的其他不正常情况，应按下列规定处理。

① 外部封装完好，但重量不符，应发验通知原寄局，相关函件照发，并在封发清单上作必要批注。

② 封装不合规定、有轻微破损或仅有部分封志脱落，但内件明显并未损坏、重量也未减少的情况下，可另行加盖封志，以便保护其内件，加盖封志时，应尽量使留存在封皮上的原有封志保持原状；也可以另用邮袋套封，加拴一枚袋牌，袋牌上注明邮件号码、原寄局名、收件人名址、保价金额和套封后的重量等有关节目，并加盖日戳和重封人员名章，袋牌上还应注明"Damaged Insured Item"（损坏的保价函件）字样，套封的邮袋应用铅志夹封。

③ 如果保价函件破损情况严重，怀疑内件已经短少或损坏，互换局应即径行开拆，核对内件，将核对结果填写在 CN24 记录单上，并重新包封，但应将原来的封皮包在里面，收到时的重量和重封后的重量应写在封皮上，并在加注的重量后面写明"Repacked at …"（在××局重封）字样，加盖日戳，并由主管人员和重封人员签字。

④ 对封装不符合规定的保价函件（如未封固、没有封志、封志上没有寄件人专用标记等），应在 CN16 清单上予以标注，并发验通知原寄互换局。此类保价函件发生丢失、被窃或损毁时，将按挂号函件承担责任。

开拆进口函件总包时，发现其他不正常情况，应按如下规定处理。

① 邮件封面上有错写我国国名和地名情况时，应将错写的我国国名或地名用红笔划销，并附小条，批明"寄达国名（地名）书写错误，请通知寄件人纠正"。

② 平常信函破损时，应参照有关规定代封。如破损严重或有拆动痕迹，应及时请示上级领导研究处理。

③ 平常印刷品封皮破损或者扎绳松脱，内件有漏出可能的，应代为捆好后转发。对破损

严重的,应重新整理后附验转发。

④ 如发现挂号函件封皮破损或有拆动痕迹,足以对内件完整发生怀疑,应当会同海关开拆查验,作查验记录,查验结果应发验通知原寄互换局。相关邮袋、袋牌、扎绳、封志等应自查验之日起,妥为保管六个星期,如果原寄互换局在此期间提出要求,对相关挂号函件应进行适当整理和代封,并将上述证物寄送原寄互换局。转发相关邮件时,应附验通知寄达局。

⑤ 如发现进口邮件所贴邮票脱落或有被撕去痕迹,应在相关封皮上加盖"收到时已无邮票"字样的戳记,情节严重的,应验知原寄互换局。

⑥ 如发现退回的邮件回执未按要求妥填(缺少投递局日戳或收件人签字等),应将该回执附代填的 CN08 查单退回相关互换局补办。

⑦ 退回的邮件上未批注退因的,应随验退回原寄达局补办。

⑧ 进口国际邮件内发现禁止寄递物品,应按相关规定处理,并发验通知原寄互换局。寄递禁寄物品情节严重的,应尽快报告主管省公司,转告中国邮政集团公司。

⑨ 发现同一总包或同一天封发的几个总包内同一寄件人寄发的大宗函件超过 1 500 件,或在两周内收到同一寄件人寄发的大宗函件超过 5 000 件,应将详情速报中国邮政集团公司,并附上相关邮件封面影印件,以便考虑实行大宗函件终端费办法。

⑩ 除原寄邮政决定对其寄往我国的所有大宗函件封发大宗函件总包外,自中国邮政集团公司发给原寄邮政的关于对指定寄件人寄发的大宗函件实行特别终端费办法的通知发出之日起满 3 个月以后,每次收到指定寄件人寄来的大宗函件时,均应代为编造 CN31 封发大宗函件总包清单,注明相关大宗函件的件数和重量,并对相关 CN31 清单进行必要的修改,随验单寄送原寄互换局。

⑪ 如果在同一总包或同一天封发的几个总包内收到的同一寄件人寄发的大宗函件达到或超过 3 000 件,或者在两个星期内收到的同一寄件人寄发的大宗函件达到或超过 10 000 件(无论是在平常函件总包内还是在大宗函件总包内),应在收到相关总包 72 小时以内用 CN43 验单通知原寄互换局实行立即生效的大宗函件办法,验单内应指明相关函件的件数和重量,并随附函件样品的影印件和代为编造的 CN32 封发大宗函件总包清单,同时对 CN31 清单进行必要的修改。验单应尽可能用传真或电子邮件发出,并抄报中国邮政集团公司结算中心,以便其尽快编造 CN57 账单收取相关的终端费。立即生效的 CN32 封发大宗函件总包清单仍应正常进行终端费账务数据输入。

接收和查验总包时所发现的各种不正常情况应立即用最快邮路以 CN43 验单通知总包原寄互换局。有关挂号函件、保价函件短少、破损的验单应用电信方式寄发。有关保价函件短少、破损的验单还应连同所缮备的 CN24 记录单一起抄送总包原寄邮政中央主管部门和中国邮政集团公司有关部门,验单和记录单副份还应随同重封或套封的保价函件寄送函件寄达局和收件人,所发验单的日期和号码应批注在相关清单上。

反复发生同类不正常情况,屡发验单不见改进的,应上报主管省公司。

进口国际邮件总包内如附有 CN44 试单,互换局应将总包或相关散寄邮件的收到日期、路由等事项填注在试单内,经主管人员签字并加盖日戳以后,利用最快邮路寄退试单上指定的地址或缮发试单的互换局。原寄互换局在 CN31 清单或 CP87 清单相关栏目内注明总包附有 CN44 试单,但未收到该项试单时,应代补一份,按上述规定处理。

所收到的 CN31、CN33 和 CN16 清单应及时整理归档,发现总包重号或缺号时,应缮发验单通知原寄互换局,但对于清单缺号,应在下次邮班仍未收到该号清单时才发验单。

收到不是寄给本局的 CN31、CN16 和 CN33 清单时,应尽快将其随验单发往正确的寄达互换局,验单副份抄送总包原寄互换局。

进口邮件袋、套开拆完毕,应认真检查空袋和套皮,防止遗漏邮件。经核对的各类封发清单应加盖日戳和经手人名章,妥善保管。

空运水陆路函件总包的开拆处理按水陆路函件总包的规定办理。

3. 航空函件总包的开拆

开拆航空函件总包时,除下列事项以外,与开拆水陆路函件总包相同。

① 如发现总包某一袋的实际重量与 CN38 路单和 CN35 袋牌上所注重量相差在 100 g 以上,应将 CN35 袋牌及 CN38 路单上的数字更正,并用验单通知原寄互换局。

② 对总包内的全球优先函件,应优先处理和转发。

③ 对总包内的国际商业回函,应注意遵守以下规定。

- 逐袋(捆)复核重量,发现每袋(捆)国际商业回函的实际重量与袋牌(捆把签条)上所注重量相差 100 g 以上时,应对袋牌或把签进行修改,并据此修改 CN31 清单第 4 栏的相关数据。相关袋牌(把签)和 CN31 清单第 4 栏内未注明国际商业回函袋(捆)重量的,不必补登重量和发验单指出,编制 CN09 国际商业回函清单时,按每件回函重 5 g 进行折算。

- 逐袋(捆)复核内装国际商业回函件数,发现实际件数与袋牌(把签)上所注件数相差 20 件以上时,应对袋牌(把签)进行修改,并据此修改 CN31 清单第 4 栏的相关数据。

9.4.4　互换局进口大宗函件总包开拆

接收、开拆大宗函件总包时,除以下事项以外,应按水陆路函件总包开拆的规定办理。

① 如果发现总包某一袋的重量与袋牌或路单上所注重量相差 100 g 以上,应对袋牌和路单进行修改,并用验单通知总包原寄局。

② 核对各袋所装函件的件数与袋牌上所注件数是否一致,发现不符应予以更正。开拆完毕,应根据已核对的袋牌审核相关 CN32 清单上所登总重量和总件数,必要时进行修改。对袋牌和 CN32 清单的修改情况应用 CN43 验单尽快通知总包原寄局。

③ 如果总包未附 CN32 封发大宗函件总包清单,应根据收到的函件代补 CN32 清单一式两份,注明总包的组成情况以及总包的总重量和内装函件总件数,一份留存,一份随验单寄送总包原寄互换局。

④ 如果原寄邮政已决定对所有大宗函件封发特别总包,而原寄互换局仍将大宗函件封在普通函件总包内,应将所有大宗函件单独分出,计算件数和重量,并代为编造 CN32 清单,一份留存,两份随附验单寄送原寄互换局,以便其签退存档。

⑤ 在上述情况下,寄达互换局还应对相关 CN31 清单进行相应的修改,并用验单通知原寄互换局。

⑥ 在同一大宗函件总包或同一天封发的几个大宗函件总包内收到的同一寄件人寄发的大宗函件达到或超过 3 000 件,或者两个星期内收到的同一寄件人寄发的大宗函件达到或超过 10 000 件时,应按照有关规定办理,但不必修改相关 CN32 清单。

9.4.5　互换局进口包裹总包的开拆

开拆包裹总包时,除比照水陆路函件总包开拆的规定办理外,还应办理以下事项。

① 逐件核对每件包裹的号码与 CP87 封发包裹清单上所登号码是否相符,复称后的每件包裹的重量与相关发递单或多联单及封发清单上所注重量是否一致,逐件验视包裹的封装是否完好,应附单式是否齐全等,并检查封发清单上所注应付我国费用是否正确,发现封发清单上有差错或遗漏事项,应对清单进行修改,并用 CP78 验单(邮 2402)通知总包原寄互换局。

② 短少包裹时,应立即用 CP78 验单通知原寄互换局。相关邮袋、袋牌、扎绳、封志等应自查验之日起妥为保存六个星期,如果原寄互换局在此期间提出要求,应将上述证物寄送原寄互换局。

③ 多收的包裹应补登在相关封发包裹清单上,并对应付我国终端费情况进行修改,同时发验通知总包原寄互换局。

④ 收到的包裹总包没有随附封发包裹清单时,应根据收到的包裹代补清单一式三份(保价包裹还应记录保价金额),一份留存,两份随同 CP78 包裹验单寄送原寄互换局。如缺少包裹发递单,互换局应代补一份。

⑤ 普通包裹复称后的实际重量与发递单或清单上所注重量相差 100 g 以上,但包裹外部封装完好,没有内件破损的痕迹时,应将原注重量和复称重量用 CP78 验单通知原寄互换局,并对原发递单和清单加以更正。保价包裹复称后的重量和原注重量相差达到 10 g 时,应缮发验单通知原寄互换局。

⑥ 包裹的重量减少且外状显示内件已有损坏或缺少时,应会同海关开拆查核内件。查核结果应缮备 CN24 记录单一式四份,一份附在包裹上,一份留存,一份随 CP78 验单寄送原寄互换局,一份抄送发来包裹的经转互换局。相关邮袋、袋牌、扎绳、封志等应自查验之日起妥为保存六个星期,如果原寄互换局在此期间提出要求,应将上述证物寄送原寄互换局,对相关包裹应当进行重封,重封时原包封应尽量保存,重封前和重封后的重量均应注在封皮上,后面加注"Repacked at…"(由××局代封)字样,并加盖日戳和重封人员(至少 2 人)名章。

⑦ 如果包裹外部封装破损,但内件明显并未短少或破损,可以在重封后发往前途,不必缮备 CN24 记录单,重封和验单的缮发比照前一项办理。

⑧ 由国外退回的包裹,应检查是否与寄件人提出的无法投递处理办法相符以及有无注明退回原因。没有问题时,应将退回邮政在 CP87 清单第 7 栏(水陆路退回)或第 7 栏和第 9 栏(航空退回)所要求的退包费(特别提款权)折算成人民币款额(不足 1 元的零数四舍五入),加上由接收互换局到包裹原寄局同重量国内水陆路或航空包裹资费,填写收取退包费通知单一式两份,一份留存,一份附在转发指定经转局或验关局的封发包裹清单上。填写收取退包费通知单时,应尽可能将退回邮政 CP77 单式上的退包费组成情况转登在上面(折合成人民币款额),通知单上应加盖日戳以及经办人员和主管人员名章。转发此类包裹时,还应在相关备注栏内注明应收退包费金额。

与寄件人提出的处理意见不符时,应发验指出,并请对方注销相关退费。

⑨ 退回的包裹没有注明退回原因的,应由退回邮政承担责任。对于没有注明退因的包裹,应立即缮发 CP78 验单,请退回互换局注销第 7 栏或第 7 栏和第 9 栏的退包费,并要求其退还寄件人交付的包裹邮费(将相关包裹的收寄资费折合成特别提款权登列在相关 CP57 第 6 栏),同时对第 6 栏、第 7 栏及必要时的第 9 栏总数进行相应的修改。转发此类包裹时,应在相关备注栏内注明应退还的邮费金额。

因进口包裹和小包封装不妥,在运输过程或互换局处理过程中散漏出来的物品,应当尽量设法装回原包内。无法归入原包时,应设置专簿将品名、数量、发现日期、相关邮件总包的号码等加以登记,并由专人保管,保管期限为三至六个月。逾期未有查询或申请发还的,应登录清单交海关处理。容易变质或腐烂不宜久存的物品,可以根据物品性况,提前处理。

9.4.6 互换局进口空袋总包

接收空袋总包时,应根据运输部门交来的路单逐袋核对总包号码和重量,发现袋数不符应在路单上进行批注,并要求交出方进行追查;发现重量不符应记录,并缮发验单通知退袋互换局更正。

开拆空袋总包时,应逐袋点核空袋条数,并在袋牌上作记录,然后根据这些记录对相关CN31封发空袋总包清单上所列空袋数进行核对,发现不符时应对清单进行修改,并发验通知退袋互换局。

空袋总包中发现不属于我邮政的空邮袋时,应交出口退空袋部门转退相关空袋所属邮政,同时对相关CN31清单进行相应的修改,并发验通知退袋互换局。

收到的空袋总包不属于本局接收范围的,应在查核、处理完毕后,将相关情况通知正确的退袋接收局。

9.4.7 互换局对进口邮件的处理和转发

1. 检验

对进口邮件总包中开拆出来的邮件,应逐件进行检验,发现下列情况时,应按规定及时处理。

① 邮件封面上有错写我国国名或地名情况时,一般应将错写的我国国名或地名用红笔划销,并附贴小条,批明"寄达国名(地名)书写错误,请通知寄件人纠正"字样后,转发投递。

② 函件破损时,应参照有关规定代封。对另有规定不予代封的邮件,应加贴小条批注"收到时已如此"字样。如破损严重或有拆动痕迹,应及时请示上级领导研究处理,必要时,缮发验单通知原寄互换局和函件投递局。挂号函件、保价函件和包裹损坏,按有关规定处理。

③ 印刷品封皮破损或扎绳松脱,内件有漏出可能的,应代为捆好后转发。对破损严重的,应重新整理后附验单转发。

④ 挂号小包如发现封皮破损或有拆动痕迹,足以对内件完整发生怀疑,应当会同海关开拆查验,作查验记录,同时发验单通知原寄互换局。相关邮袋、袋牌、扎绳、封志等应自查验之日起,妥为保存六个星期,如果原寄互换局在此期间提出要求,应将上述证物寄送原寄互换局。

上述邮件转发时,应附验单通知接收局。

⑤ 进口邮件如发现所贴邮票有脱落或被撕去痕迹,应在相关封皮上加盖"收到时已无邮票"字样的戳记,情节严重的,应验知原寄互换局,提请其注意。

⑥ 如发现退回的邮件回执未按要求妥填(缺少投递局日戳或收件人签字等),应将该回执附CN08查单退回原寄达局补办。

2. 分拣

互换局对拆出的进口国际邮件,应先把落地投递和转发国内其他局投递的分开。

互换局对拆出的进口国际邮件还应把验关邮件和非验关邮件分开。

验关邮件是指由各类进口国际邮件总包内开拆出来的应交海关查验的邮件。所有验关邮件应按照《海关对进出口邮递物品监管办法》交海关查验,并会同海关办理开拆和重封手续。

对纳税的验关邮件，应按有关规定办理；对免税放行的验关邮件，由海关在邮件上加盖免税戳记。

对需转发国内其他局投递的验关邮件，还要区分转关邮件和非转关邮件。

如果寄达地邮局设有海关或寄达省内有验关局，除有特殊规定的以外，相关验关邮件应由进口互换局发往相关验关局，交海关办理验关手续，此类邮件称为"转关邮件"。转关邮件应封成专袋发往指定验关地的邮局。寄往没有验关局的省、自治区、直辖市的验关邮件和落地投递的验关邮件一起交驻局海关办理验关手续，然后再转发。

互换局对需落地投递的、已办理验关和纳税等有关手续的验关邮件和非验关邮件，还要做好批译工作，以便投递。

3. 转发

转发国内其他各局投递的国际邮件，应按照相关规定，分别封发相关经转局或验关局转发，不得直接封往寄达局。

封发时应按以下规定处理。

① 转发经转局的国际邮件，应分别按航空和水陆路封成专袋。封装邮件时应使用国内邮袋和相应种类的封发清单，相关封发清单和袋牌上均应注明"国际"字样。

② 封发各类国际邮件使用的袋牌，与出口国际邮件发往互换局时袋牌的使用规定相同。

③ 保价函件应填发封发国际保价邮件清单，注明原注重量、复称重量和保价特别提款权数，并在备注栏内注明外表封装状况，经由现场主管人员或指定人员检查、签证，双人会同封成保价专袋或专套，专袋拴挂保价袋牌，专套加贴保价套签，称重后，将以克为单位的重量登在袋牌或套签上，然后封入挂号函件袋、套内，并登列在挂号函件清单内。保价函件业务量大的，可以将保价函件袋外走，外走的保价函件袋应拴挂保价袋牌，将邮件重量分别注在袋牌或路单上，外走的保价函件袋应一律交由邮政部门派押的运输工具运输。

④ 保价包裹应比照保价函件的规定专袋发运。

⑤ 海关免税放行的进口平常小包应封在挂号函件袋内，并在清单上注明平常小包件数。

⑥ 由国外按外走方式发来的包裹，封装坚固的，在转发时仍可以外走，相关封发清单和路单备注栏内应注明"外走"字样，邮件上应加附袋牌或与袋牌节目相同的标签。

⑦ 国外按总登办法发来的无号包裹，进口互换局在转发时，应逐件补贴 CP73 国际包裹号码标签。

⑧ 进口航空邮件和优先函件应用最快邮路（航空或水陆路）发运，水陆路、空运水陆路邮件和非优先函件用水陆路发运。

⑨ 进口印刷品专袋在转往相关经转局时，应原袋转发，但原袋牌应取下，并在收件人名址签牌上面拴挂黄色国内印刷品袋牌。袋牌和相关封发清单、路单上应加注"印刷品专袋"字样。

9.4.8 互换局对进口散寄经转和误发邮件的处理

1. 散寄经转邮件的处理

互换局接收的进口邮件总包中，如有散寄经转邮件应按下列规定办理。

① 对散寄经转的航空函件和优先函件，应按寄达国或运费率相同的寄达国组别核对其重量与所附 CN65 清单所注重量是否相符，如重量相差 20 g 以上，应将 CN65 清单上的数字更正，并用验单通知原寄互换局。未附 CN65 清单而函件重量超过 5 g 的，应代补一式三份，两份随验单寄送，一份留存。对采用统计办法结算散寄经转航空运费的邮政，只在统计期间编列

CN65 清单,平时不附 CN65 清单。

② 对经转的包裹和保价邮件,应查明寄达邮政是否办理该项业务。如果寄达国不接受此类邮件,应当随附验单说明不能转发的原因,退回原寄互换局。

③ 对散寄经转的包裹应核对封发包裹清单上所登的应付我方资费是否正确,此项资费包括我国应收的经转费、散寄经转费(每件 0.40 特别提款权)和我国应付其他邮政的经转费以及寄达国终端费,航空包裹还应核对清单第 8 栏所登应付我国航空运费。如有不符,应用 CP78 包裹验单通知原寄互换局,并在原封发包裹清单上进行相应的更正。

④ 散寄挂号信函如有破损,应参照有关规定处理,必要时发验通知原寄互换局,验单副份寄送寄达局。其他函件有破损时应保持原状,并视情况加以必要的代封、套封或捆扎处理后,发往寄达局。散寄经转包裹如有破损或其他足以涉及各邮政间责任的不正常情况,应比照前述有关规定处理。

⑤ 经转的水陆路函件原则上不收散寄经转费,但在同一总包或同一天收到的几个总包内收到的寄往同一寄达国的散寄经转水陆路函件超过 3 kg 时,可以收取相应的经转费。为此,寄达互换局应编制 CN31 清单一式三份,注明总包的原寄局名、函件寄达国名和函件重量,其中一份留存,两份随验单发往总包原寄互换局,以便其签退一份做账。

散寄经转邮件(包括误发的邮件)应按我国出口邮件转发寄达国。航空函件和优先函件除原寄邮政明确声明交由水陆路转发的以外,应一律交航空转发。

在转发散寄经转的包裹时,属改寄或退回的,应根据原封发包裹清单上所登资费,加上我国应收的散寄经转费(每件 0.40 特别提款权)和陆(海)路经转费以及我国应付其他邮政的经转费,航空包裹还应加上我国应收的航空运费,分别登在 CP86 清单第 7 栏或 CP87 清单第 7 栏和第 9 栏内,以便向新的寄达邮政或原寄邮政结算。

在散寄经转邮件上不应加注任何号码。

2. 误发邮件的处理

误发我国的邮件应视同散寄经转邮件接收和处理。对此类邮件,信函应在封皮背面,明信片在正面,加盖日戳,并注明"Missent"(误发)字样。寄往同一寄达国的成捆误发函件,可只在第一件上加盖日戳和注明上述字样。

寄往同一寄达国或同一寄达国组的误发航空函件重量超过 50 g 的,应代补 CN65 清单,随验单寄送原寄互换局。CN65 清单应寄送两份,以便对方签认后退回一份。在此情况下,相关 CN25 捆把签条应随验单退回原寄互换局。

对整袋误发的函件,应用验单通知原寄互换局,验单副份附在误发的邮袋内寄送寄达互换局。邮袋转发时,应另拴袋牌,将原寄互换局、寄达局局名以及总包号码、邮袋重量等注在袋牌上。此类邮袋应另编造路单,在备注栏内加注"Missent"字样及相关验单的日期和号码。

对误发的包裹,已付我方终端费应予以注销,改收我国经转费(包括散寄经转费每件 0.40 特别提款权)以及转发此项包裹所产生的新费用,对相关 CP86 或 CP87 清单应付我国费用各栏进行相应修改,并向原寄互换局缮发 CP78 验单。如果无法转发或转发至寄达地路途遥远,应缮发验单征询原寄邮政意见后处理。寄往同一寄达国的误发水陆路函件重量超过 3 kg 时,应参照前述有关规定编造 CN31 清单,随验单寄原寄互换局签认,相关 CP25 捆把签条应随验单退回原寄局。

9.4.9 经转局进口邮件的转发

经转局收到各互换局发来的进口国际邮件后,应复核互换局应办的各项手续,如有遗漏或不符,应当妥为补办或更正,必要时将不符或差错事项用验单通知相关进口互换局。经转局遇到下列情况时应进行处理。

① 逐件查验封面书写,如有错写我国国名、地名情况,应参照互换局处理方式办理。

② 验视邮件封装规格,发现邮件破损时,应按规定代封或捆扎。破损情况严重或有其他不正常情况时,应发验通知互换局。

③ 经转局对转往省内各局投递的国际邮件,如果封面上收件人姓名、地址只用外文书写,应将收件人地址批译中文后转发。对书写街道地址的邮件,除译地址外,还应当尽可能地将收件人姓名译出,以便于投递。如收件人姓名、地址书写不清或有疑问,应另加贴批译小条,不得在邮件封面随意批译。

④ 进口欠资邮件应按有关规定,将欠资数折成人民币批注在邮件封面上。对邮票脱落或漏销邮票的邮件应按前述有关规定办理。

⑤ 由国外退回的无法投递邮件,经转局应将退回原因译成中文,注在退回批条上。退回邮件未注退回原因的,应同样处理。退回的回执上未注明投递日期或无收件人签名的,应同样处理。

经转局处理进口印刷品专袋时,应按附在专袋上的地址签牌整袋投交收件人,并应注意在投交时将装寄邮件的国外空邮袋收回并退回原进口互换局。如果空邮袋数量较少,可以附在出口邮件袋内寄发;数量较多时,应当封成专袋,拴挂国内空袋袋牌,袋牌上加注"国际"字样。

对互换局发来的挂号函件、保价函件和包裹袋,应验视邮袋和封口状况,对保价邮件袋(套),还应核对复称重量与袋牌或套签上所注重量是否相符;对内装邮件,应逐件与清单勾核,并验视封装情况,保价邮件还应复称重量。发现不符情况时,应比照本章有关规定处理,但验单应发相关进口互换局,不得直发国外邮政。

设有海关的经转局收到互换局转来的转关邮件时,应按有关规定交海关查验。

未设海关的经转局收到互换局转来的验关邮件时,应当查验应税邮件是否附有相关税款缴纳证,并按照《邮局代收税款处理办法》的有关规定,复核互换局应办事项,如有不符情况,应验知互换局。如有漏附税款缴纳证等情况,应将其暂存,立即查问互换局,待互换局答复后再行处理。

转往省内各县(市)局投递的邮件,应参照有关规定,封给寄达地的县(市)局。对互换局按总登办法转发来的免税平常小包,转发时应采取相同措施或者加贴挂号号码签,以确保这类邮件的安全。

对转发县(市)局投递的验关邮件,还应按《邮局代收税款处理办法》的有关规定办理。

进口国际邮件处理过程如图 9-2 所示。

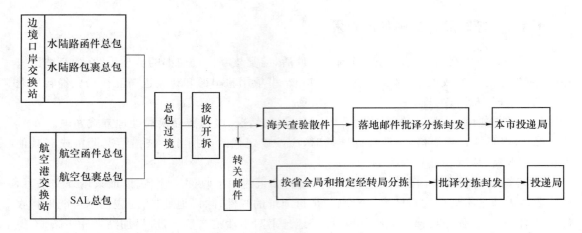

图 9-2 进口国际邮件处理流程

9.5 国际邮件的投递

国际邮件的投递是邮政投递的组成部分,它是邮政通信生产的最后一个环节,是邮政生产成果得以实现的必须工序。因此,做好邮政投递工作极为重要。

国际邮件投递的任务是把进口国际邮件按照规定的时限和手续,准确且完整地投交指定的收件人。

国际邮件投递与国内邮件投递基本相同,也分为按址投递和窗口投交两种方式。一般来说,国际邮件中除信函、明信片和小件印刷品可以按址投递外,其他函件和包裹,包括应税邮件、保价邮件、大件印刷品和欠资邮件等均须通过窗口投交收件人。

由于国际邮件所具有的一些特殊性,各投递局在投递国际邮件时除按国内邮件投递的要求办理有关手续外,还应注意以下事项。

9.5.1 做好投交前的查验处理及准备工作

投递局在收到待投的各类国际邮件后,要对邮件的规格、质量进行查核和验视,这是保证投递质量的重要因素之一。投递局应验视邮件是否完好,发现封装有破损的,可视情况代为粘封或捆扎;封面有邮票脱落或漏销现象的应补盖"Stamp Off"戳记或以日戳戳边代为滚销。

各类国际邮件在按址投递或窗口投交时均应加盖投递局日戳,按邮件封面书写的收件人姓名、地址准确投交。

对附译收件人姓名的邮件,应根据译音多方询问、试投,不可轻易退回。

投递印刷品专袋时,应将装寄邮件的国外空邮袋及时收回,通过相关经转局退回进口互换局。

窗口投交各类邮件的领取邮件通知单或包裹发递单上,应注明邮局应收费用、税款金额以及应携带的证件(包括海关批明要求收件人提交的医疗证明等)。

如果通知单发出后收件人在 7 天内未领取,应发"邮件催领单",同时在相关接收登记簿上批注填发催领单的日期备查。经催领仍不来领取的,保管满 1 个月(特殊情况包裹保管 2 个月),即按无法投递邮件处理。

9.5.2 正确办理各类邮件的投交手续

1. 印刷品专袋

投递印刷品专袋时,应将装寄邮件的国外空邮袋及时收回,通过相关经转局退回进口互换局。

2. 给据邮件

挂号函件、保价函件和各类包裹不论是按址投递还是通知用户领取,都应由收件人或收件单位在相应的"挂号函件投递清单""领取邮件通知单"或"包裹发递单"上签名或盖章;通知用户领取的,还应验视签收人有效身份证件并记录证件号码;保价函件还应签注大写拉丁字母的姓名。收件人无法签收时,可以由收件人授权的代理人代为签收。

3. 附有回执邮件

投递附有 CN07 回执的邮件时,应将回执从相关邮件上取下,由收件人或收件单位在指定位置签名或盖章;收件人无法签收时,可以由收件人授权的代理人代为签收。回执签妥后收回,并在指定位置加盖投递局日戳和经办人员名章,按平常函件通过最快邮路(航空或水陆路)发经转局。

4. 进口验关邮件

各类进口验关邮件通知用户领取时,应办理下列事项。

① 会同收件人验视所投邮件封装是否完好。需要收件人向驻局海关当面办理验关手续的,在海关加盖验放戳记后才能办理投交手续。

② 对应缴纳关税的国际邮件,应按照税款缴纳证代收税款。税款代收后,在税款缴纳证收据联上加盖日戳和名章,交收件人收执。代收的税款,应按《邮局代收税款处理办法》有关规定及时汇结。

③ 对海关批明要求收件人提交医疗证明或其他证明的邮件,必须在收件人交验证明后才能投交。证明文件附在"领取邮件通知单"或"包裹发递单"上一并存档。

5. 保价函件和保价包裹

保价函件和保价包裹必须通知用户到指定的邮局领取,还应验视封志是否完好,并复称重量。

① 发现破损、重量短少或收件人对内件的完好有怀疑时,应当场会同收件人拆验,如内件短少、损毁,应缮备 CN24 保价函件/包裹记录单(邮 2403)一式四份,由收件人和邮局有关人员共同签证后,一份交收件人留存,一份由邮局存查,一份寄送本省分公司业务档案管理部门备案,一份以最快邮路寄上一环节追查。

② 收件人对短少或损毁的内件要求补偿的,应在记录单内注明。收件人拒绝在 CN24 记录单上签字或收件人签字但拒收破损邮件时,应将记录单随附在重封后的邮件上一起通过经转局退回进口互换局,并附验单说明情况。

③ 相关邮件外部封装及封志完好,复称重量与标注重量相符,但内件短少的,应将相关 CN24 记录单用传真或扫描后以电子邮件及其他电子方式发相关进口互换局。

④ 我方邮局收到 CN24 记录单后,应通知寄件人该邮件内件被抽窃或损坏。

6. 存局候领邮件

封面上注明"Poste Restante"(存局候领)字样的函件和包裹,应存放在邮局等候领取。保管期限为一个月,超过期限则按无法投递邮件处理。如寄件人在邮件上批注存放日期,不超过上述保管期限的,可按寄件人所注日期退回。

投交存局候领邮件时,应办理下列事项。

① 查看收件人身份证件。平常邮件不需要收件人签收,给据邮件应办理签收手续。

② 按件收取存局候领费。

③ 存局候领的包裹和500 g以上小包自候领局收到之日起一个月内不取的,按照有关规定收取逾期保管费。

7. 国际商业回函

投递国际商业回函时应按以下规定办理。

① 核对信封上所印许可证号码和收件单位名称与合同是否相符,对未签订合同而使用此项业务的,应请其补办手续,再予处理。

② 对每一合同单位分别编制"投递国际商业回函清单"一式三份,按重量级别注明回函件数,一份留存,两份随相关回函投递,其中一份交收件单位,另一份由收件单位签章后带回,交财务部门作为与收件单位结算邮费的依据。

③ 邮费的结算周期和办法,由开办局自定。

8. 欠资函件

发现欠资函件应由专人填写"领取欠资邮件通知单",通知收件人来邮局领取。投递欠资函件时,应按封面上所注欠费金额收取欠资费,并开具退还/补收邮费收据一式两份。

9. 改寄和退回寄件人邮件

改寄和退回寄件人的邮件,应按邮件上所书新地址或寄件人地址投递。

对改寄和退回的函件,原则上不收任何费用,但封面上注有欠费的,应按批注的款额收取欠资费。对改寄和退回的包裹,应按照封发清单和收取退包费通知单上所注的款额收取改寄费或退包费。对境外邮政未注明退因退回的挂号函件、保价函件和各类包裹,应按照互换局在封发清单上批注的款额向寄件人退还邮费,但挂号费、保价费、保价手续费和送交海关验关费等费用不退。

9.5.3 注意收取有关费用

投递各类国际邮件时,对须向收件人收取的费用,如改寄费、退回费、欠资费、存局候领费、逾期保管费、送交海关验关费等要注意收取,并填发退还/补收邮费收据交收件人。所收费用作为营业收入上缴或用邮票贴在收据存根上盖销。

1. 送交海关验关费的收取

凡需代收关税或其他税费的进口保价邮件、包裹、小包、印刷品、印刷品专袋,均应按件(按袋)收取送交海关验关费。

不代收关税或其他税费的邮件免收送交海关验关费。

2. 逾期保管费的收取

窗口投递的500 g以上进口小包和国际包裹自领取通知单或包裹发递单投递之日起,在国内业务规定的保管期限内未来局领取的,应按照天数和国内业务规定标准收取逾期保管费。

如果查明逾期未领系邮局责任所致,应当免收上述保管费。遇此情况,应在相关领取通知单或包裹发递单背面批注原因,由主管人员鉴证。

邮件在国内改寄,不收取在原投递局保管期间的逾期保管费。

改寄国外和退回寄件人的包裹在投递局保管期间的逾期保管费,应批注在相关包裹发递单上,由互换局按有关规定向相关邮政收取,但应收的保管费超过6.53特别提款权的,只按6.53特别提款权批注。改寄国外或退回原寄国的小包,应收的逾期保管费全部注销。

存局候领费、欠资以及退回或改寄费等投递时应收费用,务必按存局候领费,欠资邮件投递的费用处理和改寄、退回寄件人邮件投递费用的有关规定收取。投递未注明退回原因的包裹时,应根据互换局的批注向寄件人退还所交付的邮费(保价费和保价手续费不退)并开具退还/补收邮费收据。

9.6 国际邮件的特殊处理

9.6.1 无法投递邮件的处理

因收件人地址不详、拒收或逾期不领、海关不准进口等原因无法投递的邮件为无法投递邮件。

无法投递的进口函件,原则上应退回原寄邮政,即邮件上付费标记(邮票、付费印志等)所显示的原寄国邮政。收件人拒收和明显无法投递的函件应立即退回;由于其他原因无法投递的,应保管一个月,在此期间仍无人领取的,保管期满后退回。如果寄件人在邮件封面上要求提前退回,可以照办。无法投递的进口平常印刷品,除书籍和寄件人在邮件封面上注明要求退回的以外,可不予退回。没有寄件人名址的无法投递的平常明信片,可不予退回。

无法投递的进口包裹,应根据寄件人在包裹封面和包裹发递单或多联单相关栏目内所注意见处理。未注明处理意见或所注意见互相矛盾的,可将包裹退回寄件人居住国。

退回的无法投递进口国际邮件,应当在邮件封面(包裹连同发递单)上加盖"Return"(退回)戳记,并粘贴CN15国际邮件退回批条,在退回原因"Unknown"(查无此人)、"Incorrect address"(无此地址)、"Incomplete address"(地址欠详)、"Refuse"(拒收)、"Moved"(人已他往)、"Unclaimed"(无人领取)、"Died"(人已亡故)中选择适用的原因,在相应的方框内划"×",标明退因。批条上如没有适用的原因,应另行填写。批条上应注明退回日期,加盖经办人员和主管人员名章和日戳,并在邮件(包裹连同发递单)上加盖日戳。

批条应粘贴牢固,并注意不要将收、寄件人姓名、地址覆盖。邮件(包裹连同发递单)上的收件人地址应当用横线划销,但应使原来字迹仍可看出。

无法投递的进口验关邮件退回时,除按上述无法投递的进口包裹办理外,还应办妥海关放行手续。对应税的邮件应按《邮局代收税款处理办法》的规定向海关办理注销税款手续。未设海关的经转局应按相关规定转往相关验关局,向海关办理注销税款手续。

退回的无法投递邮件,除航空信函、明信片、航空邮简外,一般由水陆路寄退。无法投递的航空邮件由水陆路退回时,应将航空标记划销。航空信函、明信片和航空邮简应利用最快邮路(通常为航空)退回,不收取退回的航空运费。

无法投递的包裹如寄件人在邮件和发递单上批明要求航空退回,可以照办。

各类包裹退回时无法注销的资费(如存局候领费、逾期保管费等),应批注在相关包面和封发清单上,以便互换局向对方邮政收取。

退回的无法投递邮件,除验关邮件应退给验关局以外,其他退回邮件应按同类出口邮件的发运路由发运。给据邮件应在相关封发清单备注栏内加注"退回"字样。

9.6.2 无着邮件处理

无法发运或按规定不予发运又无法退回寄件人的出口国际邮件和无法投递又无法退回或按规定不予退回的进口国际邮件,统称无着国际邮件。

对无着邮件以及邮件中散落的无着物品应建立登记保管制度,保管期一般为自确认无法退回之日起6个月,在此期间如果有查询或其他线索可以确定收、寄件人,应予投交。

无着邮件中进口小包和寄件人在包裹多联单上注明无法投递按放弃处理的进口包裹应交海关处理,其他邮件交无着邮件处理部门处理。

无着国际函件处理部门由省邮政公司指定,其他各局不得自行处理无着国际函件。无着国际包裹处理部门由省邮政速递物流公司指定,其他各局不得自行处理无着国际包裹。

无着邮件在寄送、保管和处理时,都应认真做好登记工作。

9.6.3 国际邮件查询

1. 出口国际邮件的查询

在查询有效期内,当寄件人或收件人提出问题时,应尽快受理查询。如果寄件人的查询涉及尚未投递的邮件,且尚未超过预定的运递时限,应将合理运递时限告知客户,请其缓查。对于使用网页版电子查询系统(IBIS)的,如果进口EDI信息(RESDES或EMSEVT)已经传输,即使没有超过正常的运递时限,也可查询。

由寄件人或其代理人凭交寄邮件收据或交寄邮件收据的影印件向收寄局申请,如交寄邮件收据丢失,收寄局确认后也可以受理。收寄局验视收据后,需先在给据邮件查询网或国际普邮综合信息系统中查询信息并答复客户,若二者提供的邮件信息都无法查到完整结果,则需登记查询,在收据背面批注"××年××月××日申请查询"字样,加盖日戳和受理人名章后退寄件人,并请申请人填报查单。

各类查询应由申请人填写CN08查单(邮2602)一份,台湾地区邮件查单需填写CN08查单(邮2602T)。有条件的收寄局可利用国际普邮综合信息系统发送电子查单。

收寄局指导客户正确填报查单,单式上所列的各个项目都应详细填写清楚,特别是必填项目,如查询原因、所查邮件类别、所查邮件号码、收寄件人详细地址及联系电话、交寄日期、收寄局名、邮件重量、邮件资费、保价金额、内件物品名称和邮件的外部封装情况等,并应尽量随附七联单式或与原件地址书写相同的复制件。

除查询寄往可以用中文书写收件人名址的国家和地区的邮件外,查单应用英文、法文或寄达邮政通晓文字,最好使用大写拉丁字母和阿拉伯数字书写,若能用印刷字体填写则更好。查询总登的邮件时,在查单上必须填注总包日期和号码。

寄件人因为没有收到相关邮件回执或退回的回执未按规定填妥而申请查询时,应请其另填CN07回执(邮2102)一份,对于函件应附在填妥的CN08查单上,另填的回执上应加注"Duplicate"(副本)字样。使用国际普邮综合信息系统的收寄局应将该回执副本作为附件上传到该系统。

寄件人或其代理人凭交寄邮件的收据或收据影印件要求查询在境内其他收寄局交寄的邮件时,各局均应受理,集中收寄点不受理在其他局交寄的邮件的查询。查询在境外交寄的邮件时,应先在国内查询网查询邮件信息,若邮件已经有入境信息则应受理查询,若邮件没有入境信息,则应告知客户到原寄邮政进行查询。

收寄局受理查单以后,应检查查单填写是否符合规定,发现填注不清或有遗漏时应请查询人更正或补充。填写符合规定的应编列一年一换的顺序号码,并将年号注在查单顺序号的后面,用斜线"/"隔开。查单顺序号码应注在查单上端空白处,不得注在"文号"一栏内(此栏归互换局使用),然后将查单登入"邮件查单登记簿"。

给据邮件查询网或国际普邮综合信息系统中的邮件信息不全时,应根据业务档案,在查单上另附批条,注明所查邮件封发节目。

收寄局在收到查单之日起2个工作日内,将查单及相关附件按照查询邮件的发运路由转发后续的经转局或互换局。如果系统中有邮件信息且邮件尚未出境,转发给邮件的最后处理局;如果邮件已出境,转发给直封互换局;如果系统中没有该邮件信息,按照邮件处理流程递查经转局或互换局。

经转局收到纸质查单或电子查单后都应进行审核,发现不符合规定的应代为更正或补充,无法代为更正或补充的,应指出问题所在,退回收寄局补办。经审核合格的,应登入邮件查单登记簿,对查单不必另外编号,在收寄局所编号码后面加注经转局名即可,利用国际普邮综合信息系统对查单进行立案登记的局,可不用在邮件查单登记簿另行登记。经转局应先在国际普邮综合信息系统中查询邮件信息并给予答复,系统中查询信息不全时,应根据业务档案在查单上另附批条,注明所查邮件封发节目,在收到查单之日起2个工作日内,按照邮件的发运路由将查单及相关附件转发邮件的最后处理局;邮件如已出境,则转发给互换局。

互换局对发来的出口查单(纸质或电子查单)应进行全面检查,发现不符合规定的应代为更正或补充,无法代为更正或补充的,应指出问题所在,退回收寄局补办。互换局对审核无误的查单应按要求录入国际普邮综合信息系统,并查询邮件信息,自动生成文号。系统中信息不全无法答复或用户不满意答复信息时,应按要求填妥CN08查单中由互换局填写的相应部分,注明日期,加盖经办人员名章,最迟在收到查单之日起3个工作日内,将符合查询条件且已封发出境的邮件的查单连同附件发往寄达互换局或境外邮政指定的查询机构续查。

查询散寄经转的邮件,互换局应将查单同时发给经转邮政和寄达邮政。查询总包经转的邮件,查单原则上直接发给寄达邮政,但为了加快查询,查单也可发给经转邮政,以便提供相关总包信息。发给经转邮政的查单应随附CN37、CN38或CN41的副本。若经转邮政用CN21转寄查单通知单(邮2602甲)通知了邮件转出节目,应根据CN21转寄查单通知单直接向有关邮政查询。

各类出口邮件查单必须尽快处理,在规定时限内查出结果,发下一环节续查或提出关于责任问题的报告。从收寄局受理查单到国内各环节完成查询,再到出口互换局向境外邮政发出查单应在10个工作日内完成。

若经转局和互换局查不出邮件转出节目,应报请上级主管部门,按出口邮件在我境内丢失处理,按规定补偿寄件人,所付补偿金按国内规章的规定由责任局归垫。

互换局向寄达互换局或境外邮政续查时,可选择使用最快邮路寄递(航空或水陆路)、IBIS、传真、电子邮件或其他电子方式传递,但包裹查询和Prime挂号函件查询强制要求使用IBIS,不再使用纸质查单。给据函件查询,对于开通IBIS的境外邮政,查单需要通过该系统发送,对于未开通此系统的境外邮政,查单可以通过CN08纸质查单或者电子方式寄送。使用IBIS查询时,相关附件一并上传。

出口互换局寄出 CN08 查单后 2 个月内或用传真等电子方式发出 CN08 查单后 30 日内（对于达成协议使用 IBIS 的邮政，答复时限应按照相关协议的要求，但不得长于上述时间），若未收到关于邮件下落的明确答复，也没有收到由于不可抗力导致邮件损毁或按照寄达邮政的法律邮件被扣留、没收或销毁的报告，则应视为相关邮件在其范围内丢失，通过经转局通知收寄局补偿寄件人，同时通知相关邮政中央主管部门该邮件查单逾期未复，已通知补偿寄件人，并列入 CN48 补偿金账单。由于 CN08 查单填写不完整、不准确，寄达邮政将查单退回要求寄件人予以补充或更正的，补偿寄件人的时限应为 CN08 查单补充或更正完成之日起 2 个月。

互换局对境外邮政退回的查单应及时销号结案，出具处理意见后，将结果按照查单的寄发路径传递，最终通知寄件人，如境外邮政表示愿意承担相应责任，则需出具补偿函，随同查单一并返还。

经转局或收寄局收到境外邮政直接退回的查单时，应将查单转往相关出口互换局。

2. 进口国际邮件的查询

原寄邮政在查询有效期内发来的进口邮件查单按照邮件进口的实际运递路径，由第一进口互换局负责接收，并进行后续处理。

互换局通过 IBIS 接收的查单，先在给据邮件查询网或国际普邮综合信息系统中查询邮件信息，如果能够提供邮件下落，应详细填写答复结果；如系投递延误、待处理或已退回原寄地等，应简要注明原因，直接在 IBIS 中答复；如果需要进一步调查，则需向其邮件转发节目发起查询，按要求录入国际普邮综合信息系统，自动生成文号，并在收到查单后 1 个工作日内转发查单。对于已开通电子查询的经转局，可以直接通过国际普邮综合信息系统续查；对于未开通电子查询的经转局，换填国内查单，填妥邮件转发节目，按邮件发运路由，连同随附的地址和回执递查，原查单留存。如果寄件人提出明确要求，还应随附一份用 CN18 单式填写的收件人声明书（原查单附有 CN07 回执的，不用随附 CN18 声明书）。

互换局接收的其他纸质查单，同样需要在给据邮件查询网或国际普邮综合信息系统中查询邮件信息。如果能够提供邮件下落，应按相关要求在查单的"由寄达业务部门填写的事项"部分直接答复，按照查单接收时的相应方式和路径将查单返还境外邮政。如需进一步调查，同样需向其邮件转发节目发起查询。

所查邮件如为总包经转、散寄经转到第三国（地区）、已退回原寄国或改寄其他国家（地区），互换局应在填注转发节目后，将查单转往相关总包寄达互换局或寄达邮政指定的查询机构续查，并将转发情况及所查邮件的转发节目在 1 个工作日内用 CN21 转寄查单通知单通知原寄互换局。

经转局收到互换局转来的查单后应进行登记并查明邮件转发节目，调查情况后可以答复结果或处理意见的，应直接答复。通过国际普邮综合信息系统接收的查单，在普邮系统中直接答复；以其他方式收到的查单，按照原方式答复。需要进一步调查的，应在 1 个工作日内查明邮件转发节目，填注在查单上，必要时对收件人名址进行批译后转往投递局处理。

投递局收到查单后应登记，并在 2 个工作日内根据情况按下列办法处理。

① 如查明所查邮件已经妥投，应将投递节目填入代用国内查单，然后将用户签收的投递凭证复印件附在查单上，及时转发经转局。

② 如所查邮件已经退回收寄局或改寄新址，应将退回、改寄的节目在查单上加以批注，及时退回经转局续查。

③ 如所查邮件尽管已经投递，但是寄件人坚持认为收件人未收到邮件，应请收件人或收

件单位在 CN18 声明书上签字。对附有 CN07 回执的,应请收件人或收件单位在 CN07 回执上签字。如遇无法联系到收件人或收件人坚持拒签 CN18 声明书等特殊情况,或者寄件人未明确要求提供 CN18 声明书,可在代用查单上随附用户签收的投递凭证复印件并说明情况。如无法提供投递凭证或收到提供投递凭证的请求后 6 个工作日仍未办理,责任由投递局承担。

经转局对上述投递局查妥退回的查单应进行审核,发现手续不完备的,应退回补办,没有问题的,在查单登记簿上注明查询结果并销号,在 1 个工作日内转往互换局。对于退回或改寄的邮件还应查出转发节目,填注在查单上;在本省(自治区、直辖市)内改寄的,应转往相关投递局续查,在新投递局查复以后再转发互换局。

经转局对所查邮件有进口节目但查不出转发节目时,也应及时答复互换局并按补偿规定办理。

投递局如果收到境外邮政直接发来的邮件 CN08 查单,应先予试查。对于已妥投的邮件,在查单上"Particulars to be supplied by the service of destination"(由寄达邮政填写的内容)部分填好投递日期,加盖经手人名章和日戳,并直接寄给相关进口互换局。查无结果的,应附函说明。上述试查不论有无结果,均应将查单直接转发给相关进口互换局,不可直接答复境外邮政。

进口邮件查单必须迅速、及时处理,不得延误。互换局在发出代用查单 10 天后未收到查询结果的,应填制查单副份,发函至相关省级主管公司进行催查,查单副份上注明首次查单的日期和号码。各省公司对进口互换局发来的查单催办函应充分重视,督促相关局按要求完成查询工作。互换局发出进口邮件代用查单后且自收到查单起 30 天内未收到最终答复的,作为所查邮件在该省内丢失答复境外邮政,并在报送的"对外承担补偿责任报告单"备注栏内加以说明。由于查单填写不完整、不准确而不得不退回原寄邮政补充或更正的,如果是进口函件查单,则寄达省承担逾期未复补偿责任的时限应为收到补充或更正代用查单之日起 30 天。

最终调查结果如既不能证明我邮政已将函件投交收件人,又不能证明已将其正常转发其他邮政,应根据查单的接收形式是电子查单还是纸质查单,分别在 IBIS 查单答复项或 CN08 查单中的"最终答复"部分记录有关责任问题的决定。如同意承担责任,还需注明授权补偿码和承担责任的程度,如总款额、所付款额的一半或根据两邮政间的协议应付给申请人的补偿金额。

互换局收到经转局答复的查单后,应先进行审核,答复不明确或手续不完备的,退回相关局补办,正确无误的,找出原查单,并在国际普邮综合信息系统和查单登记簿内注明查询补偿结果,根据情况在 1 个工作日内答复原寄邮政。查单如果是用传真、电子邮件或其他电子方式传递,应尽可能使用相同的方式予以答复。

9.6.4 国际邮件补偿

在无法确定责任邮政时,应由各有关邮政平均分担补偿责任,但对无法确定责任的普通包裹,如果补偿金不超过 44.5 特别提款权(人民币 510 元),这笔补偿金只由原寄邮政和寄达邮政平均分担。

对于各类挂号函件(含 Prime 挂号函件)、普通包裹和保价邮件在寄递过程中发生丢失、被窃、短少或损毁,或者退回但未注明无法投递原因,应由责任邮政承担补偿责任。对于散寄经转或封固总包发运的上述邮件,责任邮政也应承担责任。

1. 邮局不担负补偿责任的情况

① 未在上述内容中提到的邮件。

② 不可抗力造成的丢失、损毁，或由于不可抗力造成档案损毁，无法加以追查，而又没有其他证据足以证明相关邮政应承担责任。

③ 邮件被寄达国按其国内法令扣留、没收或销毁。

④ 由于违反禁限寄规定而被主管机关没收或销毁的邮件。

⑤ 由寄件人的疏忽、过失或者所寄物品的特性以及邮件封装不妥等原因造成的遗失和损毁。

⑥ 寄件人虚报保价邮件价值，所报金额超过内件的实际价值。

⑦ 寄件人在交寄邮件的次日起6个月之内未申请任何查询。

⑧ 属于战俘和被拘禁平民的包裹。

⑨ 寄件人的行为有骗取补偿金之嫌。

⑩ 对未使用符合万国邮联S10标准的给据邮件条码标识的各类函件或包裹，各邮政均可不承担补偿责任。

⑪ 对于包裹的间接损失、利润损失及精神损失，均不承担补偿责任。

⑫ 包裹在寄达国业务范围内丢失或损毁，该寄达国声明对寄往的内装流质、易碎物品包裹不承担补偿责任。

⑬ 对于以各种方式向海关进行的申报和海关在查验受其监管的邮件时所做的决定事项，各成员国和邮政不承担任何责任。

2. 补偿金标准

① 挂号函件：每件最高30 SDR。

② 挂号印刷品专袋：每袋最高150 SDR。

③ 保价函件和保价包裹：按损失比例补偿，每件最高不超过所申报的保价金额。

④ 普通包裹：按损失比例补偿，每件最高不超过按下列公式计算得到的总和：每件40.00 SDR＋每千克4.50 SDR。

⑤ 台湾地区的挂号函件、挂号印刷品专袋和包裹也按上述标准补偿。

由于挂号函件、挂号印刷品专袋、普通包裹和保价邮件丢失或内件完全被窃或完全损毁而支付补偿金时，寄件人所付的邮费应予退还，但挂号费、保价费、保价手续费和送交海关验关费不退。

因不可抗力造成邮件丢失、损毁或无法确定邮件下落而不承担补偿责任时，所收邮费应退还寄件人，但挂号费、保价费、保价手续费和送交海关验关费不退。

3. 补偿金支付办法

① 互换局收到责任邮政同意承担补偿责任的答复后，应立即用简函通知经转局，转告收寄局补偿寄件人。逾期未复应同样办理，但应在通知中注明"在规定时期内未收到答复，暂按丢失补偿"字样。

② 在国内丢失的出口邮件，经责任局的主管省公司核准承担补偿责任后，按上述规定办理。

③ 收寄局收到经转局的通知后，应立即通知寄件人领取补偿金和退还的邮费。

④ 补偿金的支付应在查询次日起3个月内完成。

⑤ 补偿金应付给寄件人，经寄件人转让也可以付给收件人。

⑥ 向责任邮政收回补偿金和向国外（境外）邮政归垫补偿金，一律由集团公司结算中心统一办理，由各互换局提供结算数据。

4. 补偿金的收回

在支付补偿金以后，原认为已经丢失的邮件又找到下落时，应通知寄件人退回补偿金，领取其邮件。

案 例 分 析

【案例分析 9.1】

营业员的建议让用户免受损失

"是这位营业员的建议帮了我的忙，让我免受损失。"这是不久前用户田老师夸奖营业员小刘时说的话。原来，两个多月前田老师给在国外工作的妹妹寄了一件国际小包，营业员小刘在验视时，得知内件为几件小饰品，价值约 2 000 元，便提醒田老师应按保价或保值邮件交寄。一开始，田老师认为没有必要，理由是以前给妹妹寄过多次小包从来都没有发生过问题。后来在小刘的耐心劝说下，她听从了小刘的建议。因国际保价小包只能在设海关的邮局交寄，便按国际保值小包办理了收寄手续。数天后，田老师与妹妹联系，妹妹称还没有收到这件小包，后经查询证实这件小包在寄达国丢失了。不久，田老师得到按保值金额的补偿。为此，她专门来到邮局感谢小刘，赞扬她一心为用户着想的服务精神。

国际小包属国际函件类业务，传递速度较快，且价格比国际包裹低廉，只要重量在 2 000 g（阿富汗限 1 000 g）内的物品均可按国际小包交寄，因此，国际小包深受广大用户的青睐。国际小包交寄的方式可按平常小包也可按挂号小包，运输方式可航空、水陆路、空运水陆路，但按保价小包交寄只有在设有海关的邮局才能办理。为了方便用户，有的未设海关的邮局开办了保值小包业务，既满足了用户对小包的保价需求，又为企业增加了收入。近年来随着出国人员的不断增加，国际小包的业务量也不断增多，交寄的物品从服装、饰品到食品、日用品等无所不有，交寄的物品价值也在不断升高，像田老师这样交寄价值 2 000 元物品的小包屡见不鲜。所以，营业员的宣传和指导工作很重要，以上事例正说明了这一点。

此外，营业员在收寄保值国际小包时，除按挂号小包办理手续外，还应注意：在收据、报关单的收寄局留存联上盖一枚保值的戳记，填写小包的重量和保值金额，清单上也应注有小包的重量及保值金额；进行收寄操作时在系统中慎重选择付费方式，受系统设置的制约，无论用户是付现金还是粘贴邮票，都应选择"贴票"的付费方式办理收寄，营业员日终结账时，才能正常交款，量收系统才不会报错。

【案例分析 9.2】

复验——不可忽视的环节

近日，一寄件人以特快专递方式给在加拿大留学的女儿寄衣物。在营业员验视内件后，寄件人又暗自往包裹内塞入了一些药品，结果，对方迟迟收不到包裹。后经查询，该包裹因有未申报的药品被加拿大海关暂扣，要求寄件人必须提供夹寄药品的英文清单。我国许多药品都

147

有两个品名,一个是产品名称,还有一个是药品的化学名称,如"芬必得"又叫"布洛芬缓释胶囊"等。还有一些中西医结合的药品,名称也十分复杂,这使得此次查询操作非常困难。尽管此事最终圆满解决,但在处理过程中,无论是双方邮政、海关,还是寄件人、收件人,全都心力交瘁。

众所周知,国际间寄递物品要经过海关的检验。国际包裹出口时要报关,进口时还要验关,如果在海关检验环节出了问题,所寄物品就会被海关暂扣,不仅影响邮件时限,还会给各环节造成麻烦。

国际邮件要经过两个国家的海关和邮政部门处理,且不同国家对待进口包裹的规定也不尽相同,如加拿大禁止羽绒制品进口,羽绒服就不能收寄等。因此,营业窗口在收寄国际包裹和国际物品型特快专递邮件时,首先要将寄达国应注意事项向用户讲清楚,对于不能收寄的物品要向用户解释,不能怕麻烦。同时,验视内件后的包裹如果交还用户,在办理收寄手续时一定要对内件进行复验,防止用户暗自在包裹内夹寄其他物品。最有效的方法是严格执行从内件验视、包裹封装到收寄的流程,力争内件验视与包裹封装同步完成。更重要的是,要主动向用户做好宣传,讲明暗中夹寄给邮件运递和查询带来的危害,避免类似情况的发生。

【案例分析9.3】

"妥投"邮件用户为何未收到

被告知已妥投的邮件,可收件人却没收到,这样的事被陈女士遇到了。一年前,陈女士在邮局交寄了一件寄往英国的国际小包。一个多月后,对方称还没有收到,陈女士便拿着收据到邮局办理了查询业务。很快,英国邮政给予了答复,称"此邮件已按址妥投"。陈女士马上与收件人联系,但对方称并未收到此邮件。这是怎么回事呢?邮局专管查询工作的王师傅并没有简单地答复用户查询结果,而是热情地为陈女士办理了第二次查询,并让陈女士不要着急,有了结果邮局会马上通知她。不久,第二次查询也有了结果,称寄达国邮政规定邮件只按址投递,所以所查的这件邮件已按址妥投,完成了交寄过程。陈女士得知此结果后,并不认可,同时对寄达国邮政的做法非常不满意。于是,她进行了再次查询。在此后近一年的时间里,陈女士多次到邮局询问查询结果,本来由于邮件丢失,她已是非常恼火,但邮局王师傅诚恳的态度、周到细致的服务感动了她。到后来,她不但不责怪邮局,反而是充满感激之情。她说:"是这位王师傅的真诚感动了我。为此,我特别感谢邮局,感谢这位王师傅!"

这个事例提示我们,有些国家邮政的妥投与我国邮政的妥投在含义上有着较大的区别,我们的妥投是指妥投给收件人,如是代领人领取,应凭收件人和代领人的有效证件,并由代领人签章领取。而此事例中,对方国家邮政只要按址投递就称为妥投。因此,提醒窗口营业人员在收寄国际邮件时,不论是国际小包、国际包裹还是国际特快专递邮件,都应提示用户,收件人的地址最好留长期有人在家的地址,或是所在公司的地址,即使有人帮忙签收,也能知道是谁帮助代收的。这样,就会减少因某些国家邮政妥投邮件的规定和含义不同给用户带来的麻烦和损失。

阅读材料

【阅读材料 9.1】

做好国际邮件寄件人的提示工作

邮政营业员在收寄国际邮件时,要按照《国际邮件处理规则》的要求,引导寄件人了解收寄规格和诚信申报程序,共同维护寄件人和邮政企业的利益。营业员在收寄邮件时应向寄件人做好以下四个方面的提示。

① 提示寄件人使用英语、法语或寄达国通晓文字填写报关单,做到如实、准确、完整、详细。提示寄件人,由于瞒报、伪报以及申报内容或价值与实际严重不符等情况,造成邮件被退回、销毁或没收的,由寄件人自己承担责任;造成严重后果的,还要追究寄件人的法律责任。营业员对报关填写进行辅助把关时,可提请寄件人修改明显申报不符的部分,特别要提示,申报价值要以"美元"为单位,不要写"人民币"价值,以方便寄达国计算关税。

② 对于烟草、酒类等高税、限寄类物品以及可能存在侵权、假冒、伪劣等嫌疑的物品,更需要审慎收寄,要提示并告知寄件人可能引起的严重后果。

③ 收寄国际包裹及物品类国际特快专递邮件时,要提示寄件人将收、寄件人的姓名、地址和联系方式按照国际邮件封面书写的格式和要求,详细书写在邮件详情单和包装箱上;对寄往通晓中文国家和地区的邮件,如使用中文书写收、寄件人名址,可按中文习惯格式书写。验视详情单上收、寄件人名址与包装箱上所写名址是否一致,必要时指导寄件人更正或补充,还要验视详情单中所列项目是否填写齐全,填写是否符合要求。同时,要检查详情单各联复写质量和封套背胶粘度等情况。

④ 对于国际邮件在运输和海关检查时会遇到的一些情况,也要提示并告知寄件人。例如,有些寄达国的海关和邮政部门在该国的节假日是不办公的,寄递时间会相应延长;信奉伊斯兰教的国家对某些物品和图案很敏感,要注意避讳等。

【阅读材料 9.2】

国际包裹查询答复时限的相关规定

2007 年 7 月,中国邮政集团公司开通国际包裹网上查询平台(CRICKET)。目前,已有 21 个互换局(北京、上海、广州、温州、福州、天津、重庆、成都、大连、南京、武汉、西安、青岛、杭州、深圳、珠海、乌鲁木齐、沈阳、苏州、长春、延吉)使用该平台与国外七十多个邮政部门开展包裹查询工作。

为确保我国邮政按时处理国际包裹查询并提高查询质量,根据万国邮联相关规定,中国邮政集团公司在《关于国际包裹查询答复时限的相关规定的通知》中提出,自 2008 年 2 月 1 日起,国际包裹查询答复时限按以下规定操作。

按照万国邮联《包裹细则》规定,利用该平台可进行三级查询和综合信息答复。一般查询:12 个工作小时内答复。特殊查询:24 个工作小时内答复。全面查询:160 个工作小时内答复。综合信息:12 个工作小时内答复。

开通平台的互换局应及时做好查单与平台间查询及答复信息的转填、随附、转发等工作。对于进口查询,若所查包裹非本互换局接收,在利用国际普邮综合查询系统了解所查邮件情况后,及时在平台上答复其相关信息并告知查询邮政将查询请求转发相关互换局进行升级查询。若应转互换局未开通查询平台,则由收到查询的互换局将平台查询信息转为国内代查单后转该互换局处理。国内代查单处理流程遵循《国际及台港澳邮件处理规则》的相关规定。

【阅读材料 9.3】

国内代查单答复时限

1. 出口包裹查询

开通平台的出口互换局应于收到国际包裹查单后 2 天内(节假日除外),将查单内容转为平台查询。在得到对方邮政结案答复信息后 2 天内(节假日除外),将答复信息随附查单退回。

2. 进口包裹查询

开通平台的进口互换局应及时将进口查询转填国内代查单并转下一环节续查。经转局(或未开通平台的互换局)在收到代查单后 2 天内(节假日除外)进行处理和续查。投递局应在 15 天内(节假日除外)处理并将可结案的查询结果发往经转局。经转局(或未开通平台的互换局)应将结果及时转往开通平台的进口互换局。

开通平台的进口互换局在发出代查单 15 天后仍未收到查询结果的,应进行催查。催查函发出 15 天后仍未收到任何答复的,按《国际及台港澳邮件处理规则》的相关规定处理。

使用 CN08 查单进行的进出口包裹查询仍遵循《国际及台港澳邮件处理规则》的相关流程与时限规定。

各局应充分利用国际普邮综合查询系统查询邮件情况。未开通平台的互换局、各省(区、市)经转局及投递局应按时限要求配合开通平台的进出口互换局答复查询。开通平台的进出口互换局应按平台时限要求将调查情况及结果答复平台上的查询请求。

【阅读材料 9.4】

国际普邮综合查询系统

国际普邮综合查询系统是中国邮政利用万国邮联质量基金建设的。该系统于 2006 年建设完成并投入使用,覆盖了全国所有的国际邮件互换局和指定经转局。系统已实现国际邮件生产及信息处理自动化,并在各相关系统之间建立互联数据接口,实现邮件信息的跟踪查询。

国际普邮综合查询系统是根据国际业务发展和国际邮件现代化生产处理的需要,应用计算机和通信技术研制的符合万国邮联建议的技术标准、数据结构和文件格式的国际给据邮件跟踪查询系统。

系统实现了与万国邮联收寄、出口封发、进口开拆和试投/妥投信息的互换,可以在国际账务、中心局生产作业、量收、电子化支局、速递等系统间建立互联数据接口,所有数据在全国中心进行集中处理、存储与交换。

系统的建设对国际业务的信息化起到了很大的支撑作用,提高了国际业务处理的生产效率,也极大地提高了国际邮件的服务质量。系统先期开通了包括卡哈拉 6 个国家和地区邮政在内的 10 个邮政间的国际包裹查询服务,用户可通过邮政 183 网站和 11185 呼叫中心进行跟踪查询。

课 后 实 践

选择某邮局,到实地生产车间观察并调研,了解国际邮件的处理过程,并就某一环节谈谈自己的想法。

思 考 题

1. 简述进、出口国际邮件在我国的传递过程。
2. 国际邮件经转局对出口国际邮件应检查的项目有哪些?
3. 简述无法投递邮件和无着邮件的含义。
4. 我国国际邮件的查询时限是如何规定的?
5. 简述我国国际邮件补偿金的支付标准。

第 10 章　国际邮政通信管理

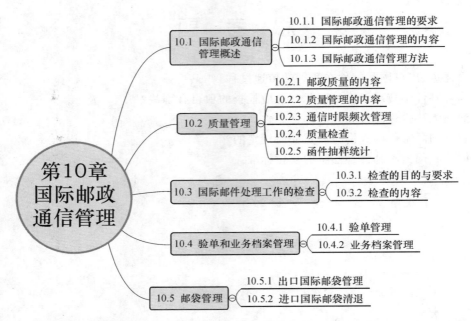

国际邮政通信工作组织管理的合理与否直接影响国际邮政通信任务完成的质量,并在一定程度上影响着我国邮政在国际上的声誉。本章将介绍国际邮政通信管理的基本知识、质量管理、国际邮件处理工作的检查、验单和业务档案管理等内容。

10.1　国际邮政通信管理概述

10.1.1　国际邮政通信管理的要求

国际邮政通信管理是指邮政部门为确保国际邮政通信生产正常进行和全程全网畅通而开展的一系列活动。

国际邮政通信管理是指根据国际邮政通信的性质和任务,从确保国际邮件传递时限和安全、满足社会对国际通信的需求出发,运用现代管理的方式,对各类国际邮政业务的生产全过程进行科学合理的安排,保证国际邮政通信任务完成。

国际邮政通信管理是否合理与完善,直接关系到国际邮政通信任务能否完成,也决定着国际邮政通信的传递速度和服务质量,并在一定程度上影响着我国邮政在国际上的信誉及所能取得的效益。因此,做好国际邮政通信管理具有非常重要的意义。国际邮政管理的基本要求如下。

① 国际邮政通信管理应适应国际邮政通信发展的需要和开办各种国际邮政业务的需要,不断调整其管理的方式和方法。

② 根据国际邮政通信的特点,我国的国际邮政通信管理必须符合国际统一的标准和要求。

③ 为了有效地进行国际邮政通信管理,必须注意和重视协调我国邮政部门与国外邮政部门或有关运输机构的关系,加强彼此的联系与协作。

10.1.2 国际邮政通信管理的内容

根据国际邮政通信管理的任务与要求,国际邮政通信管理的主要内容如下所述。

1. 国际邮政通信的业务管理

国际邮政通信的业务管理,是邮政部门为了满足社会各方面的用邮需求,保障业务经营和生产活动的正常运行而进行的一系列业务管理活动。由于邮政部门向社会提供的通信服务是通过开办各项业务来实现的,因此,邮政部门在其生产经营全过程中必须通过业务管理对所经营的各项业务加以统筹、规范和协调,以充分发挥邮政业务为社会服务的作用。可见,邮政业务管理在邮政各项管理中处于中心地位,将直接影响邮政通信生产和经营的效果。

2. 国际邮政通信的质量管理

国际邮政通信的质量管理,是邮政部门围绕提高国际邮政质量,为用户提供及时、准确、安全的通信服务而开展的一系列管理活动。质量管理的任务是要在正确的理论和思想的指导下,运用科学的质量监督检查分析和研究等管理方法,保证迅速、准确、安全地完成邮件的传递业务,最大限度地为社会提供合格的通信产品。

3. 国际邮政生产组织管理

国际邮政生产组织管理,是指邮政部门和企业针对经办的各项国际邮政业务,对邮政生产过程的生产人员、生产设备、生产场地、劳动对象以及信息等生产和生产过程的各个环节、各个阶段、各个企业、车间、工序的生产活动,进行有目的、有系统、有秩序的合理配置和科学安排以及相应的管理。

国际邮政生产组织管理的任务,就是要根据国际通信的特点和要求,运用相应的组织方式和方法,合理使用邮政生产资源,保证生产任务的完成,并创造出最大的社会效益和企业经济效益。

4. 国际邮政通信用品用具管理

国际邮政通信用品用具管理,是邮政部门根据《万国邮政公约》及各项业务协议的要求,为统一国际通信过程中使用的用品用具规格、保障供应、严格控制使用而进行的管理活动,其基本内容包括统一规格式样,组织制作供应,严格控制使用范围,建立分配、保管、使用、交接、维护和监督检查制度,并组织实施。

5. 国际邮政业务档案管理

国际邮政业务档案管理,是邮政部门为了保证在国际邮政通信生产活动中形成的各种业务档案的完整性,以便为事后监督检查、解决一系列国际邮政之间的纠纷等提供可靠依据而进行的一切管理活动。业务档案管理的内容主要包括:确定档案管理体制,划定档案范围,建立档案送缴、接收、检查、稽核、整理、装订、保管、查阅调阅、销毁制度,并组织实施。

10.1.3　国际邮政通信管理方法

我国对国际邮政通信工作的管理，是在中国邮政集团公司统一领导下，实行三级管理，即中国邮政集团公司，省（自治区、直辖市）邮政分公司和市（地）邮政局。

中国邮政集团公司对全国邮政通信工作实行统一领导、统一管理，其职责包括以下几点。

① 制定国际邮政业务的方针政策，确定发展方向。
② 签订国际邮政协定或协议，同国外运输机构洽谈运邮事务或签署协议。
③ 决定国际邮件互换局、交换站的设立与撤销，直封总包关系的建立与停止，选择制定发运路由。
④ 制定和修改国际邮政处理规则和规章制度。
⑤ 制定和调整国际邮件资费。
⑥ 由中国邮政集团公司统一负责与国外相关部门进行账务结算。
⑦ 制定国际邮政业务的质量检查考核标准。
⑧ 负责对各省、自治区、直辖市邮政分公司国际邮政业务管理人员进行业务指导和业务培训。

在中国邮政集团公司的统一管理下，各省、自治区、直辖市邮政公司及各级邮政分公司分级负责各地方的国际邮政通信事务管理，而国际邮政通信业务管理主要是通过国际邮件互换局、交换站、经转局、国际邮件指定经转局和验关局等直接办理国际邮政业务的现业局来完成的。这些局负责对有关地区的国际邮政通信工作进行业务指导和质量把关，其任务是根据业务量的发展情况，设立处理国际邮件的机构，配备适当的人员负责组织和协调国际邮政各方面的工作，它们各自的主要职能如下所述。

① 互换局要根据中国邮政集团公司规定的封发关系，向国外互换局封发各类邮件总包，接收开拆各类进口国际邮件总包，处理进口邮件。
② 交换站要按照中国邮政集团公司规定的发运路由，发运各类国际邮件总包，并与运输部门保持联系，通知互换局邮件总包的发运情况，以便互换局能及时向上级主管部门反映邮件的发运情况。
③ 经转局负责对各有关局收寄和投递国际邮件进行业务指导，对本地区内各局收寄的出口邮件进行质量把关；向互换局转发出口国际邮件；对互换局发来的进口国际邮件进行质量检查；负责本省国际邮件税款的收集、汇解和管理工作。

省、自治区、直辖市邮政分公司在国际邮政通信方面，还应贯彻执行中国邮政集团公司统一制定的国际邮政业务规章制度，定期组织各局的国际邮政业务人员和管理人员学习有关的国际邮政业务知识。

10.2　质量管理

邮政通信质量是邮政通信社会效益的集中表现，是邮政通信管理的重要组成部分，它是邮政部门各项管理工作的综合反映，也是衡量邮政职工工作成绩的主要指标。国际邮政通信质量的好坏直接关系到国内外用户的切身利益，影响着我国邮政的信誉。因此，必须切实抓好质量管理工作。

10.2.1　邮政质量的内容

邮政通信生产是实物空间的转移。用户使用邮政通信,要求邮政企业能以最佳的速度,安全、准确地将交寄的邮件递送给指定的收件人,因此,迅速性和安全性是邮政通信质量的基本特征。同时,邮政通信生产过程由收寄、分拣、封发、运输和投递等环节组成,每一个环节都会存在质量问题,因此,邮政质量管理是邮政部门围绕提高邮政质量,为用户提供方便、及时、准确、安全的通信服务而开展的一系列管理活动。但通常邮政质量管理主要集中在邮政通信质量的基本特征上,依据邮件传递过程中发生通信质量问题的性质和影响程度,我国的邮政质量主要分为以下两部分。

1. 邮政服务质量

邮政服务质量,是邮政生产过程中的收投环节与用户直接接触时所发生的邮政企业行为和邮政人员个人工作行为的情况。邮政服务质量是反映邮政总体服务水平的重要窗口,邮政服务质量的高低直接影响邮政形象、信誉和效益。因此,对这方面的质量管理越来越重视,这主要体现了邮政部门为用户提供方便服务的方针。

2. 邮政通信质量

根据邮件在传递、处理过程中发生问题所带来的后果,邮政通信问题主要分为以下 3 类。

① 危害邮件安全类,包括邮件丢失、被盗、被冒领、焚烧、水湿、污染、腐蚀、爆炸而使邮件受到损害。

② 影响邮件时限类,包括因局内积压、延误班期、误发等而造成邮件超过规定的全程时限。

③ 造成邮件损失、延误、延缓类,包括处理邮件不执行规章制度,不符合规格标准。

邮政通信质量是最直接、最具体反映邮政质量的一个方面,对这个方面的管理历来都受到邮政各级管理部门的重视。由于国际邮政通信的特征,所遇到的服务问题大多发生在国内的最初或最末通信环节上,影响范围不大;同时服务质量的提高受社会各方面影响限制很多,不是邮政一个部门能够解决的。由于邮政通信质量问题不同,其影响程度、范围也不相同。许多质量问题的解决通常可以通过提高企业自身的管理水平来实现,因此,邮政部门应加强这方面的质量管理,树立中国邮政的良好形象和信誉。

邮政质量的好坏是通过设置的一系列质量指标来体现的,如邮政服务质量考核指标主要是用户满意率,邮政通信质量指标主要是总包损失率、邮件逾限率等。设置这些指标的目的是更好地、更具体地对邮政质量进行管理,以促进邮政质量的提高。

10.2.2　质量管理的内容

一般来说,质量管理的内容主要包括以下几点。

① 制定质量目标和质量计划。

② 分解质量指标。

③ 制定实施质量管理办法。

④ 组织质量检查。

⑤ 掌握质量计划完成情况,分析影响质量的因素,有针对性地采取改进措施。

⑥ 组织质量考核。

10.2.3　通信时限频次管理

邮件传递时限是邮政通信质量的核心，尤其是在信息传递手段日新月异的当下，人们对邮政质量提出了越来越高的要求，这一切都迫切地需要邮政部门做好通信时限管理工作，以适应需求。因此，可以说通信时限管理是质量管理工作的核心内容。

通信时限管理是邮政部门为保证邮件处理、传递时限和提高通信服务水平而开展的一系列管理活动。一般来说，通信时限管理的主要内容包括以下几点。

① 规定各类邮件局内作业频次时限。
② 依据局内时限和运输时限编订邮件全程寄递时限。
③ 分配、核定局内各工序作业时限，编制作业时限表。
④ 制定通信时限检查办法，规定检查工作组织、检查机构设置和人员配备。
⑤ 规定检查范围、检查数量、实施检查部门，以及统计上报和考核。

国际邮件时限管理，主要是对国际邮件在国内阶段传递时限的管理，以适应国际邮件时限的国际间全程全网管理特性。

10.2.4　质量检查

邮政质量的保证和提高，是通过质量管理来实现的，而进行质量管理有许多办法，其中质量检查是邮政通信质量管理的重要组成部分和方法之一。

邮政通信质量检查，就是按照邮件处理质量要求、传递时限和规格标准，对邮政企业和邮政生产人员处理的各类邮件进行质量检验。鉴于邮政通信具有生产过程与用户使用过程同时进行的特点，邮政产品的质量检查必须贯穿于邮件处理的全过程，并与邮件处理同时进行，检查出来的质量问题要及时纠正。因此，邮政通信质量检查的基本任务是预防或及时纠正差错、事故和不合格邮件。

近年来，邮政部门为了保证邮政质量管理工作的顺利进行，建立起四级通信质量分级管理制度，并要求企业建立健全企业内部的质量检查组织，以实现对邮政通信质量的自查和专职人员检查的检验措施，同时为客观反映邮政部门的质量状况，还组织了局际质量互查工作。采取这些方法使得质量检查中发现的问题，能及时地反馈到质量管理部门，便于综合运用各种质量管理的理论和方法，分析发生质量问题的原因和规律，从而采取措施不断改进工作，提高邮政通信质量。

10.2.5　函件抽样统计

2016年召开的万国邮联大会产生了针对函件业务的新决议，决议规定，国际函件业务在重新分类的基础上加入业务抽样统计检查工作，旨在监督国际函件业务的内部处理和投递速度，并依照相应标准加以奖励和惩罚。

本次邮联大会在重新设定终端费时，加入了IPK（每公斤邮件数量）指数以增加邮件出超国的终端费缴费量，即用每公斤邮件数量作为衡量邮件数量的标准，以平衡邮件入超国在投递邮件时的成本。

除印刷品专袋和大宗函件外的其他所有国际函件的国际直封总包，包括航空挂号、SAL挂号、水陆路挂号、航空平常、SAL平常和水陆路平常函件等，均需进行抽样统计检验，其中，平常部分的每袋件数需相关互换局通过手工计数取得。

该统计分为进口统计和出口统计两部分。进口统计为48天抽样统计,即在统计期内,每48天检测一次。出口统计为连续抽样统计,即统计期内每天均需统计一次。在统计邮件时,以该国一年邮件总进出口量为标准划分统计频率;以邮件运输容器(一般为集装箱)为单位,进行邮件的跟踪、内部处理和投递时限的检查。如果抽样统计后显示达到相应标准,可获得最高5%的年度终端费减免;若未达到将视情况进行惩罚。

具体做法是,每个月结束后,互换局应将所寄发和接收的航空、水陆路和空运水陆路函件总包清单和大宗函件总包清单(CN31)以及重量清单(CN65和CN65s)进行整理,重点检查清单中各类函件袋数、重量、挂号总件数、保价总件数、国际商业回函件数和重量、大宗函件总件数和总重量各项,检查、整理完毕后寄送账务输入局。输入局按进、出口以及航空、水陆路和空运水陆路分类、整理,检查整理完毕后的出口清单用于对国际普邮综合信息系统中的生产数据进行核对、确认,将进口清单数据分别输入国际结算数据采集系统的对应表格中。

互换局应将本局出口、进口CN53清单,相关验单和记录的进口函件抽样袋信息表,按进口、出口和航空、水陆路、空运水陆路进行分类整理,重点检查邮袋重量、件数和邮袋条码信息是否完整,检查完毕后寄送输入局。输入局收到互换局寄送的CN53清单、相关验单和进口函件抽样袋信息表后,进行检查、分类、整理,检查完毕后的出口CN53清单用于对国际普邮综合信息系统的生产数据进行核对、确认,进口CN53清单数据分别录入国际邮件结算信息系统的相应表格中。

核对、确认和录入的内容包括:抽样日期(YYYYMMDD),封发互换局代码(6位),寄达互换局代码(6位),邮件种类代码(1位:A-航空,B-SAL,C-水陆路),容器条码(29位),函件规格〔小型函件或小型函件/大型函件(P或P/G)、大型函件(G)、超大型函件(E)〕,容器内件数,毛重,净重,抽样日收到该总包内的总袋数和总重量,备注。

对于国外邮政编制的进口函件CN53清单数据,应在备注中注明该邮政的两位字母代码,用于区分互换局记录的进口抽样袋袋数。

10.3 国际邮件处理工作的检查

10.3.1 检查的目的与要求

对国际邮件处理工作进行检查是加强业务管理,贯彻执行全国统一的规章制度和提高通信质量的重要措施,各局必须切实贯彻执行。

对国际邮件处理工作的检查,除相关工作人员自查或互查外,各局必须在生产环节设立专职或兼职质量检查人员进行检查。各级领导应当监督有关人员执行检查,了解执行情况。

执行检查人员必须按照规定的检查项目、次数、数量等切实执行检查任务。检查结果不论有无差错,必须加以登记。检查登记簿格式时,可由各局根据具体情况,按不同需要分别规定。对不符合事项应当与相关人员研究改进,对未出局的差错,要及时更正。发现重大问题,要及时向领导汇报。

10.3.2 检查的内容

检查的主要内容包括：收寄工作的检查、投递工作的检查、分拣封发工作的检查以及交换站工作的检查。

1. 收寄工作的检查

对收寄工作的检查，应当按照下列规定办理。

（1）收寄规格检查

① 邮件封面书写是否正确，邮件封装是否符合规定。

② 各类邮件标签、戳记等是否按规定加贴、加盖。

③ 保价函件和保价包裹的封皮、封志是否完好。

④ 有无误收禁寄、超限物品。

⑤ 包裹多联单与包面收件人姓名地址是否一致，包裹多联单项目是否填妥，应附各种单式是否随附。

⑥ 小包是否贴有 CN22 绿色签条。

（2）资费

① 包裹：所收邮资与应收邮资是否相符，有无错收；包裹实际重量与发递单所填是否一致。

② 其他邮件：邮资凭证上的邮费是否充足，有无漏销邮票；日戳戳记是否清晰、合格；欠资邮件是否按规定处理。

以上检查工作均按全部检查的方式进行。

2. 投递工作的检查

对局内窗口投递工作应检查下列项目。

① 已投出邮件的相关通知单、包裹发递单有无收件人签章和批注证件节目，投递日戳、投递人员名章是否清晰。

② 欠资费、改寄费、退回费、逾期保管费、存局候领费、送交海关验关费、税款是否正确收取，代收的税款是否按规定及时汇解。所收费用应换贴邮票盖销的是否按规定办理。

③ 已投出的各类给据邮件，是否及时在相关接收登记簿上销号。

④ 到期应当填发催领单的，是否及时填发，保管期满未领取的邮件，是否按照规定退回。

上述①、②项应在每日营业终了全部检查，③、④项可以不定期抽查，但每月不得少于2次。

3. 分拣封发工作的检查

对分拣封发工作应当检查下列项目。

① 邮件是否按规定的封发频次和发运路由分拣封发，分拣有无错误。

② 各类函件是否按规定分类捆扎，捆把是否捆扎牢固，是否超过规定的厚度，有无随附相应捆把签条。

③ 是否按规定使用清单、路单，登单是否正确、清晰。

④ 有无误封、漏封邮件，邮件袋、封套袋是否符合规定。

⑤ 封发是否做到邮件、清单、袋牌三核对，路单上所登袋数与实际袋数是否相符，有无漏附关单。

⑥ 接收开拆邮件是否执行验收制度。

⑦ 每日进出给据邮件是否平衡合拢。
⑧ 袋牌、封志、绳扣、袋身、封套是否符合规定。
⑨ 对封面书写(包括包裹多联单、小包报关签条、报关单)不合规格的邮件是否按规定处理。
⑩ 对欠资邮件、退回邮件、邮件回执是否按规定处理。
⑪ 在互换局还应检查包裹应收应付费用计算是否正确；是否按规定频次封发航空总包，清单、路单、袋牌上所注航班号、卸运航站等是否正确。

分拣封发工作的检查可以根据业务量决定全部检查或抽查。

4. 交换站工作的检查

对交换站的工作应逐班进行如下检查。
① 是否接收交接验收、勾挑核对和平衡合拢制度。
② 对不符合规定的邮袋是否按规定处理。
③ 是否按指定频次、时间交接邮件。
④ 对不能按指定航班发运的出口总包是否按规定处理，更改航班情况是否及时通知总包原寄局。
⑤ 接收进口、经转总包时，对实际带运航班与路单上所注航班不符情况是否按规定发验。
⑥ 有无积压、延误情况。

对交换站工作的检查可视业务量大小决定全部检查或抽查。

10.4　验单和业务档案管理

10.4.1　验单管理

验单管理是邮局之间为验明邮件寄递过程中发生的违章或差错以及建立管理制度而进行的管理活动。

验单是反映邮政企业内部邮件传递质量，判明企业、生产单位、生产环节或有关人员差错责任，以改进工作，提高邮件传递质量的主要措施，而国际邮政通信所使用的验单也是明确各国邮政间责任和纠正差错的重要手段。此外，国际验单也是各国邮政间互相协助、互相促进工作的重要措施。某一邮政要求对方邮政提供资料或协助完成某项工作或者日常就有关通信事务进行联系时，就可以向对方缮发验单。

根据中国邮政集团公司颁发的《国际邮件处理规则》，互换局和交换站因业务工作需要，同国外互换局进行联系时，可以缮发验单，互换局和交换站以外的各局不得向国外邮政缮发验单。

缮发国际验单时，一般使用法文或英文，但也可以使用与对方邮政商定的文字或双方通晓的其他文字书写。

向国外缮发的验单，文字要简明、语法要准确、差错情节要叙述明确清楚、证件要齐全。

国际验单必须使用邮联统一规格的单式，即函件用 CN43 互换函件总包验单，包裹用 CP78 包裹验单。根据验单缮发邮政的不同，国际验单的处理分为出口验单的处理和进口验单的处理。

1. 出口验单的处理

交换站在接收总包或互换局在接收、开拆国外互换局发来的总包时发现不符或不正常情况,如清单缺号或重号,挂号函件短少、破损或被窃,包裹重量减少,包裹内件短少等,都要及时向原寄邮政或经转邮政缮发验单。验单上要明确指出各种不符情况发生在某号总包、某袋或某件上,验单上所要求填写的各项要一一填写清楚,以便对方查明。因此,缮发出口验单一定要注意遵守规章制度,要做到不符情节清楚、证据确凿。

验单应与有关附件一起发寄,附件一般指"CN24 保价函件/包裹记录单"和"CN65 散寄优先函件/航空函件重量清单"等。发生不正常情况的相关袋皮、袋牌、套皮、封志和绳扣等应妥为保存一定时期。

验单必须由主管人员审阅签发,涉及责任问题和运费收支的验单应由互换局局长或交换站站长签发。

验单寄发后,应将验单号码、日期及简单的内容情况,在相关进口清单或路单上批注,以便日后查证。

发出验单后,应对复验及时归档处理,对方未及时签复的重要验单,应当催询或请对方就责任问题表明态度。如在发出验单之日起一个月内未收到答复意见,相关验单应视为已妥为接收。

2. 进口验单的处理

互换局收到总包寄达互换局或经转互换局关于总包或内装邮件不正常情况的验单以后,应在相关封发清单或路单上进行适当批注备查。对所指差错除能提供反证的以外,一般不应拒绝接受,有关给据邮件短少、破损,总包或邮袋短少等涉及责任问题的验单,应立即进行必要的调查,并尽快答复发验局。从验单发出之日起一个月内未予答复的相关验单内所指的差错或不符事项,视为已被接受。

对于指出总包或邮袋短少的验单,互换局应立即用验单或简函按照总包的发运路由向总包出口交换站追查,并根据出口交换站提供的情况答复验单。

互换局收到寄达互换局关于封发大宗函件总包的要求时,应将相关验单附有关情况说明,尽快转报中国邮政集团公司。

出口交换站收到总包原寄互换局查询总包的验单或简函后,应按下述规定办理。

① 立即调查相关总包的转发情况并迅速答复总包原寄互换局。如总包已经妥为转交其他邮政机构或承运部门,应提供对方人员签收的路单影印件,以便原寄互换局答复发验局。

② 在相关总包妥为转出的情况下,出口交换站应利用验单向接收我方总包的邮政机构或承运部门继续调查转发和交接情况,直到追查出相关总包的下落或者确定应对总包或邮袋丢失承担责任的邮政机构或承运部门。

③ 在调查有关总包下落的验单发出后一个月内未收到答复的,应向对方催查,如在两个月内未收到答复,应报告中国邮政集团公司进行追查。

④ 调查结果应利用验单或简函随附相关证明文件通知总包原寄互换局,在证实相关总包或部分邮袋丢失的情况下,总包原寄互换局应将调查情况及总包或相关邮袋的详细情况报告中国邮政集团公司,以便与责任邮政或运输公司交涉补偿事宜。

对于查询过境总包下落的验单,进、出口交换站应比照上述有关规定办理。

总之,各局对进口验单中指出的问题应认真分析,查出责任部门,并采取措施改进工作。在答复进口验单时,文字应简练,做到有礼、有利、有节,必要时应引用《万国邮政公约》或实施细则的有关条文据理力争。复验必须由主管人员或局长签字后方可寄发,以维护我国邮政形象。同时,对进口验单的日期、答复日期及处理情况应进行登记以便备查。

10.4.2 业务档案管理

邮件业务档案是业务处理过程的各种原始记录,是邮件查询以及对外账务结算的依据。各局(站)对邮件业务档案和各种原始单据应按期分类,完整无缺地归档集中,妥善保管,防止丢失。

遇到查询案件,如因档案保管不善而无法查明责任,应作为邮件查无下落的责任局,并按照规定担负补偿责任。

为了保证国际邮政通信生产活动中形成的各种邮件业务档案的完整,应建立严密的档案管理体制,使得业务档案在送缴、接收、检查、稽核、整理装订、保管、查阅调阅、销毁等方面严格按制度实施。

一般来说,各类进、出口国际邮件业务档案应根据严格保管、便于查阅、分清责任的原则,分别按种类、号码顺序、月份装订存档,特别要注意对尚未装订成册的业务档案归类,避免遗失。同时,业务档案的保管单位要加强对各种业务档案的日常检查工作。各类邮件业务档案,如发现有缺少、缺号等情况,应立即查明追补。对进出口封发邮件清单,应仔细核对顺序号码,如有重号、缺号等,应立即缮发验单,及时予以更正或补充。

邮件业务档案应自填制单据的下一个月的一日起,保存 1 年,但对外结算运费的有关单据、凭证和报表等应保存 3 年。保管期满后可以销毁,遇有查询或有争议案件尚未结案时,相关档案应保存到结案为止。已经制成软盘或硬盘保管的业务档案,其纸制档案的保存期可以适当缩短。

关于查阅、调阅业务档案,应按中国邮政集团公司的规定,除公安、国家安全、检察机关和人民法院依照法律程序,办理相关手续后可借阅或取得有关邮件的必要节目外,各类业务档案一律不准借给局外单位或个人。企业内部因工作需要查阅、调阅时,也应经主管领导批准并办理相关手续。

邮件业务档案在销毁前,应造具清单报经主管单位领导批准,清单上应注明档案种类、日期、号码、处理方法和处理日期等项,此项清单应保存 2 年。

10.5 邮袋管理

邮袋是《中华人民共和国邮政法》规定的全国邮政部门使用的邮政专用品,属国家财产。国际邮袋是国际间封发邮件的工具,为了保证国际邮袋规格、型号统一,必须建立严密的管理、使用、调拨制度。国际邮袋的管理既要满足国际邮政生产需要,又要加速流转,不积压、不流失、不损毁。

出口或进口国际邮袋管理不慎,都会带来经济损失以及影响我国邮政信誉,因此,中国邮政集团公司对国际邮袋的管理制定了严密的制度。

国际邮袋管理分为出口国际邮袋管理和进口国际邮袋清退两部分。

10.5.1 出口国际邮袋管理

根据《国际邮件处理规则》规定,为了加强退袋的管理,指定北京、天津、广州、上海、南宁、沈阳、乌鲁木齐为我国退袋接收局,各局接收退袋的范围规定如表 10-1 所示。

表 10-1 各局接收退袋的范围

退袋接收局	接收退袋的范围
北京	非洲各国、欧洲各国、蒙古、尼泊尔、韩国(航空)
天津	韩国(水陆路)
广州	大洋洲各国、亚洲各国(韩国、蒙古、朝鲜、日本、越南、尼泊尔除外)
上海	美洲各国、日本
南宁	越南
沈阳	朝鲜
乌鲁木齐	哈萨克斯坦、乌兹别克斯坦、土库曼斯坦、吉尔吉斯斯坦、塔吉克斯坦

此外,中国香港、中国澳门退回的邮袋由广州局接收,中国台湾退回的邮袋由上海局接收。

为了便于国外互换局将邮袋正确退至指定的退袋接收局,各互换局同境外某一互换局建立新的直封总包关系时,应在开始的第一个月内,在各种出口封发清单正页下端加盖带有下列字样的戳记:"Please return our empty mailbags to exchange office of …"(请将属于本邮政的空袋寄退我互换局)。戳记内的退袋接收局名,应当按规定正确填写,以便国外互换局将空袋正确退至指定的退袋接收局。

各互换局对用往国外的邮袋,应按国别、各类邮袋条数,登记在"用出国际邮袋通知单"上,于月终后 10 天内,将此通知单寄送相关退袋接收局。

各退袋接收局收到退回的空袋时应办理以下事项。

① 根据经过审核的空袋总包 CN31 清单按国别编制"收回空袋登记簿"。

② 季终后一个月内编造"用出和收回国际邮袋清单",报中国邮政集团公司。

各退袋接收局应指定管理空袋部门,与国际邮件封发部门协同办理国际邮袋的收回、统计、调拨、查询、催退等工作。

对发出和收回的空袋数目,每年至少结算一次,如发现某邮政迟退、少退或不退我国邮袋,应开列清单,填明发出和收回的空袋的条数和结欠条数,随验通知该邮政有关互换局,要求其迅速查明补退。如果对方拖欠邮袋数量较多、久催不理,或者发现其他不正常情况,应报中国邮政集团公司处理。

各退袋接收局所接收的空袋,除留存部分供本局和本省其他互换局使用外,多余的应根据《邮袋使用管理规则》的规定,退北京、上海两省际邮袋调拨局。

10.5.2 进口国际邮袋清退

境外邮政空袋要及时清退,不准挪用。退袋次数一般一周不少于一次,数量少的,如每月不满 10 条,也可以每月退一次。空袋退回前,应逐条检查袋内有无遗留邮件。

退回的空袋应另封成空袋总包(外袋用原寄国的邮袋封装),寄退原寄互换局或原寄邮政指定的邮局。封发空袋总包应按下列规定办理。

① 航空空袋和水陆路空袋应分别封成总包寄退,封发航空空袋总包时应在相关 CN31 封发清单栏首部分"Par avion"(航空)字样前的方框内划"×",封发水陆路空袋总包时应在此部分"Par voi de surface"(水陆路)字样前的方框内划"×"。空袋所属邮政要求对包裹空袋单独退回的,应予照办。

② 每个总包内退回的空邮袋应捆扎成捆,合理地装成若干袋,拴挂 CN34 水陆路空袋袋牌或 CN35 航空空袋袋牌。装有封发空袋总包清单袋的袋牌上应加注"F"字样。

③ 每袋空邮袋均应称重,将精确到 100 g 的重量注在相关袋牌上,不足 100 g 的零数,等于或超过 50 g 的进为 100 g,不足 50 g 的舍弃。

④ 将组成空袋总包的总袋数和总重量登列在 CN31 清单第 1 栏的指定位置,退回空袋总条数登列在 CN31 清单第 4 栏"Number of empty recipients"(空容器总数)一格内。

⑤ 空袋总包按照所属邮政指定的路由发运(见中国邮政集团公司的有关通知)。空袋所属邮政没有指定空袋总包发运路由的,比照出口邮件总包的发运路由发运,所利用的发运路由应登注在相关 CN31 清单和 CN34 或 CN35 袋牌上指定的位置。

各互换局应根据进口总包的 CN31、CN32、CP86、CP87 清单以及本局编造的空袋总包 CN31 清单,对每一原寄邮政按月或按季编造"接收和退回境外邮政空袋平衡表",详细列明接收和退回境外邮政空袋情况。

各互换局对国外邮政有关查询空袋的验单或公函,应根据退袋情况尽快答复对方互换局,涉及空袋丢失补偿问题时,应报中国邮政集团公司。

思 考 题

1. 简述邮政通信管理的内容。
2. 简述邮政通信质量管理的内容。
3. 简述国际邮件收寄工作检查的内容。
4. 简述国际邮件投递工作检查的内容。

第 11 章 国际邮政账务结算

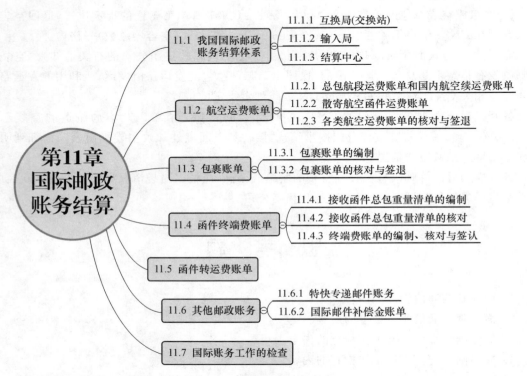

国际邮政业务必须由两个或两个以上邮政参加作业才能完成,按照万国邮联法规的规定,参加作业的每个邮政都有权为其所提供的服务向原寄邮政收取一定的报酬,这就产生了原寄邮政与寄达邮政或经转邮政(运输企业)之间的账务关系。本章将主要介绍我国国际邮政账务结算体系、航空运费账单、包裹账单、函件终端费账单、函件转运费账单及国际账务工作的检查等内容。

11.1 我国国际邮政账务结算体系

国际邮政账务是由于邮件交换或邮政金融业务互换而在原寄邮政与寄达邮政或经转邮政(运输企业)之间发生的账务关系。国际邮政账务结算是通过办理收、付款手续来解决这些账务关系。

本章主要介绍涉及邮件寄递业务的账务及结算,即邮件运费账务及结算。根据运费性质的不同,邮件运费账务可以分为航空运费账、包裹账、函件终端费账、水陆路函件转运费账、特快专递邮件终端费账五种,此外,本章还将对非运费账务进行简单的介绍。

在我国,国际邮政账务结算体系由互换局(交换站)、账务数据输入局(简称输入局)、中国邮政集团公司结算中心(简称结算中心)构成。账务结算的基本程序和各部门的职能如下所述。

11.1.1 互换局(交换站)

互换局(交换站)将寄发、接收和经转各类邮件总包的路单或清单,按规定时限寄送指定的输入局。寄送之前,应按清单类别和总包号码顺序进行整理,发现清单缺号时,除应按相关规定办理外,还应随函说明。有关更正总包袋数、重量、包裹运费应得部分数额及其他与账务结算有关的验单副份应附在清单或路单上,一起寄送。寄送资料时应随附详情单。

11.1.2 输入局

输入局负责从各互换局、交换站提供的各类单据中采集账务数据,按要求输入账务计算机,并在规定的时间内将数据报送结算中心。为了保证数据输入的质量和报送时限,输入局在原始资料的提供方面对相关互换局、交换站负有协调、指导和监督的职责。各输入局收到互换局、交换站寄送的原始资料时,应与随附的详情单进行核对,发现问题应立即与相关局联系。如果未在规定的时间内收到原始资料或所收到的资料未按规定整理,应通知相关局速寄或注意纠正,必要时通知其上级主管单位督促改进。

在输入数据之前,输入局应对相关原始单据进行下述检查和整理。

① 检查各项业务处理手续是否完备,发现差错或不符合规定情况时,退回有关局查清补办。

② 对需要按缩写国名、局名输入的,提前注好缩写国名、局名,对重量、资费等进行汇总,注在备注栏内,以便提高输入效率。

数据输入以后应打印输入清单,与原始资料进行勾挑,发现差错及时纠正。

账务数据在报送结算中心之前,应打印出排序清单一式两份,一份留存,一份随数据报送。总包号码应当连续的账务数据,遇有缺号时,应及时补输,因故无法补输的,应在排序清单上注明理由。

11.1.3 结算中心

结算中心汇总各输入局报送的账务数据,利用计算机合并、排序,编制各项重量清单、资费清单、月(季)账单或各类核账资料,在万国邮联规定的时限内寄送或核退各有关欠款或受款邮政,并办理收、付款手续。

结算中心在收到输入局报送的账务数据时,应与随附的排序清单进行核对。在进行机上合并和排序时如发现问题,应及时通知相关输入局进行补救。

结算中心除了负责编制、核对、寄送或签退各类账单,办理收付款手续以及管理与各邮政和运输企业的账务以外,还负责对全国各互换局、交换站和输入局账务方面的工作进行检查、监督和指导。

11.2 航空运费账单

航空运费是邮件航空运输而产生的费用，结算邮件航空运费的账单称为航空运费账单，邮件航空运费包括总包（包括航空函件总包和航空包裹总包）航段运费、国内航空续运费和散寄航空函件运费三种。

总包航段运费原则上应由总包原寄邮政直接付给承运邮件的航空公司。但在相关航空公司与本国邮政主管部门商妥后，也可以由总包原寄邮政付给航空公司所属国邮政主管部门。我国邮政代航空公司向总包原寄邮政收取航空运费，即属于后一种情况。国内航空续运费由总包原寄邮政付给总包寄达邮政。散寄航空函件运费由寄发散寄函件的邮政付给散寄经转邮政。

我国航空运费账单编制、核对和签退的程序如下。

11.2.1 总包航段运费账单和国内航空续运费账单

输入局在按照规定要求对各互换局、交换站寄来的中国飞机带运的其他邮政寄发的进口和经转航空总包的CN38路单进行检查、整理之后，应将相关数据输入"国际账务数据采集系统"，输入的项目包括总包原寄局、寄达局、空运航段、运输（封发）日期、航班号、总包号码、各类邮件重量及备注事项。总包重量以100 g为单位，不足100 g的零数，等于或超过50 g的进为100 g，不足50 g的舍弃，重量不足50 g的总包，用"0"表示。有关更正总包重量、航班号等事项验单的日期和号码，输入"备注"栏内。数据应在规定时间内报送结算中心。

结算中心汇总各输入局报送的航空总包的数据，经合并、排序后，对每一总包原寄邮政按照每一空运航段、每一原寄局和寄达局打印CN66航空总包重量清单。

国内航空续运费账单使用CN55接收航空函件总包重量清单编制。

每个季度结束以后，结算中心在系统内汇总该季度的CN66航空总包重量清单和CN55接收航空函件总包重量清单，对每一原寄邮政编制CN51航空运费账单，列明每一空运航空应收运费的款额和季度账单的总款额。账单应打印一式两份，与相关CN66、CN55重量清单一起，最迟在相关季度结束后的规定时间内寄送欠款邮政。

11.2.2 散寄航空函件运费账单

散寄航空函件运费原则上应根据每年一度的统计结果计算。统计一般在单数年的五月和双数年的十月进行，统计期为一个月，统计期内，寄往每组寄达局的函件重量应登入注有"S"字样的CN65散寄航空函件清单内。统计期内散寄航空函件的CN25捆把签条上也要加注"S"字样，统计期内CN65清单应按挂号和非挂号分别编列顺序号码。总包内没有散寄函件时，CN65"S"清单仍应随附，并在重量栏内注明"N'eant"（无）字样。

统计结束之后，各互换局应将收到的CN65"S"清单尽快寄送输入局，以便其输入系统并将账务数据报送结算中心，输入的项目包括总包原寄局、寄达局、总包号码、封发日期、CN65"S"清单号码、寄往每组寄达国函件的重量和备注。有关更正函件重量或代作CN65"S"清单事项验单的日期和号码应输入"备注"栏内，以备查考。

结算中心汇总输入局报送的散寄航空函件账务数据,经合并、排序后,对每一原寄邮政和每一原寄局、寄达局打印 CN67 散寄航空函件重量汇总清单,列明寄往每组寄达国函件的重量,并乘以 12,得出全年统计重量,以便转入 CN51 散寄航空函件运费账单,CN51 散寄航空函件运费账单应打印一式两份,与相关 CN67 清单一起寄送欠款邮政。此项账单原则上应与航空运费账单分开编制。

对于误发的航空函件和按实际重量结算运费的散寄航空函件,其 CN65 清单的输入和 CN67 汇总清单的编制,与统计时期的清单同样办理,但每组寄达国函件的总重量不应乘以 12,而是直接转入 CN51 散寄航空函件运费账单。

11.2.3 各类航空运费账单的核对与签退

对于各互换局在寄发邮件总包时所编制的 CN38 路单、CN65 或 CN65"S"散寄航空函件重量清单(包括经签认的误发函件 CN65 清单),各输入局均应输入系统,以便结算中心合并、排序后,打印 CN66 总包重量清单和 CN67 或 CN67"S"散寄航空函件重量汇总清单,核对其他邮政或航空公司寄来的航空运费账单。

1. 总包航段运费和国内航空续运费账单的核对

对于其他邮政或航空公司寄来的航空运费账单,应首先根据上述 CN66 核账资料,对所附的 CN66 重量清单进行核对,总包号码重量、承运公司均相符的,予以勾核,重量相差 100 g 以上的,予以更正,查找不到或承运公司不符的,予以划销,并用英文或法文批注理由。然后,根据更正后的 CN66 清单,修改相关 CN51 账单,修改后的账款总额与原款额相差不超过 9.80 特别提款权的,不必修改账款总额。

核账中发现总包带运过头、提前卸运等情况时,运费应按指定路线付给承运公司,实际将总包运到寄达地的运费也应照付,因此而多付的运费由错卸的航空公司负责退赔。

收款邮政附来 CN38 路单副份补收已经修改签认的账单中部分总包的运费时,应根据各项数据在核账资料中试查,确定应修改的项目,确实查找不到时,应提供我方原始路单副份,予以拒付。

函件总包的国内续运费账单根据核对修改过的 CN55 接收航空总包重量清单进行修改。

2. 散寄航空函件运费账单的核对

对收款邮政寄来的散寄航空函件运费账单,应先根据 CN67 核账资料对所附的 CN67 清单进行核对,发现重量不符时,应予以更正,然后根据更正后的 CN67 清单,修改相关 CN51 账单。

3. 各类航空运费账单的签退

航空运费账单应尽快核对,如有修改,修改后的 CN66 清单、CN55 清单或 CN67 清单应随退一份,超过规定时限未签退也未提出任何异议的,视为已经认可,应在此后的规定时间内付款。

核对各类重量清单时须在核账资料上做好记录,以防止重复付款。

1994 年万国邮联大会规定,核对 CN51 航空运费账单时可以不修改原账单,而将所发现的各项不符事项做成差错数单,列在 CN51 账单背面,经收款邮政签认后,在下次账单中清算。如果收款邮政未在规定时限内清算,也未提出任何不同意见,欠款邮政可以在以后付款时清算相关差额。

11.3　包裹账单

应由总包原寄邮政付给总包寄达邮政或经转邮政的航空和水陆路包裹进口陆路运费应得部分(即终端费)和水陆路包裹的陆路、海路经转运费应得部分(即陆路或海路经转费)均通过包裹账单结算。在包裹协定最后议定书内提出的保留收取进口航空包裹国内续运费权利的邮政有权收取的进口航空包裹国内续运费,也在包裹账单内结算,通过对航空包裹收取较高的进口运费应得部分来实现。编造和核对包裹账单的原始依据是包裹总包的 CP86、CP87 封发包裹清单和 CP88 封发包裹特别清单。

11.3.1　包裹账单的编制

输入局从各互换局寄来的进口和经转包裹总包的 CP86、CP87 和 CP88 清单中采集账务数据,输入系统。CP86、CP87 清单的输入内容包括总包原寄局、寄达局、总包号码、封发日期、包裹总件数及总重量,第 6、7 栏资费数额(水陆路总包)或第 6~9 栏资费总额(航空包裹); CP88 清单的输入内容包括总包原寄局、寄达局、经转邮政、总包号码、封发日期、包裹的总件数和总重量。有关更正包裹重量、包裹件数和资费款额等事项验单的日期和号码输入"备注"栏内。数据在规定时间内报送结算中心。

结算中心汇总各输入局报送的数据,按月或按季进行合并、排序,对每一原寄邮政和每一原寄局、寄达局打印水陆路包裹总包的 CP93 和航空包裹总包的 CP94 应收应付运费对照表以及 CP75 包裹汇总账单,列明各邮政应收运费总额及收款邮政应收运费差额。CP75 汇总账单应打印一式两份,连同相关 CP93 和 CP94 清单,在规定时间内寄送欠款邮政。

11.3.2　包裹账单的核对与签退

对各互换局提供的出口包裹总包的 CP86、CP87 和 CP88 清单,各输入局也应按上述要求输入系统,并将数据报送结算中心。

结算中心汇总各输入局报送的数据,按月或按季合并、排序,形成核账资料。

核对收款邮政寄来的账单时,可以先按照相关 CP93 和 CP94 清单,从系统内提取包裹总件数、总重量和第 6、7 栏(水陆路包裹)或第 6、8 栏及第 7、9 栏(航空包裹)资费总额,与来账所列数据核对。如果发现不符,则应打印出 CP93 或 CP94 清单,与来账逐笔勾挑,并对来账进行修改。如对方不同意直接修改账单,应编制差数单,列入 CP75 备注栏内,由对方签认后列入下次账单清算,账款差额不超过 9.80 特别提款权时,可免于改账或编制差数单。

包裹账单应尽快核对,只有在有改动时,才须将修改过的 CP93、CP94 清单与 CP75 账单一起退回。

11.4　函件终端费账单

函件终端费是接收邮政向寄发邮政收取的酬金,作为接收国际函件的处理费用。结算函件终端费的依据是航空和水陆路函件总包的 CN31 封发函件总包清单和 CN32 封发大宗函件总包清单。

在第 26 届万国邮联大会上，决议通过了新终端费缴纳方式的议案，将函件终端费的统计方式进行了一定程度的修改。过去终端费的计算仅以公斤为单位计算，即

$$终端费＝邮件总重量\times 终端费率（SDR/公斤）$$

本次大会决议中，依照国家经济和邮政发展水平的不同，将邮联所有成员国分成了四组，每组均设置了不同的终端费件数系数（SDR/件），即每件邮件需缴纳的终端费，我国被分在了第三组。此外，每个成员国需按照该国邮件总重量进行 IPK 抽样统计，并将统计结果纳入终端费的计算中。因此，目前国际函件的终端费计算公式为

$$终端费＝邮件总重量\times 终端费率（SDR/公斤）＋IPK\times 件数系数（SDR/件）$$

以期增加邮件入超国的终端费收入，这就向我国邮政的国际邮件服务质量提出了更高要求。

11.4.1 接收函件总包重量清单的编制

对于各互换局提供的进口函件总包的 CN31 和 CN32 清单，输入局应按规定时间输入系统，输入的内容包括总包原寄局、寄达局、经转邮政、总包号码、封发日期、应付终端费的 LC/AO 重量、5 kg 以内 M 袋的袋数和重量、5 kg 以上 M 袋重量、应付转运费或终端费挂号函件件数和保价函件件数、免付转运费或终端费挂号函件件数和保价函件件数以及备注事项（输入有关修改应付转运费或终端费函件袋数和重量、挂号函件件数和保价函件件数的验单的日期和号码）。大宗函件总包只输入函件的总件数和总重量。航空总包、水陆路总包和空运水陆路总包应分别输入，每个月的数据应在规定的时间内报送结算中心。

结算中心汇总各局报送的资料，经合并、排序，对每一原寄邮政和原寄局、寄达局，分别打印 CN55 接收函件总包清单。航空总包、水陆路总包和空运水陆路总包的 CN55 清单，应分别以"Par Avion""Par Surface""Par SAL"标出，以示区别。水陆路函件总包如系通过不同的发运路由发来，应对每一发运路由分别编制 CN55 清单。

每个季度结束后，结算中心应汇总本季度的 CN55 清单，对每一原寄邮政分别编制航空和水陆路函件总包（包括空运水陆路总包）的 CN56 接收函件总包重量汇总清单。CN56 清单上，应用"5 kg 以内 M 袋袋数×5＋5 kg 以上 M 袋重量"和"5 kg 以内 M 袋重量＋5 kg 以上 M 袋重量"求出两个 M 袋总重量，分别用于计算函件终端费和水陆路函件转运费或航空函件国内航空续运费。CN56 清单应打印一式两份，连同相关 CN55 清单在规定时间内寄送总包原寄邮政。航空总包的 CN56 清单最好连同载有同期国内航空续运费的 CN51 账单一起寄送。

11.4.2 接收函件总包重量清单的核对

对于各类出口函件总包的账务数据，各输入局和结算中心应比照进口函件总包的办法进行处理，形成 CN55 和 CN56 核账资料，以备核对寄达邮政寄来的相关清单。

核对 CN56 清单时，可以比照包裹总包的办法，先从系统中提取相应数据，发现不符时，再打印我方 CN55 清单，与对方寄来的清单逐笔勾核，并对差错进行修改，最后根据修改过的 CN55 清单修改 CN56 清单。CN56 清单应尽快核对。

11.4.3 终端费账单的编制、核对与签认

在两邮政之间互换函件总包全年的 CN65 清单全部签认或被视为接收以后,结算中心应按对每一出超邮政分别编制的 CN61 函件终端费账单,将全年的进出口各类函件(LC/AO、M 袋和大宗函件)的重量和件数分别转入账单内。不论对进出口函件总包是否使用相同的终端费率,进出口函件的终端费均应分别计算,最后计算出应收的差额。终端费账单应编制一式两份,在规定的时间内寄送欠款邮政。结算中心对收款邮政寄来的 CN61 终端费账单,应根据相关 CN56 清单进行核对,发现不符,应进行必要的修改,在账单寄出后的规定时间内签退一份。

在编制和核对 CN61 账单时,如果在相关年度内有已经结算过的 CN57 大宗函件账单,应汇总登入 CN58 清单,从 CN61 账单内扣除,并将 CN58 清单随附于 CN61 账单之后。

11.5 函件转运费账单

应由总包原寄邮政付给经转邮政或承运总包的轮船公司的水陆路函件总包转运费,原则上应利用总包寄达邮政编制的水陆路函件总包的 CN56 清单做账。为此,原寄邮政在签退 CN56 清单时,应向每一经转邮政寄送其副份一份,以便经转邮政编制 CN62 转运费账单。但《万国邮政公约》规定,各经转邮政也可以根据经转总包的 CN37 路单,比照接收函件总包重量清单的办法,编制经转函件总包的 CN55 和 CN56 清单,用以编制 CN62 转运费账单。

我国规定,各进、出口边境交换站应将接收或转出的过境水陆路函件总包的 CN37 路单寄送输入局,由其输入系统,输入的项目包括原寄互换局、寄达互换局、进口交换站、出口交换站、港口、总包号码、承运日期、函件总包重量和备注事项,在规定时间内报送结算中心。

结算中心汇总各局报送的数据,按每一原寄邮政和每一经转路段打印每个月的 CN55 重量清单和季度 CN56 重量汇总清单,寄送原寄邮政一式两份,以便其签退一份。如果进口交换站的数据与出口交换站的数据不符,应在复核确认后再寄。

全年的经转总包 CN56 清单全部签认或视为接收以后,结算中心应根据这些资料对每一原寄邮政分别编制 CN62 转运费账单,在规定时间内寄送欠款邮政。

对于收款邮政寄来的 CN62 转运费账单,结算中心应根据已签认的 CN56 清单进行核对,并在规定时间内签退一份。

散寄水陆路函件的转运费可以和总包转运费一起列入 CN62 账单。对散寄水陆路函件转运费的总额,可以加收 10%,作为处理费用。

11.6 其他邮政账务

11.6.1 特快专递邮件账务

特快专递邮件总包的航空运费(包括必要时通过水陆路运输的水陆路转运费)与航空函件总包和航空包裹总包的相关运费一起结算。本章介绍的航空运费账单的编制、核对办法,同样

适用于特快专递邮件总包,这里主要介绍特快专递邮件终端费账单。

特快专递邮件终端费是在两个相关邮政交换不平衡时由出超邮政付给入超邮政的报酬,用于补偿后者处理入超的那部分特快专递邮件所付出的费用。

为了编制和核对特快专递邮件终端费账单,各寄发和接收特快专递邮件总包的互换局应将寄发和接收的特快专递邮件总包封发清单上的账务数据按规定时间输入系统,输入的项目包括原寄局、寄达局、寄发日期、总包号码、邮件件数和备注事项(输入有关修改邮件件数的验单的日期和号码)。对于免费的邮政公事邮件和退回原寄局的邮件,应输入专门的栏目内。出口总包数据和进口总包数据应分别在规定时间内寄送结算中心。

结算中心汇总各互换局报送的数据,按进口总包和出口总包分别合并、排序,对进口总包打印接收特快专递邮件件数清单一式两份,准备寄送总包寄发邮政核对;将出口总包的数据存储机内,留待审核寄达邮政寄来的件数清单。

每个季度结束后,结算中心汇总本季度的接收特快专递邮件件数清单,对每一原寄邮政编制接收特快专递邮件件数汇总清单一式两份,与相关件数清单一起通过最快邮路尽快寄送总包原寄邮政。

对于寄达邮政寄来的出口特快专递邮件总包的件数汇总清单,结算中心应根据出口总包数据进行核对,包裹总包 CP75 账单和 CP93、CP94 对照表的核对办法也可比照执行。

有关寄发和签退 CN56 接收函件总包重量汇总清单时限的规定同样适用于特快专递邮件件数汇总清单。

在全年的件数汇总清单全部签认或被视为接收以后,结算中心应根据这些清单对每一出超邮政编制特快专递邮件终端费账单,在汇总全年接收和寄发的特快专递邮件件数以后,对入超的件数按规定的费率收取报酬。账单应编制一式两份,在规定时间内寄送欠款邮政。

对收款邮政寄来的特快专递邮件终端费账单,结算中心应根据已签认或被视为接收的件数汇总清单进行核对,并在签认或进行必要修改之后在规定时间内退收款邮政一份。

特快专递邮件终端费率由各邮政自行制定,没有统一的标准,核账时需根据业务主管部门的通知注意审核所使用的费率是否正确。

11.6.2　国际邮件补偿金账单

各互换局对国外邮政同意承担补偿责任的查单以及向有关邮政主管部门发出催查单后 6 个月仍未收到有关邮件下落的明确答复的查单副份,应按国外邮政同意补偿和逾期未复两部分进行整理,分别计算出补偿金额(单位为特别提款权)以及应退还的邮费,标注在查单上,寄送输入局。

输入局收到上述查单之后,应立即对查单进行检查、整理,重点检查责任邮政、授权补偿文号、邮件号码、补偿金额各项是否齐全无误。检查完毕后,按出口查单和进口查单分别输入系统。出口查单的输入项目包括原寄互换局、寄达互换局、责任邮政、邮件收寄局、邮件收寄省、邮件种类(函件或包裹)、邮件号码、催查日期和我国催查文件、国外邮政同意补偿文件日期和号码、补偿金额及备注。进口查单的输入项目包括原寄互换局、寄达互换局、责任邮政、邮件收寄局、邮件收寄省、邮件种类(函件或包裹)、邮件号码、同意补偿文件日期和号码、补偿金额及备注。对于逾期未复的查单,应在备注栏内标注"逾期未复"字样。上述数据应在规定的时间内寄送结算中心。

结算中心汇总各输入局报送的补偿金数据,按出口查单和进口查单分别进行合并、排序,对出口查单的账务数据为每一责任邮政分别打印函件和包裹 CN48 补偿金账单一式两份,尽快寄送责任邮政,对进口查单的账务数据则按每一原寄邮政形成函件和包裹 CN48 补偿金账单,以备核对收款邮政的账单。核对 CN48 补偿金账单时,可以比照 CP75 账单的核对办法。

补偿金账单应尽快编制,在责任邮政发出授权补偿寄件人的通知或通知相关邮政应对逾期未复查单承担责任之日起的规定时间内未列账的,欠款邮政有权拒绝接受其付款要求。在 CN48 补偿金账单寄出之日起的规定时间内未予以签认也未提出任何修改意见时,相关账单视为已经接收。

11.7 国际账务工作的检查

国际账务工作是实现国际间邮政经济利益分配的必要环节,直接关系到我国邮政的利益。为保证国际账务工作的质量,各局必须认真落实各项规章制度,进行国际账务工作的检查。

对国际账务工作的检查,互换局、交换站应定期进行自查,根据《国际及台港澳邮件处理规则》,重点检查以下内容。

① 对所输入的账务数据的检查,检查的内容包括:总包关系是否齐全,总包有无缺漏,包裹单式各栏目输入是否正确,费率是否准确。
② 国际账务结算数据报送时限是否符合要求。
③ 质量管理情况。
④ 原始资料档案保管情况。
⑤ 各类进口总包邮件总包封发关系管理情况和新增进口总包关系是否及时报告、做账。
⑥ 改航通知是否及时准确。
⑦ 运费账单审核质量、时限,核账记录管理是否符合要求。
⑧ 支付民航、海运运费是否有重复付款、多付款的情况。
⑨ 国际邮政账务数据采集系统运行是否正常,发生问题是否能及时解决。
⑩ 是否有明确的岗位责任制和复核把关制度。

检查工作应有记录,对查出的问题应及时予以纠正,并应及时补救。

省、自治区、直辖市邮政公司应定期对本省(区、市)各局账务工作情况进行检查,切实保证各公司按规定完成国际账务的各项数据、报表、账单及清单的报送、审核、编辑等工作的时限和工作质量。

阅 读 材 料

【阅读材料 11.1】

什么是国际函件统计期?

万国邮联规定,各会员国对经其散寄经转的航空、SAL、水陆路函件按不同费率收取一定的散寄经转费。结算这笔费用需要以统计的 1 个月的散转邮件量为依据,再乘以 12(12 个月),作为结算全年散转邮件经转费和运费的最终结果,这个月就叫作统计期。

那么,统计期是怎样确定的呢?万国邮联规定,此项统计轮流于单数年的 5 月和双数年的 10 月在各会员国同时进行,统计期为 1 个月。2007 年是单数年,统计期是 5 月;2008 年是双数年,统计期就是 10 月。

鉴于统计期的特殊性和重要性,在统计期应特别注意以下事项。

统计进口散转函件,必须要熟记散寄经转关系,即记牢哪些寄达国的邮件是经我国散寄经转的。不属于散寄经转范围的,就是误发邮件,误发邮件要按误发的处理手续登记发验。

对每个总包内开拆出的属于散寄经转的邮件,应按不同组别分别称重,并核实相关 CN65 清单。重量误差超过 20 g 时,应修改原 CN65 清单重量,交发验人员处理;重量超过 5 g 而未附寄 CN65 清单的,应代填清单,加注"S"字样,然后交发验人员处理。

统计出口散转函件,同样要熟记散寄经转关系。统计期的散寄邮件量应与平常时期基本一致,要特别注意这个时期散转邮件量的突然猛增,一经发现应立即上报,并采取有效措施,以避免给我国邮政造成经济损失。

一个重量的误差将意味着全年的损失。例如,从国外发来经某局转发 100 g 的邮件,在统计清单上标注的是 10 g,如果没有发现或没有发验更正,我国邮政将损失 10 倍的散寄经转费,同样,对于出口散转邮件,如果将 0.5 kg 误写为 5 kg,那我们的损失会更大。因此,要特别注意这个问题。

思 考 题

1. 邮件的航空运输包括哪几种?
2. 简述函件终端费的含义。
3. 简述互换局和交换站在国际邮件账务工作中应重点检查的内容。

参 考 文 献

[1] 中国邮政集团公司. 国际及台港澳邮件处理规则[S]. 2017.
[2] 焦铮,武永田. 国际邮政通信[M]. 北京:人民邮电出版社,1998.
[3] 王为民. 邮政通信组织管理[M]. 北京:北京邮电大学出版社,2018.

附录 A 国际函件资费表

(2018 年 1 月 1 日起执行)

1. 航空函件

单位:元

函件种类	重量级别	第一组	第二组	第三组
信函	20 g 和 20 g 以内	5.50	6.00	7.00
	20 g 以上每续重 10 g 或其零数加收	2.50	2.80	3.30
明信片	每件	5.00		
航空邮筒	每件	5.50		
印刷品	20 g 和 20 g 以内	4.50	5.00	6.00
	20 g 以上每续重 10 g 或其零数加收	2.20	2.50	2.80
盲人读物	(基本资费免收)每 10 克收取航空运费	0.80	1.00	1.20
小包	100 g 和 100 g 以内	25.00	30.00	35.00
	100 g 以上每续重 100 g 或其零数加收	23.00	27.00	33.00
印刷品专袋	5 000 g 和 5 000 g 以内	485.00	610.00	730.00
	5 000 g 以上每续重 1 000 g 或其零数加收	100.00	120.00	145.00

第一组:部分亚洲邻近国家。
第二组:其他亚洲国家或地区;欧洲各国或地区。
第三组:美洲其他国家或地区;非洲各国或地区;大洋洲其他国家或地区。

2. 空运水陆路函件

单位:元

函件种类	重量级别	第一组	第二组	第三组
信函	20 g 和 20 g 以内	5.00	5.00	6.50
	20 g 以上每续重 10 g 或其零数加收	2.10	2.40	2.90
明信片	每件	4.50		
印刷品	20 g 和 20 g 以内	4.00	4.50	5.00
	20 g 以上每续重 10 g 或其零数加收	1.90	2.20	2.50
盲人读物	(基本资费免收)每 10 克收取 SAL 运费	0.50	0.80	1.00
小包	100 g 和 100 g 以内	22.00	27.00	32.00
	100 g 以上每续重 100 g 或其零数加收	18.00	23.00	28.00
印刷品专袋	5 000 g 和 5 000 g 以内	455.00	600.00	730.00
	5 000 g 以上每续重 1 000 g 或其零数加收	100.00	120.00	145.00

3. 水陆路函件

单位:元

函件种类	重量级别	普通国际资费
信函	20 g 和 20 g 以内	4.00
	20 g 以上每续重 10 g 或其零数加收	2.00
明信片	每件	3.50
印刷品	20 g 和 20 g 以内	4.00
	20 g 以上每续重 10 g 或其零数加收	1.80
盲人读物		免费
小包	100 g 和 100 g 以内	18.00
	100 g 以上每续重 100 g 或其零数加收	13.00
印刷品专袋	5 000 g 和 5 000 g 以内	200.00
	5 000 g 以上每续重 1 000 g 或其零数加收	50.00

4. 特别业务资费

单位:元

业务种类		计费单位	资费
全球优先函件		小号信封(限重 500 g)	40.00
		大号信封(限重 1 000 g)	70.00
出售国际回信券		每枚	12.00
挂号费		每件	16.00
印刷品专袋挂号费		每袋	80.00
保价函件保价费		每保 100 元或其零数	1.00
回执费		每件	5.00
保价函件手续费		每件	18.00
保价包裹手续费		每件	8.00
进口欠资函件处理费		每件	3.00
逾期保管费		每件每天	执行国内业务的相关规定
送交海关验关费		进口纳税包裹、保价函件、印刷品、小包	8.00
		进口纳税印刷品专袋	40.00
		非验关局收寄的出口包裹	8.00
保价包裹	保价费	每保 100 元或其零数	1.00
	手续费	每件	8.00

附录 B 香港、澳门和台湾地区邮件资费表

单位:元

业务种类	重量级别		资费
信函	20 g 和 20 g 以内		3.50
	20 g 以上每续重 10 g(不足 10 g 按 10 g 计)		1.50
明信片	每件		3.50
航空邮简	每件		1.80
印刷品	20 g 和 20 g 以内		3.50
	20 g 以上每续重 10 g(不足 10 g 按 10 g 计)		1.30
盲人读物			免费
小包	100 g 和 100 g 以内		15.00
	100 g 以上每续重 100 g(不足 100 g 按 100 g 计)		13.00
印刷品专袋	5 000 g 和 5 000 g 以内		180.00
	5 000 g 以上每续重 1 000 g(不足 1 000 g 按 1 000 g 计)		45.00
挂号费	每件		18.00
印刷品专袋挂号费	每袋		80.00
保价函件、保价包裹保价费	每保 200 元(不足 200 元按 200 元计)		3.00
保价函件手续费	每件		18.00
保价包裹手续费	每件		3.00
回执费	每件		3.00
撤回或更改收件人名址申请费	每件		4.40
进口欠资函件处理费	每件		2.30
存局候领费	每件		2.30
送交海关验关费	进口纳税包裹、保价函件、印刷品、小包	每件	5.00
	进口纳税印刷品专袋	每件	25.00
	非验关局收寄的出口包裹	每件	5.00
	进口免税包裹、保价函件、印刷品、印刷品专袋、小包		免收
航空费	信函、印刷品、盲人读物、小包、印刷品专袋	每 10 g 或其零数	0.50
	明信片	每件	0.50

附录 C 国际邮政通信常用术语

表 C-1 主要邮政机构名称

中文	英文
万国邮政联盟	Universal Postal Union(UPU)
行政理事会	the Council of Administration(CA)
经营理事会	the Postal Operations Council(POC)
国际局	the International Bureau(IB)
咨询委员会	the Consultative Committee(CC)
中华人民共和国邮政	Postal Administration of the People's Republic of China
邮政总局	Directorate General of Posts
国家邮政局	State Post Bureau
邮政代办所	Postal agency
流动邮局	Travelling Post office;Mobile Office
寄发局	Office of Dispatch
互换局	Office of Exchange
收寄局	Office of Posting
原寄局	Office of Origin
经转局	Reforwarding Office
邮政局	Post Office
分拣局	Sorting Office
邮政支局	Branch Post Office
中心局	Mail Center
邮件处理中心	Mail Processing Center
投递局	Office of Delivery
邮政代办所	Postal Agency
邮票代售处	Stamp-sales Agency

表 C-2 常用国际邮件名称

中文	英文
邮件	Mail Matter
函件	Correspondence
信函	Letter

续 表

中文	英文
明信片	Postcard
航空邮简	Aerogramme; Air Letter
印刷品	Printed Paper; Printed Matters
印刷品专袋	Special Bag Containing Printed Papers to the Same Addressee(M Bag)
盲人读物	Literature for the Blind
小包	Small Packets
全球优先函件	Global Priority Mail
平常信函	Ordinary Letter
确认投递函件	Recorded Delivery Item
挂号信函	Registered Letter
保价函件	Insured Item
合封函件	Combined Item
普通包裹	Ordinary Parcel
脆弱包裹	Fragile Parcel
保价包裹	Insured Parcel
代收货款包裹	Cash-on-delivery Parcel
航空包裹	Airmail Parcel
航空信函	Airmail Letter
航空函件	Airmail Correspondence
快递函件	Express Mail
特快专递业务	Express Mail Service(EMS)
综合物流业务	Integrated Logistics
电子邮戳	the Electronic Post Mark
邮政公事	on Postal Service(O/S)
免费邮件	Item Free of Postal Charges
回执	Advice of Delivery; Return Receipt(AR)
优先函件	Priority Item
非优先函件	Non-priority Item
空运水陆路邮件	Surface Airlifted Mail(SAL)
特快专递邮件	EMS Item
邮费	Postage; Charge
邮资已付	Postage Paid(PP)
平常信函资费	Ordinary Letter Charge
水陆路邮费	Surface Postage
航空附加费	Air Surcharge
挂号费	Registration Charge
确认投递费	Recorded Delivery Charge

续表

中文	英文
保价费	Insurance Charge
保价包裹手续费	Ispatch Charge of Insurance Parcel
快递费	Express Charge
包裹资费	Parcel Charge
欠资函件	Unpaid or Underpaid Item
回执费	Advice of Delivery Charge
存局候领费	Poste Restante Charge
送交海关验关费	Presentation to Customs Charge
重封费	Repacking Charge
查询费	Inquiry Charge
退回费	Return Charge
改寄费	Redirection Charge
更改地址申请费	Charge for a Request for Alteration or Correction of Address
邮票	Postage Stamp
国际回信券	International Reply Coupon
关税	Customs Duty
金法郎	Gold Franc(GF)
特别提款权	Special Drawing Right(SDR)
欠资费	Charge on Unpaid or Underpaid Item

表 C-3 收寄国际邮件常用词汇

中文	英文
原寄局	Office of Origin
寄件人	Sender
收件人	Addressee
姓名	Name
地址	Address
先生	Mister(Mr)
公司	Company(Co.)
街	Street(St.)
路	Road(Rd.)
大街	Avenue(Av. 或 Ave)
寄往	to
寄自	from
挂号标签	R-label
挂号号码	Registration Number
收据	Receipt

续 表

中文	英文
重量	Weight
克	Gramme(g)
千克	Kilogramme(kg)
商品	Merchandise
货样	Sample
邮资机	Franking Machine
包裹发递单	Parcel Dispatch Note
报关单	Customs Declaration
验关签条	Customs Label
禁寄物品	Prohibited Article
封装不妥	Inadequate Packing
捆扎不牢	Insecurely Tied

表 C-4 投递国际邮件常用词汇

中文	英文
投递局	Office of Delivery
误投	Misdelivered
邮政信箱	Post Office Box(P.O.B.)
专用信箱	Private Letter-box
无法投递	Undelivered
无法投递原因	Cause of Non-delivery
退回	Return
退回原因	Cause of Return
查无此人	Unknown
无人领取	Unclaimed
拒收	Refused
人已他往	Gone Away;Removed
人已死亡	Deceased
地址欠详	Insufficient Address
迁居	Moved
转交	Care of…(C/O)
亲启	Private
存局候领	Poste Restante
重封	Repack
收到如此情形	Received in Such Condition
无此地址	No Such Address
无此机构	No Such Organization

续表

中文	英文
外出旅行	Travelling
不准进口	Importation Prohibited
放弃处理	Treated as Abandoned
邮票脱落	Stamp Off

表 C-5　国际邮件查询、撤回、改寄、补偿常用词汇

中文	英文
申请	Request
申请人	Applicant Person
申请书	Application
原收据	Original of Receipt
查询	Enquire
跟踪查询	Tracking and Tracing
查询日期	Date of Enquiry
查询人	Inquirer
查单	Enquiry Form
仿真信封	Facsimile of the Envelope
详情	Particulars; Details
填写单式	Fill Forms
撤回	Withdrawal
更改地址	Alteration or Correction of Address
改寄	Redirection
改寄他处	Redirect to Another Place
补偿	Compensate

附录 D 我国内地(大陆)国际邮件互换局、交换站名单

共 56 个

	互换局兼交换站	互换局	交换站
总计	41 个	9 个	6 个
北京市	北京		
天津市		天津	塘沽
河北省			
山西省			
内蒙古自治区	二连、满洲里、呼和浩特		
辽宁省	丹东、大连、沈阳		
吉林省	长春、图们、长白、集安	延吉	
黑龙江省	黑河、绥芬河、哈尔滨		
陕西省	西安		
甘肃省			
宁夏回族自治区			
青海省			
新疆维吾尔自治区	乌鲁木齐	塔城、喀什、伊宁	霍尔果斯、红旗拉甫、吐尔尕特、巴克图
上海市	上海		
江苏省	南京	苏州	
浙江省	杭州	温州	
安徽省			
福建省	厦门、福州		
江西省			
山东省	青岛、烟台、威海		
广东省	广州、拱北、深圳、汕头、江门		
广西壮族自治区	南宁、东兴(暂停)、凭祥、水口(暂停)		
湖南省			
湖北省	武汉		
河南省			
四川省	成都		

续表

	互换局兼交换站	互换局	交换站
云南省	昆明、河口、天保(暂停)、畹町(暂停)		
贵州省			
西藏自治区	亚东	拉萨	聂拉木
海南省		海口	
重庆市	重庆		

附录 E 国际水陆路邮件发运路由样表

寄达洲	寄达邮政	封发局	寄达局	邮件种类	发运路由	散寄经转邮政	经转互换局	备注
欧洲	阿尔巴尼亚	上海		水陆路函件		意大利	罗马	
亚洲	阿联酋	上海		水陆路包裹		中国香港		
亚洲	阿曼	上海		水陆路包裹		中国香港		
非洲	阿松森岛	上海		水陆路函件		英国	伦敦	
非洲	埃及	上海		水陆路包裹		中国香港		
非洲	埃塞俄比亚	上海		水陆路包裹		中国香港		
欧洲	爱尔兰	上海	都柏林	水陆路包裹	SHA-RTM-DUB			船名：中远深圳、中远北京、中远盐田、中远拿波利、中远希腊、中远亚洲、中远中国、中远德国、中远广州，轮流开航 船期：周日 时间：10:00
欧洲	爱尔兰	上海		水陆路函件		荷兰	阿姆斯特丹	
欧洲	安道尔	上海		水陆路函件		法国	巴黎	

附录 F 国际航空邮件发运路由样表

寄达洲	寄达邮政	封发局	寄达局	总包种类	发运路由	开始时间	航班号	卸运时间	卸运航站
大洋洲	澳大利亚	北京	悉尼	航空函件	BJS-SYD	1535	CA175	1055	SYD
大洋洲	澳大利亚	北京	悉尼	航空函件	BJS-SYD	1600	CA173	0650	SYD
亚洲	韩国	北京	首尔	航空函件、包裹	BJS-SEL	0850	CA123	1150	SEL
亚洲	韩国	北京	首尔	航空函件、包裹	BJS-SEL	0720	8Y207	0915	SEL
美洲	美国	北京	旧金山	航空函件、包裹	BJS-SFO	1600	CA985	1140	SFO
美洲	美国	北京	纽约	航空函件、包裹	BJS-(SEL)-NYC	1155	KE852-081	1050	NYC
亚洲	日本	北京	大阪	航空函件、包裹	BJS-OSA	0920	CA927	1300	OSA
亚洲	日本	北京	东京	航空函件、包裹	BJS-TYO	0815	MU271	1520	TYO
欧洲	西班牙	北京	马德里	航空函件、包裹	BJS-(FRA)-MAD	1125	LH721-4416	2320	MAD
亚洲	中国香港	北京	中国香港	航空函件、包裹	BJS-HKG	1600	CZ310	1935	HKG
欧洲	英国	北京	大不列颠	航空函件	BJS-(CDG)-LON	1340	AF125-2370	2020	LON
欧洲	英国	北京	考文垂	航空包裹	BJS-LON	1200	CA937	1520	LON
欧洲	英国	北京	伦敦	航空函件	BJS-(CDG)-LON	1340	AF125-2370	2020	LON
亚洲	韩国	长春	首尔	航空包裹	BJS-SEL	0720	8Y207	0915	SEL
亚洲	日本	长春	大阪	航空包裹	BJS-OSA	1400	JL786	1750	OSA
亚洲	日本	长春	东京	航空包裹	BJS-TYO	1530	JL782	1950	TYO
亚洲	中国香港	成都	中国香港	航空函件、包裹	CTU-HKG	1600	CA427	1825	HKG
亚洲	韩国	大连	首尔	航空函件、包裹	BJS-SEL	0720	8Y207	0915	SEL
亚洲	日本	大连	大阪	航空函件、包裹	DLC-OSA	1415	NH946	1720	OSA
亚洲	日本	大连	大阪	航空函件、包裹	DLC-OSA	0910	CA151	1220	OSA

附录 G 国际空运水陆路邮件发运路由样表

寄达洲	寄达邮政	封发局	寄达局	总包种类	发运路由	航班号	卸运航站
欧洲	阿尔巴尼亚	北京	地拉那	空运水陆路函件、包裹	BJS-(VIE)-TIA	OS64-849	TIA
欧洲	爱尔兰	北京	都柏林	空运水陆路函件、包裹	BJS-(FRA)-DUB	LH8067-4984	DUB
欧洲	奥地利	北京	维也纳	空运水陆路函件、包裹	BJS-VIE	OS64	VIE
大洋洲	澳大利亚	北京	悉尼	空运水陆路函件	BJS-SYD	CA175	SYD
美洲	巴西	北京	里约热内卢	空运水陆路函件、包裹	BJS-(CHI)-(WAS)-RIO	UA850-600-873	RIO
欧洲	白俄罗斯	北京	明斯克	空运水陆路函件	BJS-(FRA)-MSQ	LH8067-3240	MSQ
欧洲	保加利亚	北京	索非亚	空运水陆路函件、包裹	BJS-(FRA)-SOF	LH8067-3358	SOF
欧洲	比利时	北京	布鲁塞尔	空运水陆路函件、包裹	BJS-(FRA)-BRU	LH8067-4592	BRU
欧洲	冰岛	北京	雷克雅未克	空运水陆路函件	BJS-CPH-REK	SK996-FI205	REK
欧洲	波兰	北京	华沙	空运水陆路函件、包裹	BJS-(VIE)-WAW	OS64-625	WAW

附录 H 国际特快专递邮件发运路由样表

寄达邮政	出口互换局	寄达互换局	发运路由	国内段运输			国内段经转				国外段经转			抵达时间	卸运航站
				航班号	起飞时间	抵达时间	经停经转局	续运航班号	起飞时间	抵达时间	经停经转局	续运航班号	起飞时间		
日本	杭州	大阪	HGH-KIX	MF875	0940									1235	KIX
澳大利亚	北京	墨尔本	BJS-BKK-MEL	TG615	1750					2200	曼谷	TG999	0810	2120	MEL
澳大利亚	上海	墨尔本	PVG-KUL-MEL	MH387	0955					1525	吉隆坡	MH149	2135	0815	MEL
澳大利亚	天津	墨尔本	TSN-BJS-BKK-MEL	快速汽车	2310	0145	北京	TG615	1750	2200	曼谷	TG999	0810	2120	MEL
澳大利亚	北京	悉尼	BJS-SYD	CA175	1535									1055	SYD
澳大利亚	北京	悉尼	BJS-SYD	CA173	1600									0650	SYD

附录Ⅰ 国际特快专递邮件详情单样表

附录 J 部分国家禁限寄规定

一、按照各国邮政业务规章,各类邮件的禁限寄规定

(一) 函件禁限寄规定

1. 不接受挂号函件内夹带硬币、现钞或可兑付的有价证券、旅行支票、白金、黄金或白银(无论是否是制成品)、宝石、珠宝或其他贵重物品,并对该类邮件的丢失或损坏不承担任何责任的国家:

朝鲜、黎巴嫩、玻利维亚、伊拉克、尼泊尔、巴基斯坦、沙特阿拉伯、苏丹、越南

2. 不接受保价函件内夹带硬币、现钞或可兑付的有价证券、旅行支票、白金、黄金或白银(无论是否是制成品)、宝石、珠宝或其他贵重物品,并对该类邮件的丢失或损坏不承担任何责任的国家:

缅甸

3. 不接受挂号或保价函件内夹带现钞或硬币的国家:

尼泊尔

4. 不接受挂号或保价函件内夹带硬币、现钞、支票、邮票或外国货币,并对该类邮件的丢失或损坏不承担任何责任的国家:

乌兹别克斯坦

5. 不接受平常、挂号、保价函件内夹带硬币、现钞或可兑付的有价证券、旅行支票、白金、黄金或白银(无论是否是制成品)、宝石或其他贵重物品,并对该类邮件的丢失或损坏不承担任何责任的国家:

菲律宾

6. 不接受平常、挂号、保价函件内夹带金(银)条或现钞,不接受进口或散寄经转的挂号函件内夹带珠宝、贵重金属、宝石、有价证券、硬币或任何形式的商务契约,并对该类邮件的丢失或损坏不承担任何责任的国家:

澳大利亚

7. 不接受平常、挂号或保价函件内夹带硬币、现钞、有价证券、旅行支票的国家:

拉脱维亚、蒙古

8. 不接受挂号或保价函件内夹带硬币、现钞、支票、邮票、外币或可兑付的有价证券,并对该类邮件的丢失或损坏不承担任何责任的国家:

印度尼西亚

9. 不接受挂号或保价函件内夹带硬币、现钞、债券或可兑付的有价证券、支票、贵重金属(无论是否是制成品)、宝石、珠宝或其他贵重物品、外币,并对该类邮件的丢失或损坏不承担任

何责任的国家：

哈萨克斯坦

10. 不接受挂号或保价函件内夹带现钞、可兑付的有价证券（支票）、外币，并对该类邮件的丢失或损坏不承担任何责任的国家：

摩尔多瓦和俄罗斯

11. 不接受平常、挂号或保价函件内夹带硬币、现钞和可兑付的有价证券的国家：

巴西

12. 不接受平常、挂号、保价函件内夹带硬币、现钞、可兑付的有价证券、旅行支票、白金、黄金或白银（无论是否是制成品）、宝石、珠宝或其他贵重物品，并对该类邮件的丢失或损坏不承担任何责任的国家：

吉尔吉斯斯坦

（二）包裹禁限寄规定

1. 不接受包裹内夹带硬币、现钞或可兑付的有价证券、旅行支票、贵重金属（无论是否是制成品）、宝石或其他贵重物品、液体或易液化物质、玻璃或易碎物品，并对该类邮件的丢失或损坏不承担任何责任的国家：

黎巴嫩、苏丹、菲律宾

2. 不接受保价包裹内夹带硬币、现钞、有价证券的国家：

巴西

3. 不接受保价包裹内夹带硬币和现钞的国家：

加纳

4. 不接受包裹内夹带硬币、现钞或可兑付的有价证券、旅行支票、贵重金属（无论是否是制成品）、宝石或其他贵重物品、药物（附带权威机构药物说明的除外）、灭火产品、化学液体、违反伊斯兰宗教原则的物品的国家：

沙特阿拉伯、阿曼、伊朗

5. 不接受包裹内夹带金（银）条和现钞的国家：

澳大利亚

6. 不接受包裹内夹带硬币、现钞、旅行支票和可兑付的有价证券的国家：

蒙古

7. 不接受包裹内夹带硬币、现钞、支票、有价证券、外币，并对该类邮件的丢失或损坏不承担任何责任的国家：

拉脱维亚

8. 不接受普通或保价包裹内夹带现钞、可兑付的有价证券（支票）、外币，并对该类邮件的丢失或损坏不承担任何责任的国家：

摩尔多瓦、俄罗斯联邦、乌克兰、乌兹别克斯坦

9. 不接受保价包裹内夹带金条的国家：

缅甸、赞比亚

10. 不接受普通或保价包裹内夹带硬币、现钞、债券或可兑付的有价证券、支票、贵重金属（无论是否是制成品）、宝石、珠宝或其他贵重物品、外币，并对该类邮件的丢失或损坏不承担任何责任的国家：

哈萨克斯坦

二、按照各国法律法规,重点禁限寄物品类别及相关国家

(一) 药剂类

1. 要求用户寄递保健品、药品,务必事先征询本国药监局意见的国家:

加拿大

2. 要求寄递的装有液体状、粉末状、药剂等性质难辨的物品邮件必须经由报关代理办理进口申报的国家:

墨西哥

3. 严禁各类邮件夹寄各种麻醉及精神类药品的国家:

日本、巴西

(二) 食品类

1. 禁止进口肉、内脏、水产、蛋奶制品的国家:

英国、意大利、卡塔尔

2. 禁止进口使用动物骨头、肉、脂肪、血液、毛发等生产的酱汁、香肠及动物油的国家:

日本

3. 禁止装有猪牛羊肉、奶及其奶制品的邮件进口,要求肉制品、水产制品、蛋奶制品、植物(含种子、根茎等)制品必须附有检验检疫证明的国家:

克罗地亚

4. 要求肉、奶产品必须附有兽医卫生证明的国家:

荷兰、德国

5. 禁止各类邮件夹寄食品和药品的国家:

乌克兰

6. 规定凡寄往该国的内装种子及其他农产品的邮件需得到该国检验检疫总局的许可方可入境的国家:

乌兹别克斯坦

7. 禁止装有活的动物、各类鱼及水产品、肉及肉制品、奶及奶制品以及各类饲料和饲料原料的邮件进口的国家:

俄罗斯

8. 禁止装有各类肉、肉制品和奶制品的邮件(包括经转邮件)进口的国家:

波黑

9. 荷兰邮政对于寄往荷兰及经荷兰转往 15 个欧盟成员国(奥地利、比利时、丹麦、芬兰、法国、德国、希腊、爱尔兰、意大利、卢森堡、荷兰、葡萄牙、西班牙、瑞典、英国)的任何包含肉类和肉类产品(包括家禽和野生动物肉类)以及牛奶和奶制品的物品,要求必须附有我国地方权威机构颁发的兽医证明书。

10. 禁止装有肉类、鱼类、昆虫、牛奶、蛋类、蜂蜜、动物化石、狩猎物的包裹进口(经转邮件不在此列)的国家:

意大利

11. 要求装有肉类、肉制品、奶类及奶制品的各类邮件,必须附有我国地市级以上(含地市)官方兽医卫生检疫主管部门出具的中英文证明文件的国家:

希腊

12. 禁止利用各类邮件进口食用肉及其制品,猪牛羊的头、蹄、内脏及其制品以及家禽和动物饲料;凡发往该国的内件装有动物类物品的邮件(包括 EMS 邮件)均应附有原寄国检疫部门出具的卫生证明的国家:

白俄罗斯

13. 要求对内装肉类、肉制品、奶类、奶制品的邮寄给个人的邮件,遵守同商业性进口物品一样的动物检疫要求,附有官方开具的健康卫生证明(少量的太妃糖、巧克力、饼干可以例外)的国家:

德国

14. 为防止黄曲霉素危害,对从中国进口的落花生,实行特殊的入境检疫要求,应随附食品样品分析及健康证明文件(此文件须由我国官方进出口检疫主管部门出具,用英文填写完整、签章齐全,自发证日起 4 个月有效)的国家:

欧盟各国

15. 美国食品药物管理局(EDA)决定对发往美国内装食品的国际邮件适当放宽预申报制度。可免预申报的食品包括个人自制、作为个人礼品用、从个人名址寄往个人名址的食品邮件及其他非商业用途食品。但单位用户(包括驻外公司)寄往美国的食品邮件,仍需严格遵守预申报规定。

(三) 烟酒类

1. 不接受内装烟草、烟草制品及其仿制品、替代品的邮件的国家:

意大利、巴西

2. 英国除进口方(接收方)是在英国的相关机构,且已预先做了税务登记,经英国海关机构(HMRC)判断,此邮件允许进口,且属于个人礼物性质外,不接受内装烟草及烟草制品的邮件。

3. 法国海关声明将加强对烟草类邮购物品的监管,即凡个人或企业团体通过互联网或其他交易渠道订购(B2C 方式)的、发往法国的含有香烟或其他烟草类物品的所有货物,不论其数量多少,也不论其是否来自欧盟成员国家,均将作为违禁物品由海关扣留或销毁。

只有发货商已指定由法国境内的一家财务代表代付税款,并且含有烟草的全部货物都附有一个简化的付税文件方可放行。

4. 严禁进口烟草、酒类邮件的国家:

白俄罗斯

(四) 军品类

禁止武器或仿真武器及零部件,军火及其模型、展品或复制品,弹药或仿真弹药及零部件,军款马甲、背心等入境的国家:

澳大利亚、加拿大、瑞士、丹麦

附录 K 国际函件发运路由表

序号	原寄局	原寄局名	寄达局	寄达局名	总包种类	运输方式
1	CNCANA	广州	HUBUDA	布达佩斯	UN	A
2	CNCANA	广州	SKBTSA	布拉迪斯拉发	UN	A
3	CNCANA	广州	CZPRGA	布拉格	UN	A
4	CNCANA	广州	BEBRUA	布鲁塞尔	UN	A
5	CNCANA	广州	JPKWSA	川崎	UN	A
6	CNCANA	广州	IEDUBA	都柏林	UN	A
7	CNCANA	广州	DEFRAA	法兰克福	UN	A
8	CNCANA	广州	DKCPHA	哥本哈根	UN	A
9	CNCANA	广州	FIHELA	赫尔辛基	UN	A
10	CNCANA	广州	PLWAWA	华沙	UN	A
11	CNCANA	广州	UAIEVA	基辅	UN	A
12	CNCANA	广州	SAJEDA	吉达	UN	A
13	CNCANA	广州	PKKHIA	卡拉奇	UN	A
14	CNCANA	广州	GBLALA	兰利	UN	A
15	CNWNZA	温州	ROBUHB	布加勒斯特	UN	C
16	CNWNZA	温州	CZPRGA	布拉格	UN	C
17	CNWNZA	温州	BEBRUA	布鲁塞尔	UN	C
18	CNWNZA	温州	DKCPHA	哥本哈根	UN	C
19	CNWNZA	温州	FIHELA	赫尔辛基	UN	C
20	CNBJSA	北京	USJFKA	纽约	UN	C
21	CNBJSA	北京	ZWHREA	哈拉雷(CSO)	UN	C
22	CNBJSA	北京	CAYVRA	温哥华	UN	C
23	CNBJSA	北京	CLSCLB	圣地亚哥	UN	C
24	CNSHAA	上海	BRSAOD	圣保罗	UN	C
25	CNWUHA	武汉	RUMOWS	莫斯科	UN	C
26	CNZUHA	拱北	MOMFMA	澳门	UN	C
27	CNCKGA	重庆	KZALAA	阿拉木图	UN	C
28	CNSZHA	苏州	JPKWSA	川崎	UN	C
29	CNBJSA	北京	IRTHRA	德黑兰	UN	C
30	CNBJSA	北京	LAVTEA	万象	UN	C

续表

序号	原寄局	原寄局名	寄达局	寄达局名	总包种类	运输方式
31	CNURCA	乌鲁木齐	KGFRUA	比什凯克	UN	C
32	CNURCA	乌鲁木齐	RUMOWS	莫斯科	UN	C
33	CNSHEA	沈阳	KPKP03	满浦	UN	C
34	CNBJSA	北京	NPKTMA	加德满都	UN	C
35	CNSHAA	上海	ITMILA	米兰	UN	C
36	CNSHAA	上海	HRZAGB	萨格勒布	UN	C
37	CNSHAA	上海	SESTOA	斯德哥尔摩	UN	C
38	CNSHAA	上海	LTVNOA	维尔纽斯	UN	C
39	CNNKGA	南京	NLAMSA	阿姆斯特丹	UN	C
40	CNBJSA	北京	MNULNA	乌兰巴托	UN	C
41	CNSHEA	沈阳	KPKP04	惠山	UN	C
42	CNSHEA	沈阳	KPFNJA	平壤	UN	C
43	CNSHEA	沈阳	KPKP01	新义州	UN	C
44	CNSHEA	沈阳	KPKP02	南阳	UN	C
45	CNFOCA	福州	HKHKGG	香港	UN	C
46	CNBJSA	北京	ESMADC	马德里	UN	C
47	CNBJSA	北京	NLAMSA	阿姆斯特丹	UN	C
48	CNBJSA	北京	ROBUHB	布加勒斯特	UN	C
49	CNWNZA	温州	ESMADC	马德里	UN	C
50	CNWNZA	温州	ITMILA	米兰	UN	C
51	CNWNZA	温州	HRZAGB	萨格勒布	UN	C
52	CNWNZA	温州	SESTOA	斯德哥尔摩	UN	C
53	CNWNZA	温州	LTVNOA	维尔纽斯	UN	C
54	CNFOCA	福州	NLAMSA	阿姆斯特丹	UN	C
55	CNFOCA	福州	ROBUHB	布加勒斯特	UN	C
56	CNFOCA	福州	CZPRGA	布拉格	UN	C
57	CNFOCA	福州	BEBRUA	布鲁塞尔	UN	C
58	CNFOCA	福州	DKCPHA	哥本哈根	UN	C
59	CNFOCA	福州	FIHELA	赫尔辛基	UN	C
60	CNFOCA	福州	PLWAWA	华沙	UN	C
61	CNFOCA	福州	GBLALA	兰利	UN	C
62	CNFOCA	福州	SILJUA	卢布尔雅那	UN	C
63	CNFOCA	福州	LULUXC	卢森堡	UN	C
64	CNFOCA	福州	FRCDGA	罗斯	UN	C
65	CNFOCA	福州	ESMADC	马德里	UN	C
66	CNFOCA	福州	ITMILA	米兰	UN	C
67	CNFOCA	福州	HRZAGB	萨格勒布	UN	C

续表

序号	原寄局	原寄局名	寄达局	寄达局名	总包种类	运输方式
68	CNFOCA	福州	SESTOA	斯德哥尔摩	UN	C
69	CNFOCA	福州	LTVNOA	维尔纽斯	UN	C
70	CNXMNA	厦门	NLAMSA	阿姆斯特丹	UN	C
71	CNXMNA	厦门	ROBUHB	布加勒斯特	UN	C
72	CNXMNA	厦门	CZPRGA	布拉格	UN	C
73	CNXMNA	厦门	BEBRUA	布鲁塞尔	UN	C
74	CNXMNA	厦门	DKCPHA	哥本哈根	UN	C
75	CNXMNA	厦门	FIHELA	赫尔辛基	UN	C
76	CNXMNA	厦门	PLWAWA	华沙	UN	C
77	CNXMNA	厦门	GBLALA	兰利	UN	C
78	CNXMNA	厦门	SILJUA	卢布尔雅那	UN	C
79	CNXMNA	厦门	LULUXC	卢森堡	UN	C
80	CNXMNA	厦门	FRCDGA	罗斯	UN	C
81	CNXMNA	厦门	ESMADC	马德里	UN	C
82	CNXMNA	厦门	ITMILA	米兰	UN	C
83	CNBJSA	北京	CZPRGA	布拉格	UN	C
84	CNBJSA	北京	BEBRUA	布鲁塞尔	UN	C
85	CNBJSA	北京	DKCPHA	哥本哈根	UN	C
86	CNSFEA	绥芬河国际	RUVVOA	符拉迪沃斯托克	UT	C
87	CNSFEA	绥芬河国际	RUVVOA	符拉迪沃斯托克	UN	C
88	CNBJSA	北京	FIHELA	赫尔辛基	UN	C
89	CNBJSA	北京	PLWAWA	华沙	UN	C
90	CNBJSA	北京	GBLALA	兰利	UN	C
91	CNBJSA	北京	SILJUA	卢布尔雅那	UN	C
92	CNBJSA	北京	LULUXC	卢森堡	UN	C
93	CNBJSA	北京	FRCDGA	罗斯	UN	C
94	CNBJSA	北京	HKHKGA	香港 AMC	UT	C
95	CNBJSA	北京	DZALGB	阿尔及尔	UN	C
96	CNBJSA	北京	GNCKYA	科纳克里	UN	C
97	CNBJSA	北京	KEMBAA	蒙巴萨	UN	C
98	CNBJSA	北京	MACASD	CASA CCI	UN	C
99	CNBJSA	北京	MLBKOA	巴马科	UN	C
100	CNCANA	广州	ILTLVA	特拉维夫	UN	A
101	CNBJSA	北京	LKCMBA	科伦坡	UN	C
102	CNSZXA	深圳	RUMOWS	莫斯科	UN	C
103	CNYINA	伊宁国际	RUEKAA	叶卡捷琳堡	UN	C
104	CNBJSA	北京	MUMRUA	路易斯	UT	C

续表

序号	原寄局	原寄局名	寄达局	寄达局名	总包种类	运输方式
105	CNXMNA	厦门	RUMOWS	莫斯科	UN	C
106	CNXMNA	厦门	PHMNLA	马尼拉	UN	C
107	CNXMNA	厦门	TWKELA	基隆	UN	C
108	CNXMNA	厦门	TWKNHC	金门	UN	C
109	CNXMNA	厦门	HKHKGL	香港	UN	C
110	CNSZXA	深圳	HKHKGA	香港 AMC	UN	C
111	CNSHAA	上海	BGSOFG	索非亚	UN	C
112	CNSHAA	上海	SESTOA	斯德哥尔摩	UN	C
113	CNSHAA	上海	AUSYDE	悉尼	UN	C
114	CNSHAA	上海	ATVIEC	维也纳	UN	C
115	CNSHAA	上海	HRZAGB	萨格勒布	UN	C
116	CNSHAA	上海	CHZRHB	苏黎世	UN	C
117	CNSHAA	上海	NZAKLA	奥克兰	UN	C
118	CNXMNA	厦门	HRZAGB	萨格勒布	UN	C
119	CNXMNA	厦门	SESTOA	斯德哥尔摩	UN	C
120	CNXMNA	厦门	LTVNOA	维尔纽斯	UN	C
121	CNCANA	广州	NLAMSA	阿姆斯特丹	UN	C
122	CNCANA	广州	ROBUHB	布加勒斯特	UN	C
123	CNCANA	广州	CZPRGA	布拉格	UN	C
124	CNCANA	广州	BEBRUA	布鲁塞尔	UN	C
125	CNCANA	广州	DKCPHA	哥本哈根	UN	C
126	CNCANA	广州	FIHELA	赫尔辛基	UN	C
127	CNCANA	广州	PLWAWA	华沙	UN	C
128	CNCANA	广州	GBLALA	兰利	UN	C
129	CNCANA	广州	SILJUA	卢布尔雅那	UN	C
130	CNCANA	广州	LULUXC	卢森堡	UN	C
131	CNCANA	广州	FRCDGA	罗斯	UN	C
132	CNCANA	广州	ESMADC	马德里	UN	C
133	CNCANA	广州	ITMILA	米兰	UN	C
134	CNCANA	广州	HRZAGB	萨格勒布	UN	C
135	CNCANA	广州	SESTOA	斯德哥尔摩	UN	C
136	CNCANA	广州	LTVNOA	维尔纽斯	UN	C
137	CNSZXA	深圳	NLAMSA	阿姆斯特丹	UN	C
138	CNSZXA	深圳	CZPRGA	布拉格	UN	C
139	CNSZXA	深圳	BEBRUA	布鲁塞尔	UN	C
140	CNSZXA	深圳	DKCPHA	哥本哈根	UN	C
141	CNSZXA	深圳	FIHELA	赫尔辛基	UN	C

续 表

序号	原寄局	原寄局名	寄达局	寄达局名	总包种类	运输方式
142	CNSZXA	深圳	PLWAWA	华沙	UN	C
143	CNSZXA	深圳	GBLALA	兰利	UN	C
144	CNSZXA	深圳	SILJUA	卢布尔雅那	UN	C
145	CNSZXA	深圳	LULUXC	卢森堡	UN	C
146	CNSZXA	深圳	FRCDGA	罗斯	UN	C
147	CNSZXA	深圳	ESMADC	马德里	UN	C
148	CNSZXA	深圳	ITMILA	米兰	UN	C
149	CNSZXA	深圳	HRZAGB	萨格勒布	UN	C
150	CNSZXA	深圳	SESTOA	斯德哥尔摩	UN	C
151	CNSZXA	深圳	LTVNOA	维尔纽斯	UN	C
152	CNURCA	乌鲁木齐	NLAMSA	阿姆斯特丹	UN	C
153	CNURCA	乌鲁木齐	ROBUHB	布加勒斯特	UN	C
154	CNURCA	乌鲁木齐	CZPRGA	布拉格	UN	C
155	CNURCA	乌鲁木齐	BEBRUA	布鲁塞尔	UN	C
156	CNURCA	乌鲁木齐	DKCPHA	哥本哈根	UN	C
157	CNURCA	乌鲁木齐	FIHELA	赫尔辛基	UN	C
158	CNURCA	乌鲁木齐	PLWAWA	华沙	UN	C
159	CNURCA	乌鲁木齐	GBLALA	兰利	UN	C
160	CNURCA	乌鲁木齐	SILJUA	卢布尔雅那	UN	C
161	CNURCA	乌鲁木齐	LULUXC	卢森堡	UN	C
162	CNURCA	乌鲁木齐	FRCDGA	罗斯	UN	C
163	CNURCA	乌鲁木齐	ESMADC	马德里	UN	C
164	CNURCA	乌鲁木齐	ITMILA	米兰	UN	C
165	CNSHAA	上海	NLAMSA	阿姆斯特丹	UN	C
166	CNSHAA	上海	COBAQA	巴兰基利亚	UN	C
167	CNSHAA	上海	RSBEGC	贝尔格莱德	UN	C
168	CNSHAA	上海	BEBRUA	布鲁塞尔	UN	C
169	CNSHAA	上海	HUBUDA	布达佩斯	UN	C
170	CNSHAA	上海	ROBUHB	布加勒斯特	UN	C
171	CNSHAA	上海	ROBUHC	布加勒斯特	UN	C
172	CNSHAA	上海	DEHAMB	汉堡	UT	C
173	CNSHAA	上海	EGCAIB	开罗	UN	C
174	CNSHAA	上海	FRCDGA	罗斯	UN	C
175	CNSHAA	上海	DKCPHA	哥本哈根	UN	C
176	CNSHAA	上海	GHACCB	阿克拉	UN	C
177	CNSHAA	上海	ZACPTB	开普敦 SAL	UN	C
178	CNSHAA	上海	ESMADC	马德里	UN	C

附录 K　国际函件发运路由表

续表

序号	原寄局	原寄局名	寄达局	寄达局名	总包种类	运输方式
179	CNSHAA	上海	MXMEXB	墨西哥城 SAL	UN	C
180	CNSHAA	上海	ITMILA	米兰	UN	C
181	CNSHAA	上海	RUMOWS	莫斯科	UN	C
182	CNSHAA	上海	ITMXPA	马尔彭萨	UN	C
183	CNSHAA	上海	DENIAA	涅德劳拉	UN	C
184	CNSHAA	上海	NOOSLA	奥斯陆	UN	C
185	CNSHAA	上海	CZPRGA	布拉格	UN	C
186	CNSHAA	上海	NLRTMA	鹿特丹	UN	C
187	CNSHAA	上海	IEDUBA	都柏林	UN	C
188	CNSHAA	上海	FIHELA	赫尔辛基	UN	C
189	CNSHAA	上海	HKHKGA	香港 AMC	UN	C
190	CNSHAA	上海	HKHKGG	香港	UN	C
191	CNSHAA	上海	USJECS	泽西	UN	C
192	CNSHAA	上海	USJFKA	纽约	UN	C
193	CNSHAA	上海	TWKELA	基隆	UN	C
194	CNURCA	乌鲁木齐	HRZAGB	萨格勒布	UN	C
195	CNURCA	乌鲁木齐	SESTOA	斯德哥尔摩	UN	C
196	CNURCA	乌鲁木齐	LTVNOA	维尔纽斯	UN	C
197	CNYINA	伊宁国际	NLAMSA	阿姆斯特丹	UN	C
198	CNYINA	伊宁国际	ROBUHB	布加勒斯特	UN	C
199	CNYINA	伊宁国际	CZPRGA	布拉格	UN	C
200	CNYINA	伊宁国际	BEBRUA	布鲁塞尔	UN	C
201	CNYINA	伊宁国际	DKCPHA	哥本哈根	UN	C
202	CNYINA	伊宁国际	FIHELA	赫尔辛基	UN	C
203	CNYINA	伊宁国际	PLWAWA	华沙	UN	C
204	CNYINA	伊宁国际	GBLALA	兰利	UN	C
205	CNYINA	伊宁国际	SILJUA	卢布尔雅那	UN	C
206	CNYINA	伊宁国际	LULUXC	卢森堡	UN	C
207	CNYINA	伊宁国际	FRCDGA	罗斯	UN	C
208	CNYINA	伊宁国际	ESMADC	马德里	UN	C
209	CNYINA	伊宁国际	ITMILA	米兰	UN	C
210	CNYINA	伊宁国际	HRZAGB	萨格勒布	UN	C
211	CNYINA	伊宁国际	SESTOA	斯德哥尔摩	UN	C
212	CNYINA	伊宁国际	LTVNOA	维尔纽斯	UN	C
213	CNYIWA	义乌国际	NLAMSA	阿姆斯特丹	UN	C
214	CNYIWA	义乌国际	ROBUHB	布加勒斯特	UN	C
215	CNYIWA	义乌国际	CZPRGA	布拉格	UN	C

续表

序号	原寄局	原寄局名	寄达局	寄达局名	总包种类	运输方式
216	CNYIWA	义乌国际	BEBRUA	布鲁塞尔	UN	C
217	CNYIWA	义乌国际	DKCPHA	哥本哈根	UN	C
218	CNYIWA	义乌国际	FIHELA	赫尔辛基	UN	C
219	CNYIWA	义乌国际	GBLALA	兰利	UN	C
220	CNYIWA	义乌国际	SILJUA	卢布尔雅那	UN	C
221	CNYIWA	义乌国际	LULUXC	卢森堡	UN	C
222	CNYIWA	义乌国际	FRCDGA	罗斯	UN	C
223	CNYIWA	义乌国际	ESMADC	马德里	UN	C
224	CNYIWA	义乌国际	ITMILA	米兰	UN	C
225	CNYIWA	义乌国际	HRZAGB	萨格勒布	UN	C
226	CNYIWA	义乌国际	SESTOA	斯德哥尔摩	UN	C
227	CNYIWA	义乌国际	LTVNOA	维尔纽斯	UN	C
228	CNSZXA	深圳	ROBUHB	布加勒斯特	UN	C
229	CNBJSA	北京	ITMILA	米兰	UN	B
230	CNBJSA	北京	RUMOWS	莫斯科	UN	B
231	CNBJSA	北京	DENIAA	涅德劳拉	UN	B
232	CNBJSA	北京	USJFKA	纽约	UN	B
233	CNBJSA	北京	BRSAOD	圣保罗	UN	B
234	CNBJSA	北京	KRSELA	首尔	UN	B
235	CNBJSA	北京	SESTOA	斯德哥尔摩	UN	B
236	CNBJSA	北京	BGSOFG	索非亚	UN	B
237	CNBJSA	北京	LTVNOA	维尔纽斯	UN	B
238	CNBJSA	北京	ATVIEC	维也纳	UN	B
239	CNCTUA	成都	USJFKA	纽约	UN	B
240	CNSHAA	上海	JPKWSA	川崎	UN	C
241	CNSHAA	上海	GBLALT	兰利(转)	UN	C
242	CNSHAA	上海	SILJUA	卢布尔雅那	UN	C
243	CNSHAA	上海	GBLONC	伦敦 本	UN	C
244	CNSHAA	上海	GBLONH	伦敦	UN	C
245	CNSHAA	上海	LULUXC	卢森堡	UN	C
246	CNSHAA	上海	GBLALT	兰利(转)	UN	C
247	CNSHAA	上海	PLWAWA	华沙	UN	C
248	CNSHAA	上海	GBLALA	兰利	UN	C
249	CNBJSA	北京	RUEKAA	叶卡捷琳堡	UN	C
250	CNCANA	广州	RUEKAA	叶卡捷琳堡	UN	C
251	CNFOCA	福州	RUEKAA	叶卡捷琳堡	UN	C
252	CNSHAA	上海	RUEKAA	叶卡捷琳堡	UN	C

续 表

序号	原寄局	原寄局名	寄达局	寄达局名	总包种类	运输方式
253	CNSZHA	苏州	RUEKAA	叶卡捷琳堡	UN	C
254	CNSZXA	深圳	RUEKAA	叶卡捷琳堡	UN	C
255	CNWUHA	武汉	RUEKAA	叶卡捷琳堡	UN	C
256	CNHUCA	珲春国际	RUVVOH	符拉迪沃斯托克	UN	C
257	CNURCA	乌鲁木齐	KZALAA	阿拉木图	UN	C
258	CNYINA	伊宁国际	RUMOWS	莫斯科	UN	C
259	CNYINA	伊宁国际	KZALAA	阿拉木图	UN	C
260	CNYINA	伊宁国际	UZTASA	塔什干	UN	C
261	CNYINA	伊宁国际	KGFRUA	比什凯克	UN	C
262	CNYINA	伊宁国际	TJDYUA	杜尚别	UN	C
263	CNYINA	伊宁国际	TMASBA	阿什哈巴德	UN	C
264	CNTSNA	天津	HKHKGA	香港 AMC	UN	C
265	CNDDGA	丹东	KPKP01	新义州	UN	C
266	CNCANA	广州	GBLALA	兰利	UN	B
267	CNCANA	广州	FRCDGA	罗斯	UN	B
268	CNCANA	广州	USLAXA	洛杉矶	UN	B
269	CNSHAA	上海	USSFOT	旧金山	UN	B
270	CNSHAA	上海	USLAXA	洛杉矶	UN	B
271	CNWNZA	温州	FRCDGA	罗斯	UN	B
272	CNWUHA	武汉	USJFKA	纽约	UN	B
273	CNCKGA	重庆	JPKWSA	川崎	UN	B
274	CNCKGA	重庆	USJFKA	纽约	UN	B
275	CNKNCA	集安	KPKP03	满浦	UN	C
276	CNLXAA	拉萨	NRKDIA	科达里	UN	C
277	CNKMGA	昆明	VNHANA	河内	UN	C
278	CNFOCA	福州	TWKELA	基隆	UN	C
279	CNSWAA	汕头	SGSINA	新加坡	UN	C
280	CNSWAA	汕头	HKHKGA	香港 AMC	UN	C
281	CNTMEA	图们	KPKP02	南阳	UN	C
282	CNNNGA	南宁	VNHANC	河内	UN	C
283	CNFOCA	福州	RUMOWS	莫斯科	UN	C
284	CNKHGA	喀什	KGFRUA	比什凯克	UN	C
285	CNKHGA	喀什	KZALAA	阿拉木图	UN	C
286	CNKHGA	喀什	PKGILA	吉尔吉特	UN	C
287	CNCANA	广州	AUSYDE	悉尼	UN	C
288	CNCANA	广州	HKHKGG	香港	UN	C
289	CNCANA	广州	JPKWSA	川崎	UN	C

续 表

序号	原寄局	原寄局名	寄达局	寄达局名	总包种类	运输方式
290	CNCANA	广州	GBLONC	伦敦 本	UN	C
291	CNCANA	广州	GBLONH	伦敦	UN	C
292	CNHEKA	黑河	RUBQSA	布拉戈维申斯克	UN	C
293	CNHUCA	珲春国际	RUVVOA	符拉迪沃斯托克	UN	C
294	CNCANA	广州	RUMOWS	莫斯科	UN	C
295	CNCANA	广州	GBLALA	兰利	UN	C
296	CNCANA	广州	GBLALT	兰利(转)	UN	C
297	CNCANA	广州	MUMRUA	路易斯	UN	C
298	CNCANA	广州	AEDXBA	迪拜	UN	C
299	CNCANA	广州	BDCGPA	吉大港	UN	C
300	CNCANA	广州	IDJKTB	雅加达	UN	C
301	CNCANA	广州	ILHFAA	海法	UN	C
302	CNCANA	广州	INCCUF	加尔各答	UN	C
303	CNCANA	广州	TWTPEA	台北	UN	C
304	CNCANA	广州	SGSINL	新加坡	UN	C
305	CNCANA	广州	THBKKA	曼谷	UN	C
306	CNCANA	广州	SAJEDA	吉达	UN	C
307	CNCANA	广州	FJSUVA	苏瓦	UN	C
308	CNCANA	广州	KWKWIA	科威特	UN	C
309	CNCANA	广州	LKCMBA	科伦坡	UN	C
310	CNCANA	广州	MMRGNA	仰光	UN	C
311	CNCANA	广州	BHBAHA	巴林	UN	C
312	CNCANA	广州	CAYVRA	温哥华	UN	C
313	CNCANA	广州	UYMVDH	MVD EMS INT	UN	C
314	CNCANA	广州	MYKULA	吉隆坡	UN	C
315	CNCANA	广州	PAPTYA	巴拿马	UN	C
316	CNCANA	广州	PHMNLF	马尼拉	UN	C
317	CNCANA	广州	QADOHA	多哈	UN	C
318	CNCGQA	长春	RUVVOA	符拉迪沃斯托克	UN	C
319	CNSHAA	上海	TRISTE	伊斯坦布尔	UN	C
320	CNCGOA	郑州国际	RUMOWS	莫斯科	UN	C
321	CNCANA	广州	MOMFMA	澳门	UN	C
322	CNZUHA	拱北	HKHKGA	香港 AMC	UN	C
323	CNCKGA	重庆	RUMOWS	莫斯科	UN	C
324	CNHRBL	哈尔滨国际邮件处理中心	RUMOWS	莫斯科	UN	C
325	CNNKGA	南京	RUMOWS	莫斯科	UN	C
326	CNSZHA	苏州	RUMOWS	莫斯科	UN	C

续表

序号	原寄局	原寄局名	寄达局	寄达局名	总包种类	运输方式
327	CNCGOA	郑州国际	DEHAMB	汉堡	UN	C
328	CNWNZA	温州	PLWAWA	华沙	UN	C
329	CNWNZA	温州	GBLALA	兰利	UN	C
330	CNWNZA	温州	SILJUA	卢布尔雅那	UN	C
331	CNWNZA	温州	LULUXC	卢森堡	UN	C
332	CNWNZA	温州	FRCDGA	罗斯	UN	C
333	CNURCA	乌鲁木齐	GBLALA	兰利	UN	B
334	CNURCA	乌鲁木齐	TMASBA	阿什哈巴德	UN	A
335	CNURCA	乌鲁木齐	TMASBA	阿什哈巴德	UN	B
336	CNURCA	乌鲁木齐	KGFRUA	比什凯克	UN	B
337	CNURCA	乌鲁木齐	TJDYUA	杜尚别	UN	B
338	CNURCA	乌鲁木齐	RUMOWS	莫斯科	UN	B
339	CNURCA	乌鲁木齐	UZTASA	塔什干	UN	A
340	CNURCA	乌鲁木齐	UZTASA	塔什干	UN	B
341	CNURCA	乌鲁木齐	KGFRUA	比什凯克	UN	A
342	CNURCA	乌鲁木齐	KZALAA	阿拉木图	UN	A
343	CNURCA	乌鲁木齐	RUOVBB	新西伯利亚	UN	A
344	CNURCA	乌鲁木齐	TJDYUA	杜尚别	UN	A
345	CNURCA	乌鲁木齐	RUVVOI	符拉迪沃斯托克	UN	A
346	CNURCA	乌鲁木齐	RUEKAA	叶卡捷琳堡	UN	A
347	CNURCA	乌鲁木齐	RUMOWS	莫斯科	UN	A
348	CNBJSA	北京	CRSJOA	圣约瑟	UN	A
349	CNBJSA	北京	SESTOA	斯德哥尔摩	UN	A
350	CNBJSA	北京	BNBWNA	斯里巴加湾	UN	A
351	CNBJSA	北京	CHZRHB	苏黎世	UN	A
352	CNBJSA	北京	BGSOFG	索非亚	UN	A
353	CNBJSA	北京	EETLLA	塔林	UN	A
354	CNBJSA	北京	MGTNRA	塔那那利佛	UN	A
355	CNBJSA	北京	TWTPEA	台北	UN	A
356	CNBJSA	北京	ILTLVA	特拉维夫	UN	A
357	CNBJSA	北京	LAVTEA	万象	UN	A
358	CNBJSA	北京	ATVIEC	维也纳	UN	A
359	CNBJSA	北京	MNULNA	乌兰巴托	UN	A
360	CNBJSA	北京	AUSYDA	悉尼	UN	A
361	CNBJSA	北京	HKHKGA	香港 AMC	UN	A
362	CNBJSA	北京	RUOVBB	新西伯利亚	UN	A
363	CNBJSA	北京	ETADDA	亚的斯亚贝巴	UN	A

续表

序号	原寄局	原寄局名	寄达局	寄达局名	总包种类	运输方式
364	CNBJSA	北京	RUEKAA	叶卡捷琳堡	UN	A
365	CNBJSA	北京	PKISBA	伊斯兰堡	UN	A
366	CNBJSA	北京	TRISTE	伊斯坦布尔	UN	A
367	CNCTUA	成都	RUVVOI	符拉迪沃斯托克	UN	A
368	CNCTUA	成都	USLAXA	洛杉矶	UN	A
369	CNCTUA	成都	USJFKA	纽约	UN	A
370	CNCANA	广州	GBLALA	兰利	UN	A
371	CNCANA	广州	LKCMBA	科伦坡	UN	A
372	CNCANA	广州	LVRIXC	里加	UN	A
373	CNCANA	广州	PTLISA	里斯本	UN	A
374	CNCANA	广州	USLAXA	洛杉矶	UN	A
375	CNCANA	广州	ESMADB	马德里	UN	A
376	CNCANA	广州	THBKKD	曼谷	UN	A
377	CNCANA	广州	ITMILA	米兰	UN	A
378	CNCANA	广州	RUMOWS	莫斯科	UN	A
379	CNHRBL	哈尔滨国际邮件处理中心	RUOVBB	新西伯利亚	UN	A
380	CNHRBL	哈尔滨国际邮件处理中心	RUEKAA	叶卡捷琳堡	UN	A
381	CNSHAA	上海	JPKWSA	川崎	UN	A
382	CNHRBL	哈尔滨国际邮件处理中心	RUMOWS	莫斯科	UN	A
383	CNYIWA	义乌国际	ESMADB	马德里	UN	A
384	CNSZXA	深圳	RUEKAA	叶卡捷琳堡	UN	A
385	CNSZXA	深圳	USJFKA	纽约	UN	A
386	CNHRBL	哈尔滨国际邮件处理中心	RUEKAA	叶卡捷琳堡	UN	A
387	CNSZXA	深圳	FRCDGA	罗斯	UN	A
388	CNHRBL	哈尔滨国际邮件处理中心	RUVVOI	符拉迪沃斯托克	UN	A
389	CNHRBL	哈尔滨国际邮件处理中心	RUVVOC	海参崴	UN	A
390	CNBJSA	北京	GMBJLA	班珠尔	UN	A
391	CNBJSA	北京	GYGEOA	乔治敦	UN	A
392	CNBJSA	北京	LSMSUA	马塞卢	UN	A
393	CNBJSA	北京	TTPOSA	西班牙港	UN	A
394	CNBJSA	北京	LRMLWA	蒙罗维亚	UN	A
395	CNCANA	广州	FJSUVA	苏瓦	UN	A
396	CNFOCA	福州	TWTPEA	台北	UN	A
397	CNFOCA	福州	RUOVBB	新西伯利亚	UN	A
398	CNCANA	广州	NLAMSA	阿姆斯特丹	UN	A
399	CNCANA	广州	JOAMMA	安曼	UN	A
400	CNCANA	广州	NZAKLA	奥克兰	UN	A

附录 K　国际函件发运路由表

续 表

序号	原寄局	原寄局名	寄达局	寄达局名	总包种类	运输方式
401	CNCANA	广州	NOOSLA	奥斯陆	UN	A
402	CNCANA	广州	FRCDGA	罗斯	UN	A
403	CNCANA	广州	HUBUDA	布达佩斯	UN	A
404	CNCANA	广州	AUMELA	墨尔本	UN	A
405	CNCANA	广州	MXMEXD	墨西哥城 AEREO	UN	A
406	CNCANA	广州	USJFKA	纽约	UN	A
407	CNCANA	广州	HRZAGB	萨格勒布	UN	A
408	CNCANA	广州	BRCWBA	库里提巴	UN	A
409	CNCANA	广州	BRSAOD	圣保罗	UN	A
410	CNCANA	广州	BRCWBA	库里提巴	UN	A
411	CNCANA	广州	RERUNA	圣但尼	UN	A
412	CNCANA	广州	SESTOA	斯德哥尔摩	UN	A
413	CNCANA	广州	CHZRHB	苏黎世	UN	A
414	CNCANA	广州	BGSOFG	索非亚	UN	A
415	CNCANA	广州	EETLLA	塔林	UN	A
416	CNCANA	广州	ILTLVA	特拉维夫	UN	A
417	CNWUHA	武汉	HKHKGA	香港 AMC	UN	A
418	CNCANA	广州	IEDUBA	都柏林	UN	A
419	CNSZXA	深圳	DEFRAA	法兰克福	UN	A
420	CNSZXA	深圳	GBLALA	兰利	UN	A
421	CNSZXA	深圳	USLAXA	洛杉矶	UN	A
422	CNSZXA	深圳	AUSYDA	悉尼	UN	A
423	CNBJSA	北京	AUSYDA	悉尼	UN	A
424	CNBJSA	北京	AGANUA	圣约翰	UN	A
425	CNCANA	广州	AUMELA	墨尔本	UN	A
426	CNTAOA	青岛	USLAXA	洛杉矶	UN	A
427	CNBJSA	北京	NOOSLA	奥斯陆	UN	A
428	CNBJSA	北京	MOMFMA	澳门	UN	A
429	CNBJSA	北京	IQBGWA	巴格达	UN	A
430	CNBJSA	北京	AZBAKA	巴库	UN	A
431	CNBJSA	北京	BHBAHA	巴林	UN	A
432	CNBJSA	北京	HUBUDA	布达佩斯	UN	A
433	CNBJSA	北京	ROBUHC	布加勒斯特	UN	A
434	CNBJSA	北京	CGBZVA	布拉扎维	UN	A
435	CNBJSA	北京	CZPRGA	布拉格	UN	A
436	CNBJSA	北京	BBBGIA	布里奇顿	UN	A
437	CNBJSA	北京	JPKWSA	川崎	UN	A

续表

序号	原寄局	原寄局名	寄达局	寄达局名	总包种类	运输方式
438	CNBJSA	北京	BDDACA	达卡	UN	A
439	CNBJSA	北京	TZDARA	达累斯萨拉姆	UN	A
440	CNBJSA	北京	IRTHRA	德黑兰	UN	A
441	CNBJSA	北京	IEDUBA	都柏林	UN	A
442	CNBJSA	北京	CMDLAA	杜阿拉	UN	A
443	CNWUHA	武汉	RUOVBB	新西伯利亚	UN	A
444	CNSIAA	西安	HKHKGA	香港 AMC	UN	A
445	CNYIWA	义乌国际	NOOSLA	奥斯陆	UN	A
446	CNYIWA	义乌国际	CZPRGA	布拉格	UN	A
447	CNYIWA	义乌国际	GBLALT	兰利（转）	UN	A
448	CNYIWA	义乌国际	CLSCLA	圣地亚哥	UN	A
449	CNYIWA	义乌国际	SESTOA	斯德哥尔摩	UN	A
450	CNCGOA	郑州国际	FRCDGA	罗斯	UN	A
451	CNCGOA	郑州国际	DEFRAA	法兰克福	UN	A
452	CNSZXA	深圳	RUVVOI	符拉迪沃斯托克	UN	A
453	CNCANA	广州	RUVVOI	符拉迪沃斯托克	UN	A
454	CNCGOA	郑州国际	RUVVOI	符拉迪沃斯托克	UN	A
455	CNCGOA	郑州国际	USSFOA	旧金山	UN	A
456	CNBJSA	北京	TDNDJA	恩贾梅纳	UN	A
457	CNBJSA	北京	SLFNAA	弗里敦	UN	A
458	CNBJSA	北京	RUVVOI	符拉迪沃斯托克	UN	A
459	CNBJSA	北京	DKCPHA	哥本哈根	UN	A
460	CNBJSA	北京	ZWHREA	哈拉雷(CSO)	UN	A
461	CNBJSA	北京	FIHELA	赫尔辛基	UN	A
462	CNBJSA	北京	PLWAWA	华沙	UN	A
463	CNBJSA	北京	UAIEVA	基辅	UN	A
464	CNBJSA	北京	DJJIBA	吉布提	UN	A
465	CNBJSA	北京	BWGBEA	加博罗内	UN	A
466	CNBJSA	北京	INCCUA	加尔各答	UN	A
467	CNBJSA	北京	VECCSA	加拉加斯	UN	A
468	CNBJSA	北京	CDFIHA	金沙萨	UN	A
469	CNBJSA	北京	USSFOA	旧金山	UN	A
470	CNBJSA	北京	SDKRTA	喀土穆	UN	A
471	CNBJSA	北京	PKKHIA	卡拉奇	UN	A
472	CNBJSA	北京	MACASD	CASA CCI	UN	A
473	CNBJSA	北京	EGCAIA	开罗	UN	A
474	CNBJSA	北京	UGKLAA	坎帕拉	UN	A

续表

序号	原寄局	原寄局名	寄达局	寄达局名	总包种类	运输方式
475	CNBJSA	北京	GBLALA	兰利	UN	A
476	CNBJSA	北京	GBLALT	兰利（转）	UN	A
477	CNBJSA	北京	GNCKYA	科纳克里	UN	A
478	CNBJSA	北京	BJCOOA	科托努	UN	A
479	CNBJSA	北京	BOLPBA	拉巴斯	UN	A
480	CNCGOA	郑州国际	GBLALT	兰利（转）	UN	A
481	CNCGOA	郑州国际	GBLALA	兰利	UN	A
482	CNCGOA	郑州国际	ESMADB	马德里	UN	A
483	CNCGOA	郑州国际	THBKKD	曼谷	UN	A
484	CNCGOA	郑州国际	ITMILA	米兰	UN	A
485	CNCGOA	郑州国际	USJFKA	纽约	UN	A
486	CNCGOA	郑州国际	RUOVBB	新西伯利亚	UN	A
487	CNBJSA	北京	PLWAWA	华沙	UN	B
488	CNBJSA	北京	UAIEVS	基辅	UN	B
489	CNBJSA	北京	GBCVTA	考文垂	UN	B
490	CNBJSA	北京	BRCWBA	库里提巴	UN	B
491	CNBJSA	北京	GBLALA	兰利	UN	B
492	CNBJSA	北京	GBLALT	兰利（转）	UN	B
493	CNBJSA	北京	ISREKA	雷克雅未克	UN	B
494	CNBJSA	北京	PTLISJ	里斯本	UN	B
495	CNBJSA	北京	SILJUA	卢布尔雅那	UN	B
496	CNBJSA	北京	NLAMSA	阿姆斯特丹	UN	B
497	CNBJSA	北京	NOOSLA	奥斯陆	UN	B
498	CNBJSA	北京	HUBUDA	布达佩斯	UN	B
499	CNBJSA	北京	ROBUHC	布加勒斯特	UN	B
500	CNBJSA	北京	CZPRGA	布拉格	UN	B
501	CNBJSA	北京	BEBRUA	布鲁塞尔	UN	B
502	CNBJSA	北京	IEDUBA	都柏林	UN	B
503	CNBJSA	北京	DKCPHA	哥本哈根	UN	B
504	CNBJSA	北京	FIHELA	赫尔辛基	UN	B
505	CNBJSA	北京	UAIEVA	基辅	UT	B
506	CNBJSA	北京	JPTYOA	东京	UT	A
507	CNBJSA	北京	DKCPHA	哥本哈根	UT	B
508	CNBJSA	北京	MACASA	卡萨布兰卡	UT	C
509	CNBJSA	北京	CIABJA	阿比让	UT	A
510	CNBJSA	北京	GALBVA	利伯维尔	UT	A
511	CNBJSA	北京	LRMLWA	蒙罗维亚	UT	A

续表

序号	原寄局	原寄局名	寄达局	寄达局名	总包种类	运输方式
512	CNBJSA	北京	LYTIPA	的黎波里	UT	A
513	CNBJSA	北京	RWKGLA	基加利	UT	A
514	CNWUHA	武汉	CAYVRA	温哥华	UN	A
515	CNBJSA	北京	IDJKTA	雅加达	UT	C
516	CNBJSA	北京	DZALGI	哈林	UT	A
517	CNBJSA	北京	CDFIHA	金沙萨	UT	A
518	CNBJSA	北京	TWTPEK	台北	UT	A
519	CNBJSA	北京	ESMADC	马德里	UT	B
520	CNBJSA	北京	MDKIVA	基希讷乌	UT	B
521	CNBJSA	北京	KZALAB	阿拉木图	UT	C
522	CNBJSA	北京	USSFOA	旧金山	UT	C
523	CNBJSA	北京	DEFRAA	法兰克福	UT	A
524	CNBJSA	北京	DEHAMB	汉堡	UT	B
525	CNBJSA	北京	GRATHE	比雷埃夫斯	UT	B
526	CNBJSA	北京	SEMMAB	马尔默	UT	B
527	CNBJSA	北京	PTLISH	里斯本	UT	B
528	CNBJSA	北京	BIBJMA	布琼布拉	UT	A
529	CNBJSA	北京	KENBOB	内罗毕	UT	A
530	CNNGBA	宁波国际	USLAXA	洛杉矶	UN	A
531	CNBJSA	北京	GBGBRA	大不列颠	UT	C
532	CNBJSA	北京	TWTPEA	台北	UT	C
533	CNBJSA	北京	PKKHIA	卡拉奇	UT	C
534	CNBJSA	北京	BGSOFG	索非亚	UT	B
535	CNBJSA	北京	EETLLA	塔林	UT	A
536	CNBJSA	北京	LULUXA	卢森堡	UT	A
537	CNBJSA	北京	DZALGD	阿尔及尔	UT	C
538	CNBJSA	北京	EGCAIA	开罗	UT	C
539	CNBJSA	北京	ISREKA	雷克雅未克	UN	A
540	CNBJSA	北京	LVRIXC	里加	UN	A
541	CNBJSA	北京	PTLISA	里斯本	UN	A
542	CNBJSA	北京	PELIMB	利马	UN	A
543	CNBJSA	北京	ZMLUNA	卢萨卡	UN	A
544	CNBJSA	北京	MUPLUA	路易斯港	UN	A
545	CNBJSA	北京	AOLADA	罗安达	UN	A
546	CNBJSA	北京	USLAXA	洛杉矶	UN	A
547	CNBJSA	北京	ESMADB	马德里	UN	A
548	CNBJSA	北京	GQSSGA	马拉博	UN	A

续表

序号	原寄局	原寄局名	寄达局	寄达局名	总包种类	运输方式
549	CNBJSA	北京	MVMLEA	马累	UN	A
550	CNBJSA	北京	PHMNLA	马尼拉	UN	A
551	CNBJSA	北京	THBKKD	曼谷	UN	A
552	CNBJSA	北京	MXMEXD	墨西哥城 AEREO	UN	A
553	CNBJSA	北京	KENBOA	内罗毕	UN	A
554	CNBJSA	北京	NENIMA	尼亚美	UN	A
555	CNBJSA	北京	USJFKA	纽约	UN	A
556	CNBJSA	北京	MRNKCA	努瓦克肖特	UN	A
557	CNBJSA	北京	SRPBMA	帕拉马里博	UN	A
558	CNBJSA	北京	BRSAOD	圣保罗	UN	A
559	CNBJSA	北京	CLSCLC	圣地亚哥	UN	A
560	CNSHAA	上海	PTLISA	里斯本	UN	A
561	CNSHAA	上海	USLAXA	洛杉矶	UN	A
562	CNSHAA	上海	MXMEXD	墨西哥城 AEREO	UN	A
563	CNSHAA	上海	USJFKA	纽约	UN	A
564	CNSHAA	上海	HRZAGB	萨格勒布	UN	A
565	CNSHAA	上海	BRSAOD	圣保罗	UN	A
566	CNSHAA	上海	BRCWBA	库里提巴	UN	A
567	CNSHAA	上海	CLSCLA	圣地亚哥	UN	A
568	CNSHAA	上海	SESTOA	斯德哥尔摩	UN	A
569	CNBJSA	北京	USSFOA	旧金山	UN	A
570	CNBJSA	北京	COBOGO	波哥大	UT	C
571	CNBJSA	北京	MTMLAA	瓦莱塔	UT	A
572	CNBJSA	北京	JPKWSA	川崎	UT	C
573	CNBJSA	北京	ALTIAA	地拉那	UT	B
574	CNBJSA	北京	ATVIEC	维也纳	UT	B
575	CNBJSA	北京	BEBRUA	布鲁塞尔	UT	B
576	CNBJSA	北京	ROBUHB	布加勒斯特	UT	B
577	CNBJSA	北京	CLSCLA	圣地亚哥	UT	A
578	CNBJSA	北京	VECCSC	加拉加斯(转)	UT	A
579	CNBJSA	北京	TWTPEA	台北	UT	C
580	CNBJSA	北京	FIHELA	赫尔辛基	UT	B
581	CNBJSA	北京	FRPARO	巴黎	UT	B
582	CNBJSA	北京	COBOGO	波哥大	UT	A
583	CNBJSA	北京	PAPTYB	巴拿马	UT	A
584	CNBJSA	北京	PELIMA	利马	UT	A
585	CNBJSA	北京	LBBEYA	贝鲁特	UT	A

续表

序号	原寄局	原寄局名	寄达局	寄达局名	总包种类	运输方式
586	CNBJSA	北京	PLWAWA	华沙	UT	B
587	CNBJSA	北京	JOAMMC	安曼	UT	A
588	CNBJSA	北京	IQBGWA	巴格达	UT	A
589	CNBJSA	北京	RSBEGC	贝尔格莱德	UT	A
590	CNBJSA	北京	CYLCAA	拉纳卡	UT	A
591	CNBJSA	北京	IRTHRA	德黑兰	UT	A
592	CNBJSA	北京	CUHAVA	哈瓦那	UT	A
593	CNBJSA	北京	SARUHA	利雅得	UT	A
594	CNBJSA	北京	LAVTEA	万象	UT	A
595	CNBJSA	北京	CHZRHM	苏黎世(空)	UT	A
596	CNBJSA	北京	PKKHIA	卡拉奇	UT	A
597	CNBJSA	北京	CZPRGA	布拉格	UT	B
598	CNBJSA	北京	HUBUDA	布达佩斯	UT	B
599	CNBJSA	北京	RUMOWB	莫斯科	UT	B
600	CNBJSA	北京	SKKSCA	科希策	UT	B
601	CNBJSA	北京	NOOSLA	奥斯陆	UT	B
602	CNBJSA	北京	PKKHIA	卡拉奇	UT	C
603	CNBJSA	北京	NLAMSA	阿姆斯特丹	UT	B
604	CNBJSA	北京	LTVNOA	维尔纽斯	UT	B
605	CNBJSA	北京	ITMILA	米兰	UT	B
606	CNBJSA	北京	SNDKRA	达喀尔	UT	A
607	CNCANA	广州	ATVIEC	维也纳	UN	A
608	CNCANA	广州	CAYVRA	温哥华	UN	A
609	CNCANA	广州	AUSYDA	悉尼	UN	A
610	CNCANA	广州	SGSINA	新加坡	UN	A
611	CNCANA	广州	RUOVBB	新西伯利亚	UN	A
612	CNCANA	广州	GRATHA	雅典	UN	A
613	CNCANA	广州	IDJKTA	雅加达	UN	A
614	CNCANA	广州	MMRGNA	仰光	UN	A
615	CNCANA	广州	RUEKAA	叶卡捷琳堡	UN	A
616	CNCANA	广州	TRISTE	伊斯坦布尔	UN	A
617	CNCANA	广州	ZAJNBA	约翰内斯堡	UN	A
618	CNHGHA	杭州	CZPRGA	布拉格	UN	A
619	CNHGHA	杭州	JPKWSA	川崎	UN	A
620	CNSHAA	上海	AUSYDA	悉尼	UN	A
621	CNSHAA	上海	SGSINA	新加坡	UN	A
622	CNSZXA	深圳	NLAMSA	阿姆斯特丹	UN	A

附录 K 国际函件发运路由表

续表

序号	原寄局	原寄局名	寄达局	寄达局名	总包种类	运输方式
623	CNSZXA	深圳	NOOSLA	奥斯陆	UN	A
624	CNSZXA	深圳	FRCDGA	罗斯	UN	A
625	CNSZXA	深圳	ROBUHC	布加勒斯特	UN	A
626	CNSZXA	深圳	CZPRGA	布拉格	UN	A
627	CNSZXA	深圳	BEBRUA	布鲁塞尔	UN	A
628	CNSZXA	深圳	DKCPHA	哥本哈根	UN	A
629	CNSZXA	深圳	FIHELA	赫尔辛基	UN	A
630	CNSZXA	深圳	PLWAWA	华沙	UN	A
631	CNSZXA	深圳	UAIEVA	基辅	UN	A
632	CNSZXA	深圳	GBLALA	兰利	UN	A
633	CNBJSA	北京	TNTUNA	突尼斯	UT	A
634	CNBJSA	北京	BRRIOA	里约热内卢	UT	A
635	CNBJSA	北京	ECUIOB	基多	UT	A
636	CNBJSA	北京	FRPARO	巴黎	UT	A
637	CNBJSA	北京	TRISTE	伊斯坦布尔	UT	A
638	CNBJSA	北京	INBOMA	孟买	UT	C
639	CNBJSA	北京	MMRGNA	仰光	UT	C
640	CNBJSA	北京	MNULNA	乌兰巴托	UT	C
641	CNBJSA	北京	CUHAVA	哈瓦那	UT	A
642	CNBJSA	北京	SKBTSA	布拉迪斯拉发	UT	A
643	CNBJSA	北京	NENIMB	尼亚美	UT	A
644	CNBJSA	北京	PGPOMA	波罗哥	UT	A
645	CNBJSA	北京	AEDXBA	迪拜	UT	A
646	CNBJSA	北京	NGLOSS	拉各斯	UT	C
647	CNSHAA	上海	GBLONA	伦敦	UT	C
648	CNSHAA	上海	MOMFMA	澳门	UT	C
649	CNBJSA	北京	KWKWIA	科威特	UT	A
650	CNSHAA	上海	JPKWSA	川崎	UT	C
651	CNBJSA	北京	KRSELA	首尔	UT	A
652	CNURCA	乌鲁木齐	KZALAA	阿拉木图	UN	C
653	CNHGHA	杭州	RUEKAA	叶卡捷琳堡	UN	C
654	CNNKGA	南京	RUEKAA	叶卡捷琳堡	UN	C
655	CNXMNA	厦门	RUEKAA	叶卡捷琳堡	UN	C
656	CNCGBA	长白	KPKP04	惠山	UN	C
657	CNCGBA	长白	KPKP04	惠山	UR	C
658	CNTSNA	天津	KRBUSA	釜山	UN	C
659	CNCANA	广州	TWKELA	基隆	UN	C

续 表

序号	原寄局	原寄局名	寄达局	寄达局名	总包种类	运输方式
660	CNBJSA	北京	BDCGPA	吉大港	UN	C
661	CNBJSA	北京	HKHKGA	香港 AMC	UN	C
662	CNBJSA	北京	TRISTE	伊斯坦布尔	UN	C
663	CNBJSA	北京	TWKELA	基隆	UN	C
664	CNBJSA	北京	COBOGA	波哥大	UT	C
665	CNBJSA	北京	PKKHIA	卡拉奇	UN	C
666	CNBJSA	北京	JPKWSA	川崎	UN	C
667	CNBJSA	北京	CDFIHA	金沙萨	UN	C
668	CNBJSA	北京	CGBZVA	布拉扎维	UN	C
669	CNBJSA	北京	CMDLAA	杜阿拉	UN	C
670	CNBJSA	北京	PHMNLA	马尼拉	UN	C
671	CNBJSA	北京	SGSINA	新加坡	UN	C
672	CNBJSA	北京	IEDUBA	都柏林	UT	C
673	CNNGBA	宁波国际	GBLALA	兰利	UN	A
674	CNNGBA	宁波国际	BRSAOD	圣保罗	UN	A
675	CNNGBA	宁波国际	BRCWBA	库里提巴	UN	A
676	CNNGBA	宁波国际	CLSCLA	圣地亚哥	UN	A
677	CNNGBA	宁波国际	SESTOA	斯德哥尔摩	UN	A
678	CNTAOA	青岛	RUVVOI	符拉迪沃斯托克	UN	A
679	CNTAOA	青岛	RUOVBB	新西伯利亚	UN	A
680	CNTAOA	青岛	RUEKAA	叶卡捷琳堡	UN	A
681	CNXMNA	厦门	UAIEVA	基辅	UN	A
682	CNXMNA	厦门	GBLALA	兰利	UN	A
683	CNXMNA	厦门	PHMNLA	马尼拉	UN	A
684	CNXMNA	厦门	BRSAOD	圣保罗	UN	A
685	CNSZXA	深圳	PTLISA	里斯本	UN	A
686	CNSZXA	深圳	USLAXA	洛杉矶	UN	A
687	CNSZXA	深圳	ESMADB	马德里	UN	A
688	CNSZXA	深圳	BRCWBA	库里提巴	UN	A
689	CNSZXA	深圳	SESTOA	斯德哥尔摩	UN	A
690	CNSZXA	深圳	ILTLVA	特拉维夫	UN	A
691	CNSZXA	深圳	CAYVRA	温哥华	UN	A
692	CNSZXA	深圳	GRATHA	雅典	UN	A
693	CNBJSA	北京	VNHANA	河内	UT	C
694	CNBJSA	北京	GNCKYA	科纳克里	UT	C
695	CNNGBA	宁波国际	CAYVRA	温哥华	UN	A
696	CNBJSA	北京	SDKRTA	喀土穆	UT	C

附录 K 国际函件发运路由表

续表

序号	原寄局	原寄局名	寄达局	寄达局名	总包种类	运输方式
697	CNBJSA	北京	TZDARA	达累斯萨拉姆	UT	C
698	CNBJSA	北京	AFKBLA	喀布尔	UT	C
699	CNBJSA	北京	LTVNOA	维尔纽斯	UN	A
700	CNBJSA	北京	MOMFMA	澳门	UT	C
701	CNBJSA	北京	SGSINA	新加坡	UT	C
702	CNBJSA	北京	BHBAHQ	巴林(空)	UT	C
703	CNDDGA	丹东	KPFNJA	平壤	UN	C
704	CNCKGA	重庆	DENIAA	涅德劳拉	UN	C
705	CNBJSA	北京	AUSYDA	悉尼	UT	C
706	CNHGHA	杭州	RUMOWS	莫斯科	UN	C
707	CNBJSA	北京	JPTYOD	东京	UT	C
708	CNBJSA	北京	SNDKRB	达喀尔	UN	C
709	CNBJSA	北京	NGLOSS	拉各斯	UN	C
710	CNBJSA	北京	TGLFWA	洛美	UN	C
711	CNBJSA	北京	TNTUNA	突尼斯	UN	C
712	CNBJSA	北京	USJECS	泽西	UN	C
713	CNCANA	广州	USJFKA	纽约	UN	C
714	CNCANA	广州	GBLALT	兰利(转)	UR	C
715	CNBJSA	北京	TWKELA	基隆	UT	C
716	CNBJSA	北京	KRSELA	首尔	UT	C
717	CNBJSA	北京	KPFNJA	平壤	UT	C
718	CNCANA	广州	MXMEXD	墨西哥城 AEREO	UN	A
719	CNYIWA	义乌国际	FRCDGA	罗斯	UN	A
720	CNBJSA	北京	LKCMBA	科伦坡	UT	C
721	CNBJSA	北京	PELIMB	利马	UN	C
722	CNBJSA	北京	SYDAMA	大马士革	UT	C
723	CNBJSA	北京	ARBUEC	布宜诺斯艾利斯	UT	C
724	CNBJSA	北京	CAYVRA	温哥华	UT	C
725	CNBJSA	北京	CLSCLC	圣地亚哥	UT	C
726	CNBJSA	北京	NPKTMQ	加德满都(空)	UT	C
727	CNBJSA	北京	PELIMB	利马	UN	C
728	CNBJSA	北京	KPFNJA	平壤	UN	C
729	CNBJSA	北京	MMRGNA	仰光	UN	C
730	CNBJSA	北京	UZTASA	塔什干	UT	C
731	CNBJSA	北京	TZDARA	达累斯萨拉姆	UN	C
732	CNBJSA	北京	UGKLAA	坎帕拉	UN	C
733	CNBJSA	北京	ARBUEB	布宜诺斯艾利斯	UN	C

续表

序号	原寄局	原寄局名	寄达局	寄达局名	总包种类	运输方式
734	CNXMNA	厦门	AUSYDA	悉尼	UN	A
735	CNSHAA	上海	NZAKLA	奥克兰	UN	A
736	CNSHAA	上海	NOOSLA	奥斯陆	UN	A
737	CNSHAA	上海	IQBGWA	巴格达	UN	A
738	CNSHAA	上海	FRCDGA	罗斯	UN	A
739	CNSHAA	上海	HUBUDA	布达佩斯	UN	A
740	CNSHAA	上海	CZPRGA	布拉格	UN	A
741	CNSHAA	上海	BEBRUA	布鲁塞尔	UN	A
742	CNSHAA	上海	AEDXBA	迪拜	UN	A
743	CNSHAA	上海	DKCPHA	哥本哈根	UN	A
744	CNSHAA	上海	FIHELA	赫尔辛基	UN	A
745	CNSZXA	深圳	TRISTE	伊斯坦布尔	UN	A
746	CNSZXA	深圳	RUOVBB	新西伯利亚	UN	A
747	CNSZHA	苏州	DEFRAA	法兰克福	UN	A
748	CNSZHA	苏州	USSFOA	旧金山	UN	A
749	CNSZHA	苏州	USJFKA	纽约	UN	A
750	CNSZHA	苏州	BRSAOD	圣保罗	UN	A
751	CNSZHA	苏州	BRCWBA	库里提巴	UN	A
752	CNSZHA	苏州	CLSCLA	圣地亚哥	UN	A
753	CNSZHA	苏州	CAYVRA	温哥华	UN	A
754	CNSZHA	苏州	AUSYDA	悉尼	UN	A
755	CNTSNA	天津	RUVVOI	符拉迪沃斯托克	UN	A
756	CNTSNA	天津	ITMILA	米兰	UN	A
757	CNBJSA	北京	CLSCLC	圣地亚哥	UN	C
758	CNBJSA	北京	INCCUA	加尔各答	UN	C
759	CNBJSA	北京	JOAMMA	安曼	UN	C
760	CNBJSA	北京	TWTPEA	台北	UN	C
761	CNBJSA	北京	TWTPEK	台北	UT	C
762	CNBJSA	北京	VNHANA	河内	UN	C
763	CNBJSA	北京	BYMSQC	明斯克	UT	C
764	CNBJSA	北京	RUMOWS	莫斯科	UN	C
765	CNBJSA	北京	JMKINA	金斯敦	UN	C
766	CNURCA	乌鲁木齐	TJDYUA	杜尚别	UN	C
767	CNURCA	乌鲁木齐	UZTASA	塔什干	UN	C
768	CNURCA	乌鲁木齐	TMASBA	阿什哈巴德	UN	C
769	CNURCA	乌鲁木齐	RUMOWS	莫斯科	UN	C
770	CNBJSA	北京	AUSYDE	悉尼	UN	C

附录 K　国际函件发运路由表

续表

序号	原寄局	原寄局名	寄达局	寄达局名	总包种类	运输方式
771	CNBJSA	北京	NZAKLA	奥克兰	UN	C
772	CNBJSA	北京	MRNKCA	努瓦克肖特	UN	C
773	CNBJSA	北京	SOMGQA	摩加迪沙	UN	C
774	CNBJSA	北京	HKKOWC	九龙	UN	C
775	CNBJSA	北京	LKCMBD	科伦坡（转）	UN	C
776	CNURCA	乌鲁木齐	RUEKAA	叶卡捷琳堡	UN	C
777	CNXMNA	厦门	HKHKGA	香港 AMC	UN	C
778	CNXMNA	厦门	HKHKGG	香港	UN	C
779	CNHEKA	黑河	RUBQSC	BLAGOVESCH 3	UT	C
780	CNHEKA	黑河	RUBQSC	BLAGOVESCH 3	UN	C
781	CNBJSA	北京	ITMILA	米兰	UN	C
782	CNBJSA	北京	HRZAGB	萨格勒布	UN	C
783	CNBJSA	北京	SESTOA	斯德哥尔摩	UN	C
784	CNBJSA	北京	LTVNOA	维尔纽斯	UN	C
785	CNSHAA	上海	NLAMSA	阿姆斯特丹	UN	C
786	CNSHAA	上海	ROBUHB	布加勒斯特	UN	C
787	CNSHAA	上海	CZPRGA	布拉格	UN	C
788	CNSHAA	上海	BEBRUA	布鲁塞尔	UN	C
789	CNSHAA	上海	DKCPHA	哥本哈根	UN	C
790	CNSHAA	上海	FIHELA	赫尔辛基	UN	C
791	CNSHAA	上海	PLWAWA	华沙	UN	C
792	CNSHAA	上海	GBLALA	兰利	UN	C
793	CNSHAA	上海	SILJUA	卢布尔雅那	UN	C
794	CNSHAA	上海	LULUXC	卢森堡	UN	C
795	CNSHAA	上海	FRCDGA	罗斯	UN	C
796	CNSHAA	上海	ESMADC	马德里	UN	C
797	CNNKGA	南京	ROBUHB	布加勒斯特	UN	C
798	CNHGHA	杭州	BRCWBA	库里提巴	UN	A
799	CNHGHA	杭州	CLSCLA	圣地亚哥	UN	A
800	CNHGHA	杭州	SESTOA	斯德哥尔摩	UN	A
801	CNHGHA	杭州	ILTLVA	特拉维夫	UN	A
802	CNHGHA	杭州	AUSYDA	悉尼	UN	A
803	CNHFEA	合肥国际	RUVVOI	符拉迪沃斯托克	UN	A
804	CNHFEA	合肥国际	USLAXA	洛杉矶	UN	A
805	CNHFEA	合肥国际	USJFKA	纽约	UN	A
806	CNHFEA	合肥国际	BRSAOD	圣保罗	UN	A
807	CNTSNA	天津	BRSAOD	圣保罗	UN	A

续表

序号	原寄局	原寄局名	寄达局	寄达局名	总包种类	运输方式
808	CNTSNA	天津	BRCWBA	库里提巴	UN	A
809	CNTSNA	天津	CAYVRA	温哥华	UN	A
810	CNTSNA	天津	RUOVBB	新西伯利亚	UN	A
811	CNWNZA	温州	FRCDGA	罗斯	UN	A
812	CNWNZA	温州	CZPRGA	布拉格	UN	A
813	CNWNZA	温州	PLWAWA	华沙	UN	A
814	CNWNZA	温州	UAIEVA	基辅	UN	A
815	CNURCA	乌鲁木齐	KZALAA	阿拉木图	UN	A
816	CNWUHA	武汉	RUVVOI	符拉迪沃斯托克	UN	A
817	CNWUHA	武汉	AUSYDA	悉尼	UN	A
818	CNNKGA	南京	CZPRGA	布拉格	UN	C
819	CNNKGA	南京	BEBRUA	布鲁塞尔	UN	C
820	CNNKGA	南京	DKCPHA	哥本哈根	UN	C
821	CNNKGA	南京	FIHELA	赫尔辛基	UN	C
822	CNNKGA	南京	PLWAWA	华沙	UN	C
823	CNNKGA	南京	GBLALA	兰利	UN	C
824	CNNKGA	南京	SILJUA	卢布尔雅那	UN	C
825	CNNKGA	南京	LULUXC	卢森堡	UN	C
826	CNNKGA	南京	FRCDGA	罗斯	UN	C
827	CNNKGA	南京	ESMADC	马德里	UN	C
828	CNNKGA	南京	ITMILA	米兰	UN	C
829	CNNKGA	南京	HRZAGB	萨格勒布	UN	C
830	CNNKGA	南京	SESTOA	斯德哥尔摩	UN	C
831	CNNKGA	南京	LTVNOA	维尔纽斯	UN	C
832	CNSZHA	苏州	NLAMSA	阿姆斯特丹	UN	C
833	CNSZHA	苏州	ROBUHB	布加勒斯特	UN	C
834	CNSZHA	苏州	CZPRGA	布拉格	UN	C
835	CNSZHA	苏州	BEBRUA	布鲁塞尔	UN	C
836	CNSZHA	苏州	DKCPHA	哥本哈根	UN	C
837	CNSZHA	苏州	FIHELA	赫尔辛基	UN	C
838	CNSZHA	苏州	PLWAWA	华沙	UN	C
839	CNSZHA	苏州	GBLALA	兰利	UN	C
840	CNSZHA	苏州	SILJUA	卢布尔雅那	UN	C
841	CNSZHA	苏州	LULUXC	卢森堡	UN	C
842	CNSZHA	苏州	FRCDGA	罗斯	UN	C
843	CNSZHA	苏州	ESMADC	马德里	UN	C
844	CNSZHA	苏州	ITMILA	米兰	UN	C

续 表

序号	原寄局	原寄局名	寄达局	寄达局名	总包种类	运输方式
845	CNSZHA	苏州	HRZAGB	萨格勒布	UN	C
846	CNSZHA	苏州	SESTOA	斯德哥尔摩	UN	C
847	CNSZHA	苏州	LTVNOA	维尔纽斯	UN	C
848	CNHGHA	杭州	NLAMSA	阿姆斯特丹	UN	C
849	CNHGHA	杭州	ROBUHB	布加勒斯特	UN	C
850	CNHGHA	杭州	CZPRGA	布拉格	UN	C
851	CNHGHA	杭州	BEBRUA	布鲁塞尔	UN	C
852	CNHGHA	杭州	DKCPHA	哥本哈根	UN	C
853	CNHGHA	杭州	FIHELA	赫尔辛基	UN	C
854	CNHGHA	杭州	PLWAWA	华沙	UN	C
855	CNHGHA	杭州	GBLALA	兰利	UN	C
856	CNHGHA	杭州	SILJUA	卢布尔雅那	UN	C
857	CNHGHA	杭州	LULUXC	卢森堡	UN	C
858	CNHGHA	杭州	FRCDGA	罗斯	UN	C
859	CNHGHA	杭州	ESMADC	马德里	UN	C
860	CNHGHA	杭州	ITMILA	米兰	UN	C
861	CNHGHA	杭州	HRZAGB	萨格勒布	UN	C
862	CNHGHA	杭州	SESTOA	斯德哥尔摩	UN	C
863	CNHGHA	杭州	LTVNOA	维尔纽斯	UN	C
864	CNWNZA	温州	NLAMSA	阿姆斯特丹	UN	C
865	CNHFEA	合肥国际	RUOVBB	新西伯利亚	UN	A
866	CNNKGA	南京	NLAMSA	阿姆斯特丹	UN	A
867	CNNKGA	南京	DEFRAA	法兰克福	UN	A
868	CNNKGA	南京	RUVVOI	符拉迪沃斯托克	UN	A
869	CNNKGA	南京	USSFOA	旧金山	UN	A
870	CNNKGA	南京	GBLALT	兰利(转)	UN	A
871	CNNKGA	南京	ESMADB	马德里	UN	A
872	CNNKGA	南京	ITMILA	米兰	UN	A
873	CNNKGA	南京	RUMOWS	莫斯科	UN	A
874	CNNKGA	南京	ILTLVA	特拉维夫	UN	A
875	CNNKGA	南京	AUSYDA	悉尼	UN	A
876	CNNGBA	宁波国际	NZAKLA	奥克兰	UN	A
877	CNNGBA	宁波国际	CZPRGA	布拉格	UN	A
878	CNNGBA	宁波国际	GBLALT	兰利(转)	UN	A
879	CNXMNA	厦门	USLAXA	洛杉矶	UN	A
880	CNXMNA	厦门	USJFKA	纽约	UN	A
881	CNCANA	广州	ARBUEB	布宜诺斯艾利斯	UN	A

续 表

序号	原寄局	原寄局名	寄达局	寄达局名	总包种类	运输方式
882	CNSWAA	汕头	THLMCA	拉格西	UN	A
883	CNCANA	广州	PLWAWA	华沙	UN	A
884	CNCANA	广州	MXMEXD	墨西哥城 AEREO	UN	A
885	CNCANA	广州	CLSCLC	圣地亚哥	UN	A
886	CNCANA	广州	KRSELB	首尔	UN	A
887	CNSZXA	深圳	DEFRAA	法兰克福	UN	A
888	CNSHAA	上海	USJFKA	纽约	UN	A
889	CNCANA	广州	CLSCLC	圣地亚哥	UN	A
890	CNCANA	广州	MUMRUA	路易斯	UN	A
891	CNCANA	广州	RULEDL	圣彼得堡	UN	A
892	CNBJSA	北京	LKCMBA	科伦坡	UN	A
893	CNSHAA	上海	RUVVOI	符拉迪沃斯托克	UN	A
894	CNCGOA	郑州国际	AUSYDA	悉尼	UN	A
895	CNCANA	广州	USJFKA	纽约	UN	A
896	CNCANA	广州	RUEKAA	叶卡捷琳堡	UN	A
897	CNCANA	广州	ITMILA	米兰	UN	A
898	CNSHAA	上海	TRISTE	伊斯坦布尔	UN	A
899	CNHGHA	杭州	GBLALA	兰利	UN	A
900	CNCANA	广州	CLSCLC	圣地亚哥	UN	A
901	CNHGHA	杭州	CLSCLA	圣地亚哥	UN	A
902	CNNKGA	南京	ESMADB	马德里	UN	A
903	CNWNZA	温州	ESMADB	马德里	UN	A
904	CNSZXA	深圳	ESMADB	马德里	UN	A
905	CNCANA	广州	USLAXA	洛杉矶	UN	A
906	CNCANA	广州	ILTLVA	特拉维夫	UN	A
907	CNSZXA	深圳	ITMILA	米兰	UN	A
908	CNXMNA	厦门	UAIEVA	基辅	UN	A
909	CNXMNA	厦门	JPKWSA	川崎	UN	A
910	CNTAOA	青岛	RUMOWS	莫斯科	UN	A
911	CNSZXA	深圳	UAIEVA	基辅	UN	A
912	CNSZXA	深圳	USLAXA	洛杉矶	UN	A
913	CNDLCA	大连	KRSELB	首尔	UN	A
914	CNNKGA	南京	BRSAOD	圣保罗	UN	A
915	CNNKGA	南京	BRCWBA	库里提巴	UN	A
916	CNSZXA	深圳	ITMILA	米兰	UN	A
917	CNSHAA	上海	MYKULA	吉隆坡	UN	A
918	CNSZXA	深圳	RUMOWS	莫斯科	UN	A

续 表

序号	原寄局	原寄局名	寄达局	寄达局名	总包种类	运输方式
919	CNYIWA	义乌国际	BRCWBA	库里提巴	UN	A
920	CNNKGA	南京	RUMOWS	莫斯科	UN	A
921	CNNKGA	南京	RUOVBB	新西伯利亚	UN	A
922	CNNKGA	南京	RUEKAA	叶卡捷琳堡	UN	A
923	CNCANA	广州	TWTPEA	台北	UN	A
924	CNCANA	广州	RUMOWS	莫斯科	UN	A
925	CNCANA	广州	USJFKA	纽约	UN	A
926	CNCANA	广州	BRCWBA	库里提巴	UN	A
927	CNCANA	广州	CAYVRA	温哥华	UN	A
928	CNCANA	广州	USLAXA	洛杉矶	UN	A
929	CNCANA	广州	ESMADB	马德里	UN	A
930	CNFOCA	福州	JPKWSA	川崎	UN	A
931	CNSZXA	深圳	SESTOA	斯德哥尔摩	UN	A
932	CNSZXA	深圳	CZPRGA	布拉格	UN	A
933	CNSZXA	深圳	ARBUEB	布宜诺斯艾利斯	UN	A
934	CNCANA	广州	JPKWSA	川崎	UN	A
935	CNNGBA	宁波国际	UAIEVA	基辅	UN	A
936	CNHGHA	杭州	RUMOWS	莫斯科	UN	A
937	CNHGHA	杭州	DEFRAA	法兰克福	UN	A
938	CNTAOA	青岛	USSFOA	旧金山	UN	A
939	CNBJSA	北京	USSFOA	旧金山	UN	A
940	CNYIWA	义乌国际	FRCDGA	罗斯	UN	A
941	CNYIWA	义乌国际	DEFRAA	法兰克福	UN	A
942	CNTAOA	青岛	RUMOWS	莫斯科	UN	A
943	CNTAOA	青岛	RULEDL	圣彼得堡	UN	A
944	CNSZXA	深圳	USLAXA	洛杉矶	UN	A
945	CNSZXA	深圳	ESMADB	马德里	UN	A
946	CNCANA	广州	ITMILA	米兰	UN	A
947	CNCANA	广州	PHMNLA	马尼拉	UN	A
948	CNCANA	广州	MYKULA	吉隆坡	UN	A
949	CNHGHA	杭州	DEFRAA	法兰克福	UN	A
950	CNHGHA	杭州	GBLALA	兰利	UN	A
951	CNNKGA	南京	AUSYDA	悉尼	UN	A
952	CNSZXA	深圳	CAYVRA	温哥华	UN	A
953	CNSHAA	上海	ILTLVA	特拉维夫	UN	A
954	CNCTUA	成都	RUOVBB	新西伯利亚	UN	A
955	CNHFEA	合肥国际	RUMOWS	莫斯科	UN	A

续 表

序号	原寄局	原寄局名	寄达局	寄达局名	总包种类	运输方式
956	CNCANA	广州	HRZAGB	萨格勒布	UN	A
957	CNHGHA	杭州	ITMILA	米兰	UN	A
958	CNSHAA	上海	IRTHRA	德黑兰	UN	A
959	CNCANA	广州	BRCWBA	库里提巴	UN	A
960	CNCANA	广州	USLAXA	洛杉矶	UN	A
961	CNSZHA	苏州	JPKWSA	川崎	UN	A
962	CNNGBA	宁波国际	JPKWSA	川崎	UN	A
963	CNSHAA	上海	USSFOA	旧金山	UN	A
964	CNYIWA	义乌国际	ITMILA	米兰	UN	A
965	CNNGBA	宁波国际	ITMILA	米兰	UN	A
966	CNWNZA	温州	ITMILA	米兰	UN	A
967	CNSZHA	苏州	KRSELB	首尔	UN	A
968	CNSZXA	深圳	RULEDL	圣彼得堡	UN	A
969	CNNGBA	宁波国际	ESMADB	马德里	UN	A
970	CNBJSA	北京	NLAMSA	阿姆斯特丹	UN	A
971	CNBJSA	北京	DEFRAA	法兰克福	UN	A
972	CNHFEA	合肥国际	DEFRAA	法兰克福	UN	A
973	CNCANA	广州	USJFKA	纽约	UN	A
974	CNCANA	广州	ESMADB	马德里	UN	A
975	CNCANA	广州	CHZRHB	苏黎世	UN	A
976	CNFOCA	福州	RUVVOI	符拉迪沃斯托克	UN	A
977	CNCANA	广州	RULEDL	圣彼得堡	UN	A
978	CNCANA	广州	USJECS	泽西	UN	C
979	CNCANA	广州	DEFRAA	法兰克福	UN	A
980	CNSZXA	深圳	FRCDGA	罗斯	UN	A
981	CNSZXA	深圳	CAYVRA	温哥华	UN	A
982	CNSZXA	深圳	USJFKA	纽约	UN	A
983	CNBJSA	北京	ECUIOA	基多	UN	A
984	CNBJSA	北京	COBOGC	波哥大	UN	A
985	CNBJSA	北京	TNTUNA	突尼斯	UN	A
986	CNFOCA	福州	GBLALA	兰利	UN	A
987	CNFOCA	福州	DEFRAA	法兰克福	UN	A
988	CNFOCA	福州	USSFOA	旧金山	UN	A
989	CNFOCA	福州	USJFKA	纽约	UN	A
990	CNCANA	广州	AUSYDA	悉尼	UN	A
991	CNSZXA	深圳	SESTOA	斯德哥尔摩	UN	A
992	CNBJSA	北京	GBLALA	兰利	UN	A

附录 K　国际函件发运路由表

续 表

序号	原寄局	原寄局名	寄达局	寄达局名	总包种类	运输方式
993	CNSHAA	上海	USJFKA	纽约	UN	A
994	CNSHAA	上海	USSFOA	旧金山	UN	A
995	CNSHAA	上海	GBLALA	兰利	UN	A
996	CNHFEA	合肥国际	GBLALA	兰利	UN	A
997	CNSZXA	深圳	BRCWBA	库里提巴	UN	A
998	CNSZXA	深圳	FRCDGA	罗斯	UN	A
999	CNSHAA	上海	DEFRAA	法兰克福	UN	A
1000	CNSZXA	深圳	ILTLVA	特拉维夫	UN	A
1001	CNSZXA	深圳	TRISTE	伊斯坦布尔	UN	A
1002	CNCANA	广州	AUMELA	墨尔本	UN	A
1003	CNCANA	广州	ITMILA	米兰	UN	A
1004	CNCANA	广州	JPKWSA	川崎	UN	A
1005	CNCANA	广州	USJFKA	纽约	UN	A
1006	CNCANA	广州	CAYVRA	温哥华	UN	A
1007	CNCANA	广州	USLAXA	洛杉矶	UN	A
1008	CNCANA	广州	GBLALA	兰利	UN	A
1009	CNCANA	广州	SESTOA	斯德哥尔摩	UN	A
1010	CNCANA	广州	TRISTE	伊斯坦布尔	UN	A
1011	CNWNZA	温州	GBLALT	兰利(转)	UN	A
1012	CNWNZA	温州	GBLALA	兰利	UN	A
1013	CNWNZA	温州	BRCWBA	库里提巴	UN	A
1014	CNWNZA	温州	CLSCLA	圣地亚哥	UN	A
1015	CNWNZA	温州	AUSYDA	悉尼	UN	A
1016	CNCKGA	重庆	HKHKGA	香港 AMC	UN	A
1017	CNNGBA	宁波国际	USSFOA	旧金山	UN	A
1018	CNSHAA	上海	PLWAWA	华沙	UN	A
1019	CNCANA	广州	CAYVRA	温哥华	UN	A
1020	CNSHAA	上海	MOMFMA	澳门	UN	A
1021	CNCANA	广州	SESTOA	斯德哥尔摩	UN	A
1022	CNCANA	广州	GBLALT	兰利(转)	UN	A
1023	CNFOCA	福州	UAIEVA	基辅	UN	A
1024	CNSZXA	深圳	GBLALA	兰利	UN	A
1025	CNBJSA	北京	MMRGNA	仰光	UN	A
1026	CNNKGA	南京	FRCDGA	罗斯	UN	A
1027	CNFOCA	福州	BRSAOD	圣保罗	UN	A
1028	CNHGHA	杭州	ARBUEB	布宜诺斯艾利斯	UN	A
1029	CNYIWA	义乌国际	ARBUEB	布宜诺斯艾利斯	UN	A

续表

序号	原寄局	原寄局名	寄达局	寄达局名	总包种类	运输方式
1030	CNSZXA	深圳	RUEKAA	叶卡捷琳堡	UN	A
1031	CNNKGA	南京	FRCDGA	罗斯	UN	A
1032	CNSHAA	上海	RUMOWS	莫斯科	UN	A
1033	CNSHAA	上海	RUEKAA	叶卡捷琳堡	UN	A
1034	CNBJSA	北京	CAYTOA	多伦多	UN	A
1035	CNHFEA	合肥国际	CAYTOA	多伦多	UN	A
1036	CNTNAA	济南	CAYTOA	多伦多	UN	A
1037	CNTAOA	青岛	CAYTOA	多伦多	UN	A
1038	CNHGHA	杭州	CAYTOA	多伦多	UN	A
1039	CNNGBA	宁波国际	CAYTOA	多伦多	UN	A
1040	CNBJSA	北京	NLAMSA	阿姆斯特丹	UN	A
1041	CNCKGA	重庆	ESMADC	马德里	UN	C
1042	CNCKGA	重庆	CZPRGA	布拉格	UN	C
1043	CNXMNA	厦门	ILTLVA	特拉维夫	UN	A
1044	CNXMNA	厦门	ESMADA	马德里	UN	A
1045	CNCANA	广州	ZAJNBA	约翰内斯堡	UN	A
1046	CNCANA	广州	FRCDGA	罗斯	UN	A
1047	CNFOCA	福州	JPKWSA	川崎	UN	A
1048	CNFOCA	福州	ESMADB	马德里	UN	A
1049	CNCTUA	成都	RULEDL	圣彼得堡	UN	A
1050	CNFOCA	福州	FRCDGA	罗斯	UN	A
1051	CNXMNA	厦门	UAIEVA	基辅	UN	A
1052	CNSZXA	深圳	USJFKA	纽约	UN	A
1053	CNCANA	广州	CAYVRA	温哥华	UN	A
1054	CNWUHA	武汉	RULEDL	圣彼得堡	UN	A
1055	CNWUHA	武汉	RUEKAA	叶卡捷琳堡	UN	A
1056	CNTNAA	济南	AUSYDA	悉尼	UN	A
1057	CNTNAA	济南	ITMILA	米兰	UN	A
1058	CNSZXA	深圳	HUBUDA	布达佩斯	UN	A
1059	CNSHAA	上海	GBLALA	兰利	UN	A
1060	CNCANA	广州	RUEKAA	叶卡捷琳堡	UN	A
1061	CNSZXA	深圳	ILTLVA	特拉维夫	UN	A
1062	CNCANA	广州	TRISTE	伊斯坦布尔	UN	A
1063	CNSZHA	苏州	UAIEVA	基辅	UN	A
1064	CNSZHA	苏州	BEBRUA	布鲁塞尔	UN	A
1065	CNSZHA	苏州	SESTOA	斯德哥尔摩	UN	A
1066	CNSZHA	苏州	CHZRHB	苏黎世	UN	A

续 表

序号	原寄局	原寄局名	寄达局	寄达局名	总包种类	运输方式
1067	CNSHAA	上海	UAIEVA	基辅	UN	A
1068	CNSHAA	上海	CAYVRA	温哥华	UN	A
1069	CNSHAA	上海	USSFOA	旧金山	UN	A
1070	CNBJSA	北京	RUMOWS	莫斯科	UN	A
1071	CNNKGA	南京	TRISTE	伊斯坦布尔	UN	A
1072	CNSHAA	上海	CHZRHB	苏黎世	UN	A
1073	CNTSNA	天津	CZPRGA	布拉格	UN	A
1074	CNNKGA	南京	GBLALA	兰利	UN	A
1075	CNNKGA	南京	CAYVRA	温哥华	UN	A
1076	CNFOCA	福州	GBLALA	兰利	UN	A
1077	CNFOCA	福州	ILTLVA	特拉维夫	UN	A
1078	CNCKGA	重庆	LULUXC	卢森堡	UN	C
1079	CNCKGA	重庆	SESTOA	斯德哥尔摩	UN	C
1080	CNCKGA	重庆	LTVNOA	维尔纽斯	UN	C
1081	CNCKGA	重庆	HRZAGB	萨格勒布	UN	C
1082	CNCKGA	重庆	SILJUA	卢布尔雅那	UN	C
1083	CNHGHA	杭州	RULEDL	圣彼得堡	UN	A
1084	CNHGHA	杭州	RUEKAA	叶卡捷琳堡	UN	A
1085	CNHGHA	杭州	RUOVBB	新西伯利亚	UN	A
1086	CNHGHA	杭州	RUVVOI	符拉迪沃斯托克	UN	A
1087	CNYIWA	义乌国际	RUMOWS	莫斯科	UN	A
1088	CNNGBA	宁波国际	RULEDL	圣彼得堡	UN	A
1089	CNNGBA	宁波国际	RUMOWS	莫斯科	UN	A
1090	CNNGBA	宁波国际	RUEKAA	叶卡捷琳堡	UN	A
1091	CNWNZA	温州	RUVVOI	符拉迪沃斯托克	UN	A
1092	CNWNZA	温州	RUOVBB	新西伯利亚	UN	A
1093	CNTAOA	青岛	BRSAOD	圣保罗	UN	A
1094	CNSZHA	苏州	RUMOWS	莫斯科	UN	A
1095	CNSZHA	苏州	RULEDL	圣彼得堡	UN	A
1096	CNSZHA	苏州	RUOVBB	新西伯利亚	UN	A
1097	CNSZHA	苏州	RUVVOI	符拉迪沃斯托克	UN	A
1098	CNSZXA	深圳	RUEKAA	叶卡捷琳堡	UN	A
1099	CNCANA	广州	USLAXA	洛杉矶	UN	A
1100	CNCANA	广州	USJFKA	纽约	UN	A
1101	CNSZXA	深圳	ESMADB	马德里	UN	A
1102	CNSZXA	深圳	FRCDGA	罗斯	UN	A
1103	CNBJSA	北京	GETBSA	TBILISSI PI	UN	A

续表

序号	原寄局	原寄局名	寄达局	寄达局名	总包种类	运输方式
1104	CNSZXA	深圳	IEDUBA	都柏林	UN	A
1105	CNSZXA	深圳	CHZRHB	苏黎世	UN	A
1106	CNSZXA	深圳	GRATHA	雅典	UN	A
1107	CNSZHA	苏州	ILTLVA	特拉维夫	UN	A
1108	CNCANA	广州	MXMEXD	墨西哥城 AEREO	UN	A
1109	CNHGHA	杭州	RUMOWS	莫斯科	UN	A
1110	CNYIWA	义乌国际	RUEKAA	叶卡捷琳堡	UN	A
1111	CNYIWA	义乌国际	RULEDL	圣彼得堡	UN	A
1112	CNYIWA	义乌国际	RUOVBB	新西伯利亚	UN	A
1113	CNYIWA	义乌国际	RUVVOI	符拉迪沃斯托克	UN	A
1114	CNNGBA	宁波国际	RUVVOI	符拉迪沃斯托克	UN	A
1115	CNNGBA	宁波国际	RUOVBB	新西伯利亚	UN	A
1116	CNWNZA	温州	RUMOWS	莫斯科	UN	A
1117	CNWNZA	温州	RUEKAA	叶卡捷琳堡	UN	A
1118	CNWNZA	温州	RULEDL	圣彼得堡	UN	A
1119	CNSZHA	苏州	RUEKAA	叶卡捷琳堡	UN	A
1120	CNBJSA	北京	CUHAVA	哈瓦那	UN	A
1121	CNCANA	广州	LTVNOA	维尔纽斯	UN	A
1122	CNHFEA	合肥国际	AUSYDA	悉尼	UN	A
1123	CNTAOA	青岛	KRSELB	首尔	UN	A
1124	CNSZXA	深圳	CHZRHB	苏黎世	UN	A
1125	CNSHAA	上海	DEFRAA	法兰克福	UN	A
1126	CNSHAA	上海	SAJEDA	吉达	UN	A
1127	CNSHAA	上海	KRSELB	首尔	UN	A
1128	CNSHAA	上海	BGSOFG	索非亚	UN	A
1129	CNSHAA	上海	TWTPEA	台北	UN	A
1130	CNBJSA	北京	GALBVB	利波维尔	UN	A
1131	CNBJSA	北京	MZMPMA	马普托	UN	A
1132	CNBJSA	北京	ITMILA	米兰	UN	A
1133	CNBJSA	北京	KRSELA	首尔	UN	A
1134	CNCANA	广州	COBOGC	波哥大	UN	A
1135	CNNGBA	宁波国际	NLAMSA	阿姆斯特丹	UN	A
1136	CNNGBA	宁波国际	DEFRAA	法兰克福	UN	A
1137	CNNGBA	宁波国际	KRSELB	首尔	UN	A
1138	CNSZHA	苏州	FRCDGA	罗斯	UN	A
1139	CNSZHA	苏州	DEFRAA	法兰克福	UN	A
1140	CNSZHA	苏州	USSFOA	旧金山	UN	A

附录 K 国际函件发运路由表

续表

序号	原寄局	原寄局名	寄达局	寄达局名	总包种类	运输方式
1141	CNWNZA	温州	FRCDGA	罗斯	UN	A
1142	CNWNZA	温州	KRSELA	首尔	UN	A
1143	CNHGHA	杭州	CAYVRA	温哥华	UN	A
1144	CNYIWA	义乌国际	CAYVRA	温哥华	UN	A
1145	CNCANA	广州	VNHANA	河内	UN	A
1146	CNBJSA	北京	HRZAGB	萨格勒布	UN	A
1147	CNXMNA	厦门	GBLALA	兰利	UN	A
1148	CNSHAA	上海	DKCPHA	哥本哈根	UN	A
1149	CNSHAA	上海	ESMADB	马德里	UN	A
1150	CNSZXA	深圳	USLAXA	洛杉矶	UN	A
1151	CNHGHA	杭州	UAIEVA	基辅	UN	A
1152	CNBJSA	北京	KWKWIA	科威特	UN	A
1153	CNSHAA	上海	USJFKA	纽约	UN	A
1154	CNSHAA	上海	SARUHA	利雅得	UN	A
1155	CNSHAA	上海	OMMCTA	马斯喀特	UN	A
1156	CNBJSA	北京	AUSYDD	悉尼	UN	B
1157	CNYIWA	义乌国际	KRSELB	首尔	UN	A
1158	CNSZXA	深圳	GBLALA	兰利	UN	A
1159	CNSHAA	上海	ESMADB	马德里	UN	A
1160	CNCANA	广州	NOOSLA	奥斯陆	UN	A
1161	CNDGGA	东莞国际	NLAMSA	阿姆斯特丹	UN	A
1162	CNDGGA	东莞国际	CAYVRA	温哥华	UN	A
1163	CNDGGA	东莞国际	CZPRGA	布拉格	UN	A
1164	CNDGGA	东莞国际	HRZAGB	萨格勒布	UN	A
1165	CNDGGA	东莞国际	LVRIXC	里加	UN	A
1166	CNDGGA	东莞国际	USLAXA	洛杉矶	UN	A
1167	CNDGGA	东莞国际	USJFKA	纽约	UN	A
1168	CNDGGA	东莞国际	JPKWSA	川崎	UN	A
1169	CNDGGA	东莞国际	SESTOA	斯德哥尔摩	UN	A
1170	CNDGGA	东莞国际	CHZRHB	苏黎世	UN	A
1171	CNDGGA	东莞国际	ITMILA	米兰	UN	A
1172	CNFOCA	福州	FRCDGA	罗斯	UN	A
1173	CNDLCA	大连	JPKWSA	川崎	UN	A
1174	CNCANA	广州	SCSEZA	塞舌尔	UN	A
1175	CNCGOA	郑州国际	TRISTE	伊斯坦布尔	UN	A
1176	CNCKGA	重庆	FRCDGA	罗斯	UN	C
1177	CNCKGA	重庆	NLAMSA	阿姆斯特丹	UN	C

续表

序号	原寄局	原寄局名	寄达局	寄达局名	总包种类	运输方式
1178	CNCKGA	重庆	GBLALA	兰利	UN	C
1179	CNBJSA	北京	HUBUDA	布达佩斯	UN	A
1180	CNSZHA	苏州	CAYVRA	温哥华	UN	A
1181	CNNKGA	南京	PLWAWA	华沙	UN	A
1182	CNNKGA	南京	SESTOA	斯德哥尔摩	UN	A
1183	CNNKGA	南京	BEBRUA	布鲁塞尔	UN	A
1184	CNNKGA	南京	UAIEVA	基辅	UN	A
1185	CNCKGR	重庆	ITMILA	米兰	UN	C
1186	CNCKGR	重庆	BEBRUA	布鲁塞尔	UN	C
1187	CNCKGR	重庆	GBLALA	兰利	UN	C
1188	CNCKGR	重庆	UAIEVA	基辅	UN	C
1189	CNCKGR	重庆	BYMSQA	明斯克	UN	C
1190	CNFOCA	福州	CAYTOA	多伦多	UN	A
1191	CNWNZA	温州	ESMADC	马德里	UN	B
1192	CNNKGA	南京	JPKWSA	川崎	UN	B
1193	CNSZHA	苏州	JPKWSA	川崎	UN	B
1194	CNCANA	广州	HUBUDA	布达佩斯	UN	A
1195	CNSZXA	深圳	LVRIXC	里加	UN	A
1196	CNCANA	广州	UAIEVA	基辅	UN	A
1197	CNBJSA	北京	AUMELA	墨尔本	UN	A
1198	CNHFEA	合肥国际	AUMELA	墨尔本	UN	A
1199	CNSHAA	上海	CZPRGA	布拉格	UN	A
1200	CNYIWA	义乌国际	NZAKLA	奥克兰	UN	A
1201	CNCANA	广州	PLWAWA	华沙	UN	A
1202	CNCANA	广州	BRCWBA	库里提巴	UN	A
1203	CNDGGA	东莞国际	PTLISA	里斯本	UN	A
1204	CNDGGA	东莞国际	THBKKD	曼谷	UN	A
1205	CNDGGA	东莞国际	UAIEVA	基辅	UN	A
1206	CNDGGA	东莞国际	ESMADB	马德里	UN	A
1207	CNDGGA	东莞国际	GRATHA	雅典	UN	A
1208	CNDGGA	东莞国际	SGSINA	新加坡	UN	A
1209	CNDGGA	东莞国际	NZAKLA	奥克兰	UN	A
1210	CNDGGA	东莞国际	HUBUDA	布达佩斯	UN	A
1211	CNDGGA	东莞国际	ILTLVA	特拉维夫	UN	A
1212	CNDGGA	东莞国际	IDJKTA	雅加达	UN	A
1213	CNBJSA	北京	NOOSLA	奥斯陆	UN	A
1214	CNHRBL	哈尔滨国际邮件处理中心	RUOVBB	新西伯利亚	UN	A

附录 K　国际函件发运路由表

续表

序号	原寄局	原寄局名	寄达局	寄达局名	总包种类	运输方式
1215	CNCANA	广州	AUMELA	墨尔本	UN	A
1216	CNCANA	广州	AUSYDA	悉尼	UN	A
1217	CNCANA	广州	RUEKAA	叶卡捷琳堡	UN	A
1218	CNDGGA	东莞国际	ESMADB	马德里	UN	A
1219	CNDGGA	东莞国际	DEFRAA	法兰克福	UN	A
1220	CNYIWA	义乌国际	PLWAWA	华沙	UN	C
1221	CNBJSA	北京	LBBEYA	贝鲁特	UN	A
1222	CNDGGA	东莞国际	GBLALA	兰利	UN	A
1223	CNDGGA	东莞国际	FRCDGA	罗斯	UN	A
1224	CNSZXA	深圳	RUOVBB	新西伯利亚	UN	A
1225	CNSZXA	深圳	RUVVOI	符拉迪沃斯托克	UN	A
1226	CNDGGA	东莞国际	NOOSLA	奥斯陆	UN	A
1227	CNSZXA	深圳	ROBUHC	布加勒斯特	UN	A
1228	CNSZXA	深圳	CAYTOA	多伦多	UN	A
1229	CNSZXA	深圳	GRATHA	雅典	UN	A
1230	CNSZXA	深圳	RUMOWS	莫斯科	UN	A
1231	CNCANA	广州	SGSINA	新加坡	UN	A
1232	CNDGGA	东莞国际	SGSINA	新加坡	UN	A
1233	CNDGGA	东莞国际	ITMILA	米兰	UN	A
1234	CNSZXA	深圳	ITMILA	米兰	UN	A
1235	CNBJSA	北京	CZPRGA	布拉格	UN	A
1236	CNHGHA	杭州	BRCWBA	库里提巴	UN	A
1237	CNFOCA	福州	AUMELA	墨尔本	UN	A
1238	CNSZXA	深圳	BRCWBA	库里提巴	UN	A
1239	CNBJSA	北京	LBBEYA	贝鲁特	UN	A
1240	CNBJSA	北京	MTMARA	瓦莱塔	UN	A
1241	CNSZXA	深圳	RUMOWS	莫斯科	UN	A
1242	CNTAOA	青岛	USJFKA	纽约	UN	A
1243	CNSZXA	深圳	SESTOA	斯德哥尔摩	UN	A
1244	CNDGGA	东莞国际	SESTOA	斯德哥尔摩	UN	A
1245	CNDGGA	东莞国际	RUEKAA	叶卡捷琳堡	UN	A
1246	CNDGGA	东莞国际	BRCWBA	库里提巴	UN	A
1247	CNCGOA	郑州国际	PLWAWA	华沙	UN	A
1248	CNSZXA	深圳	TRISTE	伊斯坦布尔	UN	A
1249	CNHFEA	合肥国际	USSFOA	旧金山	UN	A
1250	CNDGGA	东莞国际	NLAMSA	阿姆斯特丹	UN	A
1251	CNSZXA	深圳	BEBRUA	布鲁塞尔	UN	A

序号	原寄局	原寄局名	寄达局	寄达局名	总包种类	运输方式
1252	CNSZXA	深圳	HUBUDA	布达佩斯	UN	A
1253	CNDGGA	东莞国际	RUMOWS	莫斯科	UN	A
1254	CNDGGA	东莞国际	RUEKAA	叶卡捷琳堡	UN	A
1255	CNSZXA	深圳	LVRIXC	里加	UN	A
1256	CNSZXA	深圳	CZPRGA	布拉格	UN	A
1257	CNSZXA	深圳	FIHELA	赫尔辛基	UN	A
1258	CNSZXA	深圳	DKCPHA	哥本哈根	UN	A
1259	CNFOCA	福州	ESMADB	马德里	UN	A
1260	CNXMNA	厦门	ESMADB	马德里	UN	A
1261	CNNNGA	南宁	RULEDL	圣彼得堡	UN	A
1262	CNFOCA	福州	FRCDGA	罗斯	UN	A
1263	CNBJSA	北京	USLAXA	洛杉矶	UN	B
1264	CNDGGA	东莞国际	AUMELA	墨尔本	UN	A
1265	CNDGGA	东莞国际	AUSYDA	悉尼	UN	A
1266	CNDGGA	东莞国际	BRCWBA	库里提巴	UN	A
1267	CNDGGA	东莞国际	DKCPHA	哥本哈根	UN	A
1268	CNDGGA	东莞国际	RULEDL	圣彼得堡	UN	A
1269	CNDGGA	东莞国际	RUOVBB	新西伯利亚	UN	A
1270	CNDGGA	东莞国际	RUEKAA	叶卡捷琳堡	UN	A
1271	CNDGGA	东莞国际	FIHELA	赫尔辛基	UN	A
1272	CNTAOA	青岛	BRCWBA	库里提巴	UN	A
1273	CNDGGA	东莞国际	PELIMB	利马	UN	A
1274	CNTSNA	天津	AUMELA	墨尔本	UN	A
1275	CNCGOA	郑州国际	SGSINA	新加坡	UN	A
1276	CNBJSA	北京	MTMARA	瓦莱塔	UN	B
1277	CNSZXA	深圳	ESMADB	马德里	UN	A
1278	CNSZXA	深圳	GRATHA	雅典	UN	A
1279	CNCANA	广州	GRATHA	雅典	UN	A
1280	CNDGGA	东莞国际	GRATHA	雅典	UN	A
1281	CNDGGA	东莞国际	ESMADB	马德里	UN	A
1282	CNDGGA	东莞国际	RUMOWS	莫斯科	UN	A
1283	CNSZXA	深圳	RULEDL	圣彼得堡	UN	A
1284	CNDGGA	东莞国际	USJFKA	纽约	UN	A
1285	CNXMNA	厦门	ITMILA	米兰	UN	A
1286	CNDGGA	东莞国际	MXMEXD	墨西哥城 AEREO	UN	A
1287	CNDGGA	东莞国际	JPKWSA	川崎	UN	A
1288	CNSZXA	深圳	BEBRUA	布鲁塞尔	UN	A

续 表

序号	原寄局	原寄局名	寄达局	寄达局名	总包种类	运输方式
1289	CNSZXA	深圳	ITMILA	米兰	UN	A
1290	CNDGGA	东莞国际	SESTOA	斯德哥尔摩	UN	A
1291	CNCANA	广州	NOOSLA	奥斯陆	UN	A
1292	CNCANA	广州	RUEKAA	叶卡捷琳堡	UN	A
1293	CNCGOA	郑州国际	NLAMSA	阿姆斯特丹	UN	A
1294	CNSZXA	深圳	THBKKD	曼谷	UN	A
1295	CNCANA	广州	BRCWBA	库里提巴	UN	A
1296	CNCANA	广州	JPKWSA	川崎	UN	A
1297	CNSHAA	上海	INCCUA	加尔各答	UN	A
1298	CNBJSA	北京	DEFRAA	法兰克福	UN	A
1299	CNCANA	广州	NLAMSA	阿姆斯特丹	UN	A
1300	CNCANA	广州	ESMADB	马德里	UN	A
1301	CNSZXA	深圳	AUSYDA	悉尼	UN	A
1302	CNCANA	广州	ITMILA	米兰	UN	A
1303	CNSZXA	深圳	ITMILA	米兰	UN	A
1304	CNSZXA	深圳	USJFKA	纽约	UN	A
1305	CNSHAA	上海	PTLISA	里斯本	UN	A
1306	CNCANA	广州	ITMILA	米兰	UN	A
1307	CNCANA	广州	FRCDGA	罗斯	UN	A
1308	CNNGBA	宁波国际	BEBRUA	布鲁塞尔	UN	A
1309	CNCANA	广州	UAIEVA	基辅	UN	A
1310	CNCANA	广州	LVRIXC	里加	UN	A
1311	CNBJSA	北京	MDKIVA	基希讷乌	UN	A
1312	CNBJSA	北京	SILJUA	卢布尔雅那	UN	A
1313	CNBJSA	北京	PLWAWA	华沙	UN	A
1314	CNCANA	广州	SESTOA	斯德哥尔摩	UN	A
1315	CNBJSA	北京	UAIEVA	基辅	UN	A
1316	CNTSNA	天津	UAIEVA	基辅	UN	A
1317	CNBJSA	北京	LVRIXC	里加	UN	A
1318	CNHFEA	合肥国际	ILTLVA	特拉维夫	UN	A
1319	CNSZXA	深圳	THBKKD	曼谷	UN	A
1320	CNWUHA	武汉	AUMELA	墨尔本	UN	A
1321	CNTNAA	济南	AUMELA	墨尔本	UN	A
1322	CNYIWA	义乌国际	AUMELA	墨尔本	UN	A
1323	CNBJSA	北京	LVRIXC	里加	UN	A
1324	CNFOCA	福州	RUEKAA	叶卡捷琳堡	UN	A
1325	CNFOCA	福州	RULEDL	圣彼得堡	UN	A

续 表

序号	原寄局	原寄局名	寄达局	寄达局名	总包种类	运输方式
1326	CNFOCA	福州	RUMOWS	莫斯科	UN	A
1327	CNSHAA	上海	IDJKTA	雅加达	UN	A
1328	CNSZXA	深圳	PTLISA	里斯本	UN	A
1329	CNCANA	广州	COBOGC	波哥大	UN	A
1330	CNBJSA	北京	ALTIAA	地拉那	UN	B
1331	CNHGHA	杭州	NLAMSA	阿姆斯特丹	UN	A
1332	CNYIWA	义乌国际	NLAMSA	阿姆斯特丹	UN	A
1333	CNYIWA	义乌国际	JPKWSA	川崎	UN	A
1334	CNSZXA	深圳	ILTLVA	特拉维夫	UN	A
1335	CNSZXA	深圳	RULEDL	圣彼得堡	UN	A
1336	CNBJSA	北京	BFOUAB	瓦加杜古	UN	A
1337	CNNKGA	南京	USSFOA	旧金山	UN	A
1338	CNSZHA	苏州	GBLALA	兰利	UN	A
1339	CNSZHA	苏州	TWTPEA	台北	UN	A
1340	CNSZXA	深圳	USLAXA	洛杉矶	UN	A
1341	CNSZXA	深圳	USJFKA	纽约	UN	A
1342	CNBJSA	北京	ROBUHC	布加勒斯特	UN	A
1343	CNTAOA	青岛	GBLALA	兰利	UN	A
1344	CNCANA	广州	ESMADB	马德里	UN	A
1345	CNNKGA	南京	CLSCLA	圣地亚哥	UN	A
1346	CNWUHA	武汉	UAIEVA	基辅	UN	A
1347	CNBJSA	北京	CYLCAA	拉纳卡	UN	A
1348	CNSZXA	深圳	PTLISA	里斯本	UN	A
1349	CNSZXA	深圳	HUBUDA	布达佩斯	UN	A
1350	CNSZXA	深圳	IDJKTA	雅加达	UN	A
1351	CNBJSA	北京	GRATHA	雅典	UN	A
1352	CNSZXA	深圳	ILTLVA	特拉维夫	UN	A
1353	CNXMNA	厦门	BRCWBA	库里提巴	UN	A
1354	CNSHAA	上海	FRCDGA	罗斯	UN	A
1355	CNHFEA	合肥国际	FRCDGA	罗斯	UN	A
1356	CNYIWA	义乌国际	TRISTE	伊斯坦布尔	UN	A
1357	CNNGBA	宁波国际	TRISTE	伊斯坦布尔	UN	A
1358	CNWNZA	温州	TRISTE	伊斯坦布尔	UN	A
1359	CNSHAA	上海	FRCDGA	罗斯	UN	A
1360	CNSHAA	上海	USJFKA	纽约	UN	A
1361	CNTSNA	天津	CAYTOA	多伦多	UN	A
1362	CNCGOA	郑州国际	CAYTOA	多伦多	UN	A

附录 K 国际函件发运路由表

续表

序号	原寄局	原寄局名	寄达局	寄达局名	总包种类	运输方式
1363	CNWUHA	武汉	CAYTOA	多伦多	UN	A
1364	CNSHAA	上海	CAYTOA	多伦多	UN	A
1365	CNNKGA	南京	CAYTOA	多伦多	UN	A
1366	CNSZHA	苏州	CAYTOA	多伦多	UN	A
1367	CNYIWA	义乌国际	CAYTOA	多伦多	UN	A
1368	CNWNZA	温州	CAYTOA	多伦多	UN	A
1369	CNSZXA	深圳	CAYTOA	多伦多	UN	A
1370	CNCANA	广州	CAYTOA	多伦多	UN	A
1371	CNSHAA	上海	ARBUEB	布宜诺斯艾利斯	UN	A
1372	CNCGOA	郑州国际	CAYVRA	温哥华	UN	A
1373	CNCANA	广州	MYKULA	吉隆坡	UN	A
1374	CNBJSA	北京	SESTOA	斯德哥尔摩	UN	A
1375	CNSZXA	深圳	RUMOWS	莫斯科	UN	A
1376	CNSZXA	深圳	RULEDL	圣彼得堡	UN	A
1377	CNSZXA	深圳	RUEKAA	叶卡捷琳堡	UN	A
1378	CNSZXA	深圳	DKCPHA	哥本哈根	UN	A
1379	CNSZXA	深圳	CHZRHB	苏黎世	UN	A
1380	CNSZXA	深圳	ESMADB	马德里	UN	A
1381	CNSZXA	深圳	IEDUBA	都柏林	UN	A
1382	CNSZXA	深圳	FRCDGA	罗斯	UN	A
1383	CNTSNA	天津	USLAXA	洛杉矶	UN	A
1384	CNSZHA	苏州	NLAMSA	阿姆斯特丹	UN	A
1385	CNNGBA	宁波国际	HUBUDA	布达佩斯	UN	A
1386	CNCANA	广州	RULEDL	圣彼得堡	UN	A
1387	CNBJSA	北京	ITMILA	米兰	UN	A
1388	CNHGHA	杭州	AUSYDA	悉尼	UN	A
1389	CNDGGA	东莞国际	EETLLA	塔林	UN	A
1390	CNCANA	广州	BRCWBA	库里提巴	UN	A
1391	CNHFEA	合肥国际	ESMADB	马德里	UN	A
1392	CNNGBA	宁波国际	ARBUEB	布宜诺斯艾利斯	UN	A
1393	CNSZHA	苏州	ARBUEB	布宜诺斯艾利斯	UN	A
1394	CNCGOA	郑州国际	NOOSLA	奥斯陆	UN	A
1395	CNCGOA	郑州国际	MXMEXD	墨西哥城 AEREO	UN	A
1396	CNCGOA	郑州国际	DKCPHA	哥本哈根	UN	A
1397	CNBJSA	北京	RULEDL	圣彼得堡	UN	A
1398	CNCANA	广州	JPKWSA	川崎	UN	A
1399	CNCANA	广州	ITMILA	米兰	UN	A

231

续表

序号	原寄局	原寄局名	寄达局	寄达局名	总包种类	运输方式
1400	CNCANA	广州	BEBRUA	布鲁塞尔	UN	A
1401	CNCANA	广州	NOOSLA	奥斯陆	UN	A
1402	CNXMNA	厦门	JPKWSA	川崎	UN	A
1403	CNCANA	广州	UAIEVA	基辅	UN	A
1404	CNHGHA	杭州	FRCDGA	罗斯	UN	A
1405	CNFOCA	福州	CAYVRA	温哥华	UN	A
1406	CNXMNA	厦门	AUSYDA	悉尼	UN	A
1407	CNXMNA	厦门	DEFRAA	法兰克福	UN	A
1408	CNXMNA	厦门	FRCDGA	罗斯	UN	A
1409	CNXMNA	厦门	CAYVRA	温哥华	UN	A
1410	CNBJSA	北京	CIABJA	阿比让	UN	A
1411	CNBJSA	北京	DZALGB	阿尔及尔	UN	A
1412	CNBJSA	北京	SNDKRA	达喀尔	UN	A
1413	CNBJSA	北京	JPKWSA	川崎	UN	A
1414	CNHGHA	杭州	USJFKA	纽约	UN	A
1415	CNHGHA	杭州	KRSELB	首尔	UN	A
1416	CNNKGA	南京	HKHKGA	香港 AMC	UN	A
1417	CNSHAA	上海	ITMILA	米兰	UN	B
1418	CNWNZA	温州	ITMILA	米兰	UN	B
1419	CNSZHA	苏州	HKHKGA	香港 AMC	UN	A
1420	CNSHAA	上海	HKHKGA	香港 AMC	UN	A
1421	CNBJSA	北京	KHPNHA	金边	UN	A
1422	CNSHAA	上海	AUMELA	墨尔本	UN	A
1423	CNSZHA	苏州	AUMELA	墨尔本	UN	A
1424	CNNKGA	南京	AUMELA	墨尔本	UN	A
1425	CNWNZA	温州	AUMELA	墨尔本	UN	A
1426	CNNGBA	宁波国际	AUMELA	墨尔本	UN	A
1427	CNTAOA	青岛	AUMELA	墨尔本	UN	A
1428	CNFOCA	福州	FRCDGA	罗斯	UN	A
1429	CNSHAA	上海	THBKKD	曼谷	UN	A
1430	CNXMNA	厦门	CAYVRA	温哥华	UN	A
1431	CNSZXA	深圳	JPKWSA	川崎	UN	A
1432	CNSHAA	上海	SADMMA	达曼	UN	A
1433	CNCANA	广州	SARUHA	利雅得	UN	A
1434	CNCANA	广州	SADMMA	达曼	UN	A
1435	CNBJSA	北京	PGPOMA	波罗哥	UN	A
1436	CNCANA	广州	ITMILA	米兰	UN	A

续表

序号	原寄局	原寄局名	寄达局	寄达局名	总包种类	运输方式
1437	CNCANA	广州	NLAMSA	阿姆斯特丹	UN	A
1438	CNCANA	广州	ILTLVA	特拉维夫	UN	A
1439	CNCANA	广州	CZPRGA	布拉格	UN	A
1440	CNSHAA	上海	RUOVBB	新西伯利亚	UN	A
1441	CNCANA	广州	DEFRAA	法兰克福	UN	A
1442	CNCANA	广州	GBLALA	兰利	UN	A
1443	CNCANA	广州	GRATHA	雅典	UN	A
1444	CNCANA	广州	BGSOFG	索非亚	UN	A
1445	CNCANA	广州	AUSYDA	悉尼	UN	A
1446	CNSZXA	深圳	MXMEXD	墨西哥城 AEREO	UN	A
1447	CNFOCA	福州	RUMOWS	莫斯科	UN	A
1448	CNFOCA	福州	RULEDL	圣彼得堡	UN	A
1449	CNCANR	广州	ITMILA	米兰	UN	C
1450	CNCANR	广州	BEBRUA	布鲁塞尔	UN	C
1451	CNCANR	广州	GBLALA	兰利	UN	C
1452	CNCANR	广州	UAIEVA	基辅	UN	C
1453	CNCANR	广州	BYMSQA	明斯克	UN	C
1454	CNCANR	广州	FRCDGA	罗斯	UN	C
1455	CNCANR	广州	ESMADC	马德里	UN	C
1456	CNCANR	广州	NLAMSA	阿姆斯特丹	UN	C
1457	CNCANR	广州	SESTOA	斯德哥尔摩	UN	C
1458	CNCANR	广州	NOOSLA	奥斯陆	UN	C
1459	CNCANR	广州	CZPRGA	布拉格	UN	C
1460	CNCANR	广州	DENIAA	涅德劳拉	UN	C
1461	CNCANR	广州	CHZRHB	苏黎世	UN	C
1462	CNCANR	广州	PLWAWA	华沙	UN	C
1463	CNSZXR	深圳	ITMILA	米兰	UN	C
1464	CNSZXR	深圳	BEBRUA	布鲁塞尔	UN	C
1465	CNSZXR	深圳	GBLALA	兰利	UN	C
1466	CNSZXR	深圳	UAIEVA	基辅	UN	C
1467	CNSZXR	深圳	BYMSQA	明斯克	UN	C
1468	CNSZXR	深圳	FRCDGA	罗斯	UN	C
1469	CNSZXR	深圳	ESMADC	马德里	UN	C
1470	CNSZXR	深圳	NLAMSA	阿姆斯特丹	UN	C
1471	CNSZXR	深圳	SESTOA	斯德哥尔摩	UN	C
1472	CNSZXR	深圳	NOOSLA	奥斯陆	UN	C
1473	CNSZXR	深圳	CZPRGA	布拉格	UN	C

续表

序号	原寄局	原寄局名	寄达局	寄达局名	总包种类	运输方式
1474	CNSZXR	深圳	DENIAA	涅德劳拉	UN	C
1475	CNSZXR	深圳	CHZRHB	苏黎世	UN	C
1476	CNSZXR	深圳	PLWAWA	华沙	UN	C
1477	CNCANA	广州	IEDUBA	都柏林	UN	A
1478	CNCANA	广州	ESMADB	马德里	UN	A
1479	CNSZXA	深圳	NZAKLA	奥克兰	UN	A
1480	CNSZXA	深圳	MXMEXD	墨西哥城 AEREO	UN	A
1481	CNSZXA	深圳	IEDUBA	都柏林	UN	A
1482	CNSZXA	深圳	KRSELB	首尔	UN	A
1483	CNBJSA	北京	CHZRHB	苏黎世	UN	A
1484	CNCANA	广州	GBLALA	兰利	UN	A
1485	CNNKGA	南京	USSFOA	旧金山	UN	A
1486	CNFOCA	福州	BRCWBA	库里提巴	UN	A
1487	CNCANA	广州	RULEDL	圣彼得堡	UN	A
1488	CNSHAA	上海	RULEDL	圣彼得堡	UN	A
1489	CNHGHA	杭州	TRISTE	伊斯坦布尔	UN	A
1490	CNHGHA	杭州	NOOSLA	奥斯陆	UN	A
1491	CNNGBA	宁波国际	FRCDGA	罗斯	UN	A
1492	CNCANA	广州	ESMADB	马德里	UN	A
1493	CNSZXA	深圳	RUEKAA	叶卡捷琳堡	UN	A
1494	CNSZXA	深圳	RUMOWS	莫斯科	UN	A
1495	CNCGOA	郑州国际	BRCWBA	库里提巴	UN	A
1496	CNCGOA	郑州国际	CLSCLA	圣地亚哥	UN	A
1497	CNSZXA	深圳	KRSELB	首尔	UN	A
1498	CNSZXA	深圳	GBLALA	兰利	UN	A
1499	CNDGGR	东莞国际	ITMILA	米兰	UN	C
1500	CNDGGR	东莞国际	BEBRUA	布鲁塞尔	UN	C
1501	CNDGGR	东莞国际	GBLALA	兰利	UN	C
1502	CNDGGR	东莞国际	UAIEVA	基辅	UN	C
1503	CNDGGR	东莞国际	BYMSQA	明斯克	UN	C
1504	CNDGGR	东莞国际	FRCDGA	罗斯	UN	C
1505	CNDGGR	东莞国际	ESMADC	马德里	UN	C
1506	CNDGGR	东莞国际	NLAMSA	阿姆斯特丹	UN	C
1507	CNDGGR	东莞国际	SESTOA	斯德哥尔摩	UN	C
1508	CNDGGR	东莞国际	NOOSLA	奥斯陆	UN	C
1509	CNDGGR	东莞国际	CZPRGA	布拉格	UN	C
1510	CNDGGR	东莞国际	DENIAA	涅德劳拉	UN	C

续表

序号	原寄局	原寄局名	寄达局	寄达局名	总包种类	运输方式
1511	CNDGGR	东莞国际	CHZRHB	苏黎世	UN	C
1512	CNDGGR	东莞国际	PLWAWA	华沙	UN	C
1513	CNYIWR	义乌国际	ITMILA	米兰	UN	C
1514	CNYIWR	义乌国际	BEBRUA	布鲁塞尔	UN	C
1515	CNYIWR	义乌国际	GBLALA	兰利	UN	C
1516	CNYIWR	义乌国际	UAIEVA	基辅	UN	C
1517	CNYIWR	义乌国际	BYMSQA	明斯克	UN	C
1518	CNYIWR	义乌国际	FRCDGA	罗斯	UN	C
1519	CNYIWR	义乌国际	ESMADC	马德里	UN	C
1520	CNYIWR	义乌国际	NLAMSA	阿姆斯特丹	UN	C
1521	CNYIWR	义乌国际	SESTOA	斯德哥尔摩	UN	C
1522	CNCANA	广州	THBKKD	曼谷	UN	A
1523	CNCANA	广州	JPKWSA	川崎	UN	A
1524	CNYIWA	义乌国际	USJFKA	纽约	UN	A
1525	CNBJSA	北京	PAPTYA	巴拿马	UN	A
1526	CNCANA	广州	RUMOWS	莫斯科	UN	A
1527	CNYIWA	义乌国际	DEFRAA	法兰克福	UN	A
1528	CNSZXA	深圳	DKCPHA	哥本哈根	UN	A
1529	CNCANA	广州	FRCDGA	罗斯	UN	A
1530	CNCANA	广州	USJFKA	纽约	UN	A
1531	CNSZXA	深圳	PTLISA	里斯本	UN	A
1532	CNTSNA	天津	GBLALA	兰利	UN	A
1533	CNTSNA	天津	GBLALT	兰利（转）	UN	A
1534	CNTSNA	天津	JPKWSA	川崎	UN	A
1535	CNCANA	广州	NOOSLA	奥斯陆	UN	A
1536	CNCANA	广州	GBLALA	兰利	UN	A
1537	CNCANA	广州	TRISTE	伊斯坦布尔	UN	A
1538	CNCANA	广州	FRCDGA	罗斯	UN	A
1539	CNCANA	广州	GBLALA	兰利	UN	A
1540	CNCANA	广州	RUEKAA	叶卡捷琳堡	UN	A
1541	CNCANA	广州	USJFKA	纽约	UN	A
1542	CNNKGA	南京	USSFOA	旧金山	UN	A
1543	CNCANA	广州	DEFRAA	法兰克福	UN	A
1544	CNCANA	广州	AUSYDA	悉尼	UN	A
1545	CNCANA	广州	CAYVRA	温哥华	UN	A
1546	CNSZXA	深圳	CAYVRA	温哥华	UN	A
1547	CNCKGA	重庆	DKCPHA	哥本哈根	UN	C

续表

序号	原寄局	原寄局名	寄达局	寄达局名	总包种类	运输方式
1548	CNCKGA	重庆	ROBUHB	布加勒斯特	UN	C
1549	CNCKGA	重庆	FIHELA	赫尔辛基	UN	C
1550	CNBJSA	北京	LULUXC	卢森堡	UN	A
1551	CNSZXA	深圳	USLAXA	洛杉矶	UN	A
1552	CNSZXA	深圳	DEFRAA	法兰克福	UN	A
1553	CNYIWR	义乌国际	NOOSLA	奥斯陆	UN	C
1554	CNYIWR	义乌国际	CZPRGA	布拉格	UN	C
1555	CNYIWR	义乌国际	DENIAA	涅德劳拉	UN	C
1556	CNYIWR	义乌国际	CHZRHB	苏黎世	UN	C
1557	CNYIWR	义乌国际	PLWAWA	华沙	UN	C
1558	CNHGHR	杭州	ITMILA	米兰	UN	C
1559	CNHGHR	杭州	BEBRUA	布鲁塞尔	UN	C
1560	CNHGHR	杭州	GBLALA	兰利	UN	C
1561	CNHGHR	杭州	UAIEVA	基辅	UN	C
1562	CNHGHR	杭州	BYMSQA	明斯克	UN	C
1563	CNHGHR	杭州	FRCDGA	罗斯	UN	C
1564	CNHGHR	杭州	ESMADC	马德里	UN	C
1565	CNHGHR	杭州	NLAMSA	阿姆斯特丹	UN	C
1566	CNHGHR	杭州	SESTOA	斯德哥尔摩	UN	C
1567	CNHGHR	杭州	NOOSLA	奥斯陆	UN	C
1568	CNHGHR	杭州	CZPRGA	布拉格	UN	C
1569	CNHGHR	杭州	DENIAA	涅德劳拉	UN	C
1570	CNHGHR	杭州	CHZRHB	苏黎世	UN	C
1571	CNHGHR	杭州	PLWAWA	华沙	UN	C
1572	CNSZXA	深圳	JPKWSA	川崎	UN	A
1573	CNSZXA	深圳	NLAMSA	阿姆斯特丹	UN	A
1574	CNSZXA	深圳	JPKWSA	川崎	UN	A
1575	CNCANA	广州	RUMOWS	莫斯科	UN	A
1576	CNCANA	广州	CAYVRA	温哥华	UN	A
1577	CNSZXA	深圳	DEFRAA	法兰克福	UN	A
1578	CNCANA	广州	THBKKD	曼谷	UN	A
1579	CNCANA	广州	CAYVRA	温哥华	UN	A
1580	CNSZXA	深圳	USLAXA	洛杉矶	UN	A
1581	CNSZXA	深圳	ITMILA	米兰	UN	A
1582	CNBJSA	北京	CAYVRA	温哥华	UN	B
1583	CNCANA	广州	BEBRUA	布鲁塞尔	UN	A
1584	CNBJSA	北京	BRCWBA	库里提巴	UN	A

续表

序号	原寄局	原寄局名	寄达局	寄达局名	总包种类	运输方式
1585	CNHGHA	杭州	FRCDGA	罗斯	UN	A
1586	CNBJSA	北京	ESMADB	马德里	UN	A
1587	CNNKGA	南京	USSFOA	旧金山	UN	A
1588	CNXMNA	厦门	USSFOA	旧金山	UN	A
1589	CNTNAA	济南	RUMOWS	莫斯科	UN	A
1590	CNTNAA	济南	RULEDL	圣彼得堡	UN	A
1591	CNTNAA	济南	RUOVBB	新西伯利亚	UN	A
1592	CNTNAA	济南	RUEKAA	叶卡捷琳堡	UN	A
1593	CNTNAA	济南	RUVVOI	符拉迪沃斯托克	UN	A
1594	CNTNAA	济南	USJFKA	纽约	UN	A
1595	CNTNAA	济南	USSFOA	旧金山	UN	A
1596	CNTNAA	济南	USLAXA	洛杉矶	UN	A
1597	CNTNAA	济南	ESMADB	马德里	UN	A
1598	CNTNAA	济南	FRCDGA	罗斯	UN	A
1599	CNTNAA	济南	CAYVRA	温哥华	UN	A
1600	CNTNAA	济南	NLAMSA	阿姆斯特丹	UN	A
1601	CNSZXA	深圳	ROBUHC	布加勒斯特	UN	A
1602	CNSZXA	深圳	IEDUBA	都柏林	UN	A
1603	CNNGBA	宁波国际	KRSELQ	首尔(空)	UN	A
1604	CNSZXA	深圳	DEFRAA	法兰克福	UN	A
1605	CNSZXA	深圳	JPKWSA	川崎	UN	A
1606	CNSZXA	深圳	BEBRUA	布鲁塞尔	UN	A
1607	CNSZXA	深圳	GBLALA	兰利	UN	A
1608	CNSZXA	深圳	FRCDGA	罗斯	UN	A
1609	CNSZXA	深圳	RUMOWS	莫斯科	UN	A
1610	CNSZXA	深圳	USLAXA	洛杉矶	UN	A
1611	CNFOCA	福州	AUSYDA	悉尼	UN	A
1612	CNFOCA	福州	CAYVRA	温哥华	UN	A
1613	CNCANA	广州	KRSELB	首尔	UN	A
1614	CNSZHA	苏州	USLAXA	洛杉矶	UN	A
1615	CNCANA	广州	HRZAGB	萨格勒布	UN	A
1616	CNCANA	广州	ZAJNBA	约翰内斯堡	UN	A
1617	CNSZXA	深圳	IDJKTA	雅加达	UN	A
1618	CNSHAA	上海	CAYVRA	温哥华	UN	B
1619	CNCANA	广州	USLAXA	洛杉矶	UN	A
1620	CNHGHA	杭州	ILTLVA	特拉维夫	UN	A
1621	CNCANA	广州	BGSOFG	索非亚	UN	A

续表

序号	原寄局	原寄局名	寄达局	寄达局名	总包种类	运输方式
1622	CNCANA	广州	PLWAWA	华沙	UN	A
1623	CNCANA	广州	GBLALT	兰利(转)	UN	A
1624	CNCANA	广州	GBLALA	兰利	UN	A
1625	CNCANA	广州	MXMEXD	墨西哥城 AEREO	UN	A
1626	CNCANA	广州	USLAXA	洛杉矶	UN	A
1627	CNCANA	广州	USJFKA	纽约	UN	A
1628	CNCANA	广州	NZAKLA	奥克兰	UN	A
1629	CNCANA	广州	ESMADB	马德里	UN	A
1630	CNCANA	广州	RUMOWS	莫斯科	UN	A
1631	CNCANA	广州	AUSYDA	悉尼	UN	A
1632	CNCANA	广州	NLAMSA	阿姆斯特丹	UN	A
1633	CNCANA	广州	FRCDGA	罗斯	UN	A
1634	CNCANA	广州	GBLALA	兰利	UN	A
1635	CNSWAA	汕头	SGSINA	新加坡	UN	A
1636	CNXMNA	厦门	DEFRAA	法兰克福	UN	A
1637	CNXMNA	厦门	CAYVRA	温哥华	UN	A
1638	CNCANA	广州	FRCDGA	罗斯	UN	A
1639	CNSHAA	上海	USJFKA	纽约	UN	A
1640	CNSHAA	上海	NLAMSA	阿姆斯特丹	UN	A
1641	CNSHAA	上海	DEFRAA	法兰克福	UN	A
1642	CNSZXA	深圳	CZPRGA	布拉格	UN	A
1643	CNSZXA	深圳	FIHELA	赫尔辛基	UN	A
1644	CNSZXA	深圳	PLWAWA	华沙	UN	A
1645	CNSHAA	上海	GBLALT	兰利(转)	UN	A
1646	CNBJSA	北京	KPFNJA	平壤	UN	A
1647	CNCANA	广州	KPFNJA	平壤	UN	A
1648	CNCANA	广州	BRCWBA	库里提巴	UN	A
1649	CNSZXA	深圳	USJFKA	纽约	UN	A
1650	CNSZXA	深圳	ITMILA	米兰	UN	A
1651	CNSHAA	上海	MXMEXD	墨西哥城 AEREO	UN	A
1652	CNSZXA	深圳	GBLALA	兰利	UN	A
1653	CNSZXA	深圳	AUSYDA	悉尼	UN	A
1654	CNCANA	广州	AUSYDA	悉尼	UN	A
1655	CNCANA	广州	JPKWSA	川崎	UN	A
1656	CNCANA	广州	CAYVRA	温哥华	UN	A
1657	CNHFEA	合肥国际	CAYVRA	温哥华	UN	A
1658	CNSZXA	深圳	RULEDL	圣彼得堡	UN	A

续表

序号	原寄局	原寄局名	寄达局	寄达局名	总包种类	运输方式
1659	CNSZXA	深圳	GBLALA	兰利	UN	A
1660	CNSHAA	上海	IEDUBA	都柏林	UN	A
1661	CNFOCA	福州	BRCWBA	库里提巴	UN	A
1662	CNFOCA	福州	CAYTOA	多伦多	UN	A
1663	CNFOCA	福州	USSFOA	旧金山	UN	A
1664	CNFOCA	福州	AUSYDA	悉尼	UN	A
1665	CNFOCA	福州	ITMILA	米兰	UN	A
1666	CNFOCA	福州	USJFKA	纽约	UN	A
1667	CNXMNA	厦门	JPKWSA	川崎	UN	A
1668	CNFOCA	福州	ESMADB	马德里	UN	A
1669	CNXMNA	厦门	ESMADB	马德里	UN	A
1670	CNFOCA	福州	USLAXA	洛杉矶	UN	A
1671	CNCANA	广州	PKKHIA	卡拉奇	UN	A
1672	CNNNGA	南宁	FRCDGA	罗斯	UN	A
1673	CNNNGA	南宁	GBLALA	兰利	UN	A
1674	CNNNGA	南宁	GBLALT	兰利（转）	UN	A
1675	CNXMNA	厦门	RUMOWS	莫斯科	UN	A
1676	CNCANA	广州	DEFRAA	法兰克福	UN	A
1677	CNCANA	广州	ATVIEC	维也纳	UN	A
1678	CNCANA	广州	CZPRGA	布拉格	UN	A
1679	CNXMNA	厦门	FRCDGA	罗斯	UN	A
1680	CNCANA	广州	NLAMSA	阿姆斯特丹	UN	A
1681	CNCANA	广州	ESMADB	马德里	UN	A
1682	CNXMNA	厦门	BRCWBA	库里提巴	UN	A
1683	CNXMNA	厦门	ILTLVA	特拉维夫	UN	A
1684	CNXMNA	厦门	TWTPEA	台北	UN	A
1685	CNSIAA	西安	JPKWSA	川崎	UN	A
1686	CNCANA	广州	JPKWSA	川崎	UN	A
1687	CNHAKA	海口	HKHKGA	香港 AMC	UN	A
1688	CNCANA	广州	MOMFMA	澳门	UN	A
1689	CNNGBA	宁波国际	AUSYDA	悉尼	UN	A
1690	CNWNZA	温州	ARBUEB	布宜诺斯艾利斯	UN	A
1691	CNWNZA	温州	JPKWSA	川崎	UN	A
1692	CNWNZA	温州	DEFRAA	法兰克福	UN	A
1693	CNWNZA	温州	BRSAOD	圣保罗	UN	A
1694	CNWNZA	温州	CAYVRA	温哥华	UN	A
1695	CNCANA	广州	CHZRHB	苏黎世	UN	A

续表

序号	原寄局	原寄局名	寄达局	寄达局名	总包种类	运输方式
1696	CNHGHA	杭州	GBLALA	兰利	UN	A
1697	CNXMNA	厦门	AUSYDA	悉尼	UN	A
1698	CNBJSA	北京	FIHELA	赫尔辛基	UN	A
1699	CNSWAA	汕头	THLMCA	拉格西	UN	A
1700	CNSZXA	深圳	SGSINA	新加坡	UN	A
1701	CNCANA	广州	DEFRAA	法兰克福	UN	A
1702	CNSHAA	上海	BDDACA	达卡	UN	A
1703	CNNKGA	南京	GBLALA	兰利	UN	A
1704	CNCANA	广州	JPKWSA	川崎	UN	B
1705	CNNNGA	南宁	BEBRUA	布鲁塞尔	UN	A
1706	CNWUHA	武汉	FRCDGA	罗斯	UN	A
1707	CNSZXA	深圳	USLAXA	洛杉矶	UN	A
1708	CNYIWA	义乌国际	BRSAOD	圣保罗	UN	A
1709	CNHGHA	杭州	NZAKLA	奥克兰	UN	A
1710	CNBJSA	北京	JOAMMA	安曼	UN	A
1711	CNTAOA	青岛	FRCDGA	罗斯	UN	A
1712	CNTAOA	青岛	ESMADB	马德里	UN	A
1713	CNTAOA	青岛	CAYVRA	温哥华	UN	A
1714	CNHGHA	杭州	BRSAOD	圣保罗	UN	A
1715	CNHGHA	杭州	ESMADB	马德里	UN	A
1716	CNHGHA	杭州	ITMILA	米兰	UN	A
1717	CNHGHA	杭州	GBLALT	兰利(转)	UN	A
1718	CNTSNA	天津	USSFOA	旧金山	UN	A
1719	CNNKGA	南京	NLAMSA	阿姆斯特丹	UN	A
1720	CNNKGA	南京	DEFRAA	法兰克福	UN	A
1721	CNNKGA	南京	USLAXA	洛杉矶	UN	A
1722	CNNKGA	南京	ITMILA	米兰	UN	A
1723	CNNKGA	南京	CLSCLA	圣地亚哥	UN	A
1724	CNNKGA	南京	ILTLVA	特拉维夫	UN	A
1725	CNNKGA	南京	CAYVRA	温哥华	UN	A
1726	CNCANA	广州	HKHKGA	香港 AMC	UN	A
1727	CNHFEA	合肥国际	RULEDL	圣彼得堡	UN	A
1728	CNHFEA	合肥国际	RUEKAA	叶卡捷琳堡	UN	A
1729	CNURCA	乌鲁木齐	RULEDL	圣彼得堡	UN	A
1730	CNCANA	广州	NOOSLA	奥斯陆	UN	A
1731	CNCANA	广州	UAIEVA	基辅	UN	A
1732	CNCANA	广州	NLAMSA	阿姆斯特丹	UN	A

续表

序号	原寄局	原寄局名	寄达局	寄达局名	总包种类	运输方式
1733	CNHGHA	杭州	CZPRGA	布拉格	UN	A
1734	CNNGBA	宁波国际	ILTLVA	特拉维夫	UN	A
1735	CNSHAA	上海	BRCWBA	库里提巴	UN	A
1736	CNYIWA	义乌国际	BEBRUA	布鲁塞尔	UN	A
1737	CNSZXA	深圳	TRISTE	伊斯坦布尔	UN	A
1738	CNCANA	广州	RUEKAA	叶卡捷琳堡	UN	A
1739	CNCANA	广州	SESTOA	斯德哥尔摩	UN	A
1740	CNHGHA	杭州	FRCDGA	罗斯	UN	A
1741	CNBJSA	北京	LBBEYA	贝鲁特	UN	A
1742	CNBJSA	北京	ITMILA	米兰	UN	A
1743	CNCANA	广州	USLAXA	洛杉矶	UN	A
1744	CNCANA	广州	RULEDL	圣彼得堡	UN	A
1745	CNCANA	广州	RUEKAA	叶卡捷琳堡	UN	A
1746	CNSZXA	深圳	BRCWBA	库里提巴	UN	A
1747	CNSZXA	深圳	CAYVRA	温哥华	UN	A
1748	CNSZXA	深圳	RUEKAA	叶卡捷琳堡	UN	A
1749	CNSZXA	深圳	CAYVRA	温哥华	UN	A
1750	CNSHAA	上海	USLAXA	洛杉矶	UN	A
1751	CNSHAA	上海	NOOSLA	奥斯陆	UN	A
1752	CNSZXA	深圳	NLAMSA	阿姆斯特丹	UN	A
1753	CNSZXA	深圳	PLWAWA	华沙	UN	A
1754	CNCANA	广州	BEBRUA	布鲁塞尔	UN	A
1755	CNCANA	广州	ESMADB	马德里	UN	A
1756	CNYIWA	义乌国际	SGSINA	新加坡	UN	A
1757	CNNGBA	宁波国际	SGSINA	新加坡	UN	A
1758	CNSZHA	苏州	SGSINA	新加坡	UN	A
1759	CNBJSA	北京	CZPRGA	布拉格	UN	A
1760	CNNGBA	宁波国际	NOOSLA	奥斯陆	UN	A
1761	CNCANA	广州	CLSCLC	圣地亚哥	UN	A
1762	CNSHAA	上海	GBLALA	兰利	UN	A
1763	CNCANA	广州	LKCMBA	科伦坡	UN	A
1764	CNCANA	广州	ITMILA	米兰	UN	A
1765	CNSZXA	深圳	NLAMSA	阿姆斯特丹	UN	A
1766	CNSZXA	深圳	NOOSLA	奥斯陆	UN	A
1767	CNSZXA	深圳	DEFRAA	法兰克福	UN	A
1768	CNSZXA	深圳	BRCWBA	库里提巴	UN	A
1769	CNSZXA	深圳	GBLALA	兰利	UN	A

续 表

序号	原寄局	原寄局名	寄达局	寄达局名	总包种类	运输方式
1770	CNSZXA	深圳	ITMILA	米兰	UN	A
1771	CNHGHA	杭州	AUSYDA	悉尼	UN	A
1772	CNSZXA	深圳	USJFKA	纽约	UN	A
1773	CNNKGA	南京	RULEDL	圣彼得堡	UN	A
1774	CNSZXA	深圳	BRCWBA	库里提巴	UN	A
1775	CNSZXA	深圳	AUSYDA	悉尼	UN	A
1776	CNSZXA	深圳	JPKWSA	川崎	UN	A
1777	CNSZXA	深圳	GBLALA	兰利	UN	A
1778	CNSZXA	深圳	USJFKA	纽约	UN	A
1779	CNSZXA	深圳	CAYVRA	温哥华	UN	A
1780	CNYIWA	义乌国际	AUSYDA	悉尼	UN	A
1781	CNBJSA	北京	BIBJMA	布琼布拉	UN	A
1782	CNTAOA	青岛	GBLALT	兰利(转)	UN	A
1783	CNBJSA	北京	UYMVDH	MVD EMS INT	UN	A
1784	CNBJSA	北京	COBOGC	波哥大	UN	A
1785	CNBJSA	北京	PLWAWA	华沙	UN	A
1786	CNFOCA	福州	USLAXA	洛杉矶	UN	A
1787	CNBJSA	北京	SGSINA	新加坡	UN	A
1788	CNYIWA	义乌国际	UAIEVA	基辅	UN	A
1789	CNSZXA	深圳	RUMOWS	莫斯科	UN	A
1790	CNSZXA	深圳	RUEKAA	叶卡捷琳堡	UN	A
1791	CNBJSA	北京	LTVNOA	维尔纽斯	UN	A
1792	CNDGGA	东莞国际	USLAXA	洛杉矶	UN	A
1793	CNDGGA	东莞国际	USJFKA	纽约	UN	A
1794	CNDGGA	东莞国际	GBLALA	兰利	UN	A
1795	CNDGGA	东莞国际	CAYTOA	多伦多	UN	A
1796	CNDGGA	东莞国际	CAYVRA	温哥华	UN	A
1797	CNDGGA	东莞国际	FRCDGA	罗斯	UN	A
1798	CNDGGA	东莞国际	DEFRAA	法兰克福	UN	A
1799	CNDGGA	东莞国际	NOOSLA	奥斯陆	UN	A
1800	CNSZXA	深圳	THBKKD	曼谷	UN	A
1801	CNSHAA	上海	ITMILA	米兰	UN	A
1802	CNCANA	广州	RUMOWS	莫斯科	UN	A
1803	CNSZXA	深圳	THBKKD	曼谷	UN	A
1804	CNSZXA	深圳	USJFKA	纽约	UN	A
1805	CNSZXA	深圳	UAIEVA	基辅	UN	A
1806	CNSZXA	深圳	ESMADB	马德里	UN	A

续表

序号	原寄局	原寄局名	寄达局	寄达局名	总包种类	运输方式
1807	CNCANA	广州	SESTOA	斯德哥尔摩	UN	A
1808	CNCANA	广州	ATVIEC	维也纳	UN	A
1809	CNCANA	广州	FRCDGA	罗斯	UN	A
1810	CNCANA	广州	GBLALA	兰利	UN	A
1811	CNSHAA	上海	CAYVRA	温哥华	UN	A
1812	CNBJSA	北京	CAYVRA	温哥华	UN	A
1813	CNSZXA	深圳	USLAXA	洛杉矶	UN	A
1814	CNCANA	广州	RULEDL	圣彼得堡	UN	A
1815	CNBJSA	北京	PELIMB	利马	UN	A
1816	CNCANA	广州	FRCDGA	罗斯	UN	A
1817	CNCANA	广州	GBLALA	兰利	UN	A
1818	CNCGOA	郑州国际	RUMOWS	莫斯科	UN	A
1819	CNCGOA	郑州国际	RUEKAA	叶卡捷琳堡	UN	A
1820	CNCTUA	成都	RUEKAA	叶卡捷琳堡	UN	A
1821	CNSHAA	上海	ILTLVA	特拉维夫	UN	A
1822	CNSHAA	上海	AUSYDA	悉尼	UN	A
1823	CNCANA	广州	RUEKAA	叶卡捷琳堡	UN	A
1824	CNSZXA	深圳	BRCWBA	库里提巴	UN	A
1825	CNSZXA	深圳	CLSCLA	圣地亚哥	UN	A
1826	CNSZXA	深圳	SKBTSA	布拉迪斯拉发	UN	A
1827	CNFOCA	福州	CAYVRA	温哥华	UN	A
1828	CNFOCA	福州	AUSYDA	悉尼	UN	A
1829	CNSHAA	上海	AUSYDA	悉尼	UN	A
1830	CNBJSA	北京	USLAXA	洛杉矶	UN	A
1831	CNSHAA	上海	LVRIXC	里加	UN	A
1832	CNSZXA	深圳	AUSYDA	悉尼	UN	A
1833	CNCTUA	成都	RUMOWS	莫斯科	UN	A
1834	CNSZHA	苏州	GBLALA	兰利	UN	A
1835	CNNKGA	南京	USJFKA	纽约	UN	A
1836	CNBJSA	北京	EETLLA	塔林	UN	A
1837	CNTNAA	济南	BRCWBA	库里提巴	UN	A
1838	CNTNAA	济南	BRSAOD	圣保罗	UN	A
1839	CNSZXA	深圳	GRATHA	雅典	UN	A
1840	CNCANA	广州	DEFRAA	法兰克福	UN	A
1841	CNCANA	广州	USJFKA	纽约	UN	A
1842	CNCANA	广州	HUBUDA	布达佩斯	UN	A
1843	CNXMNA	厦门	BRCWBA	库里提巴	UN	A

续 表

序号	原寄局	原寄局名	寄达局	寄达局名	总包种类	运输方式
1844	CNCANA	广州	CLSCLC	圣地亚哥	UN	A
1845	CNBJSA	北京	NOOSLA	奥斯陆	UN	A
1846	CNSZXA	深圳	NLAMSA	阿姆斯特丹	UN	A
1847	CNSZXA	深圳	NOOSLA	奥斯陆	UN	A
1848	CNSZXA	深圳	DEFRAA	法兰克福	UN	A
1849	CNBJSA	北京	GRATHA	雅典	UN	B
1850	CNBJSA	北京	RUMOWS	莫斯科	UN	A
1851	CNYIWA	义乌国际	ILTLVA	特拉维夫	UN	A
1852	CNCANA	广州	FRCDGA	罗斯	UN	A
1853	CNBJSA	北京	TRISTE	伊斯坦布尔	UN	A
1854	CNSZHA	苏州	ITMILA	米兰	UN	A
1855	CNSHAA	上海	JPKWSA	川崎	UN	A
1856	CNCANA	广州	SESTOA	斯德哥尔摩	UN	A
1857	CNXMNA	厦门	ITMILA	米兰	UN	A
1858	CNSZXA	深圳	FRCDGA	罗斯	UN	A
1859	CNSZXA	深圳	USJFKA	纽约	UN	A
1860	CNFOCA	福州	ESMADB	马德里	UN	A
1861	CNFOCA	福州	ITMILA	米兰	UN	A
1862	CNSZXA	深圳	RUMOWS	莫斯科	UN	A
1863	CNSZXA	深圳	DEFRAA	法兰克福	UN	A
1864	CNSZXA	深圳	USLAXA	洛杉矶	UN	A
1865	CNCGOA	郑州国际	BRSAOD	圣保罗	UN	A
1866	CNSZXA	深圳	NLAMSA	阿姆斯特丹	UN	A
1867	CNSZXA	深圳	CHZRHB	苏黎世	UN	A
1868	CNSZXA	深圳	ITMILA	米兰	UN	A
1869	CNSZXA	深圳	DEFRAA	法兰克福	UN	A
1870	CNSZXA	深圳	FRCDGA	罗斯	UN	A
1871	CNSZXA	深圳	AUSYDA	悉尼	UN	A
1872	CNCANA	广州	DEFRAA	法兰克福	UN	A
1873	CNCANA	广州	FRCDGA	罗斯	UN	A
1874	CNBJSA	北京	SESTOA	斯德哥尔摩	UN	A
1875	CNSZXA	深圳	FRCDGA	罗斯	UN	A
1876	CNNKGA	南京	DEFRAA	法兰克福	UN	A
1877	CNYIWA	义乌国际	GBLALA	兰利	UN	A
1878	CNXMNA	厦门	RUMOWS	莫斯科	UN	A
1879	CNXMNA	厦门	DEFRAA	法兰克福	UN	A
1880	CNNKGA	南京	FRCDGA	罗斯	UN	A

附录 K　国际函件发运路由表

续表

序号	原寄局	原寄局名	寄达局	寄达局名	总包种类	运输方式
1881	CNDGGA	东莞国际	BRCWBA	库里提巴	UN	A
1882	CNDGGA	东莞国际	IEDUBA	都柏林	UN	A
1883	CNDGGA	东莞国际	EETLLA	塔林	UN	A
1884	CNDGGA	东莞国际	ATVIEC	维也纳	UN	A
1885	CNCANA	广州	SESTOA	斯德哥尔摩	UN	A
1886	CNSHAA	上海	GRATHA	雅典	UN	A
1887	CNDGGA	东莞国际	CZPRGA	布拉格	UN	A
1888	CNDGGA	东莞国际	HRZAGB	萨格勒布	UN	A
1889	CNDGGA	东莞国际	USLAXA	洛杉矶	UN	A
1890	CNDGGA	东莞国际	USJFKA	纽约	UN	A
1891	CNDGGA	东莞国际	MXMEXD	墨西哥城 AEREO	UN	A
1892	CNDGGA	东莞国际	ZAJNBA	约翰内斯堡	UN	A
1893	CNDGGA	东莞国际	NOOSLA	奥斯陆	UN	A
1894	CNDGGA	东莞国际	PTLISA	里斯本	UN	A
1895	CNDGGA	东莞国际	SESTOA	斯德哥尔摩	UN	A
1896	CNDGGA	东莞国际	CHZRHB	苏黎世	UN	A
1897	CNDGGA	东莞国际	SKBTSA	布拉迪斯拉发	UN	A
1898	CNDGGA	东莞国际	TRISTE	伊斯坦布尔	UN	A
1899	CNDGGA	东莞国际	UAIEVA	基辅	UN	A
1900	CNDGGA	东莞国际	ESMADB	马德里	UN	A
1901	CNDGGA	东莞国际	HUBUDA	布达佩斯	UN	A
1902	CNCANA	广州	BRCWBA	库里提巴	UN	A
1903	CNNKGA	南京	GBLALA	兰利	UN	A
1904	CNSZXA	深圳	FRCDGA	罗斯	UN	A
1905	CNCANA	广州	ESMADB	马德里	UN	A
1906	CNSZHA	苏州	BRCWBA	库里提巴	UN	A
1907	CNXMNA	厦门	USJFKA	纽约	UN	A
1908	CNHFEA	合肥国际	GBLALT	兰利(转)	UN	A
1909	CNSZXA	深圳	PLWAWA	华沙	UN	A
1910	CNCANA	广州	LVRIXC	里加	UN	A
1911	CNBJSA	北京	RUMOWS	莫斯科	UN	A
1912	CNCANA	广州	IDJKTA	雅加达	UN	A
1913	CNCANA	广州	RUEKAA	叶卡捷琳堡	UN	A
1914	CNCANA	广州	IDJKTA	雅加达	UN	A
1915	CNCANA	广州	EETLLA	塔林	UN	A
1916	CNCANA	广州	CAYVRA	温哥华	UN	B
1917	CNSZXA	深圳	CAYVRA	温哥华	UN	B

序号	原寄局	原寄局名	寄达局	寄达局名	总包种类	运输方式
1918	CNCANA	广州	USLAXA	洛杉矶	UN	A
1919	CNXMNA	厦门	CAYTOA	多伦多	UN	A
1920	CNCKGA	重庆	ITMILA	米兰	UN	C
1921	CNCKGA	重庆	BEBRUA	布鲁塞尔	UN	C
1922	CNNNGA	南宁	RUOVBB	新西伯利亚	UN	A
1923	CNBJSA	北京	FRCDGA	罗斯	UN	A
1924	CNXMNA	厦门	USJFKA	纽约	UN	A
1925	CNXMNA	厦门	CAYTOA	多伦多	UN	A
1926	CNXMNA	厦门	RULEDL	圣彼得堡	UN	A
1927	CNXMNA	厦门	ESMADB	马德里	UN	A
1928	CNBJSA	北京	FRCDGA	罗斯	UN	A
1929	CNWUHA	武汉	GBLALT	兰利(转)	UN	A
1930	CNCANA	广州	ILTLVA	特拉维夫	UN	A
1931	CNCGOA	郑州国际	FIHELA	赫尔辛基	UN	A
1932	CNCGOA	郑州国际	NZAKLA	奥克兰	UN	A
1933	CNXMNA	厦门	ILTLVA	特拉维夫	UN	A
1934	CNCGOA	郑州国际	IDJKTA	雅加达	UN	A
1935	CNDGGA	东莞国际	HUBUDA	布达佩斯	UN	A
1936	CNDGGA	东莞国际	ILTLVA	特拉维夫	UN	A
1937	CNDGGA	东莞国际	GBLALT	兰利(转)	UN	A
1938	CNDGGA	东莞国际	GBLALA	兰利	UN	A
1939	CNBJSA	北京	LULUXC	卢森堡	UN	B
1940	CNSZXA	深圳	RUEKAA	叶卡捷琳堡	UN	A
1941	CNCANA	广州	BEBRUA	布鲁塞尔	UN	A
1942	CNSZXA	深圳	PLWAWA	华沙	UN	A
1943	CNCKGA	重庆	USJFKA	纽约	UN	A
1944	CNDGGA	东莞国际	USJFKA	纽约	UN	A
1945	CNSHEA	沈阳	KRSELB	首尔	UN	A
1946	CNDGGA	东莞国际	PTLISA	里斯本	UN	A
1947	CNCGOA	郑州国际	SESTOA	斯德哥尔摩	UN	A
1948	CNCGOA	郑州国际	IEDUBA	都柏林	UN	A
1949	CNSHAA	上海	SESTOA	斯德哥尔摩	UN	A
1950	CNTNAA	济南	ILTLVA	特拉维夫	UN	A
1951	CNHGHA	杭州	FIHELA	赫尔辛基	UN	A
1952	CNHGHA	杭州	DKCPHA	哥本哈根	UN	A
1953	CNXMNA	厦门	USLAXA	洛杉矶	UN	A
1954	CNXMNA	厦门	AUSYDA	悉尼	UN	A

续 表

序号	原寄局	原寄局名	寄达局	寄达局名	总包种类	运输方式
1955	CNXMNA	厦门	GBLALA	兰利	UN	A
1956	CNBJSA	北京	TGLFWA	洛美	UN	A
1957	CNBJSA	北京	MLBKOA	巴马科	UN	A
1958	CNYIWA	义乌国际	AUSYDA	悉尼	UN	A
1959	CNHGHA	杭州	SESTOA	斯德哥尔摩	UN	A
1960	CNCGOA	郑州国际	AUMELA	墨尔本	UN	A
1961	CNBJSA	北京	PTLISA	里斯本	UN	A
1962	CNSZXA	深圳	CHZRHB	苏黎世	UN	A
1963	CNCANA	广州	RUEKAA	叶卡捷琳堡	UN	A
1964	CNCANA	广州	RUMOWS	莫斯科	UN	A
1965	CNSZXA	深圳	IEDUBA	都柏林	UN	A
1966	CNHGHA	杭州	AUMELA	墨尔本	UN	A
1967	CNSZXA	深圳	TRISTE	伊斯坦布尔	UN	A
1968	CNCANA	广州	ATVIEC	维也纳	UN	A
1969	CNDGGA	东莞国际	GBLALA	兰利	UN	A
1970	CNFOCA	福州	ITMILA	米兰	UN	A
1971	CNCANA	广州	KRSELB	首尔	UN	A
1972	CNNNGA	南宁	RUEKAA	叶卡捷琳堡	UN	A
1973	CNSZXA	深圳	GBLALA	兰利	UN	A
1974	CNSZXA	深圳	CHZRHB	苏黎世	UN	A
1975	CNSZXA	深圳	AUSYDA	悉尼	UN	A
1976	CNSZXA	深圳	CAYVRA	温哥华	UN	A
1977	CNXMNA	厦门	RUMOWS	莫斯科	UN	A
1978	CNSZHA	苏州	CZPRGA	布拉格	UN	A
1979	CNNKGA	南京	CZPRGA	布拉格	UN	A
1980	CNBJSA	北京	LTVNOA	维尔纽斯	UN	A
1981	CNBJSA	北京	SLFNAA	弗里敦	UT	A
1982	CNCANA	广州	PLWAWA	华沙	UN	A
1983	CNBJSA	北京	BEBRUA	布鲁塞尔	UN	A
1984	CNDGGA	东莞国际	AUSYDA	悉尼	UN	A
1985	CNDGGA	东莞国际	BGSOFG	索非亚	UN	A
1986	CNDGGA	东莞国际	BEBRUA	布鲁塞尔	UN	A
1987	CNDGGA	东莞国际	PLWAWA	华沙	UN	A
1988	CNDGGA	东莞国际	DKCPHA	哥本哈根	UN	A
1989	CNDGGA	东莞国际	DEFRAA	法兰克福	UN	A
1990	CNDGGA	东莞国际	RUMOWS	莫斯科	UN	A
1991	CNDGGA	东莞国际	RUVVOI	符拉迪沃斯托克	UN	A

续表

序号	原寄局	原寄局名	寄达局	寄达局名	总包种类	运输方式
1992	CNDGGA	东莞国际	RULEDL	圣彼得堡	UN	A
1993	CNDGGA	东莞国际	FRCDGA	罗斯	UN	A
1994	CNDGGA	东莞国际	FIHELA	赫尔辛基	UN	A
1995	CNDGGA	东莞国际	KRSELB	首尔	UN	A
1996	CNDGGA	东莞国际	CLSCLC	圣地亚哥	UN	A
1997	CNDGGA	东莞国际	PKKHIA	卡拉奇	UN	A
1998	CNDGGA	东莞国际	ARBUEB	布宜诺斯艾利斯	UN	A
1999	CNDGGA	东莞国际	PHMNLA	马尼拉	UN	A
2000	CNDGGA	东莞国际	COBOGC	波哥大	UN	A
2001	CNDGGA	东莞国际	CRSJOA	圣约瑟	UN	A
2002	CNDGGA	东莞国际	LTVNOA	维尔纽斯	UN	A
2003	CNSZXA	深圳	BRCWBA	库里提巴	UN	A
2004	CNTSNA	天津	USJFKA	纽约	UN	A
2005	CNWUHA	武汉	ILTLVA	特拉维夫	UN	A
2006	CNNNGA	南宁	RUMOWS	莫斯科	UN	A
2007	CNBJSA	北京	BRCWBA	库里提巴	UN	A
2008	CNSZHA	苏州	USSFOA	旧金山	UN	A
2009	CNFOCA	福州	GBLALA	兰利	UN	A
2010	CNSZXA	深圳	SGSINA	新加坡	UN	A
2011	CNFOCA	福州	ITMILA	米兰	UN	A
2012	CNBJSA	北京	NGLOSA	拉各斯	UN	A
2013	CNSHAA	上海	JPKWSA	川崎	UN	B
2014	CNNKGA	南京	GBLALA	兰利	UN	A
2015	CNHGHA	杭州	PLWAWA	华沙	UN	A
2016	CNHGHA	杭州	BEBRUA	布鲁塞尔	UN	A
2017	CNTSNA	天津	DEFRAA	法兰克福	UN	A
2018	CNNGBA	宁波国际	USJFKA	纽约	UN	A
2019	CNWNZA	温州	USJFKA	纽约	UN	A
2020	CNBJSA	北京	FRCDGA	罗斯	UN	A
2021	CNCGOA	郑州国际	BRCWBA	库里提巴	UN	A
2022	CNCANA	广州	CLSCLC	圣地亚哥	UN	A
2023	CNHGHA	杭州	CHZRHB	苏黎世	UN	A
2024	CNSZXA	深圳	GBLALA	兰利	UN	A
2025	CNFOCA	福州	RUEKAA	叶卡捷琳堡	UN	A
2026	CNXMNA	厦门	AUSYDA	悉尼	UN	A
2027	CNSHAA	上海	EETLLA	塔林	UN	A
2028	CNSZXA	深圳	LVRIXC	里加	UN	A

续表

序号	原寄局	原寄局名	寄达局	寄达局名	总包种类	运输方式
2029	CNFOCA	福州	AUMELA	墨尔本	UN	A
2030	CNCANA	广州	SESTOA	斯德哥尔摩	UN	A
2031	CNCANA	广州	CZPRGA	布拉格	UN	A
2032	CNDGGA	东莞国际	GBLALA	兰利	UN	A
2033	CNDGGA	东莞国际	USJFKA	纽约	UN	A
2034	CNNNGA	南宁	RUMOWS	莫斯科	UN	A
2035	CNDGGA	东莞国际	DEFRAA	法兰克福	UN	A
2036	CNDGGA	东莞国际	ZAJNBA	约翰内斯堡	UN	A
2037	CNCANA	广州	CAYTOA	多伦多	UN	A
2038	CNDGGA	东莞国际	CAYTOA	多伦多	UN	A
2039	CNCANA	广州	RUMOWS	莫斯科	UN	A
2040	CNCANA	广州	DEFRAA	法兰克福	UN	A
2041	CNFOCA	福州	TWKELA	基隆	UN	C
2042	CNFOCA	福州	JPKWSA	川崎	UN	B
2043	CNFOCA	福州	DEFRAA	法兰克福	UN	A
2044	CNCANA	广州	USJFKA	纽约	UN	A
2045	CNCANA	广州	GBLALA	兰利	UN	A
2046	CNSZXA	深圳	GBLALA	兰利	UN	A
2047	CNFOCA	福州	AUSYDA	悉尼	UN	A
2048	CNNNGA	南宁	RUVVOI	符拉迪沃斯托克	UN	A
2049	CNNNGA	南宁	DEFRAA	法兰克福	UN	A
2050	CNNNGA	南宁	ESMADB	马德里	UN	A
2051	CNNNGA	南宁	ITMILA	米兰	UN	A
2052	CNXMNA	厦门	BRCWBA	库里提巴	UN	A
2053	CNXMNA	厦门	JPKWSA	川崎	UN	A
2054	CNCKGR	重庆	FRCDGA	罗斯	UN	C
2055	CNCKGR	重庆	ESMADC	马德里	UN	C
2056	CNCKGR	重庆	NLAMSA	阿姆斯特丹	UN	C
2057	CNCKGR	重庆	SESTOA	斯德哥尔摩	UN	C
2058	CNCKGR	重庆	NOOSLA	奥斯陆	UN	C
2059	CNCKGR	重庆	CZPRGA	布拉格	UN	C
2060	CNCKGR	重庆	DENIAA	涅德劳拉	UN	C
2061	CNCKGR	重庆	CHZRHB	苏黎世	UN	C
2062	CNCKGR	重庆	PLWAWA	华沙	UN	C
2063	CNTAOA	青岛	DEFRAA	法兰克福	UN	A
2064	CNFOCA	福州	JPKWSA	川崎	UB	A
2065	CNWUHA	武汉	GBLALA	兰利	UN	A

续表

序号	原寄局	原寄局名	寄达局	寄达局名	总包种类	运输方式
2066	CNBJSA	北京	PSRMHA	拉马拉	UN	A
2067	CNSZHA	苏州	PLWAWA	华沙	UN	A
2068	CNBJSA	北京	GHACCB	阿克拉	UN	A
2069	CNBJSA	北京	QADOHA	多哈	UN	A
2070	CNBJSA	北京	RWKGLA	基加利	UN	A
2071	CNCANA	广州	CRSJOA	圣约瑟	UN	A
2072	CNCANA	广州	PELIMB	利马	UN	A
2073	CNCKGA	重庆	JPKWSA	川崎	UN	A
2074	CNHGHA	杭州	USJFKA	纽约	UN	A
2075	CNSZHA	苏州	ESMADB	马德里	UN	A
2076	CNNKGA	南京	RUMOWS	莫斯科	UN	A
2077	CNSZXA	深圳	AUMELA	墨尔本	UN	A
2078	CNNKGA	南京	DEFRAA	法兰克福	UN	A
2079	CNCANA	广州	BEBRUA	布鲁塞尔	UN	A
2080	CNHGHA	杭州	CAYTOA	多伦多	UR	A
2081	CNSZXA	深圳	CZPRGA	布拉格	UN	A
2082	CNSZXA	深圳	BRCWBA	库里提巴	UN	A
2083	CNSHAA	上海	ROBUHC	布加勒斯特	UN	A
2084	CNCANA	广州	SCSEZA	塞舌尔	UN	A
2085	CNBJSA	北京	MTMARA	瓦莱塔	UN	A
2086	CNBJSA	北京	RSBEGB	贝尔格莱德	UN	B
2087	CNHFEA	合肥国际	BRCWBA	库里提巴	UN	A
2088	CNSZXA	深圳	MXMEXD	墨西哥城 AEREO	UN	A
2089	CNTSNA	天津	FRCDGA	罗斯	UN	A
2090	CNHGHA	杭州	USJFKA	纽约	UN	A
2091	CNYIWA	义乌国际	USJFKA	纽约	UN	A
2092	CNCANA	广州	BYMSQF	明斯克	UN	A
2093	CNBJSA	北京	BYMSQF	明斯克	UN	B
2094	CNSHAA	上海	GBLALA	兰利	UN	A
2095	CNSZXA	深圳	CAYTOA	多伦多	UN	A
2096	CNSZXA	深圳	JPKWSA	川崎	UN	A
2097	CNBJSA	北京	GBLALA	兰利	UN	A
2098	CNTAOA	青岛	AUSYDA	悉尼	UN	A
2099	CNTSNA	天津	AUSYDA	悉尼	UN	A
2100	CNSZXA	深圳	RUMOWS	莫斯科	UN	A
2101	CNTSNA	天津	RUMOWS	莫斯科	UN	A
2102	CNNKGA	南京	USSFOA	旧金山	UN	A

续表

序号	原寄局	原寄局名	寄达局	寄达局名	总包种类	运输方式
2103	CNXMNA	厦门	FRCDGA	罗斯	UN	A
2104	CNCGOA	郑州国际	CAYVRA	温哥华	UN	A
2105	CNBJSA	北京	NPKTMA	加德满都	UN	A
2106	CNSZXA	深圳	CLSCLA	圣地亚哥	UN	A
2107	CNDGGA	东莞国际	CLSCLC	圣地亚哥	UN	A
2108	CNBJSA	北京	IDJKTC	雅加达	UN	A
2109	CNFOCA	福州	RUMOWS	莫斯科	UN	A
2110	CNFOCA	福州	RUEKAA	叶卡捷琳堡	UN	A
2111	CNFOCA	福州	RULEDL	圣彼得堡	UN	A
2112	CNWUHA	武汉	RUMOWS	莫斯科	UN	A
2113	CNXMNA	厦门	USSFOA	旧金山	UN	A
2114	CNDGGA	东莞国际	MXMEXD	墨西哥城 AEREO	UN	A
2115	CNBJSA	北京	CHZRHB	苏黎世	UN	A
2116	CNDGGA	东莞国际	PLWAWA	华沙	UN	A
2117	CNSZXA	深圳	RUEKAA	叶卡捷琳堡	UN	A
2118	CNXMNA	厦门	USLAXA	洛杉矶	UN	A
2119	CNSHAA	上海	DEFRAA	法兰克福	UN	A
2120	CNNKGA	南京	RUMOWS	莫斯科	UN	A
2121	CNSHAA	上海	ITMILA	米兰	UN	A
2122	CNFOCA	福州	GBLALA	兰利	UN	A
2123	CNSZXA	深圳	RUMOWS	莫斯科	UN	A
2124	CNXMNA	厦门	RUMOWS	莫斯科	UN	A
2125	CNXMNA	厦门	RUOVBB	新西伯利亚	UN	A
2126	CNSZXA	深圳	CHZRHB	苏黎世	UN	A
2127	CNNKGA	南京	BRCWBA	库里提巴	UN	A
2128	CNSHAA	上海	ATVIEC	维也纳	UN	A
2129	CNSZHA	苏州	DEFRAA	法兰克福	UN	A
2130	CNBJSA	北京	ILTLVA	特拉维夫	UN	A
2131	CNCGOA	郑州国际	JPKWSA	川崎	UN	A
2132	CNXMNA	厦门	FRCDGA	罗斯	UN	A
2133	CNCANA	广州	ZAJNBA	约翰内斯堡	UN	A
2134	CNDGGA	东莞国际	ZAJNBA	约翰内斯堡	UN	A
2135	CNCANA	广州	KRSELB	首尔	UN	A
2136	CNSHAA	上海	HUBUDA	布达佩斯	UN	A
2137	CNCANA	广州	INCCUA	加尔各答	UN	A
2138	CNDGGA	东莞国际	INCCUA	加尔各答	UN	A
2139	CNFOCA	福州	USSFOA	旧金山	UN	A

续表

序号	原寄局	原寄局名	寄达局	寄达局名	总包种类	运输方式
2140	CNFOCA	福州	USLAXA	洛杉矶	UN	A
2141	CNBJSA	北京	CHZRHB	苏黎世	UN	B
2142	CNBJSA	北京	FRCDGA	罗斯	UN	B
2143	CNBJSA	北京	ESMADC	马德里	UN	B
2144	CNBJSA	北京	ATVIEC	维也纳	UN	A
2145	CNXMNA	厦门	CAYVRA	温哥华	UN	A
2146	CNXMNA	厦门	USSFOA	旧金山	UN	A
2147	CNXMNA	厦门	ITMILA	米兰	UN	A
2148	CNBJSA	北京	USSFOA	旧金山	UN	A
2149	CNWUHA	武汉	USJFKA	纽约	UN	A
2150	CNDGGA	东莞国际	UAIEVA	基辅	UN	A
2151	CNSZXA	深圳	KRSELB	首尔	UN	A
2152	CNSZXA	深圳	LVRIXC	里加	UN	A
2153	CNKMGA	昆明	MMRGNA	仰光	UN	A
2154	CNSZXA	深圳	NZAKLA	奥克兰	UN	A
2155	CNCGOA	郑州国际	KRSELA	首尔	UN	A
2156	CNNGBA	宁波国际	BYMSQF	明斯克	UN	A
2157	CNHGHA	杭州	BYMSQF	明斯克	UN	A
2158	CNWNZA	温州	BYMSQF	明斯克	UN	A
2159	CNCANA	广州	BYMSQF	明斯克	UN	A
2160	CNNKGA	南京	BYMSQF	明斯克	UN	A
2161	CNDGGA	东莞国际	BYMSQF	明斯克	UN	A
2162	CNCANA	广州	BYMSQF	明斯克	UN	A
2163	CNSZXA	深圳	BYMSQF	明斯克	UN	A
2164	CNTAOA	青岛	RUMOWS	莫斯科	UN	A
2165	CNSZXA	深圳	ESMADB	马德里	UN	A
2166	CNSZXA	深圳	RUMOWS	莫斯科	UN	A
2167	CNSZXA	深圳	ITMILA	米兰	UN	A
2168	CNCANA	广州	USLAXA	洛杉矶	UN	A
2169	CNWNZA	温州	SESTOA	斯德哥尔摩	UN	A
2170	CNWNZA	温州	CHZRHB	苏黎世	UN	A
2171	CNWNZA	温州	DKCPHA	哥本哈根	UN	A
2172	CNFOCA	福州	DEFRAA	法兰克福	UN	A
2173	CNWNZA	温州	NLAMSA	阿姆斯特丹	UN	A
2174	CNCGOA	郑州国际	CZPRGA	布拉格	UN	A
2175	CNCGOA	郑州国际	BEBRUA	布鲁塞尔	UN	A
2176	CNTSNA	天津	ESMADB	马德里	UN	A

续 表

序号	原寄局	原寄局名	寄达局	寄达局名	总包种类	运输方式
2177	CNCGOA	郑州国际	HUBUDA	布达佩斯	UN	A
2178	CNNKGA	南京	PLWAWA	华沙	UN	A
2179	CNCGOA	郑州国际	USLAXA	洛杉矶	UN	A
2180	CNCANA	广州	ITMILA	米兰	UN	A
2181	CNSHAA	上海	OMMCTA	马斯喀特	UN	A
2182	CNBJSA	北京	DKCPHA	哥本哈根	UN	A
2183	CNSZXA	深圳	NLAMSA	阿姆斯特丹	UN	A
2184	CNXMNA	厦门	USSFOA	旧金山	UN	A
2185	CNHGHA	杭州	SGSINA	新加坡	UN	A
2186	CNCKGA	重庆	PLLUNA	卢布林	UN	C
2187	CNBJSA	北京	INCCUA	加尔各答	UN	A
2188	CNSZHA	苏州	FRCDGA	罗斯	UN	A
2189	CNSHAA	上海	HUBUDA	布达佩斯	UN	A
2190	CNSHAA	上海	CHZRHB	苏黎世	UN	A
2191	CNNKGA	南京	CHZRHB	苏黎世	UN	A
2192	CNBJSA	北京	RUMOWS	莫斯科	UN	A
2193	CNDGGA	东莞国际	GBLALA	兰利	UN	A
2194	CNSZXA	深圳	FRCDGA	罗斯	UN	A
2195	CNBJSA	北京	EETLLA	塔林	UN	A
2196	CNFOCA	福州	ILTLVA	特拉维夫	UN	A
2197	CNWNZA	温州	FIHELA	赫尔辛基	UN	A
2198	CNSHAA	上海	FRCDGA	罗斯	UN	C
2199	CNBJSA	北京	RUMOWS	莫斯科	UN	A
2200	CNSHAA	上海	MXMEXD	墨西哥城 AEREO	UN	A
2201	CNCANA	广州	BYMSQF	明斯克	UN	A
2202	CNYIWA	义乌国际	BYMSQF	明斯克	UN	A
2203	CNBJSA	北京	BYMSQF	明斯克	UN	A
2204	CNSHAA	上海	BYMSQF	明斯克	UN	A
2205	CNSZXA	深圳	CAYTOA	多伦多	UN	A
2206	CNSHAA	上海	FIHELA	赫尔辛基	UN	A
2207	CNDGGA	东莞国际	CHZRHB	苏黎世	UN	A
2208	CNSZHA	苏州	GBLALA	兰利	UN	A
2209	CNNKGA	南京	GBLALA	兰利	UN	A
2210	CNBJSA	北京	ARBUEB	布宜诺斯艾利斯	UN	A
2211	CNFOCA	福州	ARBUEB	布宜诺斯艾利斯	UN	A
2212	CNSZXA	深圳	ITMILA	米兰	UN	A
2213	CNTAOA	青岛	BRCWBA	库里提巴	UN	A

续表

序号	原寄局	原寄局名	寄达局	寄达局名	总包种类	运输方式
2214	CNSZXA	深圳	AUSYDA	悉尼	UN	A
2215	CNTAOA	青岛	ILTLVA	特拉维夫	UN	A
2216	CNTSNA	天津	RULEDL	圣彼得堡	UN	A
2217	CNTSNA	天津	RUEKAA	叶卡捷琳堡	UN	A
2218	CNDGGA	东莞国际	ARBUEB	布宜诺斯艾利斯	UN	A
2219	CNSZXA	深圳	ESMADB	马德里	UN	A
2220	CNSHAA	上海	FRCDGA	罗斯	UN	A
2221	CNBJSA	北京	FRCDGA	罗斯	UN	A
2222	CNWNZA	温州	NOOSLA	奥斯陆	UN	A
2223	CNWNZA	温州	BEBRUA	布鲁塞尔	UN	A
2224	CNFOCA	福州	USJFKA	纽约	UN	A
2225	CNFOCA	福州	ILTLVA	特拉维夫	UN	A
2226	CNSZXA	深圳	CAYVRA	温哥华	UN	A
2227	CNSZXA	深圳	MXMEXD	墨西哥城 AEREO	UN	A
2228	CNCGOA	郑州国际	CHZRHB	苏黎世	UN	A
2229	CNYNJA	延吉	JPKWSA	川崎	UN	A
2230	CNYNJA	延吉	KRSELB	首尔	UN	A
2231	CNYNJA	延吉	USSFOA	旧金山	UN	A
2232	CNBJSA	北京	HRZAGB	萨格勒布	UT	A
2233	CNBJSA	北京	SILJUQ	卢布尔雅那(空)	UT	A
2234	CNBJSA	北京	SKBTSA	布拉迪斯拉发	UN	A
2235	CNBJSA	北京	RSBEGC	贝尔格莱德	UN	A
2236	CNBJSA	北京	ALTIAA	地拉那	UN	A
2237	CNBJSA	北京	BASJJA	萨拉热窝	UN	A
2238	CNBJSA	北京	AMEVNA	耶烈万	UN	A
2239	CNCGOA	郑州国际	ATVIEC	维也纳	UN	A
2240	CNCANA	广州	PELIMB	利马	UN	A
2241	CNXMNA	厦门	FRCDGA	罗斯	UN	A
2242	CNSZXA	深圳	HUBUDA	布达佩斯	UN	A
2243	CNBJSA	北京	IEDUBA	都柏林	UN	A
2244	CNXMNA	厦门	BRCWBA	库里提巴	UN	A
2245	CNXMNA	厦门	RUMOWS	莫斯科	UN	A
2246	CNSZXA	深圳	RUEKAA	叶卡捷琳堡	UN	A
2247	CNXMNA	厦门	FRCDGA	罗斯	UN	A
2248	CNDGGA	东莞国际	DEFRAA	法兰克福	UN	A
2249	CNCANA	广州	INCCUA	加尔各答	UN	A
2250	CNSZXA	深圳	FRCDGA	罗斯	UN	A

续 表

序号	原寄局	原寄局名	寄达局	寄达局名	总包种类	运输方式
2251	CNDGGA	东莞国际	CZPRGA	布拉格	UN	A
2252	CNBJSA	北京	BEBRUA	布鲁塞尔	UN	A
2253	CNDGGA	东莞国际	SESTOA	斯德哥尔摩	UN	A
2254	CNBJSA	北京	JPKWSA	川崎	UN	B
2255	CNSZXA	深圳	RULEDL	圣彼得堡	UN	A
2256	CNSZXA	深圳	RUEKAA	叶卡捷琳堡	UN	A
2257	CNSHAA	上海	CAYTOA	多伦多	UN	A
2258	CNXMNA	厦门	GBLALA	兰利	UN	A
2259	CNCANA	广州	ARBUEB	布宜诺斯艾利斯	UN	A
2260	CNSZXA	深圳	ARBUEB	布宜诺斯艾利斯	UN	A
2261	CNTAOA	青岛	RUMOWS	莫斯科	UN	A
2262	CNXMNA	厦门	GBLALA	兰利	UN	A
2263	CNSZXA	深圳	IDJKTA	雅加达	UN	A
2264	CNXMNA	厦门	CAYVRA	温哥华	UN	A
2265	CNXMNA	厦门	ITMILA	米兰	UN	A
2266	CNBJSA	北京	JMKINA	金斯敦	UN	A
2267	CNXMNA	厦门	USSFOA	旧金山	UN	A
2268	CNSZXA	深圳	ITMILA	米兰	UN	A
2269	CNWNZA	温州	NLAMSA	阿姆斯特丹	UN	B
2270	CNSHAA	上海	ATVIEC	维也纳	UN	A
2271	CNSZXA	深圳	FRCDGA	罗斯	UN	A
2272	CNDGGA	东莞国际	KRSELB	首尔	UN	A
2273	CNDGGA	东莞国际	BEBRUA	布鲁塞尔	UN	A
2274	CNSZXA	深圳	UAIEVA	基辅	UN	A
2275	CNSZXA	深圳	CAYTOA	多伦多	UN	A
2276	CNHGHA	杭州	HKHKGA	香港 AMC	UN	A
2277	CNWUHA	武汉	USLAXA	洛杉矶	UN	A
2278	CNWUHA	武汉	USSFOA	旧金山	UN	A
2279	CNNKGA	南京	FRCDGA	罗斯	UN	A
2280	CNCGOA	郑州国际	PTLISA	里斯本	UN	A
2281	CNCANA	广州	BRCWBA	库里提巴	UN	A
2282	CNNKGA	南京	RUMOWS	莫斯科	UN	A
2283	CNWNZA	温州	ILTLVA	特拉维夫	UN	A
2284	CNNKGA	南京	ILTLVA	特拉维夫	UN	A
2285	CNSHAA	上海	ILTLVA	特拉维夫	UN	A

附录 L 国际包裹直封路由

序号	原寄局	原寄局名	寄达局	寄达局名	总包种类	运输方式
1	CNCANA	广州	DEFRAA	法兰克福	CN	A
2	CNCANA	广州	PHMNLA	马尼拉	CN	A
3	CNCANA	广州	TWTPEA	台北	CN	A
4	CNCANA	广州	CAYVRA	温哥华	CN	A
5	CNCANA	广州	SGSINA	新加坡	CN	A
6	CNCANA	广州	MMRGNA	仰光	CN	A
7	CNCANA	广州	ZAJNBA	约翰内斯堡	CN	A
8	CNHGHA	杭州	JPKWSA	川崎	CN	A
9	CNHGHA	杭州	JPKIXA	大阪	CN	A
10	CNTAOA	青岛	KRSELB	首尔	CN	A
11	CNSHAA	上海	DZALGB	阿尔及尔	CN	A
12	CNSHAA	上海	NZAKLA	奥克兰	CN	A
13	CNSHAA	上海	FRCYMA	希利	CN	A
14	CNSHAA	上海	CZPRGA	布拉格	CN	A
15	CNSHAA	上海	JPKIXA	大阪	CN	A
16	CNSHAA	上海	AEDXBA	迪拜	CN	A
17	CNSHAA	上海	IEDUBA	都柏林	CN	A
18	CNBJSA	北京	BGSOFD	索非亚	CN	B
19	CNTSNA	天津	HKHKGH	HK OPS	CN	C
20	CNZUHA	拱北	MOMFMB	澳门	CN	C
21	CNDLCA	大连	JPKWSA	川崎	CN	C
22	CNSZHA	苏州	JPKWSA	川崎	CN	C
23	CNSHEA	沈阳	KPKP04	惠山	CN	C
24	CNSHEA	沈阳	KPKP03	满浦	CN	C
25	CNSHEA	沈阳	KPKP01	新义州	CN	C
26	CNSHEA	沈阳	KPKP02	南阳	CN	C
27	CNSHEA	沈阳	JPKWSA	川崎	CN	C
28	CNSHEA	沈阳	KPFNJA	平壤	CN	C
29	CNSFEA	绥芬河国际	RUVVOH	符拉迪沃斯托克	CN	C
30	CNBJSA	北京	MNULNA	乌兰巴托	CN	C

附录 L 国际包裹直封路由

续 表

序号	原寄局	原寄局名	寄达局	寄达局名	总包种类	运输方式
31	CNBJSA	北京	LAVTEA	万象	CN	C
32	CNBJSA	北京	TWKELA	基隆	CN	C
33	CNBJSA	北京	USJECS	泽西	CN	C
34	CNBJSA	北京	NZAKLA	奥克兰	CN	C
35	CNBJSA	北京	KPFNJA	平壤	CN	C
36	CNBJSA	北京	GNCKYA	科纳克里	CN	C
37	CNBJSA	北京	HKHKGH	HK OPS	CN	C
38	CNBJSA	北京	BDCGPA	吉大港	CN	C
39	CNURCB	乌鲁木齐	FIHELA	赫尔辛基	CN	C
40	CNURCB	乌鲁木齐	BEBRUA	布鲁塞尔	CN	C
41	CNURCB	乌鲁木齐	NLAMSA	阿姆斯特丹	CN	C
42	CNCTUA	成都	USJFKA	纽约	CN	B
43	CNCANA	广州	DEFRAA	法兰克福	CN	B
44	CNCANA	广州	USLAXA	洛杉矶	CN	B
45	CNCANA	广州	CAYVRA	温哥华	CN	B
46	CNCANA	广州	AUSYDD	悉尼	CN	B
47	CNSHAA	上海	FRCYMA	希利	CN	B
48	CNSHAA	上海	JPKIXA	大阪	CN	B
49	CNSHAA	上海	IEDUBA	都柏林	CN	B
50	CNSHAA	上海	DEFRAA	法兰克福	CN	B
51	CNSHAA	上海	ECUIOA	基多	CN	B
52	CNSHAA	上海	GBCVTA	考文垂	CN	B
53	CNSHAA	上海	PELIMA	利马	CN	B
54	CNSHAA	上海	USLAXA	洛杉矶	CN	B
55	CNSHAA	上海	HRZAGC	萨格勒布	CN	B
56	CNSHAA	上海	CLSCLA	圣地亚哥	CN	B
57	CNSZXA	深圳	FRCYMA	希利	CN	B
58	CNSHEA	沈阳	JPKWSA	川崎	CN	B
59	CNSZHA	苏州	JPKIXA	大阪	CN	B
60	CNTSNA	天津	KRSELA	首尔	CN	B
61	CNSHAA	上海	DKCPHP	哥本哈根	CN	A
62	CNSHAA	上海	FIHELA	赫尔辛基	CN	A
63	CNSHAA	上海	GBCVTA	考文垂	CN	A
64	CNSHAA	上海	NGLOSA	拉各斯	CN	A
65	CNSHAA	上海	SILJUA	卢布尔雅那	CN	A
66	CNSHAA	上海	USLAXA	洛杉矶	CN	A
67	CNSHAA	上海	CYLCAA	拉纳卡	CN	A

续表

序号	原寄局	原寄局名	寄达局	寄达局名	总包种类	运输方式
68	CNXMNA	厦门	TWKNHC	金门	CN	C
69	CNXMNA	厦门	TWKELA	基隆	CN	C
70	CNSHAA	上海	AUSYDE	悉尼	CN	C
71	CNSHAA	上海	ATVIEB	维也纳	CN	C
72	CNSHAA	上海	CAYVRA	温哥华	CN	C
73	CNSHAA	上海	CHZRHU	苏黎世	CN	C
74	CNSHAA	上海	NZAKLA	奥克兰	CN	C
75	CNSHAA	上海	MXMEXD	墨西哥城 AEREO	CN	A
76	CNSHAA	上海	HRZAGC	萨格勒布	CN	A
77	CNSHAA	上海	CLSCLA	圣地亚哥	CN	A
78	CNSHAA	上海	SEMMAB	马尔默	CN	A
79	CNSHAA	上海	SGSINA	新加坡	CN	A
80	CNSHAA	上海	RUMOWV	莫斯科	CN	A
81	CNSZHA	苏州	JPKIXA	大阪	CN	A
82	CNSZHA	苏州	HKHKGA	香港 AMC	CN	A
83	CNSZHA	苏州	SGSINA	新加坡	CN	A
84	CNURCA	乌鲁木齐	KZALAA	阿拉木图	CN	A
85	CNWUHA	武汉	HKHKGA	香港 AMC	CN	A
86	CNSIAA	西安	HKHKGA	香港 AMC	CN	A
87	CNCKGA	重庆	HKHKGA	香港 AMC	CN	A
88	CNBJSA	北京	NOOSLB	奥斯陆	CN	B
89	CNSHAA	上海	NLAMSA	阿姆斯特丹	CN	C
90	CNSHAA	上海	BEANRA	安特卫普	CN	C
91	CNSHAA	上海	HUBUDA	布达佩斯	CN	C
92	CNSHAA	上海	DKCPHP	哥本哈根	CN	C
93	CNSHAA	上海	SEMMAB	马尔默	CN	C
94	CNSHAA	上海	ITMXPA	马尔彭萨	CN	C
95	CNSHAA	上海	NOOSLB	奥斯陆	CN	C
96	CNSHAA	上海	CZPRGA	布拉格	CN	C
97	CNSHAA	上海	FRCYMA	希利	CN	C
98	CNSHAA	上海	GBCVTA	考文垂	CN	C
99	CNSHAA	上海	DEHAMB	汉堡	CN	C
100	CNSHAA	上海	FIHELA	赫尔辛基	CN	C
101	CNSHAA	上海	HKHKGH	HK OPS	CN	C
102	CNSHAA	上海	USJECS	泽西	CN	C
103	CNSHAA	上海	TWKELA	基隆	CN	C
104	CNSHAA	上海	JPKWSA	川崎	CN	C

续 表

序号	原寄局	原寄局名	寄达局	寄达局名	总包种类	运输方式
105	CNURCB	乌鲁木齐	CZPRGA	布拉格	CN	C
106	CNURCB	乌鲁木齐	DKCPHP	哥本哈根	CN	C
107	CNURCB	乌鲁木齐	FRCYMA	希利	CN	C
108	CNURCB	乌鲁木齐	GBCVTA	考文垂	CN	C
109	CNURCB	乌鲁木齐	ITMXPA	马尔彭萨	CN	C
110	CNURCB	乌鲁木齐	SEMMAB	马尔默	CN	C
111	CNBJSA	北京	CZPRGA	布拉格	CN	B
112	CNBJSA	北京	BEBRUA	布鲁塞尔	CN	B
113	CNBJSA	北京	JPKWSA	川崎	CN	B
114	CNBJSA	北京	JPKIXA	大阪	CN	B
115	CNBJSA	北京	IEDUBA	都柏林	CN	B
116	CNBJSA	北京	ECUIOA	基多	CN	B
117	CNBJSA	北京	PELIMA	利马	CN	B
118	CNCGBA	长白	KPKP04	惠山	CN	C
119	CNHUCA	珲春国际	RUVVOH	符拉迪沃斯托克	CN	C
120	CNURCA	乌鲁木齐	KZALAA	阿拉木图	CN	C
121	CNURCA	乌鲁木齐	TMASBA	阿什哈巴德	CN	C
122	CNKMGA	昆明	VNHANA	河内	CN	C
123	CNYINA	伊宁国际	KZALAA	阿拉木图	CN	C
124	CNYINA	伊宁国际	UZTASA	塔什干	CN	C
125	CNYINA	伊宁国际	KGFRUA	比什凯克	CN	C
126	CNYINA	伊宁国际	TJDYUA	杜尚别	CN	C
127	CNYINA	伊宁国际	TMASBA	阿什哈巴德	CN	C
128	CNDDGA	丹东	KPKP01	新义州	CN	C
129	CNURCA	乌鲁木齐	TJDYUA	杜尚别	CN	C
130	CNDDGA	丹东	KPFNJA	平壤	CN	C
131	CNTSNA	天津	KRBUSA	釜山	CN	C
132	CNKNCA	集安	KPKP03	满浦	CN	C
133	CNBJSA	北京	DZALGB	阿尔及尔	CN	A
134	CNBJSA	北京	GHACCB	阿克拉	CN	A
135	CNBJSA	北京	BHBAHA	巴林	CN	A
136	CNBJSA	北京	MLBKOA	巴马科	CN	A
137	CNBJSA	北京	CZPRGA	布拉格	CN	A
138	CNBJSA	北京	BBBGIA	布里奇顿	CN	A
139	CNBJSA	北京	BEBRUA	布鲁塞尔	CN	A
140	CNBJSA	北京	BDDACA	达卡	CN	A
141	CNBJSA	北京	IRTHRA	德黑兰	CN	A

续表

序号	原寄局	原寄局名	寄达局	寄达局名	总包种类	运输方式
142	CNBJSA	北京	AEDXBA	迪拜	CN	A
143	CNBJSA	北京	IEDUBA	都柏林	CN	A
144	CNBJSA	北京	SLFNAA	弗里敦	CN	A
145	CNKNCA	集安	KPKP03	满浦	CN	C
146	CNYNJA	延吉	KRBUSA	釜山	CN	C
147	CNLXAA	拉萨	NRKDIA	科达里	CN	C
148	CNLXAA	拉萨	NPKTMA	加德满都	CN	C
149	CNFOCA	福州	JPKWSA	川崎	CN	C
150	CNURCA	乌鲁木齐	UZTASA	塔什干	CN	C
151	CNFOCA	福州	TWKELA	基隆	CN	C
152	CNTMEA	图们	KPKP02	南阳	CN	C
153	CNNNGA	南宁	VNHANC	河内	CN	C
154	CNNNGA	南宁	VNLNSA	谅山	CN	C
155	CNYNJA	延吉	KRBUSA	釜山	CN	C
156	CNKHGA	喀什	KGFRUA	比什凯克	CN	C
157	CNKHGA	喀什	KZALAA	阿拉木图	CN	C
158	CNKHGA	喀什	PKGILA	吉尔吉特	CN	C
159	CNURCA	乌鲁木齐	KGFRUB	BICHKEK PI-2	CN	C
160	CNBJSA	北京	MDKIVA	基希讷乌	CN	A
161	CNBJSA	北京	DJJIBA	吉布提	CN	A
162	CNBJSA	北京	PKKHIA	卡拉奇	CN	A
163	CNBJSA	北京	UGKLAA	坎帕拉	CN	A
164	CNBJSA	北京	KENBOB	内罗毕	CN	A
165	CNBJSA	北京	SRPBMA	帕拉马里博	CN	A
166	CNBJSA	北京	EETLLB	塔林	CN	A
167	CNBJSA	北京	TWTPEA	台北	CN	A
168	CNBJSA	北京	LTVNOA	维尔纽斯	CN	A
169	CNBJSA	北京	MNULNA	乌兰巴托	CN	A
170	CNBJSA	北京	HKHKGA	香港 AMC	CN	A
171	CNBJSA	北京	ETADDA	亚的斯亚贝巴	CN	A
172	CNSHAA	上海	KRBUSA	釜山	CN	C
173	CNCANA	广州	BDCGPA	吉大港	CN	C
174	CNCANA	广州	GBCVTA	考文垂	CN	C
175	CNCANA	广州	HKHKGH	HK OPS	CN	C
176	CNCANA	广州	KRBUSA	釜山	CN	C
177	CNCANA	广州	MOMFMB	澳门	CN	C
178	CNCANA	广州	DEHAMB	汉堡	CN	C

续 表

序号	原寄局	原寄局名	寄达局	寄达局名	总包种类	运输方式
179	CNCANA	广州	NLAMSC	阿姆斯特丹	CN	C
180	CNCANA	广州	ZADURD	德班	CN	C
181	CNCANA	广州	CAYVRA	温哥华	CN	C
182	CNCANA	广州	FRCYMA	希利	CN	C
183	CNCANA	广州	GBLALT	兰利(转)	CN	C
184	CNCANA	广州	AUSYDE	悉尼	CN	C
185	CNCANA	广州	MYKULA	吉隆坡	CN	C
186	CNCANA	广州	PHMNLF	马尼拉	CN	C
187	CNCANA	广州	IDJKTB	雅加达	CN	C
188	CNCANA	广州	USJECS	泽西	CN	C
189	CNCANA	广州	SGSINL	新加坡	CN	C
190	CNCANA	广州	TWKELA	基隆	CN	C
191	CNCANA	广州	ZADURC	德班	CN	C
192	CNCANA	广州	MMRGNA	仰光	CN	C
193	CNCANA	广州	NZAKLA	奥克兰	CN	C
194	CNCANA	广州	THBKKA	曼谷	CN	C
195	CNBJSA	北京	PKKHIA	卡拉奇	CN	C
196	CNBJSA	北京	AUSYDE	悉尼	CN	C
197	CNBJSA	北京	KRBUSA	釜山	CN	C
198	CNBJSA	北京	USOAKA	欧克兰	CN	C
199	CNBJSA	北京	VNHANA	河内	CN	C
200	CNBJSA	北京	JPKWSA	川崎	CN	C
201	CNBJSA	北京	RUMOWB	莫斯科	CN	C
202	CNFOCA	福州	TWTPEA	台北	CN	A
203	CNURCA	乌鲁木齐	RUMOWV	莫斯科	CN	A
204	CNURCA	乌鲁木齐	RUOVBI	新西伯利亚	CN	A
205	CNURCA	乌鲁木齐	TJDYUA	杜尚别	CN	A
206	CNURCA	乌鲁木齐	KGFRUB	BICHKEK PI-2	CN	A
207	CNURCA	乌鲁木齐	KZALAA	阿拉木图	CN	A
208	CNURCA	乌鲁木齐	UZTASA	塔什干	CN	A
209	CNURCA	乌鲁木齐	TMASBA	阿什哈巴德	CN	A
210	CNHRBA	哈尔滨	RUEKAA	叶卡捷琳堡	CN	A
211	CNHRBL	哈尔滨国际邮件处理中心	RUMOWV	莫斯科	CN	A
212	CNSHAA	上海	CRSJOA	圣约瑟	CN	B
213	CNBJSA	北京	CRSJOA	圣约瑟	CN	B
214	CNSHAA	上海	LRMLWA	蒙罗维亚	CN	A
215	CNSHAA	上海	YESAHA	萨那	CN	A

续表

序号	原寄局	原寄局名	寄达局	寄达局名	总包种类	运输方式
216	CNYNJA	延吉	JPKIXA	大阪	CN	A
217	CNHEKA	黑河	RUBQSC	BLAGOVESCH 3	CN	C
218	CNCANA	广州	NZAKLA	奥克兰	CN	A
219	CNBJSA	北京	JOAMMA	安曼	CN	A
220	CNBJSA	北京	PLWAWA	华沙	CN	B
221	CNBJSA	北京	EGCAIA	开罗	CN	A
222	CNWNZA	温州	ESMADC	马德里	CN	B
223	CNSHAA	上海	ESMADB	马德里	CN	A
224	CNYNTA	烟台	KRSELB	首尔	CN	A
225	CNSZHA	苏州	KRSELB	首尔	CN	A
226	CNBJSA	北京	GRATHE	比雷埃夫斯	CN	A
227	CNBJSA	北京	USLAXA	洛杉矶	CN	A
228	CNBJSA	北京	USLAXA	洛杉矶	CN	B
229	CNYNJA	延吉	USLAXA	洛杉矶	CN	A
230	CNCKGA	重庆	USLAXA	洛杉矶	CN	A
231	CNSHAA	上海	COBOGA	波哥大	CN	A
232	CNSHAA	上海	IRTHRA	德黑兰	CN	A
233	CNBJSA	北京	MMRGNA	仰光	CN	A
234	CNBJSA	北京	DKCPHP	哥本哈根	CN	B
235	CNBJSA	北京	PTLISA	里斯本	CN	A
236	CNBJSA	北京	PLWAWA	华沙	CN	A
237	CNBJSA	北京	HRZAGC	萨格勒布	CN	B
238	CNBJSA	北京	HRZAGC	萨格勒布	CN	A
239	CNBJSA	北京	CAYVRA	温哥华	CN	A
240	CNYNJA	延吉	JPKWSA	川崎	CN	A
241	CNSIAA	西安	JPKWSA	川崎	CN	A
242	CNSHEA	沈阳	KRSELB	首尔	CN	A
243	CNSHEA	沈阳	JPKIXA	大阪	CN	A
244	CNBJSA	北京	FIHELA	赫尔辛基	CN	B
245	CNBJSA	北京	GBCVTA	考文垂	CN	B
246	CNBJSA	北京	GBCVTA	考文垂	CN	A
247	CNBJSA	北京	HUBUDA	布达佩斯	CN	A
248	CNCANA	广州	RUOVBI	新西伯利亚	CN	A
249	CNSHAA	上海	RUOVBI	新西伯利亚	CN	A
250	CNBJSA	北京	LBBEYA	贝鲁特	CN	A
251	CNBJSA	北京	UAIEVS	基辅	CN	B
252	CNBJSA	北京	UAIEVA	基辅	CN	A

续 表

序号	原寄局	原寄局名	寄达局	寄达局名	总包种类	运输方式
253	CNBJSA	北京	CUHAVA	哈瓦那	CN	A
254	CNSHAA	上海	CIABJA	阿比让	CN	A
255	CNCANA	广州	ILHFAA	海法	CN	C
256	CNBJSA	北京	NOOSLB	奥斯陆	CN	A
257	CNCANA	广州	USLAXA	洛杉矶	CN	A
258	CNSHAA	上海	MXMEXB	墨西哥城 SAL	CN	C
259	CNBJSA	北京	LKCMBC	科伦坡	CN	A
260	CNSHAA	上海	IEPTLC	PLAOISE SDS	CN	C
261	CNCGQA	长春	KRSELB	首尔	CN	A
262	CNBJSA	北京	ALTIAA	地拉那	CN	A
263	CNSHAA	上海	JPKIXA	大阪	CN	A
264	CNSHAA	上海	IEDUBC	都柏林	CN	A
265	CNSHAA	上海	SAJEDA	吉达	CN	A
266	CNSHAA	上海	DEFRAA	法兰克福	CN	A
267	CNSHAA	上海	JPKIXA	大阪	CN	B
268	CNSHAA	上海	IEDUBC	都柏林	CN	B
269	CNSHAA	上海	USJFKA	纽约	CN	B
270	CNSHAA	上海	KRSELB	首尔	CN	A
271	CNSHAA	上海	TWTPEA	台北	CN	A
272	CNYNJA	延吉	USJFKA	纽约	CN	A
273	CNBJSA	北京	PAPTYB	巴拿马	CN	A
274	CNBJSA	北京	KWKWIA	科威特	CN	A
275	CNCANA	广州	GBCVTA	考文垂	CN	B
276	CNCANA	广州	FRCYMA	希利	CN	B
277	CNCANA	广州	FRCYMA	希利	CN	A
278	CNCANA	广州	MUMRUA	路易斯	CN	A
279	CNCANA	广州	MXMEXD	墨西哥城 AEREO	CN	A
280	CNBJSA	北京	AZBAKB	巴库	CN	A
281	CNBJSA	北京	AZBAKB	巴库	CN	B
282	CNCKGR	重庆	ITMILA	米兰	CN	C
283	CNCKGR	重庆	FRCDGA	罗斯	CN	C
284	CNCKGR	重庆	NLAMSA	阿姆斯特丹	CN	C
285	CNCKGR	重庆	BEBRUA	布鲁塞尔	CN	C
286	CNCANA	广州	IDJKTC	雅加达	CN	A
287	CNBJSA	北京	RUMOWV	莫斯科	CN	A
288	CNCANA	广州	JPKIXA	大阪	CN	B
289	CNCANA	广州	CHZRHC	苏黎世(转)	CN	A

续表

序号	原寄局	原寄局名	寄达局	寄达局名	总包种类	运输方式
290	CNBJSA	北京	LVRIXA	里加	CN	A
291	CNSHAA	上海	LULUXC	卢森堡	CN	A
292	CNSHAA	上海	NOOSLB	奥斯陆	CN	A
293	CNCANA	广州	GBCVTA	考文垂	CN	A
294	CNCANA	广州	AUSYDA	悉尼	CN	A
295	CNBJSA	北京	ALTIAA	地拉那	CN	B
296	CNBJSA	北京	MTMLAA	瓦莱塔	CN	A
297	CNHGHA	杭州	USLAXA	洛杉矶	CN	A
298	CNSHAA	上海	CHZRHC	苏黎世（转）	CN	A
299	CNSHAA	上海	BEBRUA	布鲁塞尔	CN	A
300	CNSHAA	上海	JPKWSA	川崎	CN	A
301	CNSHAA	上海	JPKWSA	川崎	CN	B
302	CNSZHA	苏州	JPKWSA	川崎	CN	A
303	CNSZHA	苏州	JPKWSA	川崎	CN	B
304	CNCANR	广州	ITMILA	米兰	CN	C
305	CNCANR	广州	FRCDGA	罗斯	CN	C
306	CNCANR	广州	NLAMSA	阿姆斯特丹	CN	C
307	CNCANR	广州	BEBRUA	布鲁塞尔	CN	C
308	CNCANR	广州	GBLALA	兰利	CN	C
309	CNCANR	广州	SESTOA	斯德哥尔摩	CN	C
310	CNCANR	广州	NOOSLA	奥斯陆	CN	C
311	CNCANR	广州	CZPRGA	布拉格	CN	C
312	CNCANR	广州	DENIAA	涅德劳拉	CN	C
313	CNCANR	广州	CHZRHB	苏黎世	CN	C
314	CNSZXR	深圳	ITMILA	米兰	CN	C
315	CNSZXR	深圳	FRCDGA	罗斯	CN	C
316	CNSZXR	深圳	NLAMSA	阿姆斯特丹	CN	C
317	CNSZXR	深圳	BEBRUA	布鲁塞尔	CN	C
318	CNSZXR	深圳	GBLALA	兰利	CN	C
319	CNSZXR	深圳	SESTOA	斯德哥尔摩	CN	C
320	CNFOCA	福州	GBCVTA	考文垂	CN	B
321	CNDLCA	大连	JPKIXA	大阪	CN	A
322	CNDLCA	大连	JPKWSA	川崎	CN	A
323	CNBJSA	北京	LULUXC	卢森堡	CN	B
324	CNBJSA	北京	LULUXC	卢森堡	CN	A
325	CNBJSA	北京	FIHELA	赫尔辛基	CN	A
326	CNBJSA	北京	DKCPHP	哥本哈根	CN	A

续表

序号	原寄局	原寄局名	寄达局	寄达局名	总包种类	运输方式
327	CNSZXR	深圳	NOOSLA	奥斯陆	CN	C
328	CNSZXR	深圳	CZPRGA	布拉格	CN	C
329	CNSZXR	深圳	DENIAA	涅德劳拉	CN	C
330	CNSZXR	深圳	CHZRHB	苏黎世	CN	C
331	CNDGGR	东莞国际	ITMILA	米兰	CN	C
332	CNDGGR	东莞国际	FRCDGA	罗斯	CN	C
333	CNDGGR	东莞国际	NLAMSA	阿姆斯特丹	CN	C
334	CNDGGR	东莞国际	BEBRUA	布鲁塞尔	CN	C
335	CNDGGR	东莞国际	GBLALA	兰利	CN	C
336	CNDGGR	东莞国际	SESTOA	斯德哥尔摩	CN	C
337	CNDGGR	东莞国际	NOOSLA	奥斯陆	CN	C
338	CNDGGR	东莞国际	CZPRGA	布拉格	CN	C
339	CNDGGR	东莞国际	DENIAA	涅德劳拉	CN	C
340	CNDGGR	东莞国际	CHZRHB	苏黎世	CN	C
341	CNYIWR	义乌国际	ITMILA	米兰	CN	C
342	CNYIWR	义乌国际	FRCDGA	罗斯	CN	C
343	CNYIWR	义乌国际	NLAMSA	阿姆斯特丹	CN	C
344	CNYIWR	义乌国际	BEBRUA	布鲁塞尔	CN	C
345	CNBJSA	北京	KPFNJA	平壤	CN	A
346	CNCANA	广州	CHZRHU	苏黎世	CN	A
347	CNYIWR	义乌国际	GBLALA	兰利	CN	C
348	CNYIWR	义乌国际	SESTOA	斯德哥尔摩	CN	C
349	CNYIWR	义乌国际	NOOSLA	奥斯陆	CN	C
350	CNYIWR	义乌国际	CZPRGA	布拉格	CN	C
351	CNYIWR	义乌国际	DENIAA	涅德劳拉	CN	C
352	CNYIWR	义乌国际	CHZRHB	苏黎世	CN	C
353	CNHGHR	杭州	ITMILA	米兰	CN	C
354	CNHGHR	杭州	FRCDGA	罗斯	CN	C
355	CNHGHR	杭州	NLAMSA	阿姆斯特丹	CN	C
356	CNHGHR	杭州	BEBRUA	布鲁塞尔	CN	C
357	CNHGHR	杭州	GBLALA	兰利	CN	C
358	CNHGHR	杭州	SESTOA	斯德哥尔摩	CN	C
359	CNFOCA	福州	USLAXA	洛杉矶	CN	A
360	CNFOCA	福州	USLAXA	洛杉矶	CN	B
361	CNHRBA	哈尔滨	RUMOWV	莫斯科	CN	A
362	CNDLCA	大连	JPKWSA	川崎	CN	C
363	CNHGHR	杭州	NOOSLA	奥斯陆	CN	C

续表

序号	原寄局	原寄局名	寄达局	寄达局名	总包种类	运输方式
364	CNHGHR	杭州	CZPRGA	布拉格	CN	C
365	CNHGHR	杭州	DENIAA	涅德劳拉	CN	C
366	CNHGHR	杭州	CHZRHB	苏黎世	CN	C
367	CNCANA	广州	HKHKGA	香港 AMC	CN	A
368	CNCANA	广州	MOMFMB	澳门	CN	A
369	CNCANA	广州	KRSELB	首尔	CN	A
370	CNSHAA	上海	CHZRHU	苏黎世	CN	B
371	CNSHAA	上海	CHZRHC	苏黎世（转）	CN	B
372	CNSZHA	苏州	USLAXA	洛杉矶	CN	A
373	CNCANA	广州	JPKWSA	川崎	CN	A
374	CNCANA	广州	JPKWSA	川崎	CN	B
375	CNCANA	广州	THBKKA	曼谷	CN	A
376	CNCANA	广州	VNHANA	河内	CN	A
377	CNCANA	广州	MYKULA	吉隆坡	CN	A
378	CNXMNA	厦门	JPKIXA	大阪	CN	A
379	CNXMNA	厦门	TWTPEA	台北	CN	A
380	CNWUHA	武汉	USLAXA	洛杉矶	CN	A
381	CNDLCA	大连	KRSELB	首尔	CN	A
382	CNDLCA	大连	JPKIXA	大阪	CN	A
383	CNCANA	广州	RUMOWV	莫斯科	CN	A
384	CNCKGA	重庆	JPKWSA	川崎	CN	A
385	CNCANA	广州	NLAMSA	阿姆斯特丹	CN	A
386	CNBJSA	北京	LAVTEA	万象	CN	A
387	CNBJSA	北京	TRISTB	伊斯坦布尔	CN	A
388	CNBJSA	北京	SEMMAB	马尔默	CN	B
389	CNBJSA	北京	SEMMAB	马尔默	CN	A
390	CNBJSA	北京	ROBUHB	布加勒斯特	CN	B
391	CNSHAA	上海	ITMXPA	马尔彭萨	CN	A
392	CNBJSA	北京	BGSOFD	索非亚	CN	A
393	CNCGQA	长春	JPKWSA	川崎	CN	A
394	CNBJSA	北京	USSFOA	旧金山	CN	B
395	CNBJSA	北京	CAYVRA	温哥华	CN	B
396	CNCANA	广州	KRBUSA	釜山	CN	C
397	CNCANA	广州	JPKIXA	大阪	CN	A
398	CNSHAA	上海	NLAMSA	阿姆斯特丹	CN	B
399	CNSHAA	上海	NLAMSA	阿姆斯特丹	CN	A
400	CNFOCA	福州	JPKWSA	川崎	CN	A

续 表

序号	原寄局	原寄局名	寄达局	寄达局名	总包种类	运输方式
401	CNFOCA	福州	JPKWSA	川崎	CN	B
402	CNFOCA	福州	GBCVTA	考文垂	CN	A
403	CNHRBA	哈尔滨	RUOVBI	新西伯利亚	CN	A
404	CNDLCA	大连	JPKWSA	川崎	CN	B
405	CNBJSA	北京	KRSELB	首尔	CN	A
406	CNWNZA	温州	BRRIOE	里约热内卢	CN	B
407	CNBJSA	北京	JPKWSA	川崎	CN	A
408	CNBJSA	北京	NGLOSA	拉各斯	CN	A
409	CNBJSA	北京	KRSELA	首尔	CN	B
410	CNYNJA	延吉	KRSELB	首尔	CN	A
411	CNCANA	广州	JPKWSA	川崎	CN	C
412	CNBJSA	北京	PAPTYB	巴拿马	CN	B
413	CNBJSA	北京	IRTHRC	德黑兰	CN	C
414	CNBJSA	北京	BRRIOE	里约热内卢	CN	A
415	CNCANA	广州	FJSUVA	苏瓦	CN	A
416	CNCKGA	重庆	HKHKGA	香港 AMC	CN	A
417	CNBJSA	北京	BRRIOE	里约热内卢	CN	B
418	CNBJSA	北京	IDJKTC	雅加达	CN	A
419	CNBJSA	北京	QADOHA	多哈	CN	A
420	CNCANA	广州	IRTHRC	德黑兰	CN	C
421	CNBJSA	北京	ITMXPA	马尔彭萨	CN	A
422	CNBJSA	北京	ITMXPA	马尔彭萨	CN	B
423	CNSHAA	上海	HKHKGA	香港 AMC	CN	A
424	CNBJSA	北京	COBOGA	波哥大	CN	A
425	CNBJSA	北京	PELIMA	利马	CN	B
426	CNSHAA	上海	CHZRHU	苏黎世	CN	A
427	CNBJSA	北京	KRSELB	首尔	CN	A
428	CNBJSA	北京	ARBUEB	布宜诺斯艾利斯	CN	A
429	CNBJSA	北京	ARBUED	布宜诺斯艾利斯	CN	B
430	CNBJSA	北京	ROBUHB	布加勒斯特	CN	A
431	CNSHAA	上海	OMMCTA	马斯喀特	CN	A
432	CNCKGR	重庆	GBLALA	兰利	CN	C
433	CNCKGR	重庆	SESTOA	斯德哥尔摩	CN	C
434	CNCKGR	重庆	NOOSLA	奥斯陆	CN	C
435	CNCKGR	重庆	CZPRGA	布拉格	CN	C
436	CNCKGR	重庆	DENIAA	涅德劳拉	CN	C
437	CNCKGR	重庆	CHZRHB	苏黎世	CN	C

续表

序号	原寄局	原寄局名	寄达局	寄达局名	总包种类	运输方式
438	CNSHEA	沈阳	JPKWSA	川崎	CN	A
439	CNSZHA	苏州	TWTPEA	台北	CN	A
440	CNSHAA	上海	AUSYDA	悉尼	CN	A
441	CNSHAA	上海	AUSYDD	悉尼	CN	B
442	CNCGQA	长春	JPKIXA	大阪	CN	A
443	CNCANA	广州	USLAXA	洛杉矶	CN	B
444	CNBJSA	北京	BRRIOE	里约热内卢	CN	A
445	CNBJSA	北京	RUMOWV	莫斯科	CN	B
446	CNBJSA	北京	CHZRHU	苏黎世	CN	B
447	CNBJSA	北京	CHZRHU	苏黎世	CN	A
448	CNBJSA	北京	CHZRHC	苏黎世(转)	CN	A
449	CNBJSA	北京	CHZRHC	苏黎世(转)	CN	B
450	CNBJSA	北京	FRCYMA	希利	CN	A
451	CNBJSA	北京	FRCYMA	希利	CN	B
452	CNBJSA	北京	JMKINA	金斯敦	CN	A
453	CNBJSA	北京	HUBUDA	布达佩斯	CN	B
454	CNCTUA	成都	HKHKGA	香港 AMC	CN	A
455	CNBJSA	北京	MXMEXD	墨西哥城 AEREO	CN	A
456	CNFOCA	福州	KRSELB	首尔	CN	A
457	CNBJSA	北京	ISREKA	雷克雅未克	CN	A
458	CNBJSA	北京	ISREKA	雷克雅未克	CN	B
459	CNBJSA	北京	ESMADC	马德里	CN	B
460	CNBJSA	北京	UYMVDH	MVD EMS INT	CN	A
461	CNBJSA	北京	BYMSQD	明斯克	CN	A
462	CNMLXA	满洲里	RUMOWV	莫斯科	CN	B
463	CNBJSA	北京	DEFRAA	法兰克福	CN	B
464	CNBJSA	北京	DEFRAA	法兰克福	CN	A
465	CNBJSA	北京	ESMADB	马德里	CN	A
466	CNBJSA	北京	USJFKA	纽约	CN	B
467	CNSHAA	上海	UYMVDH	MVD EMS INT	CN	A
468	CNBJSA	北京	USJFKA	纽约	CN	B
469	CNBJSA	北京	SILJUA	卢布尔雅那	CN	A
470	CNBJSA	北京	ATVIEB	维也纳	CN	A
471	CNBJSA	北京	ATVIEB	维也纳	CN	B
472	CNBJSA	北京	AMEVNA	耶烈万	CN	A
473	CNBJSA	北京	RSBEGB	贝尔格莱德	CN	A
474	CNBJSA	北京	RSBEGB	贝尔格莱德	CN	B

续 表

序号	原寄局	原寄局名	寄达局	寄达局名	总包种类	运输方式
475	CNHGHA	杭州	HKHKGA	香港 AMC	CN	A
476	CNBJSA	北京	NLAMSA	阿姆斯特丹	CN	B
477	CNBJSA	北京	NLAMSA	阿姆斯特丹	CN	A
478	CNSHAA	上海	ATVIEB	维也纳	CN	A
479	CNKMGA	昆明	MMRGNA	仰光	CN	A
480	CNSHAA	上海	CAYVRA	温哥华	CN	A

附录 M 国际 EMS 直封路由

序号	原寄互换局	发运口岸	发运口岸代码	寄达互换局	寄达口岸代码
1	北京	北京	PEK	巴黎	CDG
2	武汉	北京	PEK	巴黎	CDG
3	西安	北京	PEK	巴黎	CDG
4	郑州	北京	PEK	巴黎	CDG
5	重庆	北京	PEK	巴黎	CDG
6	福州	福州	FOC	巴黎	CDG
7	福州	福州	FOC	巴黎	CDG
8	广州	广州	CAN	巴黎	CDG
9	汕头	广州	CAN	巴黎	CDG
10	深圳	广州	CAN	巴黎	CDG
11	青岛	青岛	TAO	巴黎	CDG
12	厦门	厦门	XMN	巴黎	CDG
13	杭州	上海	PVG	巴黎	CDG
14	南京	上海	PVG	巴黎	CDG
15	上海	上海	PVG	巴黎	CDG
16	苏州	上海	PVG	巴黎	CDG
17	温州	上海	PVG	巴黎	CDG
18	义乌	上海	PVG	巴黎	CDG
19	沈阳	沈阳	SHE	巴黎	CDG
20	武汉	武汉	WUH	巴黎	CDG
21	长沙	长沙	CSX	巴黎	CDG
22	郑州	郑州	CGO	巴黎	CDG
23	北京	北京	PEK	大阪	KIX
24	大连	北京	PEK	大阪	KIX
25	哈尔滨	北京	PEK	大阪	KIX
26	天津	北京	PEK	大阪	KIX
27	武汉	北京	PEK	大阪	KIX
28	大连	大连	DLC	大阪	KIX
29	福州	福州	FOC	大阪	KIX
30	广州	广州	CAN	大阪	KIX

续表

序号	原寄互换局	发运口岸	发运口岸代码	寄达互换局	寄达口岸代码
31	珠海	广州	CAN	大阪	KIX
32	哈尔滨	哈尔滨	HRB	大阪	KIX
33	济南	济南	TNA	大阪	KIX
34	青岛	青岛	TAO	大阪	KIX
35	烟台	青岛	TAO	大阪	KIX
36	厦门	厦门	XMN	大阪	KIX
37	杭州	上海	PVG	大阪	KIX
38	合肥	上海	PVG	大阪	KIX
39	南京	上海	PVG	大阪	KIX
40	宁波	上海	PVG	大阪	KIX
41	上海	上海	PVG	大阪	KIX
42	苏州	上海	PVG	大阪	KIX
43	温州	上海	PVG	大阪	KIX
44	义乌	上海	PVG	大阪	KIX
45	沈阳	沈阳	SHE	大阪	KIX
46	天津	天津	TSN	大阪	KIX
47	深圳	香港	HKG	大阪	KIX
48	烟台	烟台	YNT	大阪	KIX
49	延吉	延吉	YNJ	大阪	KIX
50	长春	长春	CGQ	大阪	KIX
51	长沙	长沙	CSX	大阪	KIX
52	郑州	郑州	CGO	大阪	KIX
53	北京	北京	PEK	东京/川崎	TYO
54	哈尔滨	北京	PEK	东京/川崎	TYO
55	天津	北京	PEK	东京/川崎	KWS/TYO
56	西安	北京	PEK	东京/川崎	KWS/TYO
57	烟台	北京	PEK	东京/川崎	KWS/TYO
58	成都	成都	CTU	东京/川崎	TYO
59	大连	大连	DLC	东京/川崎	NRT
60	福州	福州	FOC	东京/川崎	TYO
61	广州	广州	CAN	东京/川崎	TYO
62	汕头	广州	CAN	东京/川崎	TYO
63	深圳	广州	CAN	东京/川崎	TYO
64	珠海	广州	CAN	东京/川崎	TYO
65	济南	济南	TNA	东京/川崎	NRT
66	昆明	昆明	KMG	东京/川崎	KWS/TYO
67	青岛	青岛	TAO	东京/川崎	NRT

续表

序号	原寄互换局	发运口岸	发运口岸代码	寄达互换局	寄达口岸代码
68	厦门	厦门	XMN	东京/川崎	TYO
69	杭州	上海	PVG	东京/川崎	TYO
70	合肥	上海	PVG	东京/川崎	TYO
71	南京	上海	PVG	东京/川崎	TYO
72	宁波	上海	PVG	东京/川崎	TYO
73	上海	上海	PVG	东京/川崎	TYO
74	苏州	上海	PVG	东京/川崎	NRT
75	温州	上海	PVG	东京/川崎	TYO
76	义乌	上海	PVG	东京/川崎	TYO
77	沈阳	沈阳	SHE	东京/川崎	NRT
78	武汉	武汉	WUH	东京/川崎	NRT
79	延吉	延吉	YNJ	东京/川崎	NRT
80	长春	长春	CGQ	东京/川崎	NRT
81	长沙	长沙	CSX	东京/川崎	TYO
82	郑州	郑州	CGO	东京/川崎	TYO
83	北京	北京	PEK	福冈	FUK
84	福州	福州	FOC	福冈	FUK
85	福州	上海	PVG	福冈	FUK
86	上海	上海	PVG	福冈	FUK
87	天津	天津	TSN	福冈	FUK
88	北京	北京	PEK	旧金山	SFO
89	大连	北京	PEK	旧金山	SFO
90	成都	成都	CTU	旧金山	SFO
91	福州	福州	FOC	旧金山	SFO
92	广州	广州	CAN	旧金山	SFO
93	杭州	杭州	HGH	旧金山	SFO
94	义乌	杭州	HGH	旧金山	SFO
95	济南	济南	TNA	旧金山	SFO
96	昆明	昆明	KMG	旧金山	SFO
97	南京	南京	NKG	旧金山	SFO
98	青岛	青岛	TAO	旧金山	SFO
99	厦门	厦门	XMN	旧金山	SFO
100	杭州	上海	PVG	旧金山	SFO
101	合肥	上海	PVG	旧金山	SFO
102	宁波	上海	PVG	旧金山	SFO
103	上海	上海	PVG	旧金山	SFO
104	苏州	上海	PVG	旧金山	SFO

续表

序号	原寄互换局	发运口岸	发运口岸代码	寄达互换局	寄达口岸代码
105	温州	上海	PVG	旧金山	SFO
106	义乌	上海	PVG	旧金山	SFO
107	沈阳	沈阳	SHE	旧金山	SFO
108	天津	天津	TSN	旧金山	SFO
109	武汉	武汉	WUH	旧金山	SFO
110	西安	西安	SIA	旧金山	SFO
111	汕头	香港	HKG	旧金山	SFO
112	深圳	香港	HKG	旧金山	SFO
113	延吉	延吉	YNJ	旧金山	SFO
114	长春	长春	CGQ	旧金山	SFO
115	重庆	重庆	CKG	旧金山	SFO
116	北京	北京	PEK	考文垂/兰利/伦敦	LHR
117	成都	北京	PEK	考文垂/兰利/伦敦	LHR
118	大连	北京	PEK	考文垂/兰利/伦敦	LHR
119	济南	北京	PEK	考文垂/兰利/伦敦	LHR
120	沈阳	北京	PEK	考文垂/兰利/伦敦	LHR
121	郑州	北京	PEK	考文垂/兰利/伦敦	LHR
122	成都	成都	CTU	考文垂/兰利/伦敦	LHR
123	福州	福州	FOC	考文垂/兰利/伦敦	LHR
124	广州	广州	CAN	考文垂/兰利/伦敦	LHR
125	汕头	广州	CAN	考文垂/兰利/伦敦	LHR
126	深圳	广州	CAN	考文垂/兰利/伦敦	LHR
127	珠海	广州	CAN	考文垂/兰利/伦敦	LHR
128	济南	济南	TNA	考文垂/兰利/伦敦	LHR
129	青岛	青岛	TAO	考文垂/兰利/伦敦	LHR
130	厦门	厦门	XMN	考文垂/兰利/伦敦	LHR
131	杭州	上海	PVG	考文垂/兰利/伦敦	LHR
132	南京	上海	PVG	考文垂/兰利/伦敦	LHR
133	宁波	上海	PVG	考文垂/兰利/伦敦	LHR
134	上海	上海	PVG	考文垂/兰利/伦敦	LHR
135	苏州	上海	PVG	考文垂/兰利/伦敦	LHR
136	义乌	上海	PVG	考文垂/兰利/伦敦	LHR
137	天津	天津	TSN	考文垂/兰利/伦敦	LHR
138	武汉	武汉	WUH	考文垂/兰利/伦敦	LHR
139	郑州	郑州	CGO	考文垂/兰利/伦敦	LHR
140	广州	广州	CAN	洛杉矶	LAX
141	厦门	厦门	XMN	洛杉矶	LAX

续表

序号	原寄互换局	发运口岸	发运口岸代码	寄达互换局	寄达口岸代码
142	北京	北京	PEK	名古屋	NGO
143	广州	广州	CAN	名古屋	NGO
144	杭州	杭州	HGH	名古屋	NGO
145	杭州	上海	PVG	名古屋	NGO
146	南京	上海	PVG	名古屋	NGO
147	宁波	上海	PVG	名古屋	NGO
148	上海	上海	PVG	名古屋	NGO
149	苏州	上海	PVG	名古屋	NGO
150	义乌	上海	PVG	名古屋	NGO
151	天津	天津	TSN	名古屋	NGO
152	武汉	武汉	WUH	名古屋	NGO
153	北京	北京	PEK	莫斯科	MOW
154	成都	北京	PEK	莫斯科	MOW
155	福州	北京	PEK	莫斯科	MOW
156	哈尔滨	北京	PEK	莫斯科	MOW
157	济南	北京	PEK	莫斯科	MOW
158	青岛	北京	PEK	莫斯科	MOW
159	武汉	北京	PEK	莫斯科	MOW
160	西安	北京	PEK	莫斯科	MOW
161	广州	广州	CAN	莫斯科	MOW
162	杭州	杭州	HGH	莫斯科	MOW
163	义乌	杭州	HGH	莫斯科	MOW
164	济南	济南	TNA	莫斯科	MOW
165	厦门	厦门	XMN	莫斯科	MOW
166	南京	上海	PVG	莫斯科	MOW
167	宁波	上海	PVG	莫斯科	MOW
168	上海	上海	PVG	莫斯科	MOW
169	苏州	上海	PVG	莫斯科	MOW
170	温州	上海	PVG	莫斯科	MOW
171	乌鲁木齐	乌鲁木齐	URC	莫斯科	MOW
172	武汉	武汉	WUH	莫斯科	MOW
173	西安	西安	PEK	莫斯科	MOW
174	深圳	香港	HKG	莫斯科	MOW
175	郑州	郑州	CGO	莫斯科	DME
176	北京	北京	PEK	墨尔本	MEL
177	天津	北京	PEK	墨尔本	MEL
178	福州	福州	FOC	墨尔本	MEL

续 表

序号	原寄互换局	发运口岸	发运口岸代码	寄达互换局	寄达口岸代码
179	广州	广州	CAN	墨尔本	MEL
180	厦门	厦门	XMN	墨尔本	MEL
181	杭州	上海	PVG	墨尔本	MEL
182	南京	上海	PVG	墨尔本	MEL
183	宁波	上海	PVG	墨尔本	MEL
184	上海	上海	PVG	墨尔本	MEL
185	苏州	上海	PVG	墨尔本	MEL
186	温州	上海	PVG	墨尔本	MEL
187	义乌	上海	PVG	墨尔本	MEL
188	温州	温州	WNZ	墨尔本	MEL
189	深圳	香港	HKG	墨尔本	MEL
190	长沙	长沙	CSX	墨尔本	MEL
191	北京	北京	PEK	纽约	JFK
192	大连	北京	PEK	纽约	JFK
193	昆明	北京	PEK	纽约	JFK
194	武汉	北京	PEK	纽约	JFK
195	西安	北京	PEK	纽约	JFK
196	成都	成都	CTU	纽约	JFK
197	福州	福州	FOC	纽约	JFK
198	厦门	福州	FOC	纽约	JFK
199	广州	广州	CAN	纽约	JFK
200	深圳	广州	CAN	纽约	JFK
201	济南	济南	TNA	纽约	JFK
202	南京	南京	NKG	纽约	JFK
203	青岛	青岛	TAO	纽约	JFK
204	杭州	上海	PVG	纽约	JFK
205	宁波	上海	PVG	纽约	JFK
206	上海	上海	PVG	纽约	JFK
207	苏州	上海	PVG	纽约	JFK
208	温州	上海	PVG	纽约	JFK
209	义乌	上海	PVG	纽约	JFK
210	沈阳	沈阳	SHE	纽约	JFK
211	天津	天津	TSN	纽约	JFK
212	温州	温州	WNZ	纽约	JFK
213	延吉	延吉	YNJ	纽约	JFK
214	长春	长春	CGQ	纽约	JFK
215	长沙	长沙	CSX	纽约	JFK

续表

序号	原寄互换局	发运口岸	发运口岸代码	寄达互换局	寄达口岸代码
216	北京	北京	PEK	圣彼得堡	LED
217	广州	广州	CAN	圣彼得堡	LED
218	上海	上海	PVG	圣彼得堡	LED
219	北京	北京	PEK	悉尼	SYD
220	大连	北京	PEK	悉尼	SYD
221	济南	北京	PEK	悉尼	SYD
222	西安	北京	PEK	悉尼	SYD
223	福州	福州	FOC	悉尼	SYD
224	广州	广州	CAN	悉尼	SYD
225	杭州	杭州	HGH	悉尼	SYD
226	义乌	杭州	HGH	悉尼	SYD
227	济南	济南	TNA	悉尼	SYD
228	青岛	青岛	TAO	悉尼	SYD
229	厦门	厦门	XMN	悉尼	SYD
230	南京	上海	PVG	悉尼	SYD
231	宁波	上海	PVG	悉尼	SYD
232	上海	上海	PVG	悉尼	SYD
233	苏州	上海	PVG	悉尼	SYD
234	温州	上海	PVG	悉尼	SYD
235	沈阳	沈阳	SHE	悉尼	SYD
236	天津	天津	TSN	悉尼	SYD
237	温州	温州	WNZ	悉尼	SYD
238	武汉	武汉	WUH	悉尼	SYD
239	深圳	香港	HKG	悉尼	SYD
240	长沙	长沙	CSX	悉尼	SYD
241	郑州	郑州	CGO	悉尼	SYD
242	重庆	重庆	CKG	悉尼	SYD
243	北京	北京	PEK	新西伯利亚	OVB
244	广州	北京	PEK	新西伯利亚	OVB
245	杭州	北京	PEK	新西伯利亚	OVB
246	宁波	北京	PEK	新西伯利亚	OVB
247	郑州	北京	PEK	新西伯利亚	OVB
248	哈尔滨	哈尔滨	HRB	新西伯利亚	OVB
249	上海	上海	PVG	新西伯利亚	OVB
250	乌鲁木齐	乌鲁木齐	URC	新西伯利亚	OVB
251	北京	北京	PEK	芝加哥	ORD
252	成都	北京	PEK	芝加哥	ORD

续表

序号	原寄互换局	发运口岸	发运口岸代码	寄达互换局	寄达口岸代码
253	福州	福州	FOC	芝加哥	ORD
254	广州	广州	CAN	芝加哥	ORD
255	青岛	青岛	TAO	芝加哥	ORD
256	杭州	上海	PVG	芝加哥	ORD
257	宁波	上海	PVG	芝加哥	ORD
258	上海	上海	PVG	芝加哥	ORD
259	义乌	上海	PVG	芝加哥	ORD
260	沈阳	沈阳	SHE	芝加哥	ORD
261	天津	天津	TSN	芝加哥	ORD
262	武汉	武汉	WUH	芝加哥	ORD